PARADIES AM RANDE EUROPAS

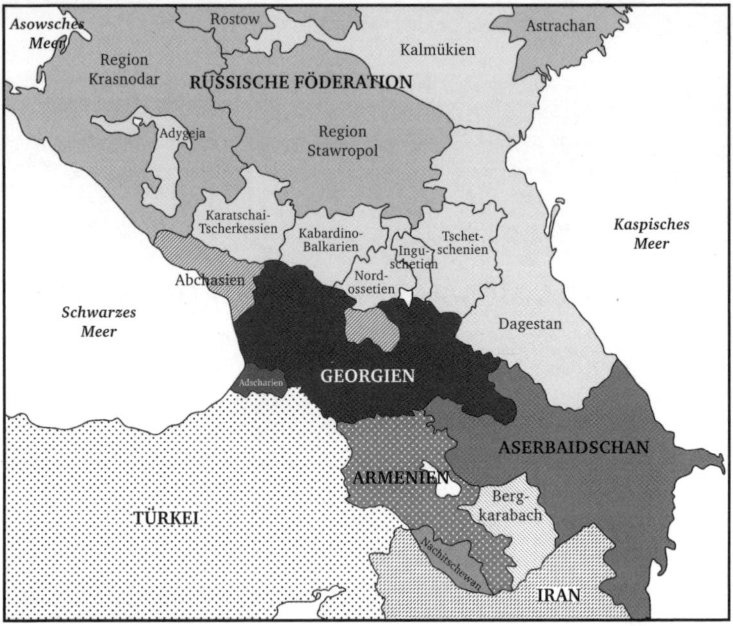

0 100 Kilometer

RUSSISCHE FÖDERATION
Autonome Republiken Russlands

GEORGIEN
Autonome Republik Georgiens
De-facto unabhängige Staaten auf georgischem Territorium

ASERBAIDSCHAN
Autonome Republik Aserbaidschans
De-facto unabhängiger Staat auf aserbaidschanischem Territorium

VOLKER DITTRICH

PARADIES AM RANDE EUROPAS

Impressionen aus Georgien von 1992 bis 2017

mitteldeutscher verlag

Für Gulia

Nur was du gibst, ist wahrhaft dein,
was du behältst, das ist verloren!

Schota Rustaweli

VORWORT

1992 reiste ich das erste Mal nach Georgien, um Interviews mit Zeitzeugen für eine Radiosendung zu führen. Georgien hatte 1991 seine Unabhängigkeit von der Sowjetunion erklärt und versank kurze Zeit später in einem Bürgerkrieg. Die Besuche waren damals ein kleines Abenteuer. Aber die große Gastfreundschaft der Georgier entschädigte mich für die Strapazen der Reise. Ein unvergesslicher Aufenthalt in einer für mich völlig fremden Welt, die mich sofort faszinierte. Es entstand mein erstes Hörfunk-Feature: »Impressionen aus Georgien«.

Das Land Georgien ist so groß wie Bayern und hat heute 3,7 Millionen Einwohner. Es liegt östlich des Schwarzen Meeres und südlich des Großen Kaukasus. Georgien grenzt im Norden an Russland, im Süden an die Türkei und Armenien und im Osten an Aserbaidschan. Immer mehr Touristen reisen in den letzten Jahren nach Georgien, machen Trekkingtouren im Kaukasus, Fahrradtouren durch die Weinregion Kachetien oder besuchen das architektonisch hochmoderne Batumi am Schwarzen Meer.

Und Georgien ist reich an kulturellen Denkmälern, alten Kirchen und Klöstern. Unter den ersten Touristen waren viele aus den ostdeutschen Bundesländern. In der DDR galt Georgien als das Italien der Sowjetunion, in das nur privilegierte Bürger reisen durften.

In den letzten fünfundzwanzig Jahren habe ich viele Interviews mit Georgiern in unterschiedlichen Regionen des Landes und aus verschiedensten Bevölkerungsschichten geführt. Sie geben Einblick in die Entwicklung Georgiens, die Veränderung der Lebenssituation der Menschen, geben Auskunft über die Geschichte, Wirtschaft, Religion, Kunst und Literatur des Landes. Zwei Namen kommen in meinen Reiseberichten immer wieder vor: Gulia und Dato. Mit ihnen bin ich seit meinem ersten Besuch befreundet. Sie haben mich mit zu ihren Eltern aufs Land genommen und auch zu Freundinnen und Freunden. Über sie und die vielen anderen mich inspirierenden Begegnungen habe ich das Land und seine Bewohner besser kennen und die Menschen lieben gelernt.

GEORGIEN 1992

EIN LAND IM UMBRUCH. HOFFNUNGSTRÄGER EDUARD SCHEWARDNADSE

Georgien! Wenn der Name Georgien fiel, dann veränderten sich in den 1980er-Jahren die Stimmen meiner Freunde in Sachsen, und ihre Augen glänzten. Ein Sehnsuchtsort, wie Anfang der 1960er-Jahre der Klang von Rimini und Adria, von denen die Menschen im Westen Deutschlands schwärmten. Sonne, Meer, Weinberge. Schlaraffenland.

1992 lerne ich die Geschwister Anneke und Tjip Huismann auf der niederländischen Urlaubsinsel Texel kennen. Anneke ist die Tochter eines Georgiers, den die Mutter 1945 bei sich auf dem Dachboden versteckt hatte, weil er sich, obwohl er selbst die deutsche Uniform trug, kurz vor Kriegsende an einem Aufstand gegen die deutschen Besatzer auf der Insel beteiligt hatte, um später nicht als Kollaborateur in der Sowjetunion hingerichtet zu werden. Die Geschwister hatten erst kurz zuvor Annekes Vater in Georgien kennengelernt und waren beseelt von der Herzlichkeit, mit der sie von der Familie des Vaters, seinen Kindern und Enkelkindern in deren großem Haus in Kachetien empfangen worden waren. Von Anneke und Tjip bekomme ich die Adresse und die Telefonnummer von Gulia Artimidze, Tochter eines der Anführer des Aufstandes, die Deutsch spreche und sehr hilfsbereit sei.

Im November 1992 beginne ich meine erste Recherchereise über den Aufstand der Georgier auf Texel und lande am frühen Morgen auf dem Flughafen von Tiflis oder Tbilissi, wie die Georgier ihre Hauptstadt nennen. Gulia und ihr Mann Dato warten schon die halbe Nacht in ihrem klapprigen Lada auf mich. Gulia hat dunkle, kurze Haare, blaue Augen, einen dunklen Teint. Sie trägt einen schwarzen Pullover und eine Hose. Sie wirkt auf mich wie eine moderne europäische Frau. Dato hat für mich das typische Aussehen eines osteuropäischen Mannes. Die Haare sehr kurz und Dreitagebart. Und er hat eine sehr tiefe, kehlige Stimme. Die Aeroflot-Maschine hatte zwölf Stunden auf dem Flughafen von Tbilissi gestanden und auf Kerosin gewartet, sodass wir Georgien-Reisenden in Wien genauso lange auf unseren Abflug warten mussten. Auf der Fahrt in die Stadt erzählen mir Gulia und Dato, dass sie kein Hotelzimmer für mich gebucht hätten, wie ich es wollte, sondern ich bei ihnen wohnen würde. Ihr Sohn werde bei einem Freund übernachten, und ich könne sein Zimmer haben. Das sei sicherer für mich, als ohne Freunde in diesen unsicheren Zeiten allein durch Tbilissi zu laufen. Das könnten sie nicht verantworten.

Wir fahren über den Rustaweli-Prospekt, die schönste Flanier- und Einkaufsstraße der ehemaligen Sowjetunion. Sie trägt noch die tiefen Wunden der Kämpfe zwischen den Gefolgsleuten Swiad Gamsachurdias und den Aufständischen, die den ersten Staatspräsidenten des seit 1991 von der Sowjetunion unabhängigen Georgiens aus seinem Amtssitz vertrieben, nachdem er sich als skrupelloser Machtpolitiker entpuppt hatte. Georgier schossen auf Georgier. Es war ein Trauma für das Land. Die Fenster des Prachthotels und die Gemäldegalerie gegenüber vom Regierungssitz tragen noch Spuren des Feuers. Viele Cafés und Restaurants sind geschlossen oder bieten für viel Geld schlechtes Essen an. In den Läden gäbe es wenig zu kaufen. Schnaps und Sekt, Zigaretten, Schokolade, Dosenbier und Coca-Cola bieten die privaten Verkaufsstellen in ihren kleinen roten Containerhäuschen an, und Privatleute verkaufen aus den Fenstern ihrer Wohnungen. Woher die Waren kommen, wüsste niemand so genau, nur dass sie teuer und für viele fast unerschwinglich seien, erzählt Gulia auf unserer früh morgendlichen Stadtrundfahrt. An jeder Verkaufsstelle verlangsamt Dato die Geschwindigkeit, um schnell das Angebot zu überblicken. Manchmal steigt er aus, kommt zurück und zieht die Schultern hoch. Bergab schaltet er den Motor aus, um Benzin zu sparen. Im Auto ist ein unerträglicher Ölgeruch. Dato vermutet, dass dem Benzin etwas beigemischt wurde.

Beim Frühstück setzt sich Gulias achtzehnjähriger Sohn zu uns, legt lachend einen Revolver mit vollem Magazin neben seinen Teller. Warum nicht?, fragt er seine entsetzte Mutter. Er habe ihn gebraucht gekauft, und viele seien bewaffnet. Das stimmt. Bewaffnete junge Zivilisten, lässig die Maschinenpistole über die Schulter gehängt, gehören 1992 zum Straßenbild Tbilissis und auch die nächtlichen Schüsse, die kaum noch jemanden aufzuschrecken scheinen. Gulia und Dato wollen mit mir als Erstes zur Sioni-Kathedrale fahren. Vorher gebe ich ihnen Geld, das ich sonst für ein

Hotel und Essen in der Stadt hätte bezahlen müssen. Gulia ist sichtlich erleichtert. Jetzt könnten sie mit mir überall hinfahren, alle meine Wünsche erfüllen. Und wir könnten auch Freunde besuchen und mit ihnen feiern, wenn sie Fleisch und Gemüse vom Markt und Getränke mitbringen würden. Auf der Fahrt zur Sioni-Kathedrale versucht Gulia Zigaretten, Cognac und Schokolade zu kaufen. Die Kathedrale ist das religiöse Zentrum der Georgisch Orthodoxen Apostelkirche mit dem Sitz des Patriarchen Ilia II. Es ist Gottesdienst, als wir das Kircheninnere betreten, aber nur wenige nehmen daran teil. Ein Mann liest aus dem Neuen Testament vor, und zwei Frauen singen im Hintergrund. Ein Priester läuft mit Weihrauch an den Reliquien entlang, vor denen wir Kerzen anzünden. Gulia überreicht mir erwartungsvoll lächelnd drei Kerzen, die ich für meine Frau und meine Söhne anzünden soll. Ob wir katholisch seien?, flüstert sie. Nein, wir seien nicht in der Kirche. Sie schaut mich ungläubig an. Die Georgier seien alle sehr religiös. Auch während der Zeit des Kommunismus. Ich entzünde die Kerzen und stecke sie neben die anderen in den Sand. Links vor dem Altar steht die heiligste Reliquie des Landes: das Weinrebenkreuz der heiligen Nino. Es stammt aus dem 4. Jahrhundert, als das Christentum in Georgien Staatsreligion wurde. Dato und Gulia bekreuzigen sich noch ein letztes Mal, dann verlassen wir die Kirche und fahren zu einer befreundeten Künstlerin, die in Kürze ihre Bilder in Köln ausstellen wird. Lika zeigt uns ihre Gemälde. Sie ist zurückhaltend, trägt eine braune Jacke mit großen grünen Knöpfen. Das Futter der Jacke ist grau mit schwarzen Ornamenten. Unter ihren halblangen braunen Haaren verschwindet ein graues Stirnband. Sie beobachtet mit ihren braunen Augen, wie ich auf ihre Kunstwerke reagiere. Ihre Malerei sei von der Philosophie beeinflusst, besonders von Rudolf Steiner, sagt sie leise. Ein Ölbild fasziniert mich. Ich spüre eine große Spannung zwischen Bedrohung und Hoffnung.

Zurück fahren wir über den Freiheitsplatz. Gulia bittet Dato anzuhalten. Wir steigen aus, gehen am Rathaus vorbei und langsam um den Platz herum, in dessen Mitte ein Springbrunnen steht. Vor drei Jahren habe hier noch eine sehr große Lenin-Skulptur gestanden, erzählt Gulia. Der Platz trug auch den Namen Lenins.

Als Michail Gorbatschow 1985 von Glasnost (Offenheit) und Perestroika (Umbau) sprach und mit den Amerikanern Abrüstungsverhandlungen begann, wurden die Stimmen nach Unabhängigkeit in Georgien lauter. Ab Herbst 1988 gab es immer mehr nationalistische Demonstrationen. Swiad Gamsachurdia war einer der populärsten Persönlichkeiten unter den Dissidenten. Sie kämpften gegen die Russifizierung Georgiens und forderten mehr Autonomie von Moskau. Am 9. April 1989 gab es eine Großkundgebung in Tbilissi. Truppen des sowjetischen Innenministeriums rückten an und setzten chemische Kampfstoffe ein. Einundzwanzig Demonstranten starben, und viele erlitten bleibende gesundheitliche Schäden.

Gulia kann sich an alles genau erinnern. Sie arbeitete auch damals schon hier in der Nähe an der Theater- und Filmakademie als Übersetzerin. Auch sie war bei den Demonstrationen dabei. Es sei schrecklich gewesen. Und unter den einundzwanzig Toten, betont sie, waren siebzehn Frauen. Am 9. März 1990 verabschiedete der Oberste Sowjet Georgiens ein Dekret über die »Garantien zur Verteidigung der staatlichen Souveränität Georgiens«. Das war die Voraussetzung für ein Mehrparteiensystem. Im Oktober 1990 wurde das erste Mal nach 1918 in freier Abstimmung ein georgisches Parlament gewählt. 29 Parteien und Organisationen stellten sich zur Wahl.

Am 9. April 1991 erklärte Georgien seine Unabhängigkeit von der Sowjetunion. Einen Monat später wurde Swiad Gamsachurdia von 84 Prozent der wahlbeteiligten Georgier mit 87 Prozent der Stimmen zu ihrem ersten Präsidenten gewählt. Dass die antikommunistische Opposition an die Macht gekommen war, wurde in Moskau missbilligt. Das Beharren Georgiens auf Eigenstaatlichkeit wurde mit einem Wirtschaftsboykott bestraft, und so wurde die junge Präsidentschaft Gamsachurdias von einem Wirtschaftschaos begleitet. Und sie war gekennzeichnet durch die ethnischen Konflikte mit den abchasischen und südossetischen Minderheiten. Gamsachurdia ließ sich mit diktatorischen Vollmachten ausstatten, verleumdete die Opposition und verhaftete seine politischen Gegner. So hatte er schon bald das Vertrauen seiner Anhänger

und Wähler verspielt.[1] Im Sommer 1991 gab es Demonstrationen, Proteste und Rücktrittsforderungen. Die Anhänger des Präsidenten und die der Opposition verfügten beide über paramilitärische Truppen. Die Auseinandersetzungen führten schnell zu bürgerkriegsähnlichen Zuständen. Viele Anhänger Gamsachurdias wechselten zur Opposition. Die Regierungskoalition zerbröckelte. Der Machtkampf zwischen Präsident und Opposition trat um die Jahreswende 1991/92 in die entscheidende Phase. Am 6. Januar 1992 floh Swiad Gamsachurdia mit seinen Anhängern ins Ausland. Der Militärrat und eine Übergangsregierung einigten sich auf die Übernahme der politischen Führung durch Eduard Schewardnadse. Im März 1992 traf er in Tbilissi ein.

Jetzt hoffen wir alle, sagt Dato, als wir wieder im Auto sitzen und über den Rustaweli-Prospekt fahren, dass Eduard Schewardnadse, der in Moskau ebenso respektiert wird wie bei euch im Westen, uns in eine bessere Zukunft führen wird. Gulia zeigt auf das zerstörte Parlamentsgebäude. Das hat uns unser erster Präsident hinterlassen. Und es wird wohl noch länger dauern, bis wir dir ein besseres Georgien zeigen können.

Abends sind wir bei Lika und ihrer Familie zum Essen eingeladen. Während ich nach dem Essen und den vielen Trinksprüchen, die meinen Besuch in Georgien betreffen, gerührt den georgischen Gesängen meiner Gastgeber lausche und wir auf die Zukunft Georgiens anstoßen, bauen draußen junge Männer die Batterie unseres Autos aus. Rechtzeitig wird ihnen ihr Beutestück von einem Nachbarn aus dem Haus entrissen, der das wertvolle Stück bei uns abliefert.

Als in diesem Jahr bei den Olympischen Sommerspielen das erste Mal die georgische Fahne gehisst wurde, erzählt Gulia, haben wir alle geweint. Die ganze Welt konnte sehen, dass Georgien unabhängig ist. Aber noch sei die georgische Unabhängigkeit nicht vollendet. Ohne Hilfe aus dem westlichen Ausland und große eigene Anstrengungen wird das Land nicht existieren können. Nachts stellt sich Gulia mit vielen anderen in der Brotschlange an. Schon abends reihen sich die Ersten ein, um nach zwölfstündigem Warten in der Novemberkälte, zwei Brote zu ergattern. Besonders in der

Stadt ist Brot Mangelware. Im Parlament, das seit dem 4. November den ganzen Tag vor laufenden Kameras tagt, schlägt Eduard Schewardnadse, Parlamentspräsident und Staatsoberhaupt, vor, das Brot zu rationieren und die Mehlpreise drastisch zu erhöhen. Eine Brotknappheit bräuchte es nicht zu geben. Die Menschen bereiten sich mit Hamsterkäufen auf den Winter vor. Auf dem Markt sei noch alles zu haben, sagt Dato. Aber für viele zu unerschwinglichen Preisen. Zwar würde versucht, die Löhne der Inflation anzupassen, aber die Preise stiegen immer schneller.

Immer wieder höre ich auf meiner Reise, Schewardnadse sei sehr schlau, ein großer Politiker, der im Westen großes Ansehen genieße. Und ganz wichtig, er könne gut mit den Russen umgehen. Vergessen wird schnell, dass die beiden mächtigsten Männer im Staat, der Kommandant der Nationalgarde, Tengis Kitowani, und der eine 8.000 Mann starke Reiterarmee befehlende Dschaba Iosseliani, noch im März 1992 verkündeten, dass die Macht in Georgien auf ihrer beider Schultern ruhe. Wird es Schewardnadse gelingen, scheibchenweise, mit seiner ihm zugeschriebenen Raffinesse, die Macht auf das Parlament und die Regierung zu übertragen? Die meisten Georgier schienen 1992 überzeugt davon zu sein.

Gulia Artimidze verdient als Übersetzerin an der Theater- und Filmhochschule im Monat 2.000 Rubel. Ihr Mann Dato, seit der Unabhängigkeit Georgiens arbeitsloser Regisseur, hat kein Einkommen. Die wirtschaftliche Situation in Georgien ist bedrückend. Vor dem Markt verkauft ein Mann Medikamente. In den Krankenhäusern gibt es sie nicht. Ein Kilo Tomaten kostet 300 Rubel, Fleisch und Schafskäse 400 Rubel. Für 10 Liter Benzin, im November 1992 nur auf dem privaten Markt an Tankwagen am Straßenrand zu kaufen, müssen 1.200 Rubel bezahlt werden. Mindestens 6.000 Rubel seien nötig, um einigermaßen leben zu können, versichert Gulia.

Die staatlichen Tankstellen sind geschlossen. Angeblich werden sie von Kitowani, dem Befehlshaber der georgischen Nationalgarde, kontrolliert. Nur wenige Busse fahren und sind völlig überfüllt. Jüngere Leute suchen sich ihren Sitzplatz auf den Busdächern. Die Menschen stehen auf der Straße und winken für eine Mitfahrgelegenheit. Private Anbieter an den Ausfallstraßen übernehmen den Personennahverkehr.

In dem alten Wolga, der uns nach Manglissi, einem bekannten Kurort 30 Kilometer entfernt in den Bergen, zu Gulias Vater und seiner russischen Frau bringen soll, sitzen bereits fünf Erwachsene und ein Kind. Als wir uns auf den Rücksitz zwängen, sprechen alle meinen Gastgebern und mir ihr Bedauern aus, dass ich in dieser Zeit nach Georgien gekommen bin. Normalerweise seien die Tische reich gedeckt, der Gast wird von Freunden und Bekannten eingeladen. Aber jetzt würde sich jeder schämen, ihn nicht angemessen bewirten zu können. Eine russische Frau und eine griechische Familie fahren mit uns nach Manglissi. In Georgien leben 1992 fünf Millionen Menschen. Außer den drei Millionen Georgiern sind Abchasen, Osseten, Russen, Griechen, Aserbaidschaner und Armenier die stärksten ethnischen Gruppen im Land. Viele Griechen versuchen seit der Unabhängigkeit Georgiens, nach Griechenland auszureisen, erzählt Gulia, ohne dass sie von Georgiern dazu aufgefordert würden. Sie erhoffen sich dort ein leichteres Leben.

Bevor wir zum Haus von Jewgeni Artimidze gehen, erzählt Gulia mir, dass ihr Vater aus einem kleinen Gebirgsdorf stamme, in dem andere Gesetze herrschten. Blutrache war dort nichts Ungewöhnliches. Die Menschen wurden sehr streng erzogen, hatten wenig Angst und keine moralischen Skrupel. Auch sie sei sehr streng von ihrem Vater erzogen worden. In Manglissi befrage ich Jewgeni Artimidze zu den damaligen Ereignissen auf Texel, wie es zu dem Aufstand der Georgier gegen die Deutschen kam. Aber schnell kommen wir auch auf die momentane Situation in Georgien zu sprechen. Der Krieg und die Unruhen in Abchasien und Südossetien haben wichtige Bahnverbindungen lahmgelegt. Die Öl- und Gaslieferungen sind stark beeinträchtigt. Die Raffinerien können kaum noch Benzin herstellen.

In Abchasien gibt es kein Brot und keinen Strom, täglich wird das Land von nordkaukasischen Gruppen überfallen, sagt erregt ein abchasischer Abgeordneter im georgischen Parlament. Er fordert den Parlamentspräsidenten auf, endlich Beschlüsse zu fassen und zu handeln. Man könne im Moment nur alle Fakten ermitteln, sagt der Stellvertreter Schewardnadses, Entscheidungen könnten noch nicht getroffen werden.

BEI KERZENSCHEIN IN OSTKACHETIEN

In den Bergen sitzt der ehemalige Volksheld Gamsachurdia und hofft immer noch auf seine Rückkehr in die Hauptstadt Tbilissi. Eine seine Anhängerinnen ist Datos Großmutter, die wir in Ostgeorgien in der Provinz Kachetien besuchen. Als wir durch den Ort Sartitschala fahren zeigt Dato auf eine Siedlung am Straßenrand: Marienfeld. Dort stehen noch die alten Häuser der Deutschen, die hier bis 1941 gelebt haben. Es waren deutsche Schwaben, die in ihrer Heimat nach dem Hungerjahr 1816 keine Zukunft mehr sahen. Angelockt wurden sie von dem Versprechen des russischen Zaren Alexander I., der jeder Familie 3.000 Rubel bot, Privilegien wie Religionsfreiheit, Selbstverwaltung und das Recht, weiter die deutsche Sprache zu pflegen.[2] Bevor die deutsche Armee in Russland einmarschierte, wurden 45.000 Deutschstämmige aus Georgien umgesiedelt, aus Angst sie könnten sich verbünden.

Wir fahren kilometerweit an Weinfeldern vorbei. Im Volksmund wird die Regien »Brotkorb und Weinkeller Georgiens« genannt. Früher wurde der Wein zu einem Großteil in die Sowjetunion exportiert.

Die Großeltern Datos waren bis 1937 Großgrundbesitzer. Plötzlich in der Nacht, erzählt die Großmutter, kamen Männer von der Tscheka, dem damaligen Geheimdienst, und holten ihren Mann ab. Nie habe sie ihn wiedergesehen. Das Land und das Gutshaus wurden in eine Kolchose eingebracht. Mit ihren beiden kleinen Kindern zog sie zu ihren Eltern. Die Söhne durchliefen, wie alle anderen auch, die sozialistische Erziehung. Datos Vater, bei dem sie jetzt lebt, war in der KPdSU und lange Zeit Bürgermeister des Ortes.

Nach der Unabhängigkeit Georgiens wurden die Kolchosen aufgeteilt. Sie erhielten zwei Hektar Land. In diesem Jahr wurde es noch von der Kolchose bewirtschaftet. Im nächsten Jahr müssen

litiker. Sein Schulfreund Kitowani wendete sich von ihm ab, und mit ihm ein Teil der Nationalgarde. Zusammen mit den Mchedrioni-Banden von Dschaba Iosseliani, der nach einem Raubüberfall zwanzig Jahre hinter Gittern gesessen haben soll und danach zu einem bekannten Theaterautor und Regisseur avancierte, vertrieb Kitowani Gamsachurdia aus der Hauptstadt.

Ich staune immer mehr über das, was ich erzählt bekomme und später nachlese. Dschaba Iosseliani, von einem Journalisten gefragt, ob er sich vorstellen könne, noch einmal ein Theaterstück zu schreiben, verneinte und fügte hinzu, das hier sei doch nun wirklich seine beste und größte Inszenierung. Jetzt kämpft der Sechsundsechzigjährige, so wird anerkennend erzählt, mit seiner Reiterarmee an vorderster Front in Abchasien.

KRIEG UM DIE AUTONOME REPUBLIK ABCHASIEN

Das autonome Gebiet Abchasien liegt im Westen Georgiens. 1992 waren 17 Prozent der Bevölkerung moslemisch-sunnitische Abchasen, etwa 87.000 Menschen. 44 Prozent christlich-orthodoxe Georgier und 16 Prozent Russen. Der Rest waren vor allem Armenier und Aserbaidschaner. 1978 hatte es in der abchasischen Hauptstadt Sochumi und an anderen Orten Demonstrationen gegen die wirtschaftliche, soziale und kulturelle Vernachlässigung der Abchasen gegeben. Schon damals wurde die Angliederung an die russische Sowjetrepublik gefordert. Die Partei- und Staatsführung der UdSSR und Georgiens hatten damals Programme zur Beruhigung der Situation eingeleitet. Unter anderem wurden eine abchasische Universität geschaffen, abchasische Fernsehsendungen eingerichtet und abchasische Publikationstätigkeiten ausgeweitet.

Im Juni 1992 erklärten sich die Abchasen, wie zuvor schon die Südosseten, für unabhängig. Beider Wunsch nach Unabhängigkeit wurde von Georgien nicht anerkannt. Mitte August 1992 schickte Eduard Schewardnadse 3.000 Soldaten nach Sochumi und brachte die abtrünnige Republik wieder unter georgische Kontrolle. Ende August vereinbarten Georgien und Abchasien in der russischen Stadt Sotschi, alle Kampfhandlungen und Truppenbewegungen einzustellen. Bis zu diesem Zeitpunkt wurden hundert Menschen getötet.

Am 6. Oktober 1992 durchbrachen die abchasischen Truppen und Freischärler der »Konföderation Kaukasischer Bergvölker« nach erbitterten Kämpfen die georgischen Linien. Zweihundert Georgier wurden über die russische Grenze abgedrängt und interniert. Dreihundert flohen in die Berge. Seitdem übten die Abchasen die Kontrolle über den Nordwesten der Republik aus. Der russische Präsident Jelzin versicherte damals, dass die russischen Truppen in Georgien neutral blieben. Der georgische Verteidigungsminister Kitowani warf Russland trotzdem direkte Unterstützung in Abchasien vor. Boris Jelzin erklärte, dass Russland in Abchasien die Kontrolle der Eisenbahn und der Schwarzmeerküste übernehmen würde.

Die schwerste Aufgabe für den gerade nach Georgien zurückgekehrten Eduard Schewardnadse war es 1992, die georgische Armee zu vereinigen. Eine Generalität sollte aus Mitgliedern der politischen Parteien gebildet und die Armee einem Oberbefehl unterstellt werden. Ein nationaler Verteidigungsrat wurde gegründet, dem Schewardnadse, Verteidigungsminister Kitowani und mehrere Experten angehörten. Schewardnadse fuhr an die Front nach Abchasien, um mit den einzelnen militärischen Führern zu sprechen, die miteinander rivalisierten und mit ihren Bataillonen eigenständig den Kampf gegen die nach Unabhängigkeit strebenden Abchasen fortsetzten. Ohne Unterstützung Moskaus konnten die Abchasen diesen Kampf nicht gewinnen. Schewardnadses Macht waren sein Name und seine persönlichen Verbindungen zum westlichen Ausland. Aber wie abhängig war Georgien damals noch von Russland? Das waren 1992 die großen Fragen. In einem Spiegel-Interview vom 11. März 1991 berichtete der erste Präsident Georgiens, Swiad Gamsachurdia, von einem Telefonat mit dem noch amtierenden Kreml-Chef Michail Gorbatschow vom 25. Februar 1991, dem 70. Jahrestag nach dem Einmarsch der Sowjettruppen in die damals unabhängige Republik Georgien. Gorbatschow habe ihn angerufen, berichtete Gamsachurdia, und ihn aufgefordert, den Unionsvertrag mit Russland zu unterzeichnen. Als Gamsachurdia ihm sagte, die Unabhängigkeit Georgiens sei der Wille des georgischen Volkes, habe ihm Gorbatschow nach einer kleinen Pause gesagt: Dann machen Sie sich auf große Schwierigkeiten in Südossetien und Abchasien gefasst. Am Tag zuvor waren in Südossetien sieben Georgier ermordet worden. Gamsachurdia sagte: »Eine Unabhängigkeitsbewegung, die ohne Waffen kämpft, ist unbesiegbar. Nur Moral und Standhaftigkeit können die Welt heute beeindrucken. Aber wenn Provokateure eine Konfrontation mit der Sowjetarmee herbeiführen, ist alles möglich.«

EIN AUFATMEN GEHT DURCH GEORGIEN

Für den nächsten Tag hat Dato für mich ein Gespräch mit Giwi Tumanischwili, Professor für Biologie an der Universität in Tbilissi und Vorsitzender der Grünen Partei Georgiens, vereinbart. Wir sitzen in einem kalten Raum in der Universität. Der Abgeordnete mit dem schütteren Haar und dem grauen Schnäuzer trägt einen blauen Mantel und einen dicken braunen Schal, sieht müde aus, aber beantwortet mir sehr freundlich, mit ruhiger Stimme meine Fragen. Die Grüne Partei hat elf Sitze und ist eine der stärksten Fraktionen von insgesamt vierundzwanzig Parteien im Parlament. Prof. Tumanischwili meint, niemand von der noch in Georgien stationierten ehemaligen sowjetischen Armee drohe Georgien. Es gibt nur noch einige Provokationen in Abchasien, aber nicht in anderen Gebieten. Russland war immer in der Rolle des Kolonisators. Die Schwierigkeit bestehe darin, dass Russland den Gedanken nicht bis zu Ende denken kann, Georgien endgültig verloren zu haben. Und in dieser Situation habe es eben noch die gleichen Wünsche wie früher. Aber die werden nicht erfüllt werden. Er hoffe, dass Schewardnadse, der ein wirklich wichtiger Politiker und Diplomat sei, mit Russland so umgeht, dass sich die Situation zwischen Georgien und Russland normalisiert.

Noch stehen die Bataillone der alten Sowjetunion in Georgien. Auch in Abchasien. Dort haben sich Teile des Militärs mit den Abchasen verbündet. Sie flogen Angriffe auf die Stadt Sochumi am Schwarzen Meer. Zwischen Russland und Georgien wurde ein Waffenstillstand vereinbart, verhandelt werden soll jetzt der Status der Armee und der Abzug aus Georgien.

Ein Aufatmen geht durch Georgien, als Staatspräsident Schewardnadse am 12. November 1992 den russischen Botschafter auf dem Flughafen von Tbilissi empfängt. Nach der Türkei, Deutschland, den USA, ist dies die vierte Vertretung, die ihren Sitz in der georgischen Hauptstadt hat.

Vor dem Parlament schimpfte Schewardnadse über die Unfähigkeit und Tatenlosigkeit einiger Minister, ohne sie beim Namen zu nennen, und fügte drohend hinzu: In Abchasien sei gerade ein Kollaborateur verurteilt und erschossen worden. Vielleicht sollte man das auch in Tbilissi einführen.

Georgien steht im November 1992 ein harter Winter bevor. Darüber sind sich alle einig. Wird das Land die Situation allein meistern oder ist es auf humanitäre Hilfe aus dem Ausland angewiesen? Wir hoffen auf humanitäre Hilfe, sagt Giwi Tumanischwili, und zusammen mit eigenen Anstrengungen werden wir es schaffen. Es gibt Versprechen von Aserbaidschan über Erdöl- und Erdgaslieferungen und Versprechen der westeuropäischen Länder für verschiedene Hilfsgüter. Wir müssen aber auch selbst etwas tun.

»DIE LEUTE WARTEN NOCH, DASS SIE VOM ZENTRUM ANGEKURBELT WERDEN«

Die Leute haben sich noch nicht umgestellt, sagt Iwan Stansby, seit sechs Wochen Beauftragter der Europäischen Gemeinschaft in Tbilissi, den ich 1992 auf dem Flug nach Georgien kennengelernt habe und in seinem Büro besuche. Die Leute warten noch darauf, dass sie vom Zentrum angekurbelt werden. Deshalb wird es sehr lange dauern, bis es zu einem Umschwung kommt. Stansby bietet Ministerien, neugegründeten privaten Unternehmen und

Gewerkschaften technische Hilfe der Europäischen Gemeinschaft an: Beratung, Bereitstellung von Experten und Ausbildungsmaßnahmen zur Realisierung organisatorischer und struktureller Probleme. Ziel seiner zweijährigen Arbeit seien Joint-Ventures zwischen europäischen und georgischen Unternehmen. Ansätze gäbe es zwischen einer Firma für Anlagenbau in St. Augustin und dem georgischen Unternehmen P. O. AZOT aus Rustawi, dem Schwerindustrie- und Chemiezentrum Georgiens. Das deutsche Anlagenbau-Unternehmen Kuhne lieferte eine komplette Fabrikhalle zur Herstellung von Eye-Liner-Kosmetikstiften und bot als Serviceleistung, mit der Hoffnung auf weitere Aufträge, seinem Kunden an, die Artikel in der westeuropäischen Kosmetikbranche anzubieten. In den folgenden Wochen finden Verhandlungen über die Lieferung einer Anlage zur Herstellung von Lippenstiften statt, denn mit diesem Produkt sei es leichter, auf den westlichen Markt zu kommen, erzählt mir Helmut Schlösser von Kuhne Anlagenbau einen Tag später. Die georgischen Firmen müssten mit einem Teil ihrer Produktion Devisen erwirtschaften, um weitere moderne Industrieanlagen kaufen zu können. Kuhne sieht hier die Möglichkeit für eine jahrzehntelange Zusammenarbeit. Schlösser spricht von einem Standortvorteil Georgiens gegenüber den anderen GUS-Staaten, denn es gäbe hier qualifizierte Fachkräfte und eine Administration, die pro-westlich eingestellt sei. Schnellstens müsse allerdings die Infrastruktur verbessert werden, um so erst eine Zusammenarbeit mit westlichen Firmen zu ermöglichen. Ich denke, dass es sehr wichtig ist, sagt Schlösser, dass dieses Land schnell Kommunikationsmöglichkeiten schafft: Telefon, Telex und Fax, denn es gestaltet sich heute leider noch als schwierig, mit unseren Kunden in Verbindung zu treten; teilweise muss man die Kommunikation auf die Abend- und Nachtstunden verlegen, und dann ist es auch nicht jeden Tag möglich, mit dem Telefon durchzukommen.

Hauptziel des von Iwan Stansby geleiteten EG-Büros sei die Förderung der Europäischen Gemeinschaft, aber natürlich auch die Hilfestellung bei der Umstrukturierung vom Sowjetsystem zu einem marktwirtschaftlichen Staat in Georgien. Aber es wird noch längere Zeit dauern, sagt Stansby, bis neue Strukturen geschaffen sind. Und noch scheinen Regierung und Parlament die Macht nicht in der Hand zu haben. Die Lage ist schon schwer und wird noch schwerer. Diesen Winter müsste man ihnen Hilfe geben, mit Milchpulver, Lebensmitteln und dem, was für Kinder gebraucht wird. Denn es wird sehr lange dauern, so schnell kann es nicht gehen mit dem Umschwung.

Und wie sieht Giwi Tumanischwili die Zukunft Georgiens? Man kann sich die Zukunft so vorstellen: Georgien wird ein föderativer Staat. Eine zweite Möglichkeit ist ein vereinigtes Georgien mit selbstverwalteten Gebieten, und die dritte Möglichkeit wäre eine zentrale Verwaltung. Hat Georgien seine Unabhängigkeit schon erreicht? Oder besteht die Gefahr eines Rückfalls in alte Zustände? Natürlich haben wir jetzt eine Unabhängigkeit, so Tumanischwili, aber noch ist dieser Prozess nicht abgeschlossen. Wir sind noch von vielen Ländern abhängig, zum Beispiel von der Hilfe aus dem Westen, ohne dass wir eine Gegenleistung erbringen könnten. Wenn wir diese Hilfe nicht mehr benötigen, wird es langsam eine echte Unabhängigkeit werden. Aber ein Zurück wird es nicht mehr geben.

SUPRA – GASTMAHL ZU EHREN DES BESUCHERS AUS DEUTSCHLAND

Am letzten Abend deckt Gulia einen großen Tisch. Eine Supra, ein Gastmahl zu meinen Ehren. Es werden viele Freunde eingeladen. Am Nachmittag gehen wir auf den Wochenmarkt einkaufen. An den Ständen, hinter denen meistens Aserbaidschanerinnen ihre Waren verkaufen, werden Salate, Auberginen, Zucchini, Radieschen, Paprika, Äpfel und Weintrauben verkauft. Am Fleischstand prüfen Gulia und Dato sehr genau das Angebot. Mit einer Freundin bereitet Gulia das Essen vor. Andere Freunde bringen Gerichte mit, sodass der Tisch mit vielen Köstlichkeiten gefüllt ist. Zu Beginn der Tafel muss ich mit jedem der sechs Männer aus einem mit Wein gefüllten Trinkhorn Brüderschaft trinken und das Gefäß in einem Zug lehren. Dato ist der Tischmeister, der Tamada, er leitet die Zeremonie jeweils mit einem Trinkspruch ein. Erzählt etwas über den Gast und seine Familie, auf die angestoßen und getrunken wird. Auch meiner Familie wird gedankt, und mir, dass ich in solch schwerer Zeit nach Georgien gekommen sei und ihnen damit große Freude bereite. Zwischendurch gibt es noch Tschatscha, hochprozentigen Tresterbrand. Und es wird gegessen. Chatschapuri, Schafskäse, Tomaten- und Gurkensalat, Fleischspieße. Die Gläser werden immer wieder gefüllt und erst dann in einem Zug geleert, wenn ein Trinkspruch erfolgt ist. Ich spüre den Wein und den Schnaps, fasse Mut, erhebe mich für einen längeren Trinkspruch auf meine Gastgeber, deren Eltern und auf ihre Freunde und die große Gastfreundschaft der Georgier und löse damit Begeisterung aus. Dato stimmt ein Lied an, erst singt er mit seiner sehr schönen hohen Stimme allein, dann folgt ihm der nächste, und zum Schluss stimmen auch die Frauen in den mehrstimmigen Gesang mit ein. Mein Flugzeug geht sehr früh am Morgen, und zu später Stunde bitte ich Gulia, mich zu retten und mich bei ihren Gästen zu entschuldigen. Sie lacht und freut sich über meine roten Wangen. Ich muss ihr versprechen wiederzukommen.

Nach einer sehr intensiven Woche in Georgien sitze ich am nächsten Morgen auf dem Flughafen. Erst zwei Stunden nach dem angegebenen Abflugtermin frage ich meinen amerikanischen Mitreisenden, der an der Universität von Tbilissi Vorträge über Technologie und Demokratie gehalten hat, ob er wüsste, wann wir abfliegen. Er zuckt die Schultern. Vermutlich gäbe es kein Benzin. Erst nachdem zwanzig Passagiere unterschreiben, dass sie während des Fluges aufs Essen verzichten, können wir drei Stunden später losfliegen. Wir starten zum Schwarzen Meer, über die russische Grenze nach Sotschi, einem der beliebtesten Bade- und Kurorte Russlands, zum Auftanken; dürfen den Flieger, in dem sich der Kerosingeruch langsam ausbreitet, nicht verlassen. Für unsere Anschlussflüge in Wien ist es inzwischen schon zu spät.

Mein Nachbar im Flugzeug erzählt mir lächelnd, dass in zwei Wochen die ersten Heli-Ski-Touristen nach Georgien reisen werden, mit dem Ziel Gudauri im Großen Kaukasus. Sie werden im teuren und exklusiven Club Marco Polo, einem modernen, von Österreichern erbauten und betriebenen Hotel wohnen. Morgens bringt sie ein Helikopter in die noch überwiegend unberührten Skigebiete. Die Abfahrt werden die Abenteurer besonders genießen, denn nur in Georgien sei Heli-Skiing noch nicht verboten.

TROTZ DES KALTEN WINTERS GIBT ES WEDER HEIZUNG NOCH GAS

Zurück in Deutschland berichte ich 1992 in einigen Radiosendern von der Situation in Georgien. Korrespondenten gibt es in der Hauptstadt Tbilissi nicht. Die Berichte aus dem Land stammen meist von Journalisten, die in Moskau arbeiten. Während der nächsten sechs Jahre verfolge ich mit Spannung die politischen Ereignisse in Georgien.

Im September 1993 fordert Russland den sofortigen Abzug der Georgischen Armee aus Abchasien und liefert russische Waffen in das Krisengebiet. Schewardnadse regiert Georgien nur mithilfe des Sicherheitsrates und schlägt Neuwahlen vor. Moskau offeriert militärische Hilfe, aber Schewardnadse lehnt ab, bietet aber den Eintritt Georgiens in die GUS an, die Gemeinschaft Unabhängiger Staaten, zu der viele ehemalige Sowjetrepubliken gehören. Aber schon am nächsten Tag lehnt er den Beitritt wegen eines angeblichen russischen Verrats wieder ab. Sochumi wird von Abchasen eingenommen. 100.000 Georgier aus Abchasien sind auf der Flucht. Im Oktober erobert Swiad Gamsachurdia die westgeorgische Stadt Choni. In Tbilissi wird eine Ausgangssperre verhängt. Am 8. Oktober 1993 kündigt Schewardnadse abermals den Beitritt zur GUS an. Im Januar 1994 stirbt Swiad Gamsachurdia, der erste frei gewählte Präsident Georgiens. War es Selbstmord, wie viele behaupten? Über seinen Tod gibt es viele Spekulationen. Einen Monat später schließen Georgien und Russland einen Freundschaftsvertrag. Den Russen wird ein Militärstützpunkt in Georgien zugestanden. Im gleichen Monat findet unter Leitung der UNO eine Vermittlungsrunde zu Abchasien in Genf statt. In den umkämpften Gebieten sollen UN-Soldaten stationiert werden. Im November 1994 erklärt sich die Abchasische Republik gegen den Willen Georgiens für unabhängig. 250.000 Georgier werden vertrieben. In Genf finden Friedensgespräche statt.

Kaspisches Öl aus Aserbaidschan soll demnächst über Pipelines ans Schwarze Meer transportiert werden. Die Georgier hoffen auf eine wichtige Einnahmequelle.

Kurz vor der Unterzeichnung einer neuen Verfassung wird im August 1995 ein Attentat auf Eduard Schewardnadse verübt. Tengis Kitowani, Dschaba Iosselini und andere Anführer der Mchedrioni-Banden werden inhaftiert. Georgien versinkt immer tiefer in einem Bürgerkrieg. Im November 1995 finden Wahlen statt. Präsident Schewardnadse wird vom deutschen Außenminister Klaus Kinkel großzügige deutsche Unterstützung zugesagt. Kinkel will sich gleichzeitig für den Abschluss eines Kooperationsabkommens zwischen der Europäischen Union und Georgien einsetzen. »Der langjährige Bürgerkrieg, der in Abchasien noch andauert, hat den Aufbau der Privatwirtschaft verzögert und die Versorgungslage in Georgien außerordentlich erschwert. Die Industrieproduktion ist seit der Unabhängigkeit auf knapp 20 Prozent gefallen. Trotz des kalten Winters gibt es weder Heizung noch Gas. Und nur selten Strom«, schrieb Ekkehard Maaß am 25. Januar 1996 in der Tageszeitung *taz*. Helmut Schlösser von Kuhne Anlagenbau in Siegburg erzählt mir am Telefon, dass sich aufgrund der Sicherheitslage fast alle europäischen Firmen aus Georgien zurückgezogen hätten.

Im Februar 1998 wird auf Präsident Eduard Schewardnadse ein weiteres schweres Attentat verübt, das er dank seiner Mercedes-Limousine, einem Geschenk von Bundeskanzler Helmut Kohl, überlebt. Das Auswärtige Amt schickt dem Präsidenten eine neue gepanzerte Limousine nach Tbilissi. Vertraute des Staatspräsidenten vermuten die Drahtzieher des Anschlags in Moskau. Schewardnadse selbst äußert die Vermutung, bei dem Anschlag könne es sich um eine Folge des Kampfes um die Trassenführung aserbaidschanischen Erdöls gen Westen handeln, wie die taz am 11. Februar 1998 berichtet.

GEORGIEN 1998

»WIR LEBEN NICHT, WIR EXISTIEREN« SCHEWARDNADSES ANSEHEN SCHWINDET

1998 reise ich ein zweites Mal zu Gulia und Dato nach Tbilissi, dieses Mal, um Filmaufnahmen mit noch lebenden Veteranen des Aufstandes von Texel zu machen. Am 11. Mai 1998 um Mitternacht landet das Flugzeug in Tbilissi. Von Dato und Gulia ist nichts zu sehen. Als ich endlich das Visum im Reisepass habe und der Grenzbeamte mich passieren lässt, hole ich meine Reisetasche. Am Ausgang stürzen gleich mehrere Männer auf mich zu. Private Taxifahrer. Endlich kommen Gulia und Dato. Ihr Freund Gia, ein Künstler, hat sie hergefahren. Ihren alten Lada haben sie verkauft. Gia ist groß und schlank, trägt die dunklen Haare etwas länger als Dato, ist frisch rasiert. Er fährt einen sehr alten Opel aus Deutschland, auf den er nichts kommen lassen würde. Wieder fahren wir über den Rustaweli-Prospekt, jetzt lassen viele erleuchtete Geschäfte und Lokale den Boulevard erstrahlen. »Hotel Tbilissi« hat einen neuen weißen Anstrich. Eine amerikanische Hotelkette wird es betreiben. Auf der Dolidze Straße, in der Gulia und Dato wohnen, gibt es viele neue Kioske. Verkauft wird auch weit nach Mitternacht. Es gibt Zigaretten, Alkohol und Süßigkeiten, auch Obst, Gemüse und Lebensmittel. Gulia hat etwas zu essen vorbereitet. Auch Lika ist zu meiner Begrüßung in die Dolidze gekommen und umarmt mich. Sie trägt wieder ein Stirnband und ihre schöne braune Jacke mit den großen Knöpfen. Wir stoßen auf unser Wiedersehen an. Im Nebenzimmer schläft Mariam. Sie wurde drei Jahre nach meinem ersten Besuch geboren. Giorgi, Gulias Sohn, fragt seine Mutter ärgerlich, warum sie mir denn gleich erzähle, wie schlecht es ihnen gehe. Schließlich sei ich doch ihr Gast.

SEHR REICHE UND SEHR ARME GEORGIER

Am nächsten Morgen wundere ich mich über die alten Männer und Frauen vor dem Hochhaus gegenüber. Gulia kommt zu mir heraus auf die alte Holztreppe, die zu ihrer Wohnung führt. Eine Katze sonnt sich auf dem Treppenabsatz. Das Haus hat drei Wohnungen. Unten wohnt eine armenische Familie, daneben hat Giorgi, der Malerei studiert, sich ein Zimmer in der schon länger leer stehenden verfallenen Wohnung eingerichtet. Die armenischen Eigentümer waren damit einverstanden, sie haben nicht die Mittel, um die Wohnung wieder instand zu setzen, sodass man sie vermieten könnte. Die Toilette und das Bad, das sich die armenische und Gulias Familie teilen, befinden sich unten im Hof.

Die alten Leute dort, sagt Gulia, versammeln sich jeden Morgen hier, um ihre Pension abzuholen. Seit zwei Monaten haben sie ihre Rente nicht mehr erhalten. Diese armen, alten Leute. Jeden Morgen warten sie hier vor der Post. Dato erzählt mir, dass es heute in Georgien sehr reiche und sehr arme Menschen gebe. Die Familien wissen manchmal am Anfang des Monats nicht, ob sie etwas zu essen haben werden. Er arbeitet inzwischen als Dramaturg für ein kleines Theater. Natürlich verdiene er dort nur sehr wenig. Das Schönste, was er in den letzten Jahren erlebt habe, sei die Geburt seiner kleinen Tochter. Auch er gehöre jetzt zu den Armen der Gesellschaft, wie viele andere Schriftsteller, Regisseure und Dramaturgen. Er sei ein freier Mensch. Er kann frei schreiben und alles sagen, nur, er habe heute kaum die Möglichkeit etwas zu veröffentlichen.

Gulia weiß, dass sie ab dem nächsten Monat arbeitslos sein wird. Viele begabte Frauen, die nichts mehr haben und erbärmlich wohnen, arbeiten bei fremden Leuten im Haushalt. Gulia möchte gern ein Hotel aufmachen. Das sei ihr Traum.

LARI – DIE NEUE GEORGISCHE WÄHRUNG

Seit 1995 hat Georgien eine eigene Währung, den Lari. Das Wort »Lari« bedeutet auf Georgisch Reichtum. Die neue Währung löste die fast wertlosen Coupons ab, mit denen man zuvor, anstelle des Rubels, in Georgien bezahlte. Für 10 Mark bekommt man 7 Lari, für eine Mark 70 Tetri. Gulia hat 20 Lari im Monat. Die reichen noch nicht einmal für Brot. Die Familie isst jeden Tag zwei Brote. Die kosten einen Lari. Georgische Butter kostet einen Lari. Und Gemüse ein Kilo 50 Tetri, 70 Tetri zum Beispiel Weißkohl.

Am Lari könne man sehen, doziert Dato, dass Georgien existiert. Der Lari ist zwar noch keine konvertierbare Währung in der Welt.

wenn überhaupt, nur am Straßenrand aus den Tankwagen privater Anbieter zapfen konnten. Er lacht. Jetzt gibt es viele Tankstellen, die vom Standard fast denen in Europa entsprechen. Sie verkaufen das Benzin frei. Ein Liter kostet zwischen 40 und 60 Tetri, das ist billig. Benzin wird aus Bulgarien importiert. Man weiß nicht genau durch wen. Immer wieder fällt das Wort Mafia, aber wenn ich nachfrage, nur Schulterzucken. Als ich nach der jetzigen Zusammensetzung des Parlaments frage, sind sie sich unsicher, ganz anders als vor sechs Jahren.

Eduard Schewardnadses Bürgerliche Partei hat die Mehrheit im Parlament. In der Opposition sind die Nationaldemokratische Partei und die Grünen, die aber 1998 keine bedeutende Rolle mehr spielen. Die Swiadisten sind gar nicht mehr im Parlament vertreten.

Obwohl der ehemalige Kurort Manglissi nur 60 Kilometer von der Hauptstadt entfernt liegt, benötigen wir zweieinhalb Stunden für die Fahrt. Auf den Straßen überall tiefe Löcher. Sie stehen voll Wasser und müssen von den Autofahrern umkurvt werden. Je höher wir kommen, desto weniger Autos begegnen uns. Die leicht geschwungenen Höhenzüge liegen in Sonne und Schatten in einem tiefen Grün. Hinter uns bildet sich ein Regenbogen. Ein schmaler vielfarbiger Glücksbogen spannt sich im Abendlicht über diese faszinierende Landschaft. Wir halten an. Auch die kleine Mariam ist begeistert von dem Naturschauspiel.

In Manglissi biegen wir von der Hauptstraße ab. Dato muss immer wieder aussteigen, um zu prüfen, ob der alte Opel auch das nächste Schlagloch noch überleben wird. Jewgeni und Irena überraschen wir mit unserem Besuch. Ihr Telefonanschluss funktioniert schon seit Längerem nicht mehr. Gulias Vater trägt alte verschlissene Kleider, eine Wollmütze und eine viel zu große, dicke braune Hornbrille. Nach der Begrüßung zieht er sich schnell um, und danach ist er kaum wiederzuerkennen. Frisch rasiert, gemusterter blauweißer Pullover. Die Brille hat er abgenommen. Bald ist auch die Organisation des Essens besprochen. Gia und Jewgeni werden draußen auf dem Grill Schaschlik-Spieße zubereiten. Ich helfe Irena in der Küche. Sie trägt einen rosa Kittel mit Mustern über ihrem dunklen Pullover und hat ein breites schwarzes Stirnband mit hellen Punkten um die Haare. Sie schaut mich mit ihren wachen braunen Augen an. Was soll ich erzählen, sagt sie. Es gibt viele Probleme, natürlich, vor allem mit dem Strom und nur selten wird Brot gebacken und verkauft. Aber sie hätten keine Angst, hoffen, dass es bald besser wird. Sie würden alles überwinden. Es gibt natürlich sehr arme Leute in diesem Dorf, aber auch reiche. Reich ist, wer Schafe und Kühe hat, wer Käse hat. Das sind junge Leute, die auch auf dem Feld arbeiten können. Aber die Alten haben es schwer. Sehr wenig Rente hätten sie. Sie bekommt 11 Lari. Und Jewgeni 40 Lari. Und das reicht nicht zum Leben. Sie erhielten ihre Rente wenigstens pünktlich, weil ihre Pension aus Tbilissi kommt. Aber hier im Dorf haben manche schon seit drei Jahren keine Rente mehr bekommen. Fast alle seien arbeitslos. Alle arbeiteten zu Hause und auf dem Feld. Sonst gibt es nichts. Die jungen Leute sind fast alle in die Stadt gegangen. Kaum einer ist geblieben. Es wohnten auch sehr viele Griechen und Russen in Manglissi. Jetzt haben fast alle Russen Manglissi verlassen, und alle Griechen sind nach Griechenland ausgewandert. Ihre Häuser haben sie verschlossen.

Draußen brennt schon das Grillfeuer. Jetzt trifft auch das Kamerateam aus Tbilissi ein, das ich für zwei Tage gebucht habe. Am nächsten Morgen wollen wir das Interview mit Jewgeni Artimidze drehen. Eine Einstellung in seinem Garten und eine in seinem privaten Museum, ein Zimmer in seinem Haus, nur zum Aufstand im April 1945 auf der Insel Texel.

Mamuka, der Kameramann, hat mit seinem Freund Artschil vor einigen Monaten ein Filmstudio gegründet. Er erzählt mir in sehr gutem Deutsch, dass er als professioneller Kameramann sechzehn Filme gedreht habe. Dazu noch einige kurze Filme. Kurzfilme seien in Georgien sehr populär. Als die Abteilung Film nach der Unabhängigkeit aufgelöst wurde und es kein Geld mehr gab, habe er Werbefilme gedreht und mit Journalisten zusammengearbeitet. Jetzt drehen sie auch für Fernsehproduktionen. Für eine russische Filmgesellschaft haben sie über ein Jahr Sendungen zu Autorennen gedreht, die den Automobilsport populär machen sollen.

Gia steckt Fleisch und Paprikastücke auf die Spieße. »Komm, komm, mein Freund«, sagt Jewgeni auf Deutsch zu mir. Ich frage ihn, wie sich das Leben für ihn verändert habe nach meinem Besuch 1992. Damals sei Krieg gewesen. Der Konflikt mit Abchasien. Der ist jetzt vorbei. Wir leben nur mit Mühe und Not. Meist essen wir nur Kartoffeln und Bohnen. Fleisch ist zu teuer, und sie selbst haben keine Kühe oder Schafe. Es habe sich nicht viel verändert, seitdem die russische Armee Manglissi verlassen habe. Nach der russischen kam die georgische Armee. Er legt seine Hand auf meinen Arm und sagt mit sehr gewichtiger Stimme, dass Schewardnadse ein sehr einflussreicher Mann sei. Er mache alles für Georgien, habe eine sehr große Autorität in der Welt, er wird Georgien vor der Armut und der ökonomischen Krise retten. Mit zwei Händen würde er ihn wählen. Etwas leiser sagt er, dass er an Schewardnadse geschrieben habe, in welch schwieriger Situation er und seine Frau seien, nur wenig Rente bekommen und sehr arm wohnten. Und das alles, obwohl er sich im Krieg Verdienste für seine Heimat erworben habe. Wenn man ihm nicht helfe, würde er nach Texel reisen und sich auf dem dortigen georgischen Friedhof am Grab seiner gefallenen Kameraden das Leben nehmen. Darüber seien sie sehr erschrocken gewesen, und hätten ihm geantwortet, dass sie Sponsoren für ihn suchen werden, um ihm zu helfen.

Später beim Essen erzählt mir Mamuka, dass er im Deutschen Fernsehen in eine Sendung eingeladen worden sei. Es ging um Kinder aus den ehemaligen Sowjetrepubliken, die an Tumoren leiden, ohne ärztliche Hilfe zu bekommen. Sein Sohn habe daraufhin medizinische Hilfe erhalten und aus einem dafür eingerichteten Fond auch noch Geld für die spätere Nachsorge. Deshalb fliege er in der nächsten Woche mit seiner Frau und seinem Sohn nach Frankfurt am Main.

Wir trinken Rotwein und Tschatscha. Schnell wird es laut und lustig, bei den Trinksprüchen oft auch pathetisch. Ich bin erstaunt und verzaubert von dem deutschen Volk, wie arbeitsam und klug die Deutschen sind, mit so viel Herz. So kennen wir das deutsche

Volk, sagt Gia und spielt dann auf der Tschonguri, einer viersaitigen Laute, Dato singt in hoher Tonlage. Der nächste Trinkspruch kommt von Artimidze: Ich bin kein Politiker, aber ich will sagen, ein Georgier wie Stalin teilte Deutschland in zwei Teile, aber ein zweiter Georgier, Eduard Schewardnadse, hat Deutschland wieder vereint.

Der achtzigjährige Jewgeni nimmt die Tschonguri und spielt ein Lied, das sie einst in deutscher Gefangenschaft sangen. Sie träumten davon, in Georgien zu sein und alles das zu essen, was die Heimat ihnen böte. Als es schon sehr spät ist, greift Jewgeni noch einmal zum Instrument und singt mit gebrochener Stimme, ganz allein, alle Strophen von »Suliko«, was auf Georgisch »Seele« bedeutet. Es sei das Lieblingslied Stalins gewesen, sagt er.

Am nächsten Morgen stehe ich früh auf und mache einen Spaziergang durchs Dorf. Die Straßen sind matschig, große Pfützen überall. Es hat geregnet in der Nacht. Klapprige Lkw nach sowjetischer Bauart, beladen mit Stallmist, stehen an der Straße. Ich gehe zum Kurpark von Manglissi. Beobachte einen Buntspecht, der mit dem Schnabel die Rinde einer Tanne bearbeitet. Etwas weiter jagen sich zwei Eichhörnchen den Baum hoch und runter. In der Ferne ruft ein Kuckuck. Überall auf den Straßen und auch im Park laufen Hühner, Schweine und Gänse frei herum. Auch in Tbilissi, auf den Balkonen der Hochhäuser, hat Gulia erzählt, halten sich die Leute Hühner und sogar Schafe. In einem der ehemaligen Kurhotels von Manglissi sind die Fensterbalken herausgeschlagen, das Haus verfällt. Die Leute aus dem Dorf haben es geplündert, erzählt Irina später beim Frühstück. Gulia sucht mich. Wir gehen die matschige Straße hinauf. Ein alter, umgebauter Anhänger eines Militärfahrzeuges steht ohne Räder auf einem Grundstück. Die Tür ist geöffnet, eine Frau sitzt hinter einer Theke. Ein paar Regale, nur wenig Waren.

Es sei nicht leicht gewesen, diesen Kiosk zu eröffnen, weil man für alles Geld braucht. Wir haben eine Kuh verkauft und mit dem Geld diesen kleinen Wagen erworben. Es gibt hier keinen Supermarkt, nur ein paar kleine Kioske. Wir fahren nach Tbilissi, kaufen dort auf dem Markt alle Waren ein, bringen sie nach Manglissi und verkaufen sie wieder. Es bleibt wenig übrig. Wir halten Kühe, davon leben wir. Wenn jemand etwas kaufen möchte und er hat kein Geld, dann geben wir ihm trotzdem, was er braucht, und er bezahlt später. Wir kennen die Leute.

Du siehst, sagt Gulia, alle versuchen ein bisschen »Business« zu machen, vor allem die Frauen. Wir gehen weiter zur alten Dorfkirche aus dem 17. Jahrhundert. Auch zur Zeit des Kommunismus gingen die Georgier in ihre Kirchen. Fast alle ließen ihre Kinder taufen. Die Dorfkirche ist verschlossen. Dahinter liegt ein kleiner Friedhof. Auf dem Grab stehen Fotos von Soldaten in voller Größe. Junge Männer aus dem Dorf, die während des Krieges in Abchasien ums Leben kamen. Dieser Krieg sei eine Katastrophe für Georgien, sagt Mamuka, als wir zum Haus zurückkommen. 250.000 Georgier flüchteten aus Abchasien. Viele leben noch immer in den großen Hotels in Tbilissi. Auch seine Cousine aus Abchasien lebe in einem dieser Hotels. Und ihr Nachbar sei ein Koch Stalins gewesen.

STALINS KOCH AUS RATSCHA

Am späten Nachmittag fahre ich mit Mamuka zum »Hotel Adjara«. Im neunten Stock lebt Aljoscha Tschichradze aus Gagra am Schwarzen Meer. Das Zimmer teilt er mit seiner Tochter und seinem Enkel. Zwei Herzinfarkte hat er hier in Tbilissi überlebt. Stalins Koch spricht leise und sehr langsam. Ich war nicht immer bei ihm, beginnt er sich zu erinnern. Aber wenn Stalin mit irgendwelchen Delegationen nach Gagra kam, brauchte er jemanden, der gut kochte. Da hat er mich angerufen. Das war in den letzten Jahren seines Lebens. Stalin selbst sprach mit mir am Telefon, sagte, woher bist du? Ich antwortete, ich bin aus Ratscha, das ist in Westgeorgien. Und dort kochen alle sehr gut. Und als ich ihm das sagte, antwortete er, ja ich weiß, dass die Leute aus Ratscha sehr gut kochen können. Dann hat er mir angeboten, für eine polnische Delegation zu kochen. Bis zum Krieg wohnte ich in Gagra in einem eigenen Haus, das ich von der Regierung bekommen hatte. Es war ein großes Haus. Ich wohnte dort mit meinen Kindern. Doch als der Konflikt mit den Abchasen begann, kamen einige Leute vom KGB und sagten, du musst nach Tbilissi gehen, es ist hier zu gefährlich. Ich fuhr nach Tbilissi, und seitdem bin ich hier. Aber ich hoffe, nach Gagra zurückkehren zu können. Ich habe dort meine Frau beerdigt, und auch mein Sohn wohnt dort. Ich habe elf Enkel und muss unbedingt dorthin zurück.

Auf dem Flur spielen Kinder. Ein Mann spricht mich an. Er drückt mir die Hand, und wir gehen in ein anderes Zimmer. Die Familie, die hier wohnt, kommt ebenfalls aus Gagra in Abchasien. Die Frau soll mit mir sprechen. Sie trägt eine rosa Bluse und einen bunten Rock, hat die Haare streng nach hinten gekämmt und zu einem Zopf geflochten. 1992, erzählt sie, wurde die Situation in Abchasien immer verwirrender. Mein Sohn war einundzwanzig Jahre alt und hat an dem Krieg zwischen Abchasen und Georgiern teilgenommen. Er ist verschwunden. Ich habe ihn verloren. In Gagra hatte ich viele Gäste im Haus. Es waren auch Flüchtlinge darunter aus anderen Dörfern, die die Abchasen schon erobert hatten. Ich selbst stamme aus Gagra, habe dort ein schönes Haus gehabt. Und diese Flüchtlinge, meine Verwandten, saßen bei uns und wollten nach Sotschi fahren. Sotschi liegt nicht weit entfernt in Russland. Sie fuhren ab, und ich blieb zurück mit vier Kindern und meinem Mann. Und mein Mann sagte, ich nehme die vier Kinder, der älteste war ja im Krieg, und ich gehe auch nach Sotschi. Und später komme ich zurück und hole dich ab. Aber mein Mann konnte nicht zurückkehren, ich blieb allein, und die Abchasen waren schon in der Stadt. Es gab viele Tote. Die Leute lagen tot auf der Straße. Mein Sohn wollte mich sehen, traf mich allein zu Hause an, und sagte, komm, ich helfe dir, die Stadt zu verlassen. Wir gingen aus dem Haus, aber ich wurde angeschossen, in beide Beine, fiel auf die Straße und lag dort. Seit diesem Tag habe ich meinen Sohn nicht wiedergesehen. Und ich weiß auch nicht, ob es Georgier oder Abchasen waren, die ihn nach Gautra, das ist abchasisches Gebiet, gebracht haben. Wir hatten ein gutes Verhältnis zu den Abchasen. Ich konnte mir nicht vorstellen, dass sie solch einen Hass auf uns haben. Ich habe viele abchasische Verwandte. Die Frau meines Bruders ist Abchasin. Es gibt viele gemischte Familien bei uns.

darüber gebaut. Hier sei eine besondere Energiequelle, aus der die Georgier sehr viel Kraft schöpften. Ein kleiner See mit Salzwasser unterhalb des Gipfels unterstreicht noch die Besonderheit dieses Ortes. Es sei eine der wichtigsten Kirchen der Welt. Um ihr Heiligtum auch während der Kämpfe im Tal gegen die Besetzer der Perser oder Türken besuchen zu können, so sagt es die Legende, habe man einen Tunnel bis in die alte Stadt Mzcheta zur Swetizchoweli-Kathedrale, dem heutigen Sitz des Patriarchen Ilias II., gebaut. Von Ilias II. habe sich Schewardnadse nach seiner Rückkehr von Moskau nach Georgien taufen lassen. Der Kommunist ist in den Schoß der Kirche zurückgekehrt. Mit Ilias II., der 1977 zum Patriarchen der Georgisch Orthodoxen Apostelkirche gewählt wurde, und dessen Macht und Einfluss in Georgien immer weiter stieg, hatte Schewardnadse so einen wichtigen Verbündeten gefunden.

»DIE ALTE ZEIT WIRD NICHT ZURÜCKKEHREN«

Abends begleite ich Gulia beim Einkaufen. Zuerst gehen wir in ein kleines Geschäft, das die unterschiedlichsten Waren anbietet. Es ist ein Familienbetrieb. Gulia kennt den Chef des Ladens. Unser Leben war früher besser, erzählt er, ich hatte einen guten Posten, habe gut verdient. Auch die anderen Familienmitglieder. Meine Frau arbeitete an der Universität als Englischlehrerin. Und auch meine Tochter hat die Universität absolviert und gearbeitet. Früher waren die Lebensmittel billig, unser Einkommen reichte aus. Es war ein ruhiges Leben. Jetzt ist es hart und anstrengend. Die alte Zeit wird nicht zurückkehren, aber wir hoffen, dass das Leben etwas leichter wird. Ich habe das Geschäft schon seit einem Jahr. Vorher habe ich in einer Ölkompanie gearbeitet, auch im Handelsministerium. In Tbilissi gibt es einen Großmarkt, da kaufen wir unsere Waren ein. Der Laden wirft nicht sehr viel ab, etwa 500 Lari im Monat. Davon leben fünf Personen. Ich, meine Frau, meine Tochter und zwei weitere Familienmitglieder. Wir leben normal. Die Räume haben wir gekauft und müssen sie abbezahlen. Früher wurden hier Zeitungen gedruckt. Wir verkaufen Getränke, verschiedene Weine, Liköre, Schokolade, Konserven, Spielzeug für Kinder, Kosmetikartikel und Waschmittel. Unsere Waren beziehen wir aus Deutschland, Holland, Frankreich, Bulgarien und Polen. Aber auch aus Georgien. Zum Beispiel Milchprodukte wie Käse oder Quark. Es wird wenig gekauft, weil die Leute nicht so viel Geld haben. Nur wenn sie gerade ihren Lohn oder ihre Pension bekommen, ist es etwas belebter. Aber es gibt eine Schicht in der Gesellschaft, die Geschäfte mit Alkohol macht, sehr große Geschäfte, auch mit Zigaretten und Benzin. Ich selbst kam in diese Bereiche nicht hinein, weil man es nicht zuließ. Aber auf die Frage, wer diese Leute seien, bleibt auch er mir die Antwort schuldig. Es sei eine Mafia, niemand wisse genau, wer dahinterstecke. Wir gehen auf die andere Straßenseite zu den kleinen Kiosken. Meist sind sie aus Holz, die komfortableren gleichen kleinen Containern. Vor ihren Ständen warten die Frauen auf Kundschaft, oft stehen sie von morgens bis spät in die Nacht hier. Gulia spricht einige an. Sie lachen, wollen nicht mit mir sprechen. Aber eine der Frauen kommt auf mich zu, und fängt an zu erzählen. Seit einem Jahr hat sie diesen Kiosk. Wir verkaufen hier Obst und Gemüse, und das meiste haben wir auf dem Markt gekauft. Ich habe zwei Kranke zu Hause. Für Brot und etwas zu essen reicht das Geld. Vier Familienmitglieder müssen davon leben. Ich habe die Hochschule absolviert und in der Wirtschaft gearbeitet. Als Buchhalterin. Ich verdiente 200 Rubel pro Monat, und auch mein Mann und meine Tochter arbeiteten. Meine Tochter ist Ärztin, so wie meine Mutter auch. Alles war normal.

Es scheinen besonders die Frauen zu sein, die aktiv werden. Neben ihrem Haushalt versuchen sie, mit einem kleinen »Business«, die Familie zu versorgen. Am nächsten Morgen treffe ich die Publizistin und Vorsitzende des »Kaukasischen Hauses« in Tbilissi, Naira Gelaschwili, und frage sie, ob mein Eindruck richtig sei.

Ja, Sie haben vollkommen recht. Die Frauen versuchen ihre Familien zu retten. Sie verkaufen, sie kochen, sie stricken, sie nähen, sie machen alles, sie backen und verkaufen ihre Produkte. Sie fahren in die Türkei, kaufen dort ein und verkaufen es hier. Das »Kaukasische Haus« ist ja eigentlich auch eine Frauenorganisation. Hier sind fast nur Frauen. Die Friedenspolitik wird von Frauen gemacht. Die Frauen sind hier viel stärker engagiert als die Männer. Es ist sehr leicht, einen Krieg zu beginnen, das haben wir ja erlebt. Aber einen dauerhaften Frieden zu ermöglichen, verbrannte Brücken von Neuem aufzubauen, das ist schwer. Aber das versuchen wir. Die anderen zerstören und wir versuchen, alles wieder aufzubauen, sagt Naira Gelaschwili. Von wem wird das »Kaukasische Haus« geführt? Formal ist es eine staatliche Organisation. Wir bekommen sehr niedrige Monatsgehälter von der Regierung. Ohne Unterstützung der Heinrich-Böll-Stiftung und dem Kulturkreis der Deutschen Industrie ginge es nicht. Das Haus hat eine große historische und kulturelle Bedeutung. Es ist dreistöckig und liegt ja mitten im Zentrum der Stadt, ist aber sehr alt und zerfallen. Deshalb soll es jetzt mithilfe einer holländischen Stiftung restauriert werden. Kommen Sie, wir machen eine kleine Führung durch das Haus. Es gehörte früher dem russischen Adligen Smirnow. Und dieser Smirnow war das Enkelkind der berühmten Russin Smirowa-Rossetti aus dem 19. Jahrhundert. Sie war sehr gebildet und sehr schön, beherrschte viele Sprachen und stand im Briefwechsel mit berühmten europäischen Persönlichkeiten. Sie lebte in St. Petersburg. Ihre nächsten Freunde waren Puschkin, Gogol, Lermontov und Alexander Stern. Ihr wurden viele Gedichte gewidmet. In St. Petersburg hatte sie einen berühmten literarischen Salon und eine wertvolle Bibliothek. Nachdem sie gestorben war, zog ihr Sohn nach Tbilissi und nahm alle wertvollen Dinge mit, die sie bis heute hier sehen können. Das Haus war immer ein Zentrum des geistigen Lebens in Tbilissi. Große Persönlichkeiten kamen hierher. Puschkin, Tschaikowski und Rubinstein. Drei Generationen der Smirnows haben hier gelebt. Und der letzte Smirnow war Mitarbeiter unserer Organisation, des Kollegiums der Übersetzer. Er vermachte der Organisation das Haus. Im Testament stand, ich schenke alles, was ich habe, dem georgischen Volk und dieser Organisation als Zeichen meiner großen Dankbarkeit.

1993 hat Naira Gelaschwili das Buch »Georgien – ein Paradies in Trümmern« geschrieben, das auch in Deutschland großen Anklang gefunden hat. Die Übersetzerin und Schriftstellerin ist eine sehr engagierte Frau und sagt, was sie denkt. Die arm sind und arm waren, werden noch ärmer. Die reich sind, werden noch reicher, das ist die Situation in Georgien. Es sind einmal die Leute, die schon in der Sowjetzeit reich geworden sind. Und dann eine neue Schicht, die mit Öl und Spirituosen ein Vermögen angehäuft hat. Die Mafia, wie man bei uns sagt, die keine Steuern bezahlt. Jeder weiß, dass Georgien enorme Kredite erhalten hat, allein 200 Millionen Deutsche Mark. Aber wenn man nachfragt, wohin ist das Geld geflossen? In die Landwirtschaft? Wenn es in die Landwirtschaft investiert worden ist, warum passiert denn dort nichts. Warum ist alles so teuer geworden? Warum geht es den Bauern so schlecht, und warum gibt es keine landwirtschaftliche Technik in den Dörfern? Also, das Hauptübel in den postsowjetischen Ländern ist die Korruption, die ungeheure Ausmaße angenommen hat. Das Geld aus dem Ausland verschwindet in privaten Taschen. Und wenn die Korruption total ist, dann kann auch kein Präsident etwas dagegen tun. Das Volk habe Schewardnadse zwei Mal zum Präsidenten gewählt. Aber jetzt sind die Menschen enttäuscht, dass es ihnen immer noch nicht besser geht.

Viele Menschen in Georgien beklagen die mafiösen Strukturen. Ich habe in den letzten Tagen immer wieder gehört, dass Schewardnadses engste Verwandte ein Teil der Mafia seien. Sein Familien-Clan soll am Benzin- und Spirituosenimport verdienen. Wird Schewardnadse das nur von den Menschen zugeschrieben, weil sie sauer sind, dass ihr Leben sich nicht zum Besseren verändert?

Es sei eine Tatsache, sagt Naira Gelaschwili, dass seine Verwandten daran beteiligt sind. Aber Mafia ist Mafia, und Korruption ist Korruption, und Schewardnadse kann seine Verwandten nicht kontrollieren, die Korruption nicht bremsen, egal wer daran beteiligt ist. Das sei das eigentliche Problem.

»DAS GEORGISCHE BIER WIRD EBENSO GUT SEIN WIE DEUTSCHES BIER«

Am nächsten Tag fahre ich mit Gulia und Dato, ihrer Tochter Mariam, Giorgi und natürlich Gia, unserem Opelbesitzer, noch einmal zu Datos Eltern nach Chaschmi in Ostgeorgien. Eingekauft haben Gia und Gulia bereits. Nur vor einer Brauerei wird noch kurz gehalten, um frisch gezapftes georgisches Bier zu kaufen. Vor der Mauer der Brauerei sitzen Frauen und bieten für ein paar Tetri alte Limonadenflaschen als Bierbehälter zum Kauf an. Ein paar Straßen weiter steigt auch noch Lika in den Opel. Der Gast darf wie immer vorne sitzen. Hinten wird es sehr eng. Etwas außerhalb von Tbilissi macht mich Dato auf eine Baustelle aufmerksam. Georgier bauen gemeinsam mit Franzosen eine neue Brauerei, weil es hier besonders gutes Wasser geben soll. Und dann, sagt Dato lachend, wird das georgische Bier ebenso gut sein wie das deutsche. Wir fahren wieder durch Kachetien. Jetzt im Mai ist alles satt grün, das Wetter angenehmer als im November vor sechs Jahren.

Noschrewan Kokraschwili, Datos Vater, finden wir bei den Kühen. So klein hatte ich ihn nicht in Erinnerung. Ein stämmiger Mann mit Schnauzbart, er trägt eine graue, runde Kappe auf dem Hinterkopf, wie sie viele alte Männer in den Dörfern tragen. Seine Frau, Guguli, sei im Haus. Schon lange sei sie herzkrank.

Kann man als ehemaliger Schuldirektor melken? Ja, lacht er, wir hatten auch früher schon Kühe. Wir leben auf dem Dorf. Da müssen Kühe in der Familie sein. So haben wir viele Milchprodukte und können etwas zu den Kindern nach Tbilissi schicken. Noch habe ich einen Vertrag als Hilfsarbeiter in einer Ölgesellschaft, aber wenn der ausläuft, werde er arbeitslos sein. Früher schickte man das geförderte Öl nach Batumi, und dort wurde es weiterverarbeitet. Jetzt soll das Öl hier in einer Raffinerie vor Ort weiterverarbeitet werden. Ein gemeinsames Projekt von Georgiern und Amerikanern. Als Schuldirektor habe er 300 Rubel verdient. Ein sehr guter Lohn. Jetzt in der Ölgesellschaft bekomme er 100 Lari. Rente nur 11 Lari. Deshalb muss er arbeiten. Denn 11 Lari reichen keinesfalls.

Datos Mutter benötigt teure Medikamente. In der Sowjetunion waren sie kostenlos. Jetzt versucht die Regierung, eine Krankenversicherung aufzubauen. Doch bis es so weit ist, muss jeder alles selbst bezahlen. Wer kein Geld habe, sagt Gulia, der müsse heute sterben.

Inzwischen ist es dunkel geworden. Gia grillt Fische. Lika und Gulia bereiten bei Kerzenschein in der Küche Salate zu. Datos Mutter ist aufgestanden und sitzt bei ihnen im Dunkeln. Strom gibt es weiterhin nur noch selten im Dorf. Später sitzen wir vor dem Haus um eine Petroleumlampe herum. Dimitri Otiaschwili, der Bauer von nebenan, ist mit seinem kleinen Sohn gekommen und isst mit uns. Datos Vater eröffnet die Tafel mit einem Trinkspruch. Ich frage Dimitri, der während der Sowjetzeit als Buchhalter in der Genossenschaft gearbeitet hat, wie die Privatisierung der Landwirtschaft nach der Unabhängigkeit Georgiens vor sich ging.

Zuerst war alles sehr verwirrend. Wir wussten nicht, was Privatisierung für uns bedeuten würde. Wir wussten nicht genau, wer sie durchführt. Irgendeine Gruppe hat es gemacht, eine mafiaähnliche Gruppe, während der Zeit, als Gamsachurdia Präsident war. Aber es war keine richtige Privatisierung. Sie haben das Land irgendwie geteilt. Es war das Land meines Großvaters. Davon habe ich nach der Privatisierung einen halben Hektar bekommen. Allen gab man so viel. Am Anfang arbeitete ich allein, jetzt hilft mir meine Frau. Wir haben nur einen kleinen Traktor. Es gibt auch größere Höfe. Und es gibt dort große Traktoren und Landwirtschaftsmaschinen, die auch vermietet werden. Aber wir machen noch sehr vieles mit der Hand. Gemüse und Obst, doch in erster Linie Weinanbau. In unserem Dorf wird ein besonders guter Rotwein angebaut. Wir wollten auch Getreide anbauen, aber dafür braucht man mehr Land, mindestens einen Hektar, und so viel haben die wenigsten. Ich hatte Glück, vor einiger Zeit noch zusätzliches Land zu bekommen. Also baue ich seit letztem Jahr auch Korn an, und wir haben endlich gutes Mehl.

Ich frage Dimitri, ob die Bauern ihre Produkte auf dem Markt verkaufen.

Früher konnten wir unsere Produkte verkaufen. Heute gibt es zu viele, die etwas anbieten, sodass die Preise auf dem Markt sehr niedrig sind. Daher verbrauchen wir das, was wir anbauen, selbst. Weintrauben und Schnaps, den wir selbst brennen, verkaufen wir. Wir haben auch Vieh und verkaufen ein paar Milchprodukte, weil die Leute wissen, dass es sehr gute und saubere Produkte sind.

Die größten Hoffnungen setzen die meisten Georgier zurzeit auf eine Erdölpipeline. Ein Teil des kaspischen Öls aus Aserbaidschan soll durch Georgien zum Schwarzen Meer geleitet werden. Und die Transitgebühren, davon sind alle überzeugt, werden für den Wiederaufbau der georgischen Wirtschaft sorgen. Und in Poti am Schwarzen Meer würde dann ein großer Ölhafen entstehen und vielen Menschen Arbeit geben.

Auf der Rückfahrt ist es sehr still im Auto. Die kleine Mariam schläft. Als wir Tbilissi erreichen, werden wir von einer Straßenpatrouille gestoppt. Dato steigt aus und geht zu dem Polizisten. Gia bleibt im Auto sitzen. Dato scheint mit dem Beamten zu verhandeln, und ich sehe, wie er ihm Geld gibt. Dann kommt er zurück. Ich frage, warum wir angehalten wurden. Gia sei doch nicht zu schnell gefahren. Es gebe keinen Grund. Das sei normal in Georgien. Man muss bezahlen, sonst bekomme man Ärger. Gulia regt sich darüber furchtbar auf. Verbrecher seien das, keine Polizisten. Nachdem sie sich wieder beruhigt hat, frage ich Gulia nach der Einwohnerzahl der georgischen Hauptstadt. So um eine Million, antwortet sie, und das, obwohl sehr viele Armenier, Aserbaidschaner und Russen Tbilissi nach der Unabhängigkeit Georgiens verlassen haben. Doch die Einwohnerzahl sei in jüngster Zeit wieder um 200.000 gestiegen, weil viele Flüchtlinge aus Abchasien kamen und viele junge Leute die Dörfer verlassen hätten, in der Hoffnung auf ein besseres Leben in der Stadt.

Am nächsten Morgen klingelt mehrere Male das Telefon. Gulias Gesicht verändert sich, und ihre Stimme wird bei jedem Anruf lauter. Die Frau der reichen Familie aus der Nachbarschaft rief an. Sie will das kostbare Krummschwert zurückhaben. Gulia hat es für 1.000 Dollar verkauft und will die ihr zustehenden zehn Prozent Provision haben. Doch auf einmal ist der Frau der Preis zu niedrig. Sie verlangt 500 Dollar mehr. Gulia ist außer sich und knallt den Hörer auf die Gabel. Was wirst du nun machen?, frage ich sie. Das Schwert zurückholen, was sonst! Und dann bereitet sie weiter das Frühstück zu.

Es ist mein letzter Tag im Mai 1998 in Tbilissi. Ich fahre mit Dato noch einmal auf den Rustaweli-Prospekt. In der Nähe der Wohnung hält ein Kleinbus, ein Marschrutka. Der Fahrer lacht mich an, als er hört, dass ich aus Köln komme. Da habe er seinen kleinen Bus günstig gekauft. Auf der Geschäftsstraße trifft er auf die Konkurrenz der staatlichen elektrischen Linienbusse. Wir bezahlen einen Lari und steigen aus. Es hat geregnet. Tief hängende Wolken drücken die Abgase der alten Lkw, Busse und Pkw nach unten. Nach einer halben Stunde kehren wir in eine Bar ein, und Dato bestellt zwei Grolsch, holländisches Bier. Er ist schockiert, als wir dafür 10 Lari bezahlen müssen, acht mehr als für georgisches Bier. In zwei Stunden sind wir mit Nino Ketschakmadse verabredet. Sie arbeitet seit einem Jahr bei der »Kaukasischen Post«, einer wiederbelebten deutschsprachigen Zeitschrift, die Anfang des Jahrhunderts für deutsche Kolonisten in Kaukasien gegründet wurde. Dato hat für die Zeitschrift, unentgeltlich wie alle Autoren, einen Artikel über die Menschen in den kaukasischen Dörfern geschrieben. Es gäbe dort sehr viele kaukasische Sprachen. Heute würde man versuchen sie zu erhalten und zu pflegen, damit nicht noch mehr Sprachen verschwinden und aussterben. Und man versucht, die kaukasische Volkskunst wiederzubeleben. Die kaukasischen Völker würden sich untereinander immer weniger kennen. So wird das Fremde immer mehr als das Feindliche wahrgenommen. Die Fremdheit soll durch Information und Bildung überwunden werden, um Kriege zu verhindern.

Wir haben noch Zeit und gehen in eine georgische Gastwirtschaft. Dato bestellt eine Spezialität aus den Bergen, Chinkali, Teigtaschen mit saftiger Hackfleischfüllung, sehr scharf gewürzt, und dazu trinken wir dieses Mal georgisches Bier. Dann suchen wir das etwas versteckt liegende Domizil der »Kaukasischen Post« in einem Hinterhof auf. Ziel ihrer Zeitschrift sei es, sagt Nino, Besuchern, die nach Georgien kommen, die heutige Situation des Landes objektiv zu schildern. Jedes Heft habe ein Schwerpunktthema. Die monatlichen Hefte erscheinen aber nicht immer pünktlich, so wie es sich Nino und ihre beiden Mitarbeiterinnen wünschten. Es kann sein, dass es keinen Strom gibt, besonders im Winter haben wir dieses Problem. Und ohne Strom kann man natürlich nicht am Computer arbeiten. Dann sitzen wir bei Kerzenschein zusammen und warten auf Strom. Die Seiten der Zeitschrift werden auf Visograph vervielfältigt. Und im Büro schneiden, binden und heften sie die einzelnen Exemplare. Alles in Handarbeit.

Nino ist vierundzwanzig Jahre alt. Als junges Mädchen hat sie den Bürgerkrieg in Tbilissi erlebt. Das habe sie und ihre Schwester sehr geprägt. Ich werde diesen Schockzustand nie vergessen, sagt sie, als sie und ihre Schwester von Kanonengeschoss wach geworden seien. Sie sahen aus Richtung des Regierungssitzes Rauch aufsteigen. Da wussten sie, dass etwas Schlimmes passiert sein musste. Am Vorabend ahnten sie nicht, was kommen würde, obwohl sich die Leute beschimpften und manche auch mit Steinen geworfen haben. Und sie könne auch die Gesichter der Menschen nicht vergessen, als sie rausgingen, um zu verstehen, was passiert. Es gab ja keinerlei Information, weder im Fernsehen, noch im Radio, alles war tot. Und dann, ein paar Hundert Meter weiter vor diesem Kriegsschauplatz standen die Leute, Frauen, Männer und Kinder. Verbissene Gesichter. Keiner konnte glauben, was er sah. Und danach wurde es ja noch schlimmer. Es herrschte eine große Kriminalität, fast jeder lief mit einer Waffe herum, und keiner habe sich mehr getraut, nach 17 Uhr auf die Straße zu gehen. Wie sieht Nino im Mai 1998 ihre Zukunft in Georgien? Von Natur aus sei sie ein sehr optimistischer Mensch, antwortet sie. Sie habe Glück, dass sie diese Arbeit habe, mit der sie sehr zufrieden sei. Es mache ihr Spaß. Auch wenn es finanziell nicht so gut ist, wie sie es gern hätte, so sei sie doch zufrieden, dass sie keine Hilfe von ihren Eltern benötige. Das Stadtbild von Tbilissi habe sich auch sehr verändert. Sehr viel frische Farbe sei hinzugekommen. Viele neue Geschäfte. Zwar können nicht alle dort einkaufen, aber immerhin, es sei besser als die leeren Geschäfte zuvor. Ich denke, sagt sie, dass die Zeit kommt, in der alles besser wird. Denke man nicht so, dann würde es schon schwierig.

Als wir uns verabschieden, fragt sie mich etwas schüchtern, ob ich bereit sei, für ihre Zeitung über den Aufstand der Georgier auf Texel zu schreiben. Sie könnten es als Fortsetzung drucken. Das würde sie sehr freuen.

GEORGIEN 2002

EDUARD SCHEWARDNADSE HÄLT AN SEINER MACHT FEST

Die georgische Botschafterin in Berlin hat Wolfgang Brod und mich mit dem Film »Die Nacht der Georgier – Erinnerung an ein vergessenes Massaker« nach Tbilissi eingeladen.[3] Wir fliegen gemeinsam mit anderen Filmemachern zum deutsch-georgischen Filmfestival. Das erste Mal sitze ich in einem Flugzeug der *Airzena*, der Georgian Airlines, von Frankfurt am Main nach Tbilissi. Die Georgian Airlines verfügt über insgesamt zehn Maschinen, fliegt mittwochs und samstags Frankfurt an. Wir fliegen über Bratislava Richtung Bulgarien, dann über das Schwarze Meer und den georgischen Hafen Sochumi in Abchasien nach Tbilissi. Vier Stunden dauert die Reise. Wegen der Zeitverschiebung von drei Stunden landen wir nachts um halb drei in Georgien. Es ist warm. Die Zollabfertigung läuft dieses Mal sehr zügig ab. Meine Reisetasche kann ich schon bald vom Förderband nehmen. Gulia und Dato winken mir von Weitem zu. Es ist ihnen unangenehm, dass wir mit dem Taxi fahren müssen, weil sie niemanden mit einem Auto fanden, der den Gast mit ihnen abholen könnte. Gias Opel hat inzwischen seinen Geist aufgegeben. Auf der Fahrt durch die Stadt zur Dolidze Straße fallen mir die neuen Spiel-Casinos auf. Gulia verdreht die Augen und winkt ab. Damit machen sie die Jugendlichen verrückt. Sie seien dumm und meinen, auf diesem Weg schnell zu Geld kommen zu können. Ihr Sohn Giorgi habe es jetzt glücklicherweise begriffen und versprochen, nicht mehr zu spielen. Auch gebe es große Probleme mit Drogen. Aber davon werde sie mir später erzählen, sonst würde Giorgi gleich mit ihr schimpfen, dass sie wieder sofort nach meiner Ankunft alle Probleme vor mir ausschütten würde.

Trotz der sehr späten Stunde hat Gulia etwas zu essen vorbereitet. Einen Salat und natürlich Chatschapuri. Wir stoßen mit einem Glas Rotwein an. Im Fernsehen läuft ein englischer Spielfilm. Eine Frauenstimme spricht die kompletten Dialoge des Films auf Georgisch über den englischen Ton. Ich übergebe meine Gastgeschenke. Auch Kerzen sind dabei, die wir jetzt gut gebrauchen können. Stromausfall. Der Stadtteil liegt im Finstern. Du wirst es nicht glauben, sagt Gulia, aber in diesem Winter hatten wir wochenlang kein Gas. Wir bezahlen für Gas, aber das Geld verschwindet. Sie geben das Geld nicht weiter, und die Lieferungen aus dem Ausland werden eingestellt. Und die Renten verschwinden ebenfalls. Monatelang blieben die armen alten Leute ohne Pension. Sie entschuldigt sich, dass sie jetzt doch schon wieder ihre Probleme vor mir ausbreite, aber das Leben in diesem Land werde immer schwerer. Was sollen wir nur machen? Gut, dass du dich trotzdem nach Georgien traust. Wir brauchen unsere Freunde. Auf die Freundschaft, prostet sie mir zu. Dato stimmt ein und setzt zu einem Trinkspruch an, über das lange freundschaftliche Band zwischen Deutschen und Georgiern.

Am nächsten Morgen frühstücke ich allein mit Gulia und bitte sie, mir von den Drogenproblemen in Georgien zu erzählen. Ach, es sei einfach furchtbar, wie viele junge Menschen ihr Leben damit ruinieren würden. Und keiner wüsste genau, wo das Zeug herkomme. Du kannst hier sehr viel Heroin kaufen. Viele sagen, es komme aus Russland. Statt der Waffen, mit denen die jungen Männer hier kurz nach der Unabhängigkeit herumliefen, die man auch sehr einfach kaufen konnte, wird unsere Jugend jetzt mit Heroin verseucht. Viele sind schon gestorben. Sie zerstören ihr Leben, sehen keine Perspektive für sich in Georgien. Die meisten sind arbeitslos und hängen auf der Straße herum. Zu Hause sitzen ihre Väter vor dem Fernseher und langweilen sich. Nur die Frauen machen »Business«, versuchen die Familie zu ernähren. Immer mehr Frauen gehen in die Türkei, um dort zu arbeiten, um so ihre Angehörigen zu ernähren oder ihren Kindern ein Studium zu ermöglichen. Sie arbeiten dort bei wohlhabenden Türken im Haushalt. Eine Freundin von ihr sei schon drei Jahre in Mersin am Mittelmeer. So hat ihre Familie ausreichend Geld zum Leben. Aber viele Männer verbieten ihren Frauen, in der Türkei zu arbeiten. Sie selbst jedoch bringen kein Geld nach Hause. Wovon sollen sie denn leben?

Nach dem Frühstück fahre ich zur Pressekonferenz ins Filmhaus, das im Gebäudekomplex der Akademie der Wissenschaft untergebracht ist, einem heruntergekommenen Monumentalbau. Georgien hat eine reiche Filmgeschichte, verfügt im Moment aber über keine nennenswerte Kinokultur. Amerikanische Filme werden für 12 Lari Eintritt in den beiden einzigen Kinos von Tbilissi gezeigt. Doch das kann sich kaum jemand leisten. Die Unabhängigkeit Georgiens und der Zusammenbruch der Wirtschaft, die eng an die

Sowjetunion gekoppelt war, führte über Nacht zum Zusammenbruch der georgischen Filmindustrie. Der georgische Film erlebte seine Blüte in den 1960er- und 1970er-Jahren. Politische Dokumentarfilme, Literaturverfilmungen und Filme zum Aufbruch im sogenannten Tauwetter nach Stalins Tod. Mit Leichtigkeit und Ironie umgingen die Filmemacher häufig die Zensur. Dabei wurde der Kurzfilm zur Visitenkarte. Der Prozess der Loslösung von Moskau begann mit der eigenständigen Ausbildung von Regisseuren am Theaterinstitut in Tbilissi in den späten 1970er-Jahren. Nach der Unabhängigkeit Georgiens verloren 3.500 hoch qualifizierte Beschäftigte, die in den riesigen Filmstudios arbeiteten, ihre Beschäftigung. Dazu gehörte auch Dato, der als Regisseur arbeitete. Heute gibt es in der Stadt nur noch einige private Produktionsfirmen, die in den ehemaligen staatlichen Hallen sitzen.

Gulia begleitet mich zum Filmhaus. In den nächsten vier Tagen werden die »Tage des deutschen Films« in Tbilissi stattfinden, die vom Filmbüro Nordrhein-Westfalen organisiert werden. Kurzfilme und Spielfilme werden gezeigt. Unser Dokumentarfilm bildet eine Ausnahme. In Berlin und in Köln wurde der Film bereits öffentlich gezeigt. Jetzt bin ich gespannt auf die Reaktion der georgischen Zuschauer. Mitarbeiter der georgischen Botschaft in Berlin hatten uns vorgewarnt. Sie seien überrascht von der objektiven Sichtweise des Films. Dies seien die Georgier nicht gewohnt. Dort seien die georgischen Aufständischen noch Helden. Nach dem Film, sagte eine Mitarbeiterin in Berlin zu mir, habe sie erst begriffen, worum es damals wirklich gegangen sei.

Gulias Vater Jewgeni war einer der Anführer des Aufstandes auf der Insel Texel 1945. Er war 1941 in deutsche Kriegsgefangenschaft geraten und rettete sich vor dem sicheren Hungertod, indem er die deutsche Uniform anzog und sich mit einem deutschen Bataillon an der Westfront in Holland stationieren ließ. Als die Sowjetunion gemeinsam mit den Alliierten kurz vor dem Sieg gegen die deutsche Armee standen, wussten er und seine georgischen Kameraden, dass sie sich bei ihrer Rückkehr in die Sowjetunion als Kriegsverräter zu verantworten hätten. Das bedeutete vermutlich den Tod. Um als Widerstandskämpfer gegen die Deutschen anerkannt zu werden, schlugen sie in einer Nacht im April los und ermordeten fast alle Deutschen ihres Bataillons mit Messer und Bajonett. Aber die Deutschen schlugen zurück, und die Insel Texel wurde zu Hollands letztem Schlachtfeld. 528 Georgier, 112 Texelaner und fast 2.000 deutsche Soldaten verloren ihr Leben, obwohl der Krieg eigentlich schon beendet war.

Einige Journalisten wollen wissen, warum ich mich nach mehr als fünfzig Jahren mit diesem Thema beschäftige. Ich erzähle, wie alles begann. 1986 ein Urlaub mit der Familie auf Texel. Die ersten Interviews für eine Radiosendung, dann ein Roman.

FILMFESTIVAL »TAGE DES DEUTSCHEN FILMS«

Am nächsten Tag soll unser Film gezeigt werden. Als ich mit Gulia im Filmhaus ankomme, ist der kleine Saal schon voll besetzt. Auch mit sehr vielen jungen Menschen. Kurz bevor die Aufführung beginnen soll, fällt der Strom aus, und alle strömen nach draußen, die meisten, um zu rauchen. Endlich, nach über einer Stunde, geht das Licht wieder an. Völlig entgegen meiner Befürchtung, dass der Film jetzt vor leerem Saal gezeigt würde, sitzen alle wie zuvor wieder auf ihren Plätzen und stehen an den Seitenwänden. Neben der Technik steht eine junge Frau mit einem Mikrofon. Sie ist Dolmetscherin und stellt mir noch ein paar Fragen zur Aussprache der Namen, die im Film genannt werden. Erst jetzt begreife ich, dass sie, während der Film laufen wird, den Film synchron ins Georgische übersetzen wird. Norbert Raffelsiefen, der als Journalist mit unserer Delegation von Deutschland nach Georgien gereist ist, schreibt später über diese Filmvorführung im Kölner-Stadtanzeiger: »Im völlig überfüllten Saal monieren die älteren Besucher lautstark die Berichte deutscher Zeitzeugen. Auf wenig Gegenliebe fallen auch die Stellungnahmen von holländischen Zeitzeugen im Film, die Sinn und Ziele des Aufstandes in Frage stellen. Doch um Schuldzuweisungen geht es den beiden Kölner Filmemachern gar nicht. Hier zeigt sich in einem Mikrokosmos noch einmal die ganze Grausamkeit des Krieges. In der anschließenden Diskussion

Fußgänger auf dem Rustaweli-Prospekt in Tbilissi, November 1992

Überfüllte Busse auf dem Rustaweli-Prospekt in Tbilissi, November 1992

Spuren des Bürgerkriegs auf dem Rustaweli-Prospekt in Tbilissi, November 1992

Ausgebranntes »Hotel Tbilissi« auf dem Rustaweli-Prospekt, November 1992

»Business« auf dem Rustaweli-Prospekt in Tbilissi, November 1992

Dolidze Straße 54, Tbilissi mit Straßenschlucht, November 1992

Treppe zu Gulias Wohnung in der Dolidze Straße 54, November 1992

Benzinverkauf an einem privaten Tankwagen an einer Ausfallstraße Tbilissis, November 1992

Gulia und Dato auf dem Markt in Tbilissi, November 1992

Landschaft in der Nähe des Kurortes Manglissi, November 1992

Gulia mit ihrem Vater Jewgeni Artemidze im Haus in Manglissi, November 1992

Datos Großmutter in Chaschmi in Kachetien, November 1992

Supra – Gastmahl zu Ehren des Freundes aus Deutschland, November 1992

»Hotel Iveria« am Platz der Republik in Tbilissi von georgischen Flüchtlingen aus Abchasien bewohnt, Mai 1998

Blick aus dem »Hotel Adjara«, im Hintergrund die Altstadt und der heilige Berg Mtsminda. Auch das »Adjara« war 1998 von georgischen Flüchtlingen aus Abchasien belegt, Mai 1998.

Marschrutkas, private Kleinbusse im öffentlichen Nahverkehr und auch Beförderungsmittel zwischen den Städten, Mai 1998

Seitenstraße in Tbilissi, Mai 1998

Dolidze Straße 54, eisernes Hoftor und Holztreppe zu Gulias Wohnung,
Mai 1998

Straßenläden von Frauen auf der Dolidze Straße, Mai 1998

Frauen verkaufen vor einer Brauerei leere Flaschen und kleine Plastikkanister für die vorbeikommenden Kleinkunden, Mai 1998

Auf dem Weg nach Chaschmi in Kachetien, Mai 1998

Dato mit Vater und Tochter in Chaschmi in Kachetien, Mai 1998

Datos Großmutter in Chaschmi in Kachetien, Mai 1998. Sie und ihr Mann wurden als Kulaken (Großbauern) enteignet, ihr Mann von der Geheimpolizei verschleppt, er kehrte nie zurück.

Straße zum Kloster David Garedschi. Anfang Mai 2002 fährt man in der Steppenwüste noch durch eine grüne Landschaft.

Fabrikruine in Rustawi, Mai 2002

Blick auf das Dschwari Kloster und die Kreuzkirche aus dem 7. Jahrhundert oberhalb der alten Hauptstadt Mzcheta an der Kreuzung von Heerstraße und Seidenstraße, 25 Kilometer von Tbilissi entfernt, Mai 1998

Straßenbusiness in Tbilissi, Mai 2002

würdigen gerade die jüngeren Zuschauer den Versuch einer ernsthaften Aufarbeitung der Ereignisse. Eine Studentin meint: ›Unsere Soldaten waren wohl weniger die offiziell propagierten Helden als einfach nur Menschen, die ihre Haut retten wollten.‹«

Nach der Vorführung bleiben fast alle im Saal, um über den Film zu diskutieren. Meist Jung gegen Alt. Als einer der alten Veteranen nicht aufhören will, uns für die Darstellung der Ereignisse und die Auswahl der Zeitzeugen zu beschimpfen, kommt Jewgeni Artimidze auf die Bühne, stellt sich an meine Seite und spricht ins Mikrofon. Er habe mir bei meinem ersten Besuch vor zehn Jahren nicht alles erzählen wollen, weil ich Deutscher sei, aber als ich das zweite Mal zu ihm nach Manglissi gekommen sei, habe er mich in sein Herz geschlossen und mir die Wahrheit erzählt. Und jetzt gehöre ich zu seiner Familie.

Nach der Veranstaltung flaniere ich mit Gulia über den Rustaweli-Prospekt. Links der Lärm der Autos und rechts neben den Geschäften das Rattern der Stromaggregate. Woher kommen die vielen Autos, wenn niemand Geld hat? Gulia lacht. Auch wenn nur wenige sich ein Auto leisten können, sagt sie, scheinen doch alle georgischen Männer eines zu besitzen. Aber schau sie dir an, meist sind es alte Autos aus Deutschland oder aus Holland. Auch ein kleines »Business«. Georgische Männer fahren zu Automärkten nach Westeuropa, kaufen dort alte Autos und bringen sie nach Georgien. Viel verdienen sie nicht daran, aber für sie lohnt es sich trotzdem. Alle paar Meter am Rand des breiten Fußweges unter den Bäumen sitzen private Händler, verkaufen Blumen, Gurken und Tomaten, Kurzwaren, Zigaretten und Getränke. Jeder hofft, am Abend ein paar Lari mit nach Hause zu nehmen, um wenigstens ausreichend Brot kaufen zu können. Mütter mit Säuglingen sitzen auf der Straße und betteln um ein paar Tetri. Vielleicht sind es Frauen aus den Hotels »Adjari« oder »Iveria«, in denen immer noch sehr viele Flüchtlinge aus Abchasien leben. Gulia steuert auf ein Kaufhaus zu. Sie möchte ein Medikament kaufen. Erfolglos. Wie so oft, sagt Gulia. Es ist schwül. Wir machen Rast an einem Straßenimbiss. Ich bestelle ein georgisches Bier und bezahle für ein großes Glas einen Lari, umgerechnet 50 Cent.

Gulia drängt zur Rückkehr. Auf der anderen Straßenseite können wir ein Marschrutka stoppen. Die Nummer dreizehn fährt zur Dolidze. Wir haben Glück und winken den Fahrer des zwölfsitzigen Kleinbusses an die Seite, ziehen die Schiebetür auf und steigen hinten ein. Die Fahrt kostet, egal wie weit und wohin, 40 Tetri. Es wird immer enger. Dicht gedrängt sitzen wir zusammen. Inzwischen sind es schon vierzehn Fahrgäste und trotzdem hält der Fahrer abermals. Zwei junge Mädchen mit einem Waffeleis steigen zu. Niemand beschwert sich. Das eine Mädchen nimmt das andere auf den Schoß. Sie lecken an den Erdbeer- und Schokoladenkugeln, unterhalten sich und lachen. Gulia beobachtet mich und lächelt mir zu. Als du das erste Mal hier warst, gab es noch keine Marschrutkas, die Busse waren überfüllt, wir mussten oft zu Fuß zum Rustaweli laufen.

Wir gehen die Dolidze entlang. Gulia wird von zwei Männern vor einem Wahlstand angesprochen. Im Juni sind Wahlen in Tbilissi, sagt Gulia und unterhält sich mit ihnen. Niemand erwarte mehr etwas von den Politikern, sagt sie, als wir weitergehen. Sie reden nur, schimpfen aufeinander, aber es verändert sich nichts. Trotzdem hoffe sie auf einen jungen Politiker, für den die beiden Männer gerade Wahlwerbung gemacht haben. Das erste Mal höre ich den Namen Micheil Saakaschwili, den Gulia liebevoll Mischa nennt, als würde sie sehr vertraut mit ihm sein. Er sei noch sehr jung, erst fünfundreißig Jahre alt. Er bringe frischen Wind in die Politik. Fünf Jahre sei er Abgeordneter des georgischen Parlaments gewesen. 1992 habe er in Oslo am Norwegischen Institut für Menschenrechte gearbeitet. Er war Spezialist für Minderheitenrechte und organisierte Konferenzen über Südossetien und Abchasien. 1993 erwarb er ein Diplom am Internationalen Institut für Menschenrechte in Straßburg. Sein Vater sei Mediziner, seine Mutter Professorin für Geschichte und Abteilungsleiterin an der Georgischen Akademie der Wissenschaften. Seine beiden Brüder arbeiten in Amerika im Filmgeschäft. Schewardnadse habe ihn gefördert. Er war Vorsitzender der Parlamentsfraktion »Georgische Bürgerunion«, die Schewardnadse unterstützt. Und vor zwei Jahren wurde er Vizepräsident der Parlamentarischen Versammlung des

Europarates. Als Justizminister hat er von 2001 bis 2002 versucht, Reformen gegen die Korruption durchzusetzen. Öffentlich warf er Regierungsmitgliedern Korruption vor. Als er nicht genug Unterstützung erhielt, trat er zurück und verließ die »Georgische Bürgerunion«[4]. Jetzt will er Bürgermeister von Tbilissi werden. Es gibt ein Bündnis »Tbilissi ohne Schewardnadse«, das überall Werbung für Mischa mache, erzählt Gulia.

Eduard Schewardnadse scheint nur noch sehr wenig Rückhalt bei den Georgiern zu haben. Die wirtschaftliche Hilfe für den Aufbau des Landes ist in dunklen Kanälen versickert. Die Situation der meisten Menschen im Land habe sich kaum verbessert. Die Schwerindustrie war schon früh zusammengebrochen. Strom- und Wasserausfälle führten dazu, dass ausländische Firmen, die ins Land gekommen waren, sich wieder zurückzogen. Die zunehmend schlechter werdenden Straßenverhältnisse erschwerten und verlangsamten die Warentransporte. In Georgien hat sich eine wohlhabende Schicht gebildet. Meistens waren es die, die schon während der kommunistischen Zeit an den Fleischtöpfen saßen. Der größte Teil der Menschen jedoch lebt von der Hand in den Mund. Eine Mittelschicht gibt es nicht. Und überall herrsche Korruption.

ERDBEBEN IN TBILISSI

Gulias Haus hat vor zwei Wochen an der Straßenseite einen Riss bekommen. Am 25. April, elf Uhr abends, sagt sie, bekamen wir einen Schreck, liefen auf die Straße. Es sei ein Beben der Stärke sechs gewesen. Sechs Menschen starben in Tbilissi, zwanzig erlitten schwere Verletzungen. Weit über 2.000 Häuser wurden beschädigt, besonders in der Altstadt.

Im Fernsehen läuft ein deutscher Spielfilm. Den Ton kann ich kaum verstehen. Die georgische Übersetzerin spricht zu laut darüber. Giorgi schaltet auf einen anderen Sender um, auf dem Fußball läuft. Deutschland gegen Österreich. Vorbereitungsspiel für die Weltmeisterschaft, das gestern stattfand. Deutschland sehr gut, sagt Giorgi. Ich winke ab und setze mich zu Mariam, die jetzt schulterlanges Haar trägt, auf den Fußboden. Sie hat den kleinen Eimer mit Playmobil-Figuren vor sich ausgeschüttet, stellt die Figuren auf und lacht mich mit ihren großen Rehaugen an.

Ich schaue zu Gulia in die Küche. Es gibt kein Wasser. Gulia geht die alte Holztreppe hinunter zum Bad. Sie muss über zwei kleine Katzen steigen, die vor der Tür auf dem alten Läufer liegen.

Ich habe das Treppensteigen satt, sagt Gulia beim Hinuntergehen. Wenn wir etwas Geld haben, ruft sie mir von unten zu, werden wir ein Bad im Haus installieren. Im letzten Jahr sei die alte armenische Frau aus der Wohnung nebenan gestorben. Nun haben sie das ganze, von ihrer Tante geerbte baufällige Haus für sich. Mithilfe Giorgis habe sie kurz vor meiner Ankunft die Wand zwischen den Wohnungen entfernt. Die Wände sind verputzt, aber noch nicht gestrichen. Für Farbe war nicht genug Geld da. Gulia kommt mit einer Schüssel mit Erdbeeren zurück, die überall am Straßenrand angeboten werden. Sie stellt mir und Giorgi jeweils einen kleinen Teller hin. Die Erdbeeren sind köstlich. Die Österreicher haben ein Tor geschossen. Während der Wiederholung erlischt das Bild. Normal, sagt Giorgi, und lacht.

Gulia rollt in der Küche Hefeteig aus, legt eine Handvoll geriebenen Schafskäse in die Mitte, formt einen kleinen geschlossenen Beutel daraus, rollt den nun gefüllten Teig wieder pfannkuchengroß aus und legt ihn dann ins erhitzte Fett in die Pfanne. Chatschapuri für morgen zum Frühstück, sagt sie, und als Vorspeise zum Mittag- oder Abendessen und auch als kleines Angebot zu Wein, Bier und Schnaps. Sie lacht. Während sie das nächste Stück Teig bearbeitet, erzählt sie mir, dass Mariam seit zwei Wochen nicht mehr zur Schule geht. Das Schulministerium hat die Schulen nach dem Erdbeben bis Ende September geschlossen. Nur die Prüfungsjahrgänge würden in anderen Räumlichkeiten unterrichtet.

KORRUPTE POLIZISTEN KASSIEREN DIE BÜRGER AB

Eine Nachbarin kommt zu Besuch. Sie bringt noch eine junge Frau mit, ihre Nichte Nanuka, die während ihres Studiums bei ihr wohnt. Sie ist zweiundzwanzig Jahre alt und kommt aus dem Kurort Surami. Ein sehr schön gelegener Ort zwischen West- und Ostgeorgien. Sie habe unseren Film gesehen, sagt Nanuka. Sie hatte schon einmal etwas von dem Ereignis auf Texel gehört, auch einen russischen Spielfilm darüber gesehen. Aber da seien die Georgier als heroische Kämpfer gegen den Faschismus dargestellt worden. Nicht als einfache Soldaten, die nur ihr Leben retten wollten, obwohl sie das natürlich auch verstehen könne. Sie erzählt ein bisschen von ihrem Studium. Gulia übersetzt, während sie weiter das Essen zubereitet. Wir könnten uns gleich nach draußen setzen, wenn ich Nanuka Fragen stellen möchte, sagt Gulia und fragt die Nichte der Nachbarin, ob sie damit einverstanden sei, ein bisschen von sich zu erzählen. Ich hole mein Aufnahmegerät und bereite draußen im Hof alles vor.

Ich hatte eine schöne Kindheit, sagt Nanuka, bin in einer großen Familie aufgewachsen mit Opa, Oma, Mutter und Vater, zwei Geschwistern, eine Schwester kam noch hinzu, als ich zwölf war. Eine wirklich schöne Kindheit. Sie erinnert sich noch sehr genau, wie Breschnew 1982 gestorben ist. Leonid Iljitsch Breschnew war Parteichef der KPdSU und Staatsoberhaupt der Sowjetunion. Mein Opa war Oberbürgermeister von Surami. Und mein Vater hat in der Zeitungsredaktion gearbeitet. Die Redakteure waren alle Kommunisten. Trotzdem gingen wir in die Kirche. Wir wurden heimlich getauft. Keiner hat uns gesagt, dass das verboten sei. Im Sommer fuhren wir nach Gagra in Abchasien, wo eine Cousine meines Vaters lebte. Einmal hatten wir dort ein Haus von einer Russin gemietet. Ich erinnere mich noch, dass meine Mutter uns Kindern sagte, wir sollten kein Georgisch sprechen, und wenn, dann nur sehr leise. Und das, obwohl es damals noch keinen Krieg gab.

Als ich zwölf Jahre alt war, fährt Nanuka fort, ging es dann los mit den Unruhen. Es war eine rechtlose Zeit. Es gab organisierte Banden und keine Polizei. Wir hatten Angst, dass jemand bei uns mit einem Gewehr reinplatzen und uns ausrauben würde. Das passierte in der Stadt täglich. Lange trauten wir uns im Dunkeln nicht mehr aus dem Haus. Mein Vater hatte schon kurz vor der Unabhängigkeit Georgiens ein eigenes Unternehmen aufgemacht, das Kerzen herstellte. Das Paraffin, das sie für die Produktion der Kerzen benötigten, kam aus Grosni in Tschetschenien. Nach der Wende wurde es nicht mehr geliefert. Und mein Vater musste die Fabrik schließen. Seitdem hatten wir kein Geld mehr. Von den beiden Autos, die wir besaßen, verkaufte mein Vater das neuere. Das andere, sehr alte, gehörte zum Geschäft. Als wir damit unterwegs waren, wurden wir von Männern der Mchedrioni-Banden angehalten. Sie wollten das Auto. Ich war damals dreizehn und hatte große Angst. Sie haben sich das Auto genau angeschaut und festgestellt, dass man das nicht mehr verkaufen könne. Und haben uns weiterfahren lassen. Aber so war es damals, die konnten einfach Autos anhalten, die Leute mussten aussteigen und zu Fuß weiterlaufen, und die fuhren dann mit dem gestohlenen Auto wie selbstverständlich davon.

Im Sommer kamen viele Familien, besonders aus Westgeorgien und Tbilissi, wegen der guten Luft nach Surami, erzählt Nanuka weiter. Im Westen ist die Luftfeuchtigkeit sehr hoch. Und für die Kinder war die trockenere Luft bei uns in Surami sehr gesund. An die Familien haben wir Zimmer vermietet. Meine Mutter war Leiterin eines Kindergartens. Aber sie bekam einen lächerlichen Lohn. Und monatelang wurde gar kein Geld ausgezahlt. Während des Krieges 1992 und 1993 in Abchasien kamen keine Sommergäste mehr. Meine kleine Schwester war zwei Jahre alt. Es fehlte an Milch. Mein Vater ist zu Fuß in das 40 Kilometer entfernte Bordschomi zu den Eltern meiner Mutter gelaufen, um von dort Käse und Milch zu holen. Meine Großmutter schenkte uns dann eine Kuh, die wir melken konnten und so Käse und Milch hatten. Damit ging es uns viel besser als anderen, die unter Hunger litten. Bisher hatte man sich in der Nachbarschaft untereinander geholfen. Aber jetzt hatte niemand mehr Geld. Wenn man vorher alte, kaputte Schuhe getragen hatte, war das peinlich. Plötzlich war nichts mehr peinlich, weil niemand mehr etwas hatte. Verbessert hat sich das erst, als Schewardnadse nach Georgien kam. Im Land wurde es langsam wieder sicherer. Er ließ den Führer der Mchedrioni-Banden, Dschabo Iosseliani, verhaften und versuchte, wieder Ordnung in Georgien herzustellen. Irgendwann traute man sich wieder auf die Straße. Es gab dann zwar wieder Polizei. Aber die Polizisten waren durch und durch korrupt. Kassierten die Bürger ab. Vorher habe es auch sehr schöne Zeiten gegeben. Meine Eltern haben viel gelesen. Wir hatten sehr viele Bücher im Haus. Als Kind war ich eine Träumerin. Habe, auch bei Kerzenlicht, immer gelesen. Victor Hugo, Stefan Zweig, Guy de Maupassant, Tolstoj. Ich kann mich gar nicht mehr richtig an die Inhalte erinnern. Aber ich kann mich sehr genau an das Gefühl erinnern, dass ich damals hatte, wenn ich diese Bücher las. Ich war mir sicher, wenn ich groß bin, wird mein Leben schön werden, und es wird mir besser gehen. Ich habe neun Jahre die Schule besucht. Danach hatte ich private Lehrerinnen. Lernte Französisch und georgische Geschichte. Um an der Universität studieren zu können, musste ich Prüfungen ablegen. Weil ich gute Noten erreichte, darf ich jetzt kostenlos an der Uni studieren. Sonst hätte ich für das Studium 400 Dollar aufbringen müssen. Dann würde ich jetzt nicht hier sitzen. Aber so konnte ich mich für Journalismus einschreiben.

WAHLEN UND PROTESTE IM NOVEMBER 2003

Sechs Monate nach meiner Rückkehr aus Georgien, im November 2002, erzählt mir Gulia am Telefon, dass Micheil Saakaschwili im Juni 2002 zum Vorsitzenden der Stadtversammlung von Tbilissi gewählt worden ist und damit quasi Bürgermeister der Hauptstadt geworden sei. Im Oktober gründete er die Oppositionspartei »Vereinigte Nationale Bewegung« und wurde ihr Vorsitzender. Jetzt will er mit seiner Partei bei der Parlamentswahl im nächsten Jahr gegen Schewardnadses Block »Für ein neues Georgien« antreten. Schewardnadse aber stünde nicht für ein neues Georgien. Für etwas Neues stehe Micheil Saakaschwili. Er wolle Georgien in eine westlich geprägte Demokratie umwandeln. Plötzlich würde bei vielen Menschen, besonders bei den jungen, große Hoffnung entstehen. Auch weil Mischa verspreche, die Bürokratie in Georgien abzubauen und gegen die Korruption vorzugehen. Er will die alten Netzwerke entmachten, die sich am Volk bereichern. Und er will vieles privatisieren. Sie wünsche sich sehr, dass Saakaschwili es schaffen wird, die Wahlen zu gewinnen. Aber sie fürchte, dass Eduard Schewardnadse dafür noch zu viel Macht habe. Viele glaubten auch nicht, dass die Wahlen im nächsten Jahr wirklich demokratisch ablaufen würden.

Mit großer Spannung verfolge ich im nächsten Jahr die Entwicklung in Georgien und bin gespannt auf die Wahl am 2. November 2003. Einheimische und internationale Beobachter beurteilen die Wahlen als weitgehend gefälscht. Eduard Schewardnadse reklamiert den Wahlsieg für sich und seine Partei. Es gibt Wahlnachfragen von Instituten, die von einem Sieg der Oppositionspartei »Vereinigte Nationale Bewegung« ausgehen. Auf dieser Grundlage erklärt sich Micheil Saakaschwili zum Wahlsieger und fordert Demonstrationen gegen Schewardnadse. Die Georgier ruft er zu zivilem Ungehorsam gegen die Regierung auf. Ein weiteres Oppositionsbündnis schließt sich an. Sie verlangen die Absetzung Schewardnadses und eine Wiederholung der Wahlen. Eine Woche nach der Wahl bilden Schriftsteller und Filmemacher und Mitglieder des Tbilisser Freiheitsinstituts ein »Komitee für zivilen Widerstand«. Saakaschwili wendet sich in den Regionen Mingrelien und Imeretien vor allem an die Anhänger des früheren Präsidenten Swiad Gamsachurdia und erinnert an dessen Ausspruch: »Wir werden Rosen statt Kugeln auf unsere Feinde werfen«. 30.000 Georgier folgen Saakaschwilis Aufruf, nach Tbilissi zu kommen. Mitte November 2003 beginnen massive Demonstrationen in der georgischen Hauptstadt, die auch auf andere Städte übergreifen. Aslan Abaschidse, der Anführer von Adscharien, einer autonomen Republik Georgiens, stellt sich auf die Seite Schewardnadses und ruft seine Anhänger zu Gegendemonstrationen nach Tbilissi auf. Viele befürchten einen erneuten Bürgerkrieg.

Unter Führung von Micheil Saakaschwili stürmen oppositionelle Demonstranten mit Rosen in den Händen am 22. November 2003 den Sitzungssaal des georgischen Parlaments und unterbrechen die Eröffnungsrede Präsident Schewardnadses. Saakaschwili ruft: »Treten Sie zurück!« Es entsteht ein Handgemenge, und der Präsident flüchtet mit seinen Leibwächtern aus dem Gebäude. Am nächsten Tag trifft sich Eduard Schewardnadse mit Saakaschwili und Schwania von der »Vereinigten Nationalen Bewegung«, um mit ihnen zu verhandeln. Nach dem Treffen erklärt der Präsident seinen Rücktritt. Die »Rosenrevolution« hat ohne Blutvergießen den politischen Wechsel erzwungen.[5] Micheil Saakaschwili hat bei der Mehrheit der Bevölkerung große Euphorie ausgelöst. Viele Georgier hoffen nun auf einen schnellen politischen und wirtschaftlichen Wandel in Georgien und auf die zügige Verbesserung ihrer Lebensverhältnisse.

GEORGIEN 2015 UND 2016

REISEN DURCH EIN TRAUMLAND MIT UNGEWISSER ZUKUNFT

Nach meinen letzten Telefonaten mit Gulia im Jahr 2003 konnte ich sie plötzlich telefonisch nicht mehr erreichen. Sechs Jahre später erhielt ich einen Brief vom Verein Kontakte-Контакты in Berlin, der sich für ehemalige sowjetische Soldaten in deutscher Kriegsgefangenschaft einsetzt und auf Antrag diesen Menschen materielle und ideelle Anerkennung gewährt. Gulias Vater hatte sich an den Verein gewandt und um finanzielle Unterstützung gebeten. Als Beweis für seine Anerkennung als sowjetischer Kriegsgefangener hatte er unseren Film angegeben und den Verein gebeten, sich mit mir in Verbindung zu setzen. Dies war Anlass für eine Veranstaltung, in der darüber diskutiert wurde, ob die ehemaligen sowjetischen Kriegsgefangenen in deutschen Lagern Kollaborateure gewesen seien oder Opfer des NS-Regimes. Deshalb wurde ich eingeladen, den Film »Die Nacht der Georgier« zu zeigen und im Anschluss daran mit dem Publikum zu diskutieren. Später erfuhr ich, dass Jewgeni Artemidze vom Verein Kontakte-Контакты ein Geldbetrag zugesprochen worden sei. Nicht viel, aber in Georgien konnte er mit seiner Frau davon ein Jahr sorglos leben. Im Publikum saß auch ein Mitarbeiter des Auswärtigen Amtes in Berlin, der mich einige Monate später zu einer privaten Vorführung des Dokumentarfilmes bat und dazu seinen Kollegen Ortwin Hennig einlud. Der wurde einen Monat später deutscher Botschafter in Georgien. Hennig ermunterte mich, ihn in Tbilissi zu besuchen. Dieser Einladung kam ich erst sehr spät nach. Ortwin Hennig und seine Frau Maya saßen schon auf gepackten Koffern. Hennigs letzte Station als Diplomat endete in Tbilissi. Nach fünf Jahren als deutscher Botschafter in Georgien kehrte er nach Deutschland zurück.

EIN FUTURISTISCHER BAU AUS GLAS

Wieder komme ich um Mitternacht auf dem Flughafen Tbilissi an. Dieses Mal mit einer Maschine der Turkish Airlines. Es holen mich nicht Gulia und Dato ab, sondern Levan, der zusammen mit meinem Sohn in Deutschland in einem Krankenhaus gearbeitet hat, und sein etwas älterer Nachbar, Jabo, der ein Auto besitzt und uns in den nächsten Tagen auf unserer geplanten Reise durch Georgien begleiten und fahren wird. Levan ist schlank, nicht sehr groß, hat kurze dunkle Haare. Er hat einen sehr offenen Gesichtsausdruck und lächelt mich an. Er trägt ein schwarzes, vorne mit einem Bild bedrucktes T-Shirt und spricht einen leichten bayerischen Akzent. Er hat ein Jahr in Deutschland als Au-pair in der Nähe von Passau gearbeitet und danach noch ein freiwilliges soziales Jahr in einem Krankenhaus in Köln absolviert.

Ich hatte Gulia geschrieben, dass ich eine mehrwöchige Reise durch Georgien plane. Sie antwortete mir, dass sie gerade aus der Türkei zurückgekehrt sei, wo sie fast zwei Jahre im Haushalt gearbeitet habe. Giorgi habe sieben Jahre in Kiew in der Ukraine gelebt, dort einen guten Job gehabt, sei aber, nach den Unruhen im letzten Jahr auf dem Maidan, mit seiner ukrainischen Frau und seiner kleinen Tochter nach Tbilissi gekommen. Seitdem würden sie das Haus umbauen. Aber es sei noch nicht fertig. Auch das geplante Fremdenzimmer nicht, das später einmal an Touristen vermietet werden soll. Und sie schrieb mir noch, dass ihr Vater Jewgeni vor fünf Jahren gestorben sei. Sie freue sich sehr, mich wiederzusehen, aber sie könne mir keine angemessene Unterkunft bieten. Ich beruhigte sie, dass ich in einem Hotel unterkomme, und schrieb ihr von meinem Kontakt zu Levan.

Wir sind unterwegs in die Stadt. Jabo, mit Kahlkopf, ist groß und sehr kräftig. Er könnte mal Boxer gewesen sein. Er hört Levan und mir aufmerksam zu, spricht aber nur Georgisch. Tbilissi liegt nachts nicht mehr im Dunkeln. Die neue Staatsbank von Georgien auf der George Bush jun. Avenue ist hell erleuchtet. Ein quaderähnliches Gebäude mit runden grünen Leuchtkörpern über die gesamte Straßenfront und über die Seitenfläche. Dort werde der georgische Lari gedruckt. Überall neue, hell erleuchtete Bauten. East Point. Unser erster Baumarkt in Georgien, freut sich Levan über mein großes Interesse an den neuen Gebäuden. Als ich das erste Mal auf dieser Straße entlangfuhr, war Levan fünf Jahr alt. Er wuchs in das neue Georgien hinein. Etwas weiter, ebenfalls hell erleuchtet, das neue Polizeipräsidium. Ein futuristisch anmutender grünlicher Bau aus Glas, mit geschwungenen bauchigen Wänden, die in Bewegung zu sein scheinen. Gebaut gleich nach der Polizeireform, die Saakaschwili als eine seiner ersten Amtshandlungen durchführen ließ. Viele Polizisten wurden wegen Korruption entlassen. Das Glasgebäude symbolisiert die neue Transparenz im Staat, erläutert mir Levan nicht ohne Stolz. Jabo, der zehn Jahre älter ist als Levan, genießt die autobahnähnliche Straße vom Flughafen bis in die Stadt und scheint mir beweisen zu wollen, wie schnell man heute in Georgien mit dem Auto fahren kann, und das auch trotz der eindeutigen Geschwindigkeitsbegrenzung. Das wäre bei den Straßenverhältnissen vor zwanzig Jahren noch nicht möglich gewesen. Jabo und Levan bringen mich zu dem neuen, kleinen Hotel im hügeligen Stadtteil Avlabari. Gegenüber auf der Anhöhe oberhalb der Altstadt steht der alte Fernsehturm, jetzt nicht nur hell erleuchtet, sondern es steigen auch farbige Lichter auf und ab. Levan lacht. In drei Tagen, wenn wir zusammen nach Kachetien fahren, soll ich ihm von meinen damaligen Besuchen in Georgien erzählen.

EIN MODERNISIERER, DER EIN FUNKTIONIERENDES STAATSWESEN GESCHAFFEN HAT

Am nächsten Morgen bin ich schon früh mit den Hennigs in ihrer Wohnung in der Nähe der Botschaft verabredet. Sie haben noch viel zu erledigen vor ihrer Abreise. Ich bestelle mir ein Taxi. Für fünf Lari würde ich überall hinkommen, mehr solle ich nicht zahlen, informiert mich lächelnd die junge, hübsche Georgierin an der Rezeption.

Ortwin und Maya Frank-Hennig kommen mir gut gelaunt entgegen. Herzlich willkommen! Spät, aber nicht zu spät! Wenn ich nichts dagegen hätte, würde, Nana, eine georgische Bekannte von ihnen, mit dazukommen. Sie könnte mir einige interessante Dinge aus dem Alltag einer jungen Frau in Georgien erzählen.

Während ich Aufnahmegerät und Mikrofon auspacke, beantworte ich ein paar Fragen von Maya Hennig. Sie möchte wissen, wann ich das letzte Mal in Georgien war. 2002, das sei schon lange her, sagt sie. In den letzten dreizehn Jahren habe sich sehr viel verändert. Darüber würde ich gern mit ihnen sprechen. Als Erstes über die Zeit von Micheil Saakaschwili, der, ein Jahr, nachdem ich das letzte Mal in Georgien war, Präsident wurde.

Er sei ein Modernisierer gewesen, beginnt Ortwin Hennig zu erzählen. Er habe aus diesem »failed state«, diesem gescheiterten Staat, der Georgien am Ende der Zeit von Schewardnadse gewesen sei, ein funktionierendes Staatswesen gemacht. Das sei sein historisches Verdienst. Er habe es sogar geschafft, die Georgier zu einer gewissen Steuerehrlichkeit zu erziehen. Er hat ein vernünftiges System des Steuereintreibens etabliert. Er hat die staatlichen Strukturen wieder aufgebaut und funktionsfähig gemacht. Insofern sei er ein Glücksfall der georgischen Geschichte. Aber er sei kein Demokratisierer gewesen. Wie sollte er dies auch sein. Er konnte ja nicht innerhalb kürzester Zeit die gewachsenen historischen, religiösen, sozialen und politischen Traditionen und die letzten siebzig Jahre Sowjetkommunismus verändern. Aber er war erst einmal innenpolitisch gegen alles das, was Schewardnadse zu verantworten hatte. Und das war sehr populär bei den Georgiern, die Schewardnadse für diesen gescheiterten Staat verantwortlich machten. Und außenpolitisch hat er die westlichen Politiker damit beeindruckt, dass er gegen alles Russische war. Das hat besonders den Amerikanern gefallen, und die haben ihn bei seinen Infrastrukturprojekten unterstützt. George Bush junior bezeichnete ihn sogar als »beacon of democracy«, als Leuchtturm der Demokratie. Aber das war Micheil Saakaschwili nun ganz und gar nicht. Die Korruption, die unter Schewardnadse herrschte, hatte sich nur auf eine höhere Ebene verlagert. In der Wirtschaft entstanden viele Monopole, und die Familien und die Freunde, die ihnen nahestanden, haben davon profitiert. Man wurde nicht mehr auf der Straße von Polizisten abkassiert, und die Familien nicht mehr von den Schutzgeldjägern bedroht, die sich das Geld direkt bei ihnen zu Hause abholten. Saakaschwili hat eine radikale Polizeireform durchgeführt. Viele Polizisten wurden entlassen. Und die neu eingestellten Beamten und die im Amt verbliebenen bekamen 600 Lari im Monat. Eine Lehrerin verdiente damals 100 Lari. Und Saakaschwili schaffte es, auch aus den letzten Bergtälern dafür Leute zu rekrutieren. Die konnten mit ihrem Gehalt die ganze Familie ernähren. Und bei denen war der neue Präsident dann natürlich der große Mann. Ein Problem sei es in Georgien, so konstatiert Ortwin Hennig, dass es dort keine Bürokratie im preußisch-deutschen Sinne gäbe, das sei aber aus seiner Sicht die Basis für eine freie demokratische Gesellschaft. In Georgien herrsche Vetternwirtschaft. Der Freund des Freundes, dem man einen Gefallen schuldet, wird, ob qualifiziert oder nicht, auf irgendwelche Posten gesetzt. Es gibt keine funktionierende Verwaltung, die nach einem Regierungswechsel eine Kontinuität ermöglichen könnte.

Saakaschwili hat die Korruption bekämpft. Er sperrte die Leute einfach ein. Die Gefängnisse in Georgien quollen über, pro Kopf der Bevölkerung war es der höchste Stand weltweit. Nana mischt sich in das Gespräch ein. Auch sie habe damals Saakaschwili gewählt. Der Herr Botschafter habe gerade gesagt, Saakaschwili habe Georgien modernisiert. Ja, er habe moderne Brücken und Straßen gebaut, viel neue, moderne Gebäude errichtet. Nur für die Verbesserung der Lebensverhältnisse der einfachen Leute habe er nichts getan.

Nana ist siebenunddreißig Jahre alt. Ihr Vater war Arzt. Ihre Mutter Musiklehrerin. Ihnen ging es in der Sowjetzeit gut. Die Eltern bekamen ein Gehalt. Das veränderte sich nach der Unabhängigkeit. Die Leute mussten für die ärztliche Behandlung bezahlen, aber dafür hatten sie kein Geld. Nana begann Medizin zu studieren, aber sie und ihre Familie konnten die Studiengebühren nicht aufbringen. Deshalb ging sie als Au-pair-Mädchen nach Deutschland und ersparte sich dort ein kleines Guthaben. Von diesem Ersparten kaufte sie sich eine kleine Wohnung in Tbilissi, in der sie jetzt wohne. Sie wollte nach ihrer Rückkehr aus Deutschland allein leben. Das sei für junge Menschen in Georgien nicht selbstverständlich. Die meisten könnten sich keine eigene, teure Wohnung leisten und müssten weiter bei den Eltern wohnen. Nanas Wohnung liegt im alten Stadtteil Avlabari, in dem auch viele Armenier wohnen. Sie lebt in einem Hof mit vier Familien. Zwei Parteien seien keine Eigentümer der Wohnungen, lebten aber schon ihr Leben lang dort und bezahlten nur ein paar Lari an den Mann, der ihr die Wohnung verkauft habe. Die Besitzverhältnisse seien ungeklärt. Die Leute haben keine Verträge, hätten auch nicht das Geld, ihre Wohnungen zu renovieren. Die Dächer sind undicht, die Wände feucht, die Mäuse kommen von unten. Aber niemand macht etwas. Keiner ist zuständig. Wenn junge Leute heiraten wollen, brauchen sie eine Wohnung. Gerade sei in der vierten Wohnung bei ihnen im Hof ein frisch verheiratetes Paar eingezogen. Sie müssen 300 Lari bezahlen, für eine Wohnung, in der die Wände feucht sind.

Nana erzählt, dass ihre Generation, die in die neue Zeit hineingewachsen ist, sehr stark sei. Das betreffe besonders die Frauen. Sie müssten sich durchsetzen. Die Eltern hätten den Wechsel oft nicht verkraftet, es nicht geschafft, sich vom Kommunismus auf das neue System umzustellen. Sie wurden depressiv, lethargisch. Besonders die Männer. Sie flüchteten sich in Alkohol. Und es gab große Drogenprobleme, besonders bei jungen Männern. Die Frauen haben alles in die Hand genommen. Ihr mache es nichts aus, wenn sich plötzlich etwas verändern würde, wenn es einen Wechsel gäbe. Aber die Frauen hätten heute noch viel zu wenig Rechte. Sie lebe zum Beispiel allein mit ihrer Tochter zusammen, die jetzt zwölf Jahre alt sei. Die Tochter trage den Namen des Vaters, wie es in Georgien üblich ist, habe ihn in ihrem Leben aber vielleicht nur zehn Mal gesehen. Sie sei alleinerziehende Mutter, aber ohne den Vater konnte sie lange nichts entscheiden. Wenn sie mit ihrer Tochter in die Türkei fahren wollte, konnte sie das nicht tun, weil der Vater seine Zustimmung für die Beantragung eines Reisepasses geben musste. Wenn sie ihr Kind zum Fechten anmelden wollte, benötigte sie seine Zustimmung. Nur mithilfe eines Rechtsanwaltes und vielen Prozessen, die viel Geld gekostet hätten, sei es möglich gewesen, das alleinige Sorgerecht für ihre Tochter zu erhalten. Jetzt sei sie sehr glücklich. Aber sie wüsste auch, dass die meisten Frauen einen solchen Prozess aus finanziellen Gründen nicht führen könnten.

Ortwin Hennig möchte noch etwas zur Landwirtschaft in Georgien sagen, wonach ich eingangs ebenfalls gefragt hatte. Georgien sei ein Agrarland, sagt Hennig, und die Entwicklung des Landes, der Kampf gegen die Armut, die Hebung des Lebensstandards der Menschen für ein nachhaltiges Wachstum laufe nur über die Landwirtschaft. Es könne doch nicht sein, dass in diesem Land der Großteil an Gemüse, Tomaten und Gurken importiert würde, meistens aus der Türkei. Die neue Regierung von Bidsina Iwanischwili, die 2012 Nachfolger der Partei Saakaschwilis wurde, erkannte damals, dass die Landwirtschaft die Basis und der Schlüssel für Georgien sei. Millioneninvestitionen in landwirtschaftliche Verarbeitungsfabriken seien zwar geplant gewesen, aber zuerst einmal muss die ländliche Infrastruktur entwickelt werden. Wasser, Strom, asphaltierte Straßen, damit die Bauern ihre Produkte auch zu diesen großen Fabriken und zu Märkten in die Städte transportieren können.

Seit die Beziehungen sich mit Russland zur Normalität hin entwickelt haben, gibt es Fortschritte. Man hat unmittelbar nachdem Iwanischwili ins Amt gekommen ist, einen bilateralen Gesprächskontakt Russland-Georgien etabliert. Der funktioniert einigermaßen. Man hat sich darauf geeinigt, die Beziehungen zu verbessern im wirtschaftlichen Bereich. Die Russen haben das Wirtschaftsembargo aufgehoben. Die Georgier exportieren seit zwei Jahren wieder Wein und Obst, man hat Kulturbeziehungen, sportliche Begegnungen, all das kann wieder stattfinden. Nur, die Verhandlungen sind blockiert, weil beide Seiten ihre jeweiligen roten Linien gezogen haben. Die Russen sagen: Georgier, ihr müsst die Realitäten anerkennen. Das sind Abchasien und Südossetien als unabhängige Staaten. Und die Georgier haben sehr früh deutlich gemacht, in statusrechtlicher Sicht gibt es zu diesem Punkt keinerlei Bewegung. Und auf dieser Basis agiert man. So bleibt alles sehr fragil. Die Russen können jederzeit die Importkontrollen wieder einführen. Georgien muss seine Wirtschaft diversifizieren. Das wurde unter Saakaschwili begonnen, aber es gab eben zu wenig Produkte. Dieses Land, von der Sonne und der Natur gesegnet, importiert ja ungefähr 80 Prozent der Lebensmittel. Und die Georgier produzieren nur für ihren Hausgebrauch, weil es eben keine Infrastruktur gibt. Sie können ja noch nicht einmal ihre Waren über 50 Kilometer von hier nach da transportieren. Die Straßen haben riesige Schlaglöcher. Das meine ich mit den mangelnden Investitionen in die ländlichen Regionen. Und dann hätte das Land natürlich wieder enormes Potenzial. Aber das muss man erst mal abrufen und nicht in Batumi auch noch das siebte Fünf-Sterne-Hotel bauen.

DIE GRAUE EMINENZ TRITT AUS DEM SCHATTEN

Bidsina Iwanischwili galt bis zu dem Zeitpunkt, als er öffentlich verkündete, er trete gegen Micheil Saakaschwili an, als der Milliardär ohne Namen und ohne Gesicht. Es kursierten viele Gerüchte in der Öffentlichkeit. Jeder Georgier wusste, dass er sein Heimatdorf Tschorwila in der Region Imeretien komplett renoviert hatte. Jeder hätte sich neue Dächer machen lassen dürfen, jeder habe eine Waschmaschine und einen Fernseher bekommen. Jedes neu vermählte Paar habe ein Startkapital erhalten. Der Ort ein neues Krankenhaus. Man erzählte sich auch, dass Iwanischwili die georgischen Soldaten mit neuen Stiefeln ausgestattet habe.

Der Milliardär finanzierte staatliche und nicht staatliche Großprojekte, ohne richtig in Erscheinung zu treten. Er unterstützte die Renovierung öffentlicher Gebäude, wie die Oper und das Rustaweli-Theater. In Tbilissi finanzierte er jahrelang viele ältere, etablierte Künstler und kaufte sich mehr und mehr Popularität und auch Loyalität. Präsident Saakaschwili hatte sehr lange gute Beziehungen zu Iwanischwili, der als Geschäftsmann in Russland reich geworden war. Er hat ihn funktionalisiert für die Finanzierung seiner großen Modernisierungsprojekte. Auch die Orthodoxe Kirche wurde von Iwanischwili unterstützt. Er finanzierte zum Beispiel die prächtige neue Kathedrale hoch oben in Avlabari.

Wenn ich mehr darüber wissen möchte, solle ich mir den Dokumentarfilm »Vollgas gen Westen – Georgien sucht seine Zukunft« von Stefan Tolz ansehen. Der habe lange in Georgien gelebt. Im Film kommen Bidsina Iwanischwili, Micheil Saakaschwili und noch andere interessante Zeitzeugen ausführlich zu Wort. Zum Abschied schenkt mir Maya Hennig eine CD des Dokumentarfilms.

Nicht weit vom Hotel entfernt steht die Sameba-Kathedrale, die ich gestern bei meiner Ankunft schon im Scheinwerferlicht auf der

Höhe gesehen habe. Sie wurde erst 2004 erbaut. Mit dieser Kathedrale setzte sich Bidsina Iwanischwili, der Georgien von Ende 2012 bis Ende 2013 als Ministerpräsident regierte, direkt über dem neuen Präsidentenpalast ein Denkmal. Obwohl, wie ich erfuhr, die Pläne für eine Kirche an diesem Ort noch aus Sowjetzeiten stammten. Aber damals war die Kirche noch nicht in diesen Ausmaßen geplant. Am frühen Morgen liegt über der drittgrößten orthodoxen Kirche der Welt und dem ausladenden Gelände am Hang mit einem Kloster und Priesterseminar eine große Ruhe. Auf neuen Holzbänken, unter dem Schatten von Olivenbäumen, den Hang hinunter bis zum Glockenturm, können Besucher verweilen. Eine Frau mit einem breiten Strohhut, langen Umhang und Handschuhen wässert die Pflanzen. Es ist schon angenehm warm. Tagsüber steigen die Temperaturen in Tbilissi auch im September noch auf 30 Grad C und mehr an. Aber die Luftfeuchtigkeit ist nicht sehr hoch und die Wärme gut zu ertragen. Ein kleiner Junge und ein Mädchen balancieren auf den orangenen Wasserschläuchen, ziehen sie dann wie Hosenträger über ihre Schultern, schauen sich erwartungsvoll um, ob etwas passiert. Aber auch der ältere Priester mit grauem Vollbart, der den Hang zur Kathedrale hinaufgeht, schreitet kommentarlos an ihnen vorbei. Ein Großteil des armenischen Friedhofs musste diesem ehrgeizigen Kathedralen-Bauprojekt weichen. Der Patriarch Ilia II. hält sonntags den Gottesdienst in der mit vielen Säulen sehr schlicht eingerichteten Kathedrale ab. Die »Iwanischwili-Kirche« scheint die Sioni-Kathedrale auf dem gegenüberliegenden Hügel der Stadt als religiöses Zentrum der Georgisch Orthodoxen Apostelkirche mit dem Sitz des Patriarchen als Wallfahrtsort für Georgier zunehmend abzulösen. An den hohen Wänden Heiligenbilder mit verzierten Leuchtern davor. Ein alter Mann betet neben einem der massiven Pfeiler mit einer Kerze in der Hand. Bekreuzigt sich immer wieder. Ein anderer mit einer Handvoll dünner, langer Kerzen, die für die Lieben der Familie gedacht sind, zündet eine nach der anderen an und steckt sie mit einem beseelten Lächeln in den Sand. Noch kurz verweilt er anschließend vor den leuchtenden Erinnerungen und verlässt dann mit ruhigem Schritt die Kathedrale.

Ich setze mich draußen im Schatten auf eine Holzbank mit Blick auf die Altstadt und betrachte an einem Fahnenmast vor mir die neue georgische Flagge, die kurz nach der Amtseinführung von Präsident Micheil Saakaschwili eingeführt wurde. Die Fünf-Kreuz-Fahne. Sie zeigt im Zentrum ein allein stehendes rechtwinkliges rotes Kreuz auf einem weißen Hintergrund. Dazu vier kleinere rote Kreuze an den Ecken der Fahne. Das »Jerusalemkreuz« hat eine lange Geschichte. Die Kreuze sind Symbol für Christus und die vier Evangelisten oder für die fünf Wunden Christi. Der weiße Hintergrund steht für Unschuld, Keuschheit, Reinheit und Weisheit. Das Rot der Kreuze symbolisiert Mut, Tapferkeit, Gerechtigkeit und Liebe.

Die georgische Fahne, die bei den Olympischen Spielen 1992 gehisst wurde, hatte noch die purpurrote Farbe mit dem schwarz-weißen Feld im linken oberen Eck. Das rote Tuch stand für die strahlende Vergangenheit. Der schwarze Streifen im oberen Eck für die dunkle Zeit unter russischer Herrschaft, während der weiße Streifen für Hoffnung auf eine friedliche Entwicklung stand.[6] Sie war zum Symbol geworden für die erste, im Mai 1918 ausgerufene, Demokratische Republik Georgien, die nur drei Jahre existierte. Die Unabhängigkeitsbewegung um Swiad Gamsachurdia verwendete zum Ende der Sowjetzeit die Flagge der alten Demokratischen Republik Georgien als Symbol für den georgischen Freiheitsdrang. Und Swiad Gamsachurdia führte sie nach seiner Wahl zum ersten Präsidenten Georgiens 1991 wieder als georgische Flagge ein.

Bei der Amtseinführung von Micheil Saakaschwili 2004 kam es zum erneuten Fahnenwechsel. Der neuen Staatsflagge wurde vom Patriarchen der Georgisch Orthodoxen Kirche Ilia II. bei einer Messe in der Swetizchoweli-Kathedrale in Mzcheta der Segen erteilt.

Ich verlasse das Gelände, gehe den Hang hinunter, am neuen Präsidentenpalast mit der gläsernen Kuppel vorbei, die an den Reichstag in Berlin erinnert, hinunter zur Mtkwari, dem mit 1.364 Kilometern längsten Fluss im Kaukasus. Mtkwari bedeutet frisches Wasser. Ich stehe auf der Begiaschwili-Brücke mit Blick auf das moderne, von der Saakaschwili-Regierung erbaute Verwaltungsgebäude. Eine sehr filigran gestaltete Tänzerin des Künstlers Irakli Tsuladze aus Bronze sitzt mit übereinandergeschlagenen Beinen und einem kurzen Kleid auf dem Brückengeländer und scheint mit erhobener Hand und zusammengeführten Daumen und Zeigefinger die Leichtigkeit des Gebäudes zu preisen und das neue Georgien. Das Verwaltungskunstwerk direkt am Ufer der Mtkwari erinnert mit seiner weißen muschelartigen Dachkonstruktion über dem großen Glasgebäude ein wenig an die Oper in Sydney. Das Dach scheint in Bewegung zu sein. Zuerst vermute ich in dem Gebäude einen Konzertsaal oder ein Theater. Aber in der großen Eingangshalle können die Bürger Pässe und Urkunden beantragen. Sie müssen, bevor sie an die Tresen zu den überwiegend jungen Frauen hinter den Computern gehen dürfen, eine Nummer ziehen und warten, bis die Zahl auf einer der großen Anzeigetafeln erscheint. Ein sehr modernes, effektives, unbürokratisches Bürgeramt.

Ich gehe zum Rustaweli-Prospekt. Passiere viele Baustellen. Auf der Straße fahren die Autos dicht an dicht. Dazu verbreiten die alten Busse und die kleinen Marschrutkas scharf riechende Abgase. Oft sind es noch alte umgebaute Kleintransporter aus Deutschland, an denen die Schriftzüge deutscher Firmen stehen.

DEUTSCHE KINDERGÄRTEN IN TBILISSI

Am Nachmittag habe ich mich mit Nino Lejava verabredet. Sie ist Leiterin der Heinrich-Böll-Stiftung in Tblissi. Eine Freundin aus der Stiftung in Berlin hatte den Kontakt vermittelt und mir erzählt, dass sie eine sehr intelligente und besonders hübsche Frau sei. Nino Lejava ist zierlich, hat schwarzes, schulterlanges Haar und trägt hellgrüne runde Ohrringe, die mich an kleine Kalkhüllen von Seeigeln erinnern. Ihr schulterfreies Kleid ist schwarzbraun meliert, und oben am Träger geschmückt mit einer hellbraunen Blumenkranz-Brosche. Nino Lejava sitzt mir gegenüber, wartet auf meine erste Frage und schaut mich mit ihren braunen Augen sehr interessiert und selbstsicher an. Sie wurde 1975 in Tbilissi geboren. Sie erzählt mir, dass ihre Eltern schon früh bei ihr das Interesse für die deutsche Sprache gelegt hätten. Sie habe damals einen deutschen Kindergarten besucht. Das sei eine sehr verbreitete Tradition bei

Intellektuellen in Tbilissi gewesen, ein Überbleibsel der Deutschen in Georgien. Es gab einige Familien, die zu Beginn des Zweiten Weltkrieges nicht deportiert wurden. Vor allem Frauen, die mit Georgiern verheiratet und keinen deutschen Namen trugen, aber auch andere, die fest in der georgischen Gesellschaft verankert waren. Diese Frauen haben dann deutsche Kindergärten geführt. So wurde ich Ende der 1970er-Jahre in einem an Montessori orientierten Kindergarten erzogen, berichtet Nino. Es waren sehr kleine Kindergärten, höchstens zehn Kinder ab vier Jahren. Die Treffen fanden abwechselnd in den Wohnungen der Familien statt. Es war im Prinzip illegal, eine private Bildungseinrichtung. Meine Eltern sind Linguisten, waren für kaukasische Sprachen zuständig. Meine Mutter fand es wichtig, dass ich die deutsche Sprache erlerne. In der Schule hatte ich Russisch und Englisch als Fremdsprache. Und privat habe ich weiterhin Deutschunterricht erhalten. Später hatte ich eine Tante, sie hieß auch Nino und war auch in einem deutschen Kindergarten gewesen. Sie war Germanistin und hatte in Jena studiert, wie viele Germanisten aus Georgien. Der akademische Austausch hatte schon Anfang des 20. Jahrhunderts mit den alten Universitätsstädten Tübingen und Heidelberg begonnen und wurde zu DDR-Zeiten mit Jena und der Humboldt-Universität Berlin fortgeführt. Nach der neunten Klasse, erzählt Nino Lejava, sei sie auf die berühmte georgisch-deutsche Schule gegangen, an der die deutsche Sprache besonders gefördert wurde. Und in der elften Klasse sei sie durch einen Schüleraustausch im Internatsgymnasium Schloss Neubeuern im tiefsten Oberbayern gelandet.

1991 flog sie, noch mit einem sowjetischen Pass, als Elftklässerin für drei Monate über Leningrad nach München. Eine Direktverbindung gab es damals noch nicht. Als im Dezember 1991 der Bürgerkrieg in Georgien ausbrach, ließ die Schulleitung sie nicht zurück nach Tbilissi reisen. Erst im März 1992 kehrte sie zurück. Mit dem ersten Flug überhaupt von Moskau nach Tbilissi kam Eduard Schewardnadse nach Georgien, im zweiten saß Nino Lejava und landete in einer vom Bürgerkrieg gezeichneten Hauptstadt. Die letzten Jahre vor dem Zusammenbruch der Sowjetunion waren für Ninos Eltern, so erzählt sie mir, eine hoffnungsvolle Zeit. Die Perestroika von Michail Gorbatschow brachte endlich die Freiheiten, die man sich gewünscht hatte. Und dann brach alles zusammen. Sie erinnere sich noch genau daran, wie ihr Flugzeug nachts in Tbilissi landete. Es sei wie in einem alten sowjetischen Partisanenfilm gewesen. Es waren Feuer an der Landebahn angezündet worden, weil es keinen Strom gab. Als wir ausstiegen, waren wir orientierungslos, wussten nicht wohin, bis endlich der Scheinwerfer eines alten sowjetischen Autos uns den Weg zeigte. Wir sind dann vom Flughafen aus über den Rustaweli-Prospekt gefahren. Es erinnerte mich an Bilder von Deutschland nach 1945, die ich mal gesehen hatte. Das war ein Schock für mich, Gebäude in Tbilissi in Trümmern zu sehen. Auch an Silvester 1992 habe sie genaue Erinnerungen. Noch spät wurde sie von ihren Eltern losgeschickt, um Brot zu holen. Das rationierte Brot für ihre Familie gab es nur in einem bestimmten Laden. Sie stellte sich in die Schlange. Es wurde später und später. Sie hatte Angst, das neue Jahr in dieser drängelnden Menge verbringen zu müssen. Sie sei so traurig gewesen damals. Aber dann habe sie es doch noch geschafft, vor Mitternacht zu Hause zu sein.

1992 begann Nino Lejava an der Fakultät für Völkerrecht und internationale Beziehungen in Tbilissi zu studieren. Aber nach der Unabhängigkeit brach in Georgien alles zusammen. Gas- und Stromversorgung, Gehälter und Renten wurden nicht mehr ausbezahlt. Jeder versuchte, irgendwie zu überleben. Mit mehreren Stipendien konnte Nino Lejava ab 1996 in Deutschland weiterstudieren. Später arbeitete sie in Hamburg. 2002 kam sie, inzwischen mit Mann und einjähriger Tochter, zurück nach Georgien. Es war ein Jahr vor der Rosenrevolution, die Micheil Saakaschwili an die Macht brachte.

Es habe 2003 eine Aufbruchsstimmung gegeben nach der großen Frustration der letzten Jahre, erzählt Nino. Strategielos und ohne jegliche Vision sei das Schewardnadse-Regime gewesen. Auch sie habe Micheil Saakaschwili unterstützt. Sein Stil war erfrischend, obwohl für sie auch damals schon zu viel Effekthascherei dabei war. Aber Mischa war schon immer sehr charismatisch gewesen. Für ihren Geschmack aber ein bisschen zu phlegmatisch. Was hat er Positives für Georgien erreicht? Er hat erst einmal Georgien von diesem typischen Bild von Stalin und Schewardnadse gelöst. Das wurde fast ausschließlich mit Georgien assoziiert. Darunter habe sie als junge Frau immer sehr gelitten, wenn sie in Deutschland war. In sehr kleinen Kreisen kannte man vielleicht noch die georgischen Filmemacher und Schauspielerinnen. Denen sei sie damals dankbar dafür gewesen. Und später den georgischen Fußballspielern, die erfolgreich in Deutschland spielten. Und Saakaschwili habe erreicht, dass Georgien plötzlich auch auf dem Radar westlicher Länder auftauchte. Die Rosenrevolution war zwar ein Umsturz, aber ein friedlicher, bei dem niemand zu Schaden gekommen sei. Und das wurde im Westen wahrgenommen. Und Saakaschwili hatte eine Vision. Er wollte die Korruption bekämpfen und das Land bildungspolitisch und wirtschaftlich voranbringen. Er pries Georgien im Westen als ein Demokratie-Labor an. Damit schaffte er es, Geld aus europäischen Staaten und auch aus Amerika ins Land zu holen. Er belebte den Tourismus, baute viele neue Straßen. Die Vision Saakaaschwilis, das Land bildungspolitisch und wirtschaftlich zu modernisieren und voranzubringen, war natürlich richtig. Und er und seine Mitstreiter waren sehr gute Fundraiser. Sie beschafften finanzielle Mittel für ihre großen Modernisierungsvorhaben. Und sie haben auch versucht, den Tourismus in Georgien anzukurbeln. Dazu brauchte man gute Straßen, um von einer Region in die andere reisen zu können. Das war auch wichtig für den Binnentourismus. Große Kampagnen in den westlichen Medien haben dazu geführt, dass bei Menschen aus den postsozialistischen Ländern wie Polen und bei ehemaligen DDR-Bürgern Erinnerungen an das frühere Georgien geweckt wurden. Das Tourismus-Departement suchte sich bestimmte Gebiete aus, die man versuchte künstlich hochzupumpen. Das führte manchmal zu absurden Auswüchsen, sodass die Orte ihre Authentizität verloren und plötzlich sehr italienisch anmuteten.

Die Modernisierung in Georgien ging nicht mit einer Demokratisierung einher, sagt Nino Lejava. Spätestens seit dem 7. November 2007, als Saakaschwilis Regierung die Polizei gewaltsam und brutal gegen Demonstranten vorgehen ließ, wussten alle, dass in diesem Land nicht alles rechtsstaatlich ablief.

DIE GEORGISCHEN FRAUEN HALTEN DIE GESELLSCHAFT AUFRECHT

Ja, das stimmt, sagt Nino Lejava. Die Frauen haben es in den 1990er-Jahren geschafft, diese Gesellschaft aufrechtzuerhalten und zu ernähren. Sie haben ihre vorherigen Berufe aufgegeben und sich um den Unterhalt ihrer Familien gekümmert. Die Frauen in Georgien waren, wie auch in anderen Gesellschaften, viel flexibler und auch verantwortungsvoller, wenn es darum ging, dass man die Familie und vor allem die Angehörigen ernähren muss. Das wird bis heute nicht richtig wertgeschätzt in der georgischen Gesellschaft. Es wurde für eine Selbstverständlichkeit gehalten. Inzwischen sind viele Frauen wirtschaftlich unabhängig. Zunehmend klagen sie ihre Rechte ein. Im Moment befinden wir uns wieder in einer Umbruchphase, in der neue Reibungen entstehen und die Frauen sich neue Räume erobern. Aber die Gesellschaft und auch die Politik sind immer noch nicht bereit, diese Räume freizugeben. Es geht um die Partizipation der Frauen in der Politik. Die Frauen beginnen sich an der Basis der Parteien zu organisieren. Doch wenn Wahllisten aufgestellt werden, kommen sie darin nur sporadisch vor.

Zurzeit gibt es eine sehr brutale Entwicklung, fährt Nino Lejava fort. Es werden sogenannte Ehrenmorde von Ehemännern begangen, die von ihren Frauen verlassen wurden, und dies nicht akzeptieren wollen. Auch nach Scheidungen kommt es oft vor, dass Frauen von ihren ehemaligen Partnern ermordet werden. Im letzten Jahr gab es eine Welle brutaler Gewalt in Georgien, die das Land erschütterte. Plötzlich war es nicht mehr zu vertuschen und konnte nicht mehr als Familienstreit oder nebensächliche Kriminalität abgetan werden. Inmitten der Stadt, an der staatlichen Universität, wurde eine Dozentin im Flur umgebracht. Aus einer Vorlesung gerufen und dann von ihrem Ex-Mann erschossen. Alle haben diesen Fall von Familienmord, von denen es auch schon vorher welche gab, mitbekommen. Das löste eine Protestwelle aus. Georgische Frauen formierten sich als lose Frauenbewegung. Vor einigen Monaten gab es eine große Demonstration in fünfundzwanzig Städten

Georgiens, völlig informell organisiert. Die Frauen forderten vor allem vom Innenministerium, diese Welle der Gewalt zu stoppen. Die Gesellschaft sei jetzt sensibilisiert, erzählt Nino Lejava und konstatiert: Vorher wurde es nicht als Problem angesehen. Auch nicht die vielen Schlägereien in der Familie, bei denen meistens Männer ihre Frauen wie selbstverständlich verprügeln. Obwohl es gesetzlich geregelt ist, dass jemand bei der Polizei Schutz suchen und eine Tat anzeigen kann, trauen sich viele Frauen nicht, gegen ihre Männer vorzugehen. Wenn sie es tun, werden sie oft wieder zurückgeschickt. Sie seien verheiratet und sollen in der Familie bleiben. Frauen, die ermordet wurden, hatten oft zuvor schon ihre Männer angezeigt. Aber es gab bisher keine Strukturen für ihren Schutz. Und man müsse natürlich bei dieser neuen Frauenbewegung zwischen jungen Frauen in den Städten und denen auf dem Land unterscheiden, die teilweise noch sehr traditionell lebten, sagt Nino. Es hat auch nicht immer etwas mit dem Alter zu tun. Es gäbe da nicht so eine scharfe Trennung. Es sei eher eine Bruchlinie quer durch die Generationen und sozialen Schichten. Man müsse auch berücksichtigen, dass die meisten jungen Leute, auch Dreißigjährige, immer noch bei ihren Eltern wohnen. Und da kann man nicht von einem Generationenbruch sprechen, weil man sich innerhalb der Familie schon gegenseitig beeinflusst. Und bei jungen Leuten finde zurzeit auch eine starke Rückkehr zur Tradition statt, das könne man sehr gut beobachten, wenn man in die Kirchen gehe und dort die sich bückenden Frauen mit Kopftüchern sehe, vor allem junge Frauen. Auch das Heiratsalter verschiebe sich. Und wer mit einem Mann Sex vor der Ehe habe, muss diesen Mann dann auch heiraten. Die patriarchalische Welt in Georgien sei noch nicht komplett aufgebrochen, sagt Nino Lejava, aber es gäbe schon große Brüche.

FESTUNG DES NEIDES

Ich fahre zur Friedensbrücke, eine Fußgängerbrücke, die auf der Höhe der unteren und oberen Kala des alten Tbilissi seit 2010 über die Mtkwari führt. Eine Bogenbrücke mit aufgehängtem, darunter liegendem Fußweg, die von Weitem einer buckelnden Raupe ähnelt mit ihrem geschwungenen grünlichen Glasdach und den weißen Stahlträgern. Nachts beleuchtet von 30.000 LED-Lampen. Das Lichtdesign stammt von dem Franzosen Philippe Martinaud. Entworfen hat die Brücke der italienische Designer und Architekt Michele de Lucchi,[7] der bekannt ist für seine Neigung zu Farbe und Formverspieltheit. Bei ruhigem Wasser spiegelt sich die Brücke im Fluss. Ein Anziehungspunkt für Touristen.

Die Friedensbrücke führt in einen kleinen Park, von dem aus man mit der Gondel hinauf zur Narikala-Festung und der kleinen Nikolaus-Kirche fahren kann. Im Park stößt man auf zwei überdimensionierte miteinander verbundene metallic glänzende Röhren, deren Öffnungen mit Glas verschlossen sind. Als ich zu dem gläsernen Eingangsportal gehe, sehe ich, dass der Raum dahinter leer ist und nur ein paar Baumaterialien dort untergebracht sind. Auch eines der vielen, sehr ambitionierten Bauprojekte von Micheil Saakaschwili. Diese geplanten Ausstellungshallen wurden nach seiner Abwahl nicht mehr vollendet, weil die Geldgeber abgesprungen sind. Auf der Höhe dahinter liegt der ausladende Präsidentenpalast. Gegenüber, oben auf dem Hang, steht die Mutter Georgiens. Eine sehr große weiße Skulptur, die über Tbilissi wacht. In der linken erhobenen Hand trägt sie die Schale der Gastfreundschaft und in der rechten hält sie das Schwert.

Vom Rike-Park aus gehe ich zu Fuß hinauf zur Festung Narikala. Am Hang wurden viele alte Häuser durch neue ersetzt. Von dort aus hat man einen wunderschönen Blick auf die Mtkwari und die Altstadt von Tbilissi. Die neuen architektonisch hervorstechenden Gebäude der Saakaschwili-Administration dominieren das Stadtbild: Friedensbrücke, Verwaltungsgebäude, Präsidentenpalast und darüber die Sameba-Kathedrale. In der Ferne hinter der Altstadt sieht man das Skelett eines Hochhauses, mit einer treppenförmigen Außenwand, vor der hohe Kräne stehen. Dahinter ein weiteres unfertiges Hochhaus, das sich nach oben hin verjüngt. Immer noch wird sehr viel gebaut in der Hauptstadt.

Ich gehe weiter bergan, jetzt auch an vielen alten, baufälligen Häusern vorbei. Nachdem die Straße endet, folge ich einem Fußweg nach oben, vorbei an Zypressen und Pinien. Etwas unterhalb der Mutter Georgiens entdecke ich eine kleine Bar mit einer in den Hang gebauten Holzterrasse. Von dort aus kann man bis zu den Ausläufern des Kaukasus blicken. Ein junger Mann entzündet einen Grill und bereitet Fleischstücke am Spieß vor. Mit einem umwerfenden Lächeln nimmt eine sehr hübsche junge Frau meine Bestellung entgegen. Vielleicht haben die beiden das Lokal erst kürzlich eröffnet. Sie haben sichtlich Freude an ihrem kleinen Restaurant. Ich genieße im Halbschatten das kühle Getränk und den Blick in die Ferne.

Dann folge ich weiter dem Fußweg nach oben. Kurz vor dem Gipfel ein kleiner Platz, auf dem fast nur schwarze große Limousinen parken, meist BMW, Mercedes und Audi. Etwas erhöht in der Narikala-Festung (Persisch Nari-Quala, die uneinnehmbare Burg) steht die kleine Nikolaus-Kirche, in der gerade eine Trauung stattfindet. Ein junges Brautpaar in traditioneller georgischer Tracht. Getraut werden sie von einem höheren Geistlichen der Georgisch Orthodoxen Apostelkirche. Er sei der zweite oder dritte nach dem Patriarchen Ilia II., erfahre ich von einem der Hochzeitsgäste, der vor der Kirche länger mit dem Handy telefoniert. Er sei der Vater des Bräutigams, teilt er mir stolz mit. Später erfahre ich, dass ich mit dem Botschafter Georgiens in Italien gesprochen habe. Die Kirchentüren sind offen. Braut und Bräutigam stehen mit einer langen brennenden Kerze in der Hand in der Mitte der Kapelle. Beide tragen eine Krone. Die Braut hat ihr schwarzes Haar mit einem weißen Seidentuch bedeckt. Auch die Frauen neben ihr haben sich leichte Tücher über den Kopf gelegt. Sie tragen körperbetonte Kleider und hohe Schuhe mit dünnen Absätzen.

Aus dem Kircheninneren dringen sehr feierlich die Stimme des tonangebenden Priesters und der Hochzeitsgäste mit den melodisch vorgetragenen Psalmen. Familie und Freunde stehen um das Paar herum, davor der Priester mit einer goldverzierten Kopfbedeckung.

Die Zeremonie in der Kirche dauert circa zwei Stunden, lese ich später. Anders als in Westeuropa führt der Bräutigam die Braut zum Altar, der in der Mitte der Kirche steht. Die Gäste platzieren sich im Kreis um das Brautpaar. Zu Beginn verlobt der Priester die Eheleute. Fürbitten, Ringwechsel und Segnungsgebet folgen. Dann kommt es zur »Krönung«. Dabei werden die Ringe gesegnet, die Hände ineinandergelegt, Psalmen gelesen, weitere Fürbitten, Gebete und das Vaterunser gesprochen. Nachdem dem Paar Kronen aufgesetzt wurden, wird ihnen ein gesegneter Kelch gereicht, der mit Wein gefüllt ist. Der Priester macht sie für einen Tag zu König und Königin. Abschließend umkreist das Brautpaar, mit dem Priester an der Spitze, dreimal den Altar. Es symbolisiert die ersten gemeinsamen Schritte als Ehepaar. Es folgen Glückwünsche durch den Priester und die Gäste. Meist beinhalten sie den Segen für das gemeinsame Eheleben und die Wahrung christlicher Werte.

Nachdem alle die Kirche verlassen haben, höre ich das summende Geräusch einer Drohne. Sie schwebt dicht über den Köpfen der Hochzeitsgäste. Ein schwarz-weißer Minihelikopter. Alle stellen sich im Kreis auf und winken nach oben in die Kamera. Das Brautpaar wird aufgefordert, sich vor der Kirche aufzustellen, um von dort allein über den kleinen Vorplatz zu schreiten. Ein leichter Wind fährt in das weiße lange Seidentuch der Braut. Die Drohne begleitet das Paar, und an der Seite vor der ziegelroten Festungsmauer steht der Regisseur mit seinem kleinen Laptop und filmt das Brautpaar für die Ewigkeit. Die hübsche, stolze Braut hat beobachtet, dass ich sie fotografiere, schaut zu mir und lächelt mich freundlich an. Ich wünsche ihr und ihren Mann lautlos viel Glück und schaue auf die tiefroten Granatäpfel, die zwischen sattgrünen Blättern hervorstechen. Etwas entfernt auf der Höhe sehe ich die Nikolaus-Kirche, ein weiterer Bau innerhalb der Festung, die zuerst von den Georgiern Schurisziche (Festung des Neides) genannt wurde.

ES RIECHT NACH BROT UND GEBÄCK

Ich habe mich mit Gulia verabredet. Winke einem Taxifahrer und lasse mich am Anfang der Dolidze Straße absetzen. Viele neue Geschäfte und Häuser. Die Schule auf der rechten Seite gibt es nicht mehr, dort entsteht gerade ein Neubau. Vor dem Haus von Gulia zwei neue Hochhäuser. Im Parterre Büros und Geschäfte. Das große Tor zur Einfahrt ihres Hauses wurde gegen ein moderneres ausgetauscht. Es gibt kein Schloss mehr. Man benötigt eine Zahlenkombination für den Einlass. Links neben dem Tor ist der Eingang zu einer neu gebauten kleinen Bäckerei. Dort kommt Gulia lachend aus der Tür und bittet mich herein. Es riecht nach Brot und Gebäck. Früher waren hier Waschraum, WC und Dusche. Jetzt gibt es ein Bad im Haus. Von der Backstube, in der ein älterer Bäcker Brotlaibe an die heißen Wände des Tonofens klebt, erreichen wir den Innenhof, den ich nicht mehr wiedererkenne. Die Backstube hat Giorgi mit einem Freund gebaut. Wenn der Bäcker Feierabend hat, verkaufen Gulia und Giorgi bis Mitternacht hier frisches Brot, Gebäck und auch Chatschapuri. Das alte, schön verzierte eiserne schwarze Tor steht im Hof. Ein Neffe von Gulia möchte es für sein neues Haus haben. Kürzlich hat er aber seinen Job verloren, sodass ihm nun das Geld zum Weiterbauen fehlt. Deshalb muss das alte Tor noch weiter bei Gulia lagern. Der Hof liegt voller Baumaterial, übereinandergestapelte Balken und Hölzer aus dem Haus. Steine, schon von altem Putz befreit, vorbereitet für die nächste Verwendung. Es soll ein Gästezimmer mit Bad entstehen, das man vermieten kann. Giorgi kommt mit seiner blonden ukrainischen Frau und seiner kleinen Tochter, die noch in Kiew geboren wurde, aus dem Haus. Die Kleine ist sehr schüchtern, trägt eine geblümte Leggins, ein weißes T-Shirt und hat die Haare zu einem Zopf gebunden. Giorgi hat sieben Jahre in Kiew auf dem Bau gearbeitet, weil er in Tbilissi keine Arbeit fand, nachdem er sein Studium an der Kunsthochschule abgeschlossen hatte. Seine Frau arbeitete in Kiew als Angestellte in einer Bank. Als im Februar 2014 die ersten Schüsse auf dem Maidan fielen, beschlossen beide, nach Tbilissi zu gehen. Hier haben sie bisher keinen neuen Job gefunden. Sie alle müssen von Gulias sehr geringer Rente leben, von Gelegenheitsjobs von Giorgi und den Einnahmen aus der kleinen Bäckerei, die auch nicht sehr hoch sind. Verständigt wird sich auf Russisch. Giorgis Schwester Mariam hat in der Schule in Tbilissi kein Russisch gelernt, weil es kein Pflichtfach mehr war und sie es abgewählt hat, und kann sich mit Giorgis Frau nur auf Englisch verständigen. Gulia ärgert sich darüber, dass ihre kleine Enkelin noch kein Wort Georgisch spricht. Mariam sei inzwischen zwanzig Jahre alt, erzählt Gulia, arbeite gerade in einem Ferienlager in Ratscha, in den Bergen Westgeorgiens, und komme erst in zwei Tagen zurück. Du wirst sie, wenn du von deiner Rundreise zurückkehrst, sehen und bestimmt staunen, denn inzwischen ist sie eine schöne junge Frau geworden, sagt Gulia lachend.

Jemand klopft laut an das neue Tor. Gulias Neffe kommt und trägt ein paar Flaschen Bier und eine Flasche Cola unterm Arm. Er wohnt in der Nähe und hat von meinem Besuch gehört. Gulia stellt uns vor. Ein schlaksiger, großer junger Mann mit dunklen gut frisierten Haaren. Der Sohn ihrer Schwester hat an der Filmhochschule studiert und erzählt mir stolz, dass er gerade das erste Mal als zweiter Kameramann an einem Film mitgearbeitet habe. Als er sich wieder verabschiedet, möchte Gulia mit mir in ein Lokal gehen. Wenn du in zwei Wochen wiederkommst, wird der Innenhof anders aussehen, sagt sie entschuldigend. Sie zieht sich kurz um, schminkt sich dezent. Ihre Haare hat sie kastanienbraun getönt. Wir verabschieden uns und gehen die Dolidze hinunter. Gulia schlägt ein Restaurant vor, zu dem wir noch etwas laufen müssten. Sie scheint froh zu sein, ein wenig mit mir spazieren gehen zu können. Sie möchte in ein Lokal gehen, das besonders für sein Chatschapuri aus Batumi am Schwarzen Meer bekannt ist. Traditionell wird dort ein Spiegelei in der Mitte des Teiges mit eingebacken. Trotzdem wähle ich lieber die Variante mit Spinat. Obwohl wir uns so viele Jahre nicht gesehen haben, herrscht keinerlei Fremdheit zwischen uns. Gulia hatte mir geschrieben, dass Dato schon länger eine neue Frau habe und noch einmal Vater geworden sei. Aber er kümmere sich weiterhin um Mariam. Gulia erzählt sehr offen. Für sie ist in Georgien nichts besser geworden. Mischa habe viel gebaut und viele Straßen erneuert, aber für die Menschen habe er nichts getan. Er habe zu viel Show gemacht, habe zum Ende seiner Amtszeit auch noch sehr viel Unheil angerichtet. Von den Folterungen im Innenministerium hätte ich ja bestimmt schon gehört. Und die Arbeitslosigkeit sei sehr, sehr hoch. In ihrem Bekanntenkreis haben nur sehr wenige Menschen eine Arbeitsstelle. Wer kann, geht ins Ausland und versucht so, seine Familie in Georgien zu unterstützen. Das seien meistens die Frauen. Vielleicht sind nicht 70 Prozent der Menschen arbeitslos, wie sie eingangs vermutete, aber bestimmt 50 Prozent, sagt Gulia nachdenklich. Sie ist erst seit März zurück aus Mersin in der Türkei, wo sie achtzehn Monate als Hausdienerin, wie sie es nennt, bei einer Arztfamilie gearbeitet hat. Sie habe sich ihr Leben bestimmt nicht als Hausdienerin vorgestellt, habe es aber trotzdem getan, um ihrer Tochter das Studium in Betriebswirtschaft zu ermöglichen. Die Studiengebühren für ein Jahr betragen 3.000 Lari, ungefähr 800 Euro. Das erste Jahr hat ein Schwager von Dato Mariams Studiengebühr übernommen. Ein Jahr hat sie studiert. Dann konnte er das Geld nicht noch einmal aufbringen.

Die Zimmer im Haus können sie nur fertigstellen, wenn sie sich Geld leihen oder ihnen jemand Geld gibt. Von der Bank erhalten sie keinen Kredit. Giorgis bester Freund arbeitet in Aserbaidschan im Ölbusiness und würde dort gut verdienen. Jedes Mal, wenn er nach Tbilissi kommt, lässt er ihnen ein bisschen Geld da. Dann können sie Baumaterial kaufen und ein weiteres Zimmer in Angriff nehmen. Wenn ich in zwei Wochen zum Essen komme, dann hat Giorgi vielleicht die Mauer des geplanten Gästezimmers schon hochgezogen. Ab Mitte Oktober wird es hier kälter werden.

Was sie fast vergessen hätte, sagt Gulia und fragt, ob ich mich an Nanuka, die Nichte ihrer Nachbarin erinnere, die ich bei meinem letzten Besuch bei ihr getroffen hätte. Ja, natürlich, sehr gut. Wenn du willst, können wir sie anrufen und treffen. Sie lebt jetzt in Tbilissi. Vielleicht ist sie zu Hause und kann zu uns kommen. Sie spricht inzwischen sehr gut Deutsch, war ein paar Jahre in Deutschland. Gulia ruft sie von ihrem Handy aus an. Sie lacht, spricht Georgisch, ich verstehe nur meinen Namen. Dann reicht sie mir ihr Handy. Nanuka möchte mich sprechen. Das sei wirklich eine große Überraschung. Heute müsse sie arbeiten, aber in zwei Wochen beginne ihr Urlaub, dann hätte sie Zeit, wenn ich denn noch da sei. Wir könnten auch zu ihrer Familie fahren und auf dem Dorf ihre Tante und einen Onkel mit seiner Familie besuchen. Ob ich schon die

Höhlenstadt Wardsia gesehen hätte? Wenn nicht, könnten wir auch gemeinsam dorthin fahren. Das höre sich alles sehr gut an, sage ich. Und wir verabreden uns in zwei Wochen bei Gulia.

»CAFÉ GALLERY«, RUSTAWELI 48

Ich winke einem Taxi. Ein schon betagter Fahrer mit einem älteren Opel hält. Nachdem ich eingestiegen bin, springt der Motor nicht mehr an. Als der Fahrer merkt, dass ich wieder aussteigen will, hält er mich zurück. Moment, Moment! Die Straße ist abschüssig, und der Opel beginnt langsam zu rollen. Als er schneller wird, lässt mein Chauffeur die Kupplung kommen, der Motor springt an. Vor dem Rustaweli-Prospekt bitte ich ihn, mich aussteigen zu lassen. Der ehemalige Platz der Republik, wo früher das »Hotel Iveria« stand, in dem über zehn Jahre Flüchtlinge aus Abchasien untergebracht waren, heißt jetzt Platz der Rosenrevolution. Das alte Hotel wurde abgerissen und durch das viel größere »Radisson Blu Iveria Hotel« ersetzt. Auch die Statue von David dem Erbauer, der von den Georgiern sehr verehrt wird, musste dem Hotelneubau weichen und erhielt einen neuen Standort an der Ausfallstraße nach Mzcheta. Jetzt steht vor dem Radisson Hotel eine große Fahrradskulptur.

Etwas weiter auf der anderen Straßenseite, Rustaweli 48, gehe ich in das »Café Gallery«, um mir Notizen zu machen. Das geräumige Café ist ausgestattet mit einer langen Bar, mit kleinen Holztischen und mit Samt bezogenen älteren Sesseln und vielen Bildern an der Wand. Der Holzboden ist mit Ornamenten verziert. Die Holzdecke ist weiß gestrichen. Ich suche mir einen Tisch an der Wand. Am Nebentisch sitzt eine junge Frau. Nachdem ich bestellt und mir einiges aufgeschrieben habe, fragt sie mich auf Deutsch, ob ich das erste Mal in Tbilissi sei. Sie heißt Mariam, ist sechsundzwanzig Jahre alt, pendelt seit zehn Jahren zwischen Berlin und Tbilissi. Möchte aber bald ganz zurück nach Georgien kommen. Sie arbeitet als Promoterin für den Künstler Sandro Antadse, der das »Café Gallery« betreibt. Unter der Woche ist der große Raum Café und Restaurant. Am Wochenende wird das »Café Gallery«

zum Nachtclub, in dem internationale Musiker auftreten. Es kommen sehr viele Gäste zu den Konzerten. Und Mariam schlägt die Musiker vor, die hier spielen, und betreut sie in der Zeit ihres Aufenthaltes in Tbilissi. Oft sind es Künstler aus Berlin, wo die größte Szene für elektronische Musik sei. Ich bin neugierig geworden. Frage Mariam, wo und wie sie aufgewachsen ist und warum sie sich für elektronische Musik interessiere.

Sie habe eine sehr glückliche Kindheit gehabt, erzählt sie. Wurde 1989 in Tbilissi geboren. Wenn sie sich ihre Kindheitsfotos anschaue, dann sehe man sie und ihre Schwester immer ganz breit und glücklich lachen. Aber hinter ihnen ist alles grau, und überall stehen baufällige Häuser und viel Beton. Alles überhaupt nicht schön. Sie kann sich auch noch gut daran erinnern, wie sie auf dem Arm ihrer Oma in der Brotschlange stand. Und dass sie einen Holzofen aus richtig alter Zeit hatten. Und es kein Wasser gab. Die Familie meiner Mutter, erzählt sie, hatte sehr wertvolle Sachen. Mein Opa war zu Sowjetzeiten ein wichtiger Mann in der Landwirtschaft und hat sehr gut verdient. Wir hatten einen Flügel und mehrere Klaviere. Und Meißner Porzellan und sehr wertvolle Antiquitäten. Und vieles davon hat meine Mutter verkauft, als ich noch klein war. Das Meißner Porzellan nach Deutschland. Wir haben in einem Viertel gelebt, in dem nur reiche Familien wohnten. Für uns war immer alles da. Aber in der Schule wurde Geld für Öl gesammelt, damit dort geheizt werden konnte. Ich war vier Jahre in der Grundschule, dann an einer Privatschule, und zum Schluss ging ich in Deutschland zur Schule. Ich war bei einer Gastfamilie in Berlin, die meine Eltern kannten. Die haben mich aufgenommen. Das erste halbe Jahr war sehr hart. Ich habe Deutsch gelernt, musste die zehnte Klasse nachholen und konnte dann aber mein Abitur ablegen. In Berlin gab es schon die Club-Kultur, für die ich mich bereits in Georgien interessiert hatte. Als ich dreizehn Jahre alt war, habe ich das erste Mal elektronische Musik gehört und war sofort fasziniert davon. Und dann habe ich schnell damit begonnen, selbst aufzulegen. Und später auch Veranstaltungen organisiert. So habe ich deutsche DJs kennengelernt, meistens aus Berlin. Die Anfänge der elektronischen Musik in Georgien gab es schon in den 1990er-Jahren in Tbilissi, sagt Mariam. Es gab Underground-Partys, private Veranstaltungen bei Leuten zu Hause. Viele Künstler spielten elektronische Musik, und einige wurden später weit über Georgien hinaus bekannt. Damals stand aber die Tanzbarkeit noch nicht im Mittelpunkt, wie das bei »Techno« oder »House« ist, mit dem typischen durch einen Drumcomputer entstehenden Rhythmus. Die ersten Partys fanden in kleineren Räumen statt. Aber später dann, nach dem Regierungswechsel 2003, entstanden eine Menge Clubs. Einer der ersten war der »Berlin-Club«, in dem aber mehr Underground gespielt wurde. Und es gab die »Adjara-Music-Hall«. Dort haben die meisten georgischen Jugendlichen das erste Mal die Club-Kultur kennengelernt. Und dann kamen die ersten DJs aus Deutschland. Und wir haben mit unserem ersten Festival angefangen. Das »Kiketi-Open-Air«. Aber irgendwann, zum Ende der Saakaschwili-Ära, hörte das plötzlich auf, erzählt Mariam, weil man sehr restriktiv gegen Jugendliche vorging. Wenn jemand mit Drogen erwischt wurde, auch wenn es nur für den Eigenbedarf war, konnte man elf Jahre ins Gefängnis wandern. Auf Vergewaltigung stand damals nur sechs Jahre Haft. Aber für ein bisschen Marihuana konnte man über zehn Jahre bekommen. Die Gefängnisse waren voll. Jetzt, seit ungefähr zwei Jahren, nachdem Saakaschwili abgewählt und die meisten Jugendlichen begnadigt und freigelassen wurden, boomt die Club-Szene wieder. Jetzt gibt es aber schon wieder Gerüchte, dass das Innenministerium abermals gegen die Szene vorgehen will. Allerdings hört man nun überall in der Szene, dass der Widerstand wächst: Wir werden dagegen kämpfen! Sie sollen wissen, worauf sie sich einlassen! Die jungen Menschen hassen die Politiker, sagt Mariam ein wenig erregt. Zu Hause sitzen überall die Großeltern vor dem Fernseher und sprechen über Politik. Teilweise auch unsere Eltern. Aber das bringt nichts. Unsere Erfahrungen sagen, auch wenn die Regierung wechselt, bleibt alles beim Alten. Aber die jungen Leute können das verändern. Wir sagen, okay, wenn ihr gegen uns kämpft, dann kämpfen wir auch gegen euch. Aber in die Parteien haben wir kein Vertrauen. Es gibt eine Bewegung von Jugendlichen, die sich zusammengeschlossen haben, um sich für die Dekriminalisierung von Drogen einzusetzen. Jetzt haben sie erreicht, dass das Thema im Parlament besprochen wird. Es soll schon einen Gesetzentwurf dafür geben.

Mariam wird von einer Kellnerin nach hinten ins Büro gebeten. Als sie zurück zu ihrem Tisch kommt, verabschiedet sie sich von mir, sie müsse noch etwas organisieren. Ich bedanke mich bei ihr für ihren ausführlichen Szene-Bericht und frage sie, ob die Clubs in Tbilissi auch erst so spät öffnen würden wie in Berlin. Es sei genauso wie in Berlin. Es fängt nachts um zwölf Uhr an, und es geht bis morgens oder auch mittags am nächsten Tag. Es gibt natürlich eine Face-Control, was besonders im »Café Gallery« notwendig ist. Der Türsteher kenne sich sehr gut mit den georgischen Männern aus, er wisse, wer sich, wenn er Alkohol getrunken hat, prügeln wolle. Wenn man unseren Club betritt und die Treppe hochkommt, steht da als Erstes: Kein Ort für Homophobie. Das ist in Tbilissi eine unglaublich mutige Aussage, weshalb der Club auch viele Gegner hat. Besonders, nachdem am 17. Mai 2013 bei einer Demonstration für die Rechte sexueller Minderheiten, die Gegner der Demonstranten die Polizeisperren beim Nationalmuseum durchbrochen und die Demonstranten gejagt hätten. Die Polizei musste die Demonstranten in Bussen an einen unbekannten Ort bringen, sonst hätte es vermutlich auch Tote gegeben. Sollte sich zum Beispiel ein schwules Paar küssen, würden viele georgische Männer sofort zuschlagen. Die Betreiber vom »Café Gallery« möchten ein heterogenes, aber tolerantes Publikum in ihrem Club haben. Es kommen auch viele Touristen, die zufällig vorbeigehen. Und von den Szene-Leuten sind viele auch schon im Ausland gewesen, und haben die Toleranz gegenüber Schwulen und Lesben dort erlebt, sagt Mariam und lächelt. Es kommen aber auch ältere Besucher, die schon immer in Clubs gegangen sind, und einfach nur die Musik genießen und ein Bier trinken wollen. Also, kommen Sie am Wochenende ruhig mal vorbei.

»SIE HABEN MIR BLIND GEGLAUBT, WEGEN DER EMOTIONEN«

Ich fahre zurück zum Hotel, möchte mir unbedingt noch den Dokumentarfilm »Vollgas gen Westen«[8] von Stefan Tolz auf meinem Laptop ansehen. Über den V. Gorgassali-Platz und die Metechi-Brücke gehe ich zurück in den Stadtteil Avlabari, unterquere die verkehrsreiche Meskhishvili-Straße durch den Fußgängertunnel. Auf den untersten Treppen sitzen ein alter Mann, der einige verschrumpelte kleine Möhren auf einem Stück Zeitungspapier zum Kauf anbietet, und eine alte Frau, die um ein paar Tetri bettelt. Ich kann ihrem bittenden, würdevollen Blick nicht standhalten. So weit sind wir in Georgien gekommen, scheint sie mir sagen zu wollen, dass ich als alte Frau hier betteln muss, weil ich vom Staat keine Rente erhalte. Besonders junge Georgier stecken den alten Menschen verschämt ein paar Tetri zu, obwohl sie vermutlich selbst nicht viel haben. Dass alte Menschen, denen man in Georgien große Achtung entgegenbringt, betteln müssen, ist auch für sie kaum zu ertragen.

Der Film von Stefan Tolz beginnt im Jahr 2011. Der französische Staatspräsident Nicolas Sarkozy ist zum Staatsbesuch in Georgien eingetroffen. In einer Empfangsrede vor der Bevölkerung sagt Saakaschwili: »Liebe Mitbürger, wir haben euch versprochen, dass wir unser Bestes tun, um Georgien in eine europäische Demokratie zu verwandeln. Damals war das ein utopischer Traum. Aber sehen Sie, was wir in acht Jahren erreicht haben. Heute sind wir nicht mehr allein. Heute steht eine starke Nation Europas an unserer Seite, um unsere Freiheit zu schützen.«

Am gleichen Tag wird im Radio verkündet, dass Bidsina Iwanischwili in die Politik gehen wird. Stefan Tolz fährt mit seinem sehr alten blauen Wolga, einem der wichtigsten »Protagonisten« im Film, in der Residenz von Iwanischwili vor. Der Milliardär thront über der Stadt, mit einem eigenem Hubschrauberlandeplatz und einem künstlichen Wasserfall. Der Komplex mit integriertem Geschäftsteil wurde von dem japanischen Architekten Shin Takamatsu entworfen und wird auf einen Wert von 50 Millionen Dollar geschätzt.[9] Von unten aus gesehen mutet das futuristische Gebäude mit zwei großen Rundtürmen wie eine gläserne, graue Zementfabrik an, das war Maya Frank-Hennigs erster Eindruck.

Der Wolga sei sein Traumauto als kleiner Junge gewesen, erzählt Iwanischwili. Er spricht über das schlimme System des Kommunismus und wirft Präsident Saakaschwili vor, dass er ein ähnliches Land erschaffen wolle, wie damals, als überall Angst herrschte und als noch diese Wolgas fuhren. Man wolle die Freiheit und das Denken der Menschen bestimmen, wie damals. Aber die Georgier seien ein Volk mit großer Kultur und einer langen Geschichte. Sie werden ihm nicht die Möglichkeit dazu geben. Alles würde sich so ergeben, wie es dem georgischen Volk gebühre.

Dann lässt der Filmemacher Präsident Saakaschwili zu Wort kommen, der über die Errungenschaften seiner Amtszeit spricht. Sie hätten versucht, manche Elemente aus Nordeuropa und Deutschland einzuführen. »Wir haben ein System aufgebaut, bei dem jeder Steuern zahlen muss. Jeder kleine Händler.« Dabei seien die Steuern nicht hoch gewesen, viel niedriger als in den entwickelten europäischen Staaten. »Aber jeder musste zahlen. Das hatte man noch nicht gehört.« Sie hätten Meinungsumfragen durchgeführt, ob Steuerhinterziehung ein Verbrechen sei. Aber sie würden heute noch denken, jemanden umzubringen und eine Vergewaltigung seien Verbrechen, aber keine Steuern zahlen, das sei nicht wirklich ein Verbrechen. Und Bestechung? Was soll so schlimm daran sein. Er muss seine Familie ernähren. »Die Leute sagen das in Umfragen. Ich schätze, um das zu überwinden, werden ein paar Generationen notwendig sein.«

Bidsina Iwanischwili musste erst seine Zurückhaltung und Scheu vor der Bevölkerung ablegen. Seine ersten Versuche, im Wahlkampf 2013 vor der Bevölkerung zu reden, unternimmt er in der Stadt Tschiatura in der Nähe seines Heimatdorfes. Über sein Bad in der Menge sagt er: »Ich habe den Kontakt mit den Leuten gespürt in Tschiatura. Ich wurde mutiger, fast frech, wenn ich das sagen darf.« Er experimentiert mit seiner Wirkung. »Wenn es um interessante Themen ging wie Rentenerhöhung, Verbesserung der Schulbildung oder Ähnliches, senkte ich meinen Ton absichtlich und sprach ganz emotionslos. Das Interesse schwand sofort. Alle wollten Emotionen. Wenn sie Emotionen spürten, haben sie mehr an das geglaubt, was ich sagte. Sie haben mir blind geglaubt, wegen der Emotionen.« Er erzählt, irgendwann habe er seinen Emotionen freien Lauf gelassen und mehr versprochen, als er halten konnte. Das habe ihn bedrückt. Er sei kein Politiker. In der Rede versprach er der Bevölkerung: »Ich garantiere Ihnen, kein Beamter wird besser leben als Sie. Beamte werden wie normale Bürger verdienen. Es wird Schluss sein mit diesem Luxusdasein. Wenn wir an die Regierung kommen, werden Sie langfristige, günstige Kredite bekommen. Jeder kann mindestens drei Jahre lang für die Saat auf den Feldern kostenlos Dünger, Samen und Setzlinge bekommen. Das alles versprechen wir Ihnen.«

Am 1. Oktober 2012 gewann Bidsina Iwanischwili mit dem Bündnis »Georgischer Traum« mit 54,9 Prozent der Stimmen die Parlamentswahlen gegen die Partei »Vereinte Nationale Bewegung« von Micheil Saakaschwili, die nur 40,4 Prozent der Stimmen erhielt. Am 25. Oktober wurde Iwanischwili vom Parlament in Kutaissi als georgischer Ministerpräsident gewählt.

»WAS IST LOS IN GEORGIEN, IN UNSEREM VATERLAND?«

Der Film von Stefan Tolz endet mit dem 17. Mai 2013. Ein Nachrichtensprecher resümiert das Ereignis des Tages: »Im Zentrum von Tbilissi ist es zu Unruhen gekommen. Gegner der Demonstration für die Rechte sexueller Minderheiten haben die Polizeisperren beim Nationalmuseum durchbrochen und liefen zum Freiheitsplatz, wo die Teilnehmer der LTGB-Kundgebung standen. Die Polizei hat die Befürworter der Rechte sexueller Minderheiten zu ihrem Schutz in gelben Bussen an einen unbekannten Ort gebracht. Krankenwagen sind vor Ort. Die Verletzten sind nicht in Lebensgefahr.«

Für Lascha Bakradse, Historiker und Leiter des Literaturmuseums in Tbilissi, ist der 17. Mai 2013 ein Wendepunkt, an dem die totale russische Propaganda in Georgien begonnen habe. Es beträfe alle, warnt er, nicht nur sexuelle Minderheiten. Im Hintergrund schreien Jugendliche zu jungen Demonstrantinnen hinüber: »Haut ab! Haut ab!« Bakradse erzählt, dass in georgischen Zeitungen geschrieben worden sei, in der Schweiz sei der Inzest legalisiert worden und wie schlecht die Moral im Westen sei. Und wo sollten die Georgier ihre Rechte suchen, natürlich in Russland. Da hätten sie auch den orthodoxen Glauben. »Wacht auf, kommt zu Sinnen!«, ruft ein fanatisierter Mann mit traditioneller Kopfbedeckung. »Was ist los in Georgien, in unserem Vaterland? Sind dafür die Soldaten gestorben?« Eine Frau ruft: »Wer braucht diesen Zirkus? Wer es nötig hat, soll es zu Hause tun.« Ein Mann mit Megafon: »Wenn man mit Sex handelt, verkauft man seine Seele. Lasst uns nicht so verderben. Wir brauchen ein Georgien mit Moral. Sei gesegnet, moralisches Georgien! Lebe hoch! Lebe hoch!« Die Georgisch Orthodoxe Kirche spiele eine große Rolle in der Propaganda gegen alles Westliche, Europäische und die NATO, sagt Lascha Bakradse. Die könne sehr ernste Folgen für die Zukunft Georgiens haben. Jetzt wird um die Orientierung Georgiens gekämpft. Was die wirtschaftlichen Beziehungen mit Russland angehe, werden mich viele kritisieren und fragen, was ist schlimm an ökonomischen Beziehungen zu Russland. Sie kaufen Wein. Aber diese Kontakte werden Georgien vom Westen entfernen, weil Russland kein normaler Nachbar ist. Dieser Nachbar sei im imperialistischen Denken stecken geblieben. So lange sich das nicht ändere, werden normale Beziehungen mit seinen Nachbarn nicht möglich sein.

Im Internet suche ich Informationen zu Lascha Bakradse und bin beeindruckt von seinem abwechslungsreichen Leben. Er hat von 1985 bis 1989 Germanistik in Jena studiert, war 1994 bis 1996 Aspirant am Institut für Neueste Geschichte an der Humboldt Universität in Berlin, in Wien schrieb er seine Dissertation über »Deutsch-Georgische Beziehungen« im Ersten Weltkrieg. Und er ist Journalist und Schauspieler. Spielte die Hauptrolle in dem preisgekrönten Film von Dito Tsintsadzes »Lost Killers«, der im Jahr 2000 in Deutschland spielte. Nach meiner ersten Rundreise durch Kachetien möchte ich gern ein Gespräch mit Lascha Bakradse führen.

Er plädiert für die strikte Hinwendung Georgiens zu Europa. Georgien sei politisch und kulturell Europa schon immer viel näher als Russland gewesen. Russland sei nicht Europa. Russland sei ein Second-Hand-Europa. »Wir haben 200 Jahre lang Erfahrung mit Russland und wissen, dass dieses Land, das von außen betrachtet europäisch aussehen mag, zutiefst asiatische Wurzeln hat. Mongolische Wurzeln. Wir hatten unsere Erfahrungen mit den Russen und wollen sie nicht mehr. Wir wollen einen direkten Kontakt mit Europa und nicht nur aus zweiter Hand. Russland ist nicht an einem unabhängigen, politischen und wirtschaftlich starken Georgien interessiert. Das russische Ziel ist es, ein schwaches, sein Spiel spielendes Georgien zu haben.«

»HIER HABE ICH DEN EID GEBROCHEN«

Levan sitzt lesend in einem Sessel vor der Hotelrezeption und wartet auf mich. Bevor wir in die Stadt gehen, möchte ich noch kurz telefonieren. Ich bitte die nette Frau an der Rezeption, für mich im Literaturmuseum anzurufen und sich mit Lascha Bakradse verbinden zu lassen, den ich kurz sprechen möchte. Ich habe Glück. Er ist in seinem Büro. Ich erzähle ihm von meinem Anliegen. Er ist sehr freundlich, spricht gut Deutsch und ist auch gleich bereit, sich mit mir zu verabreden.

Danach gehe ich mit Levan die Straße hinunter zum Steilufer der Mtkwari, dort steht das Reiterstandbild von Wachtang I., genannt Gorgassali, das 1967 vor der Metechi-Kirche errichtet wurde. Levan erzählt mir eine Legende, nach der Wachtang I. an dieser Stelle einen Sieg über den Osseten Baquatar errungen hat, der seine Schwester, als Wachtang noch sehr klein war, entführt und sie zur Geliebten gemacht hatte. Als Wachtang sehr spät davon erfuhr, schrieb er seiner Schwester. Die verriet ihm, dass man Baquatar nur töten könne, wenn man ihm mit dem Pfeil unter die Achsel trifft, da er ständig unter Rüstung sei. Wachtang forderte Baqatar am Ufer der Mtkwari zum Kampf. Er schwor Baqatar, er werde nicht auf ihn schießen, bevor er nicht aus dem Wasser komme. Dann trieb er Baqatars Pferd in den Fluss. Als er seine Achselhöhle offen sah, zielte er und schoss. Baqatar fiel vom Pferd und die Wellen des Flusses rissen ihn mit. Die Truppen der Osseten flohen. Wachtang drang in Ossetien ein und befreite seine Schwester. Aus Reue über den Bruch seines Schwurs ließ Wachtang die Metechi-Kirche bauen. Wachtang habe ausgerufen: Ak me wteche pizi: Hier habe ich den Eid gebrochen. So soll die Kirche ihren Namen erhalten haben.

Der kleine Innenraum der Metechi-Kirche ist sehr voll. Viele Gläubige küssen die Heiligenbilder und auch den Kirchenboden. Vor der Kirche neben einer großen und zwei kleinen Glocken, die an einem Balken hängen, sitzt auf einer Bank im Schatten einer Pinie ein Mozwari, ein Heiler, vor dem sich eine Schlange von Frauen gebildet hat. Die kranken Frauen setzen sich vor ihn auf einen gelben Plastikstuhl. Er legt seine Hand auf den Kopf der zu heilenden Kranken, legt ihnen ein Tuch auf den Kopf und spricht mit ihnen. Für Levan scheint es nichts Besonderes zu sein.

Wir gehen weiter zu den Schwefelbädern am anderen Ufer der Mtkwari. Vor den runden Lichtkuppeln aus Backstein steht stolz ein Falke auf einem erlegten Fasan, der auf einer bronzenen Kugel liegt. Auch hier gäbe es eine Legende, sagt Levan lachend, zur Gründung von Tbilissi: König Wachtang Gorgassali war auf der Jagd in einem Wald. Sein Falke erlegte einen Fasan. Der Vogel fiel in eine Quelle heißen Wassers. Der König und seine Diener sahen, wie Dampf aus dem Wasser stieg. Überrascht vom Überfluss an heißem Wasser, gab Wachtang den Befehl, an dieser Stelle eine Stadt zu bauen und sie Tbilissi (Platz der warmen Quellen) zu nennen.

Levan führt mich ins Untere Kala. In einem kleinen, schattigen Park, in dem rundherum Bänke stehen, auf denen überwiegend ältere Leute sitzen, bringe ich das Gespräch auf das Verhältnis der georgischen Frauen zu den Männern. Levan ist achtundzwanzig Jahre alt. Er sagt, früher hätten die georgischen Männer mit Waffen für den Erhalt Georgiens gekämpft. Aber heute, nach der Unabhängigkeit, seien es die Frauen in Georgien, die für das Überleben ihrer Familien sorgen würden. Seine Mutter habe den Spagat geschafft zwischen der modernen georgischen Frau und der traditionellen, die nur dem Mann diene.

Wir schauen kurz in eine Moschee. Eine Touristin bedeckt Kopf und Schultern mit ihrem bunten Tuch und bildet einen schönen Kontrast zu den vielen Blautönen im Inneren. Von der Decke hängen große Kronleuchter. Die Teppiche auf dem Boden sind mit braunroten Ornamenten verziert. Etwas weiter die Straße hinunter passieren wir eine der zwei Synagogen der Stadt. Im Innenhof hängen in einem steinernen Portal die goldumrandeten Bilder von zweiundachtzig Rabbinern, die hier tätig waren. Juden siedelten sich schon sehr früh in Georgien an. In den 1970er-Jahren sollen noch rund 100.000 Juden hier gelebt haben. Heute spricht man noch von 10.000 Gläubigen, die meisten von ihnen leben in großer Armut. Die anderen haben das Land nach der Unabhängigkeit Georgiens zum größten Teil aus wirtschaftlicher Not Richtung Israel verlassen.

Unser nächstes Ziel ist die Sioni-Kirche, eine der heiligsten Stätten der georgischen Orthodoxie. In der Mitte, wie in vielen wichtigen orthodoxen Kirchen in Georgien, der mit Schnitzereien verzierte Stuhl für den Patriarchen. Links und rechts unter den Armlehnen zwei Falken, deren Krallen die vorderen Stuhlbeine bilden. Über der Rückenlehne ein Kreuz, darunter die Sonne, umrankt von Ornamenten. Früher habe es dort zwei Plätze nebeneinander gegeben, erzählt Levan. Einer für den Patriarchen und einer für den König. Seit 1977 ist der Sitz in der Sioni-Kirche für den Patriarchen Ilia II. reserviert. Ein mächtiger Mann in Georgien, der die Diözesen der Georgisch Orthodoxen Apostelgemeinde vergrößerte, neue Klöster bauen ließ, neue theologische Seminare und Akademien gegründet hat und drei orthodoxe Gymnasien. Die Bibel wurde in modernem Georgisch gedruckt, zahlreiche theologische Zeitschriften und Zeitungen veröffentlicht, orthodoxe Alters- und Behindertenheime, Waisenhäuser und Jugendzentren gebaut. Dem georgischen Patriarchen Ilia II. wurden die höchsten kirchlichen Orden der orthodoxen Kirchen Europas verliehen. 2007 forderte er, die georgische Verfassung zu ändern und eine konstitutionelle Monarchie einzuführen. Homosexualität bezeichnet er als anormal und eine Krankheit. Er rief dazu auf, die Demonstration gegen Homophobie am 17. Mai 2013 zu verbieten. Die Demonstration sei eine Beleidigung der georgischen Nation. Sein Aufruf hatte Erfolg. Fünftausend Gegendemonstranten, angeführt von Priestern, durchbrachen die Absperrungen und trieben die Menschenrechtsaktivisten in die Flucht.

An einer Wand in der Sioni-Kirche eine Abbildung der heiligen Nino mit blauem Tuch über Kopf und Schultern. In der rechten Hand trägt sie das Weinrebenkreuz, in der linken ein schön verziertes Buch mit der Heiligen Schrift. Umkränzt ist das Bild mit Mistelzweigen und weißen Blüten. Während der persischen Besetzung von Georgien durfte nur im Glockenturm der Sioni-Kirche die Glocke geläutet werden. Levan hat Geschichte studiert und ist stolz auf die georgische Kultur, über die ich auf unserer gemeinsamen Reise noch sehr viel erfahren werde. Aber jetzt gehen wir erst einmal in das Café von Reso Gabriadse. Es steht neben dessen Marionettentheater, mit einem bunten, schräg verschachtelten Turm mit einer großen Uhr. Reso Gabriadze, 1936 in Kutaissi geboren, gilt als König des georgischen Puppentheaters, mit dem er schon auf Gastspielreise in Russland, USA, Frankreich, England und in Deutschland war. Gabriadze ist Autor, Kostümbildner, Bildhauer, Maler und Grafikdesigner. Levan bestellt für uns Chatschapuri. Und ich muss Tarchuna probieren, eine grün gefärbte, sehr erfrischende Estragonlimonade.

Levan will mich noch zur Schatzkammer Georgiens auf dem Rustaweli-Prospekt begleiten. Danach sei er verabredet. Am Abend wollen wir uns im Old Metekhi treffen, einem traditionell georgischen Restaurant in der Altstadt. Die Schatzkammer wird von zwei bewaffneten Soldaten bewacht. Wir gehen durch die leicht abgedunkelten Räume von Vitrine zu Vitrine. Ich bin beeindruckt. Goldschmuck aus dem 3. Jahrtausend vor Christi Geburt, der in Westgeorgien bei Ausgrabungen gefunden wurde. Ich stehe vor einer erstaunlich filigran gearbeiteten Goldkette mit Tierabbildungen. Eine Kette umrahmt von vielen kleinen Schildkröten oder Schäfchen aus dem 5. Jahrhundert vor Christus. In einer anderen Vitrine liegen Fundstücke aus anderen Regionen Georgiens. Ein silberner Armreifen mit Tierornamenten. Eine schwere Halskette mit goldumrahmten wertvollen Steinen. Den Schmuck könnte ich mir auch heute sehr gut am Hals der vielen schönen georgischen Frauen vorstellen, die mir auf dem Rustaweli-Prospekt begegnen.

Levan verabschiedet sich, und ich gehe weiter zur Nationalgalerie, um mir endlich die Gemälde von Niko Pirosmani, von denen ich schon so viele Abbildungen gesehen habe, im Original anzuschauen. Pirosmani gilt heute international als einer der wichtigsten Künstler der naiven Malerei. Seine späte Anerkennung in Georgien und seinen folgenden internationalen Ruhm hat der Autodidakt Nikolos Pirosmanaschwili, der unter dem Namen Pirosmani Szenen aus dem georgischen Volksleben malte, nicht mehr erlebt. Pirosmani starb mit sechsundfünfzig Jahren am 9. April 1918 an Unterernährung und Leberversagen.[10]

Die Gemälde von Pirosmani führen den Betrachter in eine andere Welt. Vielleicht in die Wunschwelt des Künstlers, mit der er seiner Armut zu entfliehen trachtete, und mit der er sich einen inneren Halt gab, wenn er als Wandermaler durch die Spelunken Tbilissis zog und als Honorar für seine Bilder beherbergt und beköstigt wurde. Geboren wurde Nikolos Pirosmanaschwili in einem kleinen ostkachetischen Dorf. Seine Schwester brachte ihn nach dem Tod des Vaters 1870 nach Tbilissi. Da war er acht Jahre alt. Im Dienste begüterter Familien lernte er Georgisch und Russisch und brachte sich selbst das Malen bei. Nachdem er als Schaffner bei der Transkaukasischen Eisenbahn gearbeitet hatte, eröffnete er mit einem Partner einen Milchladen. Und ab 1901 lebte er obdachlos im Bahnhofsviertel von Tbilissi. Ich setze mich vor das Bild »Die Schauspielerin Margarita«, das Pirosmani 1909 gemalt hat. Er muss die Frau geliebt und verklärt haben. Eine Tänzerin in gelben Ballettschuhen mit drei sie umkreisenden gelben Vögeln, mit einem Blumenstrauß in der Hand. Sie steht aber nicht auf Theaterbrettern, sondern in einer Landschaft vor einer Blumenwiese, neben ihr gelbe Baumstümpfe. Besonders zieht mich ein Bild der Hafenstadt Batumi an. Im Vordergrund ein Zug mit Personenwagen und einer Dampflok, der aus einem Bergtunnel kommt, und im Hintergrund Häuser am Berghang und davor der Hafen mit kleineren und größeren Schiffen. Es ist beginnender Abend, der Himmel dunkelblau und der Berghang moosgrün. Das macht mich noch neugieriger auf Batumi, die Stadt, die von Saakaschwilis Regierung einen großen Modernisierungsschub erhalten haben soll.

Levan freut sich, dass mir die Bilder in der Nationalgalerie gefallen haben. Im Old Metekhi lassen wir uns abends von der reichhaltigen georgischen Küche verwöhnen. Auf meine Bitte hin erhalten wir einen Platz auf der Terrasse des Restaurants. Zuerst sitzen wir dort allein. Die Georgier meiden die abendlichen, noch sehr hohen Temperaturen, und speisen lieber in den gekühlten, dunklen Innenräumen. Aber schon bald nimmt eine Gruppe an dem größeren Nebentisch Platz. Nach einiger Zeit flüstert mir Levan zu, dass der wortführende Mann am Tisch, der von gut geschminkten und frisierten jungen Frauen umringt wird, ein bekannter georgischer Kabarettist sei. Als ich später ins Hotel komme, sitzen mehrere Frauen in der Lobby und schauen sich amüsiert eine Fernsehsendung an. Zu meiner Überraschung sehe ich dort unseren Tischnachbarn aus dem Old Metekhi als einen der Entertainer.

ÜBER DIE HÜGELKETTEN DES GOMBORI-GEBIRGES

Unseren ersten Ausflug unternehmen wir Richtung Osten. Über die Hügelketten des Gombori-Gebirges wollen wir nach Telawi, der Hauptstadt Kachetiens. Als wir auf der George W. Busch jun. Avenue stadtauswärts fahren, amüsieren sich Levan und Jabo. Darf ich mitlachen? Bushi, sagt Levan, stehe auf Georgisch für ein uneheliches Kind, das aus einem Seitensprung hervorgegangen sei.

Etwas weiter passieren wir ein Sowjetdenkmal. Ein Mädchen, das Georgien verkörpert, hält eine Sonne Richtung Norden. Damals sei die Sonne noch in der Sowjetunion aufgegangen, sagt Levan grinsend, heute müsste man die Sonne nach Westen drehen. Auf dem Parteitag der KPdSU 1971 hatte Eduard Schewardnadse gesagt: »Für Georgien geht die Sonne im Norden auf.« Das entsprechende Denkmal wurde dann an dieser Stelle errichtet.[11]

An der Ausfallstraße ist linkerhand ein großer Basar. Der Lilo-Markt. Hier finde man alle Waren, die man sich vorstellen kann. Kleidung, Stoffe, Sanitärartikel, Pfannen und Töpfe, Werkzeuge.

Auch Öl und Seife. Hunderte von Händlern bieten hier ihre Waren an. Man kann sich verlaufen in den Gängen. Der größte Umsatzmarkt im Südkaukasus. Auf diesem Basar, erzählt Levan, sei er als Fünfjähriger das erste Mal mit seinem Vater gewesen. Der habe sich nach der Unabhängigkeit Georgiens 1991 einen nicht mehr funktionsfähigen Lkw gekauft und dazu die Ersatzteile. Er hat den Lkw wieder aufgebaut und ist damit für Händler gefahren, die auf dem Lilo-Markt eingekauft haben. Die Waren wurden in die kleinen Städte und Dörfer gebracht und dort weiterverkauft. Denn in den Kleinstädten gab es keine Märkte, wo man hätte einkaufen können. Hatte seine Mutter auch Arbeit?, frage ich Levan. Seine Mutter habe die Universität absolviert und als Krankenschwester gearbeitet. Sie würde ihn heute noch, wenn er in den Sommermonaten in Tbilissi wohne, täglich anrufen. Sie müsse immer genau wissen, was er mache, und ob es ihm gut gehe. Sein Vater sei vor einigen Jahren bei einem Autounfall ums Leben gekommen. Nein, seine Mutter habe danach nicht noch einmal geheiratet. Das hätte er sich auch nicht vorstellen können.

Wir biegen ab und fahren zum Gombori-Pass. Die grauen, dichten Wolken hängen tief über den bewaldeten Hügeln. In 1.600 Meter Höhe ist es windig und kühl. Sonnenstrahlen leuchten kurz die grüngelbe Hügelkette vor uns aus. Neben uns hält ein alter umgebauter Lastwagen. Unten orange und oben über den großen Fenstern weiß gestrichen. Dragoman Reisen. Australier, Neuseeländer und ein Schweizer steigen aus. Wir fahren weiter. Levan möchte einen Abstecher zum Kloster Ikalto am nördlichen Hang des Gombori-Gebirges machen. Nicht nur Levan, alle Georgier, die ich bisher kennengelernt habe, sind stolz auf ihre alten Klöster und Kirchen. Für sie haben sie eine große und tiefere Bedeutung. Der Grundstein der Christi-Verklärungskirche im Kloster Ikalto sei im 8. Jahrhundert gelegt worden. Aber drum herum stehen noch mehrere kleine Kirchen. Das Besondere an diesem Ort aber sei, erzählt Levan, dass David der Erbauer das Kloster in eine Akademie umwandelte, die zur kulturellen und wissenschaftlichen Blüte Georgiens beigetragen habe. Außer Theologie wurden hier auch Philosophie, Astronomie, Mathematik und georgische Literatur gelehrt. Von David dem Erbauer werde ich auf meiner Reise noch mehr von Levan hören.

Wir laufen durch das Klostergelände. Hier bewirtschafteten die Mönche auch Ländereien, bauten Getreide an, hielten Vieh, und sie kelterten Wein. Die in den Steinböden eingelassenen großen Tonfässer, in dem der Wein gelagert wurde, kann man heute noch sehen. Und solche Tonkrüge werden auch jetzt noch von den Weinbauern in Kachetien verwendet.

Als ich mit Gulia und Dato 1992 Annekes Vater in dem kleinen Dorf Anaga in Ostkachetien besuchte, um ihn über den Aufstand der Geogier auf Texel zu interviewen, erzähle ich Levan, führte er mich durch das große Haus und zeigte mir in einem Vorratsraum die im Boden eingelassenen großen Tonbehälter, in denen der Wein gärte, den sie einige Wochen zuvor gelesen hatten. Es war etwas gespenstisch, denn es gab schon seit zwei Tagen keinen Strom in Anaga. Überall war es stockdunkel, und wir gingen mit einer brennenden Kerze durch die Räume des Hauses und auch zur Toilette auf dem Hof. Im Wohnzimmer saßen wir mit der ganzen Familie in der Kälte, denn es gab auch kein Gas zum Heizen. Und teures Gas in der Flasche zu kaufen, konnten sie sich nicht leisten. Und niemand hatte mit uns gerechnet. Wir konnten uns nicht vorher anmelden und standen im Dunkeln plötzlich vor der Tür. Wir wärmten uns mit Tschatscha, der in einer Karaffe auf dem Tisch stand, aßen Obst und Nüsse. Als plötzlich das Licht anging, sprang auch der Fernseher an. Und wir sahen Präsident Schewardnadse in grünbrauner Kampfuniform in Abchasien und kurz darauf die Parlamentsdebatte in Tbilissi. Jetzt, wo es Strom gab, konnte auch von einem Mechaniker im Dorf der Kühler unseres Autos repariert werden. Ständig hatten wir im strömenden Regen auf der Fahrt nach Anaga anhalten müssen, um den Motor mit viel Wasser herunterzukühlen.

KACHETIEN – BROT- UND WEINKORB GEORGIENS

Wir sind in Kachetien, dem Brot- und Weinkorb Georgiens. Im Schutz des Kaukasus wachsen hier die besten Rebsorten. Jetzt fahre ich mit Levan und Jabo hinunter ins Alasani-Tal. Dort ist es wieder warm und sonnig. In den Orten, links und rechts vor den Häusern verlaufen überall in Schulterhöhe gelbe Gasrohre. Vor den Häusern werden sie jeweils wie Eingangstore nach oben gezogen. Wir überholen einen Kleintransporter, hoch über die Seitenklappen mit grünen Trauben beladen. Rechts und links Weinfelder, dahinter liegt in leicht milchigem Licht die Hügelkette des Gombori-Gebirges. Jabo hält an. Am Straßenrand vor dem Weinfeld sitzen zwei Männer auf einem alten Holzkarren mit großen Holzspeichenrädern. Der eine, der die Zügel des davor gespannten Pferdes hält, hat ein Gewehr über den Knien. Der neben ihm, mit struppigem Bart und sonnengegerbtem Gesicht, zieht genüsslich an seiner Zigarette. Während ich näher zum Weinfeld gehe und mich wundere, dass nebeneinander weiße und rote Weinreben an den Stauden hängen, muss ich an die Legende der heiligen Nino und das Weinrebenkreuz denken, von der Levan mir vor einem Bild der heiligen Nino erzählt hat. Nino sei eine Missionarin und Heilerin aus Kappadokien gewesen, die immer ein Weinrebenkreuz bei sich getragen habe. Sie habe zwei Weinreben genommen, drei Strähnen ihres Haares abgeschnitten und damit die Reben zu einem Kreuz gebunden. So entstand die besondere Form des georgischen Kreuzes, mit den herunterhängenden Armen. Als der König Iberiens, Mirian III., auf der Jagd von einer Finsternis überrascht wurde, versprach er, den Glauben Ninos anzunehmen, wenn er aus seiner Notlage befreit würde. Daraufhin wurde das Christentum im Jahr 337 zur Staatsreligion erklärt. Und Nino seitdem als Heilige verehrt. Ihr Bild hängt in fast jeder Kirche Georgiens. Jabo geht zurück zum Auto. Er hat erfahren, dass die Männer auf Wachteljagd sind. Ende August bis Mitte September sei die beste Jagdzeit. Es seien kleine Hühnervögel. Zugvögel, die meist in Afrika überwintern. Den typischen Wachtelschlag könne man sehr weit hören. Sie müssen von den Hunden aufgescheucht werden, weil sie in den Feldern eine gute Deckung haben. Und im Flug werden sie dann abgeschossen. Die Männer hätten uns eingeladen, sagt Jabo, ihr Dorf liege gleich um die Ecke, wir sollen ein Glas Wein mit ihnen trinken. Wir geben den Jägern einen kleinen Vorsprung, bevor wir ihnen folgen. Sie biegen auf einen Hof ein, und wir parken draußen vor dem Haus. Mehrere Frauen sitzen unter einem schattigen Baum an einem Holztisch, lachen und begrüßen uns herzlich. Die Männer haben uns schon angekündigt. Der eine von beiden kommt mit einer Karaffe Wein aus dem Haus. Seine Frau holt Gläser und Wasser, Oliven, Nüsse und Schafskäse. Wir sollten uns doch bitte setzen. Sie möchten wissen, woher ich komme. Zwei Frauen ziehen Nüsse auf einen Faden und tauchen sie in einen mit Mehl verdickten Weintraubensaft. Als ich neugierig zuschaue, sagt Levan, das werden Tschurtschchelas, georgische Snickers. Mehrere Fäden mit Tschurtschchelas hängen schon an einem Stock in der Sonne und werden getrocknet. Die Frauen erzählen, dass sie versuchen würden, ihre Süßigkeiten in den Städten zu verkaufen. Doch die Konkurrenz sei groß, und sie erzielen nur einen sehr geringen Preis dafür. Früher gab es die Tschurtschchelas zu Weihnachten. Heute würde man sie an Touristen verkaufen. Sie seien nur kleine Weinbauern, sagt die eine der Frauen, die ein weißes Kopftuch trägt, und müssten noch andere Produkte anbieten.

Jeder Bauer hier in der Region besitzt mehrere Hektar mit Weinstöcken, die ihm nach dem Zusammenbruch der Sowjetunion zugeteilt wurden. Sie seien ehemalige Kolchosemitglieder, erzählen sie. Damals sei der Wein gepanscht gewesen, aber heute hätte der Wein wieder eine hervorragenden Qualität. Der Hausherr erhebt das Glas. Er möchte auf die Ahnen anstoßen, auf die Großeltern, die den Wein kultiviert haben. Ihre Weinbaukultur habe eine sehr alte Tradition. Und darauf könnten sie stolz sein. Er leert sein Glas in einem Zug und schaut uns erwartungsvoll an. Ja, das sei wirklich ein sehr guter Wein, stimmen wir ihm zu.

Die Kolchosen der kommunistischen Zeit seien heute fast alle Ruinen. Es herrschte früher Planwirtschaft. Alles wurde von Moskau aus gesteuert. Jedes Jahr sollten sie ein Wachstum vorweisen. Ansonsten wurde man bestraft. Das sei nur gegangen, wenn man dem Wein etwas dazugegeben habe. Erst heute würden sie wieder einen Wein ohne jegliche Zusätze produzieren. Ihr roter Saperavi und der weiße Rakatsiteli werden nach traditionellen Methoden hergestellt, nach den Rezepten ihrer Vorfahren. Er schenkt noch einmal unsere Gläser voll Rotwein und hebt sein Glas. Wir trinken auf unsere Gäste und die Frauen, die alle für eine bessere Zukunft hart arbeiten würden. Bald werden auch in Deutschland die Menschen die besten georgischen Weine kaufen können.

Jede Familie behält einige Hundert Liter Wein für sich und ihre Gäste. Der Rest der Ernte wird entweder an Großhändler verkauft oder in die Stadt gebracht. In Tbilissi komme die Ernte des ganzen Landes zusammen. Auf improvisierten Weinmärkten werden die Trauben gehandelt. Aber man erziele keinen guten Preis dafür. Deshalb könnten sie allein vom Weinanbau nicht leben. In der Umgebung wurden auch private Weingüter gegründet, in der frühere Kolchosebauern bei der Weinlese beschäftigt sind. Das sei für viele aus dem Ort eine zusätzliche Einnahmequelle.

Wir wollen heute noch eines dieser privaten Weingüter besuchen, trinken noch ein Abschiedsglas und bedanken uns herzlich für die Gastfreundschaft, wünschen eine gute Ernte in diesem Jahr und den Wachteljägern viel Erfolg bei ihrer Jagd.

Wir fahren weiter Richtung Telawi. Vorher aber halten wir noch an der Georgskirche des Klosters Alawerdi, die bis zum Bau der Sameba-Kathedrale in Tbilissi die höchste und größte Kirche in Georgien war. Den Weg zum Eingang der Kirche müssen wir uns durch einen Pulk von Kameraleuten bahnen, die gerade ihr Equipment aufbauen. Als wir die Kirche verlassen, steht der Bischof von Kachetien vor der Kamera. Er trägt wie alle Priester einen langen Bart und eine schwarze Kopfbedeckung. Unter seiner dunklen Jacke, die leicht geöffnet ist, sieht man eine große, runde, silberne Gürtelschnalle, über dem langen Rock, der bis zu den Schuhen reicht. Vermutlich werden hier Werbeaufnahmen für den Tourismus in Georgien gedreht.

In einem kleinen Lokal gegenüber der Kirche empfiehlt mir Levan, unbedingt den Mazoni, einen georgischen Joghurt, zu probieren.

In Telawi, der Hauptstadt Kachetiens, machen wir einen kleinen Spaziergang durch die Stadt. Auch hier sticht mir außer dem grün verglasten Polizeigebäude sofort ein modernes Verwaltungsgebäude ins Auge, ein kubistischer Bau aus der Saakaschwili-Zeit. Die weiße fensterlose Front des Gebäudes besteht aus einzelnen Platten, die mit Hunderten gleichgroßen Sternen verziert sind und dem Gebäude Leichtigkeit geben. Auf dem schrägen Dach nur weiße Platten. Die breite Eingangstür ist nach hinten versetzt. Davor zur Tür hin wird die Schräge des Daches noch einmal aufgenommen. Ein Stück weiter schauen wir auf ein Hotel mit den für Georgien typischen Säulen und Balkonverzierungen. Aber guckt man genauer hin, sieht man, dass hier etwas Neues gebaut wurde, aber mit traditionellen Elementen verbunden und in Einklang gebracht. Die Ruinen der Zitadelle auf der gegenüberliegenden Seite erinnern noch an die Hauptstadt des ehemaligen Königreichs Kachetien.

Wir haben uns im Weingut Schuchmann angemeldet. Hier wird der Wein nach georgischer und auch nach europäischer Methode hergestellt. Ein junger Mitarbeiter empfängt uns und erzählt im Weinkeller, dass der ehemalige georgische Besitzer dieses Weingutes in Deutschland den Weinliebhaber Burkhard Schuchmann kennengelernt habe. Der sei kurz davor gewesen, ein Unternehmen für Rosenöl in Argentinien aufzubauen. Aber der georgische Winzer konnte Schuchmann dazu überreden, sein Geld auf diesem Weingut anzulegen. Schuchmann ließ sich von den traditionellen jahrhundertealten Weinanbau-Methoden in Georgien erzählen. Die Bauern traten ihre Trauben mit den Füßen, bis sie nichts mehr Festes unter den Sohlen spürten. Jeder Bauer hatte seinen Weinkeller. Nur man sah ihn nicht. Die Bauern hatten ihre großen Tonkrüge, die Amphoren, bis zum Rand eingegraben. Und dort gärte der Wein in der kühlen Erde. Deshalb spricht man bei diesen Weinen auch von Amphoren-Wein. Die Georgier hielten diese Tradition über Jahrhunderte aufrecht. Es gäbe kein zweites Land, wo besserer Wein getrunken wird, schrieb vor über 400 Jahren ein Reisender in sein Tagebuch. »Die Bauern höhlen dicke Baumstämme aus und benützen sie als Fußquetschtröge. Den Saft füllen sie in große irdene Krüge und vergraben sie im Kellerboden.« Heute werden die Trauben, nachdem sie gewaschen sind, ohne Hefe und sonstige Zusätze in Tonkrügen fermentiert. So setzt sich der Saft nach oben ab. Später wird der Wein in französischen Eichenfässern gelagert, weil die nicht so aggressiv seien wie die georgischen. Dadurch erhält der Most einen Butter-Vanille-Honig Geschmack.

Jetzt gehen wir in einen sehr großen Keller, in dem viele Tankpressen aus Edelstahl stehen. Hier, nach der europäischen Methode, wird der Wein in Ganztraubenpressung hergestellt. Zurück aus dem kühlen Keller steht schon alles für die Weinverkostung bereit. Jabo darf wieder nicht mittrinken. Wir probieren drei Weine aus den Jahren 2008, 2009 und 2011 und erfahren die Besonderheiten dieser Jahrgänge.

ES IST WIE RUSSISCH ROULETTE

Wir müssen weiter, wollen noch bis nach Ost-Kachetien, zu der auf einer Anhöhe liegenden italienisch anmutenden Stadt Sighnaghi. Wir kommen durch viele Orte, auf denen die Straßen sehr belebt sind. Fußgängerwege gibt es nicht. Alte Frauen mit dunklen Kopftüchern, Kinder mit Müttern und Männer an Brettspielen drängen sich am Straßenrand. Hühner, Schweine und Gänse passieren oft sehr langsam die Straße. Jabo hält seinen Kopf aus dem Fenster und ruft einer Gänsefamilie etwas zu, ahmt laut ihr Schnattern nach und lacht. Es ist selten, dass er bremst, und wenn, dann nur in letzter Sekunde, wenn Kühe oder andere Tiere auf der Fahrbahn ihn dazu zwingen. Auch wenn die Hinweisschilder Tempo 50 vorgeben, fährt er teilweise mit 100 Stundenkilometern durch die kleinen Orte und überholt dabei auch noch Lkw. Levan hört mein lautes Stöhnen auf der Rückbank, dreht sich um und beruhigt mich. Jabo sei früher Bus- und Lkw-Fahrer gewesen. Trotzdem müsse er uns doch nicht völlig grundlos in Gefahr bringen! In Georgien werde etwas anders Auto gefahren, antwortet Levan lächelnd. Jabo fragt, was los sei und überholt danach nicht mehr ganz so gewagt. Vor uns will ein Kleinbus an einem Lkw vorbei. Wir sehen genau, dass er das nicht schaffen kann, bevor das entgegenkommende Marschrutka auf gleicher Höhe angekommen sein wird. Aber niemand bremst ab. Es ist wie russisch Roulette. Der Kleinbus, der uns entgegenkommt, muss auf den schmalen Schotterstreifen ausweichen. Der Fahrer flucht und gestikuliert hinter der Windschutzscheibe. Glücklicherweise grasten dort keine Kühe.

Wir sind heute schon an zwei schweren Unfällen vorbeigefahren. Das wäre beinahe der dritte geworden. Völlig angespannt starre ich danach nach vorn auf die Straße, kann mich kaum auf die schöne Landschaft mit den Weinfeldern und den Bergen des Kaukasus im Hintergrund konzentrieren. Es sei nicht mehr weit, sagt Levan, als wir durch Anaga fahren. Jetzt können wir schon oben auf der Anhöhe den malerischen Ort Sighnaghi im Abendlicht sehen.

Die Straße schlängelt sich bergauf. Jabo fährt uns zum unteren Teil der Stadtmauer. Levan möchte mit mir hinauflaufen. Wir gehen den schmalen Weg zwischen Mauer und Geländer, bleiben immer wieder stehen und blicken hinter uns. Zwei der alten noch gut erhaltenen Wehr- und Aussichtstürme, die wie die Stadtmauer aus Feldsteinen erbaut sind, haben wir schon passiert. Dahinter liegt eine weite grüne Ebene, durch die sich der Fluss Alasani breit und silberfarben Richtung Kaspisches Meer nach Aserbaidschan schlängelt. Die schneebedeckten Berge des Kaukasus könnten wir heute Abend leider nicht sehen, sagt Levan. Die sehe man nur bei ganz klarem Wetter. Bei diesem leicht diesigen bläulichen Licht strahlt die Landschaft eine erhabene Ruhe aus. Wir gehen allein hinauf in die Stadt. Links und rechts Obstbäume und Büsche, weiter oben Gärten, in denen die Weinblätter die Terrassen überdachen.

Wir erreichen den Ort, gehen durch einen Steinbogen, an dem der Ortskern beginnt, auf einer Kopfsteinpflasterstraße vorbei an vielen Ornamenten an den Fenster- und Torbögen. Von oben blickt man auf die roten Dächer der Häuser. Sie erinnern an mediterrane Dörfer in Italien oder Griechenland. Diesen Ort muss Nino Lejawa bei unserem Gespräch gemeint haben. Die traditionellen georgischen Ziegeldächer seien durch spanische Ziegel ersetzt worden. Wände in für den Ort völlig untypischen Farben gestrichen und Plastikblumen über die Balkone gesteckt. In Georgien nennt man das Sighnaghisierung. Trotz der Kritik übt dieser Ort immer noch eine große Faszination aus. Wir haben den Hauptplatz erreicht. Links an der Mauer sind Bilder aus Stein mit Motiven aus der Geschichte des Ortes angebracht. Davor haben vier ältere Männer auf einem alten eisernen Abfalleimer ihr Backgammon-Spiel aufgebaut und werfen die kleinen, weißen Würfel mit lautem Klacken ins hölzerne Spielfeld. Ein paar Meter weiter bietet ein Mann auf einem alten wackligen Tisch mit weißer Papiertischdecke Getränke und Tschurtschchelas an.

Im Speisesaal des Hotels wird gerade die Tafel für eine Familienfeier gedeckt. Vor jedem Platz steht eine kleine Flasche Cola neben den Wein- und Wassergläsern. Als wir zum Essen in ein anderes Restaurant aufbrechen wollen, treffen die ersten festlich gekleideten Gäste ein. Zwei kleine Mädchen tragen weiße Rüschenkleider und Lackschuhe.

Wir gehen zu einem Restaurant in der Ortsmitte. Levan bestellt ein georgisches Menü für uns. Die ersten Speisen werden auf kleinen Tellern alle auf einmal gebracht. Auberginen in Walnusssoße, Quark in Käseblättern, heiße Champions mit Käsefüllung, tranchierte Lachsforelle. Wir bestellen Estragonlimonade und eine Karaffe Hauswein aus Sighnaghi. Georgi ist unser Tamada, der Tischmeister. Er freue sich und danke Gott, dass wir uns kennengelernt haben, und sei stolz, dass wir durch sein schönes Georgien reisen. Wir stoßen an. Danach werden auch die warmen Speisen in kurzen Abständen gereicht. Es passt nicht alles auf den Tisch. Ein Teller kann schon abgeräumt werden. Jetzt wird Chatschapuri serviert, das auch hier ein wenig fester zubereitet ist als in Tbilissi. Danach wird Bratwurst aufgetragen und als Letztes ein Teller mit Schaschlik. Zwischendurch stoßen wir auf unsere Mütter an, auf die georgischen und die deutschen Frauen und auf die Freundschaft zwischen Deutschland und Georgien. Und einmal möchte Levan nur auf mich trinken, weil ich schon so oft nach Georgien gekommen sei. Und dann möchte er wissen, wie es 1998 in Chaschmi bei der Familie meiner Freunde gewesen sei.

DIE STEPPENWÜSTE UND DAS KLOSTER VON DAVID GAREDSCHI

Am nächsten Morgen brechen wir früh Richtung Steppenwüste Garedscha auf. Vorher gehe ich noch einmal zur Stadtmauer, um vielleicht doch noch einen Blick auf den Kaukasus zu erhaschen.

Heute ist es klarer als gestern. Jetzt erkenne ich die Bergspitzen schemenhaft hinter dem Alasani-Tal. Aus dem Hotelzimmer sehe ich an der gegenüberliegenden Seite des Ortes auf die bewaldeten Höhen vor Sighnaghi.

In den ersten zwei Stunden fährt Jabo nur im vorgeschriebenen Tempo durch die Orte, überholt nur sehr langsam die vor ihm fahrenden Autos. Vielleicht ist er in Sonntagsstimmung. Ich lehne mich entspannt zurück, schaue mir die Dörfer an, blicke auf die Weinfelder. Das Land ist flach. Kurz vor Sagaredscho ist das Lawra Kloster von David Garedschi ausgeschildert.

Wir biegen links in eine schmale Straße ab. Innerhalb kürzester Zeit verändert sich die grüne Weinlandschaft in eine braungelbe Steppe. Am Straßenrand steht in einiger Entfernung eine Baumreihe. Dort möchte Levan unbedingt aussteigen. Er habe gehört, dass es hier Mandelbäume gibt. Wir steigen am ersten Baum aus. Er hängt voller grüner Nüsse. Levan legt eine Schale auf einen großen Stein und schlägt sie mit einem kleineren Stein auf. Die Mandeln sind innen noch grün und etwas bitter, müssen noch etwas reifen. Jabo hält eine Nuss hoch, lacht und ruft mit Kinderstimme »Nuschi Naschi«, unsere Mandel, und schaut Levan erwartungsvoll an. Nuschi Naschi wird uns auf dieser Reise noch lange begleiten. Nuschi ist Georgisch und Naschi Russisch. Wir blicken auf ein Feld mit einigen Olivenbäumen. Dahinter erstreckt sich eine Anhöhe, auf der Rinder grasen. Nur ein kurzes Stück weiter, links und rechts zwei Salzseen.

Aus dem aufgebrochenen trockenen, dunklen Boden wachsen Wüstenblumen mit lila Blüten. Die Straße schlängelt sich nach oben und scheint am Horizont im Nirgendwo zu enden. Von weiter oben sehen wir das Seengemälde im Tal. Hellbraune, grauweiße Farbflächen, dahinter eine Hügellandschaft. In der Ferne stehen, wie verloren, vereinzelt einige Bäume. Auf der anderen Straßenseite erstreckt sich eine braungraue kahle Höhenlandschaft. Als wir den höchsten Punkt der Straße erreicht haben, blicken wir auf eine Oase mit mehreren Anwesen zwischen dem lang gezogenen grünen Oval. Daran vorbei führt die Straße nach David Garedschi. Wie gemalt stehen plötzlich helle und dunkle Wildpferde in der braungelben Steppenlandschaft. Dahinter am Horizont blicken wir schon auf die geschwungenen Höhen an der Grenze zu Aserbaidschan.

Nachdem wir den nächsten Hügel passiert haben, möchte ich am liebsten aussteigen, kann mich nicht sattsehen an dieser wellenförmig, parallel angeordneten Hügellandschaft. Ein Meer von hellen und dunklen Braun- und Grüntönen. Die Landschaft scheint den Körper zu durchströmen. Je höher wir fahren und dem Kloster näher kommen, je mehr verändern sich die Farben an den jetzt immer kahler werdenden keilförmigen Höhenrücken. Hier haben also die Mönche von David Garedschi gelebt, ihre Olivenhaine bewirtschaftet, Vieh gezüchtet, Obst und Gemüse angebaut und Gott angebetet. Das wenige Wasser wurde in Zisternen gesammelt und ein Bewässerungssystem entwickelt.

Zwei Touristenstände auf dem Parkplatz vor dem Kloster reißen mich aus meinen Gedanken. Wir ziehen uns Wanderschuhe an und steigen erst einmal auf einem steilen Pfad hinauf auf den Bergkamm. Zwischendurch schauen wir hinunter auf das Kloster, in dem die Mönche eine Kette bilden, um etwas erhöht Brennholz für den Winter in einer trockenen Höhle zu lagern. Von oben kann man auch sehr schön die im Hang eingelassenen, heute durch Türen verschlossenen Zellen der Mönche erkennen. Levan ist gut vorbereitet. Hier in David Garedscha war der östlichste Vorposten des historischen Christentums. Hier wurde eine Lawra gegründet, eine von einer Einsiedlerkolonie bewohnte Stätte in Form von Zellen oder Grotten, in denen die Mönche zwar voneinander abgesondert als Eremiten lebten, aber die Liturgie gemeinsam feierten und auch einem gemeinsamen Abt unterstanden. Nachdem das Kloster im 10. Jahrhundert von den Seldschuken zerstört worden sei, erlebte es mit der Regentschaft David des Erbauers und seiner Nachfolger die Zeit der größten Blüte. Neben den Akademien von Ikalto und Gelati wurde David Garedschi zum wichtigsten kulturellen Zentrum Georgiens. Etwa dreitausend Mönche sollen hier gelebt haben. Aber jetzt gehen wir erst einmal weiter, oder net?, fragt Levan grinsend. Es ist sehr warm, bestimmt 35 Grad C, sodass wir immer wieder Pausen einlegen, um etwas zu trinken, aber auch um diesen Blick auf die weite georgisch-aserbaidschanische Höhenlandschaft zu genießen. Oben angekommen, wandern wir auf dem Höhengrenzkamm entlang, begleitet von Schmutzgeiern mit gelben Köpfen und breiten Schwingen, die sehr erhaben über die Ebene gleiten und leicht mit Adlern verwechselt werden können.

Wir blicken nach Süden hinunter auf die karge aserbaidschanische Steppe, die im Frühling, nicht wie jetzt grau, sondern im frischen Grün leuchtet, so wie ich es hier im Mai 2002 erlebt habe.

Vielleicht kontrollieren die Schmutzgeier heimlich von oben die Grenzsoldaten, von denen wir einigen auf dem schmalen Trampelpfad begegnen, und verhindern so einen weiteren aserbaidschanisch-georgischen Grenzkonflikt.

Wir besichtigen die in Sandstein gehauenen Wohnräume der Mönche. Die Kapellen und Speiseräume. Leider sind fast alle Wandmalereien nicht mehr vollständig oder wurden von touristischen Vandalen, die hier ihre Initialen einritzten, zerstört. Das Gelände ist offen, jeder hat Zugang. In der Zeit der Sowjetunion war die Hügellandschaft von David Garedschi militärisches Sperrgebiet und Truppenübungsgelände. Heute gibt es keinerlei Bewachung. Das Kloster ist zurzeit auf der Liste für das UNESCO-Weltkulturerbe. Sollte es genehmigt werden, könnte hier vielleicht noch einiges restauriert und erhalten bleiben. Bei unserem Abstieg zum Kloster haben wir noch einmal einen schönen Blick auf die gesamte heutige Anlage und sehen, dass auch die Mönche mit der Zeit gehen. Vor einem Höhleneingang stehen zwei Solarfelder, um Energie zu gewinnen. Hoffentlich kein Grund, um das Weltkulturerbe abzulehnen.

Auf dem Rückweg halten wir an einem unscheinbaren Gebäude. An der Mauer hängt eine polnische Fahne. »Oasis Club« steht auf einem vor dem Haus weiß getünchten Holzverschlag. Restaurant – Café – Hotel. Darunter wird mit Homemade Lemonade geworben. Das junge polnische Pärchen hat einen gemütlichen Gastraum eingerichtet. Aber man kann auch draußen sitzen. Fast alle Touristen, die das Klostergelände besichtigt haben, kommen hungrig und durstig hier vorbei, essen eine Kleinigkeit, nehmen ein kühles Getränk zu sich und genießen noch einmal den Blick in die Weite.

DIE REGIERUNG HATTE DEN KONTAKT ZU DER GESELLSCHAFT VERLOREN

Zurück in Tbilissi lasse ich mich vor dem Literaturmuseum absetzen. Lascha Bakradse sitzt in seinem großen, etwas dunklen Büro vor seinem Computer. Er schlägt vor, dass wir uns in den Innenhof vor das »Café Sophia« setzen, dort könnten wir einen Kaffee trinken. Wir sitzen auf einer großen Holzbank vor einem alten, schön verzierten Spiegel. Es könnte auch eine Filmeinstellung mit dem Schauspieler Lascha Bakradse sein, wie er dort mit dem Arm auf der Banklehne sitzt, entspannt, ruhig und sehr aufmerksam seinem Gegenüber zuhört, der ihn gleichzeitig von hinten im Spiegel sieht. Ich erzähle dem Historiker kurz von meinem Bezug zu Georgien. Dann sprechen wir über den Film von Stefan Tolz. Lascha Bakradse unterstreicht noch einmal, dass die für ihn so wichtige Westorientierung Georgiens, die schon unter Schewardnadse begann, in Saakaschwilis Regierungszeit weiter gestärkt wurde. Seine Annäherung an Europa, die angestrebte Visafreiheit georgischer Bürger für Europa. Dass dies heute wieder infrage gestellt sei, sei eine große Enttäuschung für die Georgier und spiele der russischen Propaganda in die Hand. Die Russen unterstützen sehr stark die pro-russischen Kräfte in Georgien.

Welche Fehler hat Micheil Saakaschwili gemacht? Auch Sie haben ihn unterstützt, sich dann aber auch enttäuscht abgewendet, sage ich zu Lascha Bakradse. Er habe es versäumt, das georgische Volk mit einzubeziehen, antwortet der Historiker. Die Regierung habe den Kontakt zur Gesellschaft verloren. Und dass ein kleiner Kreis, der Präsident und seine Minister alles entschieden haben. Dass sie dachten, sie könnten alles am besten und wüssten immer, was gut und was schlecht ist für das Land und für das Volk. Aber welche Reformen hat man gemacht, warum, mit welchem Ziel? Warum wurde dies gemacht und nicht jenes? Das hat die Regierung der Gesellschaft nicht erklärt. Wenn wir ein neues, besseres Georgien aufbauen wollen, muss die Gesellschaft daran teilhaben. Das habe die Regierung völlig vergessen und ignoriert. Deshalb sei sie auch 2012 abgewählt worden. Trotzdem herrscht auch heute wieder mit dem »Georgischen Traum« von Iwanischwili eine große Perspektivlosigkeit. Es ist wieder wie zum Ende der Regierungszeit von Saakaschwili. Die Bevölkerung sieht nicht, dass ihre Probleme ernst genommen werden. Die Menschen fühlen sich entmündigt in vielen Fragen. Die meisten Versprechungen der Regierung wurden nicht erfüllt. Politiker vom »Georgischen Traum« meinen nicht, dass sie irgendwelche Fehler machen, die sie korrigieren müssten. Denken nicht, dass sie überhaupt einen Fehler machen. Es gibt eine sehr große Parteienvielfalt in Georgien. Die Gefahr bei der nächsten Wahl im Oktober 2016 wird sein, dass ein großer Teil der Wählerstimmen verloren gehen wird, weil es zu viele kleine Parteien gibt, die die Fünf-Prozent-Hürde nicht überspringen werden. Und viele Wähler werden so nicht im Parlament vertreten sein. Das sehe ich als eine Gefahr an. Mein Eindruck sei, unterbreche ich Lascha Bakradse, dass es einen Bruch gibt zwischen Alten und Jungen. Sehen Sie das auch so? Ich sehe es nicht als altersbedingt an, antwortet Lascha Bakradse. Es gibt in der Bevölkerung eine sehr konservativ-fundamentalistische Strömung. Die Kirche spielt bei diesem Fundamentalismus eine große Rolle. Auf der anderen Seite gibt es Menschen, die mehr demokratisch gesonnen sind, mit liberalen und linken Gedankengut. Auf der einen Seite konservative und auf der anderen freiheitlich, europäisch denkende Menschen. Die Spaltung geht nicht durch die Generationen, sondern hat ihre Ursache in den Weltanschauungen. Und es gibt auch eine Politikverdrossenheit, wie auch in den westeuropäischen Ländern. Sehr ähnlich. Viele junge Menschen fragen mich, erzählt Lascha Bakradse, was sie wählen sollen. Sie sind orientierungslos. Und das birgt natürlich immer die Gefahr, dass sie irgendwelchen rechtsradikalen Gruppen ihre Stimme geben. So wie auch in Österreich und in Deutschland.

DAS AUGE DES KASBEK UND DIE GEORGISCHE HEERSTRASSE

Unsere zweite größere Reise beginnt. Wir fahren morgens früh stadtauswärts an der Mtkwari entlang Richtung Norden. Auf dem

Fußgängerweg am Ufer stehen Angler, die Fische an einer Stange hängend anbieten. Wir passieren das schönste Haus der Sowjetunion, wie Levan sagt. Er zeigt auf das Gebäude der Bank of Georgia. Das bekannte Gebäude wurde 1975 für das georgische Straßenbau-Ministerium von George Chakhava und Zurab Jalaghania entworfen. Erst Ende 2011 wurde es zum neuen Hauptsitz der Bank of Georgia. Im Zuge des Umbaus wurden ein begehbarer Kubus sowie Teile des Innenausbaus und die Wandverkleidungen in LUCEM Lichtbeton gestaltet. Inmitten eines Kreisverkehrs steht die Statue von David dem Erbauer, die vorher vor dem »Hotel Iveria« auf dem Platz der Republik stand. Der König, auf einem hohen Sockel auf seinem Pferd sitzend, streckt den rechten Arm aus und hält den Zeigefinger in die Höhe. Wenn er noch einmal umziehen müsste, so sagt man in Tbilissi, wird er aus Wut den Politikern den Mittelfinger zeigen.

Wir fahren an der Zizamuri-Schlucht und am Denkmal von Ilia Tschawtschawadse vorbei, bis sich die Straße gabelt und wir auf die Georgische Heerstraße in den Großen Kaukasus abbiegen. Der uralte Karawanenweg, der von Russland in den Orient führt, wurde Ende des 19. Jahrhunderts als Straße ausgebaut. Aufgrund seiner strategischen Bedeutung galt die Verbindungsstraße im 19. Jahrhundert dem russischen Zarenreich als »Tor zum Orient«. Levan zeigt mir einen 20-Lari-Schein mit dem Bild von Ilia Tschawtschawadse. Er wird in Georgien sehr verehrt. Er habe lange in St. Petersburg gelebt, entstamme einer Fürstenfamilie und habe später sein Vermögen an seine Leibeigenen verschenkt. Er war georgischer Dichter, Dramaturg und Journalist und wurde in viele Sprachen übersetzt. Zusammen mit Akaki Zereteli hat er sich für die georgische Nation und für die georgische Sprache eingesetzt und viele Kultur- und Bildungseinrichtungen in Georgien mitgegründet, um die Volksbildung zu stärken und die Literatur und Kunst zu fördern. Er setzte sich für die nationale Wiedergeburt ein, sammelte Zeugnisse der georgischen Volkskultur. Er gehörte zur Fraktion der Liberalen Kadetten (Konstitutionelle Demokraten). Von den radikalen Revolutionären wurde er schon seit Längerem angefeindet. Eine Gruppe von Attentätern habe ihn 1907 auf einer Reise in die Zizamuri-Schlucht überfallen und erschossen.[12] Tschawtschawadse soll geschrien haben: Nicht schießen! Ich bin Ilia. Und die Antwort einer der Attentäter war: Genau deshalb erschieße ich dich! Und drückte ab. Ein politisches Attentat. Entweder von georgischen Kommunisten oder von der zaristischen Geheimpolizei. Das konnte nie geklärt werden. Ilia Tschawtschawadse hat man am »heiligen« Berg Mtazminda in Tbilissi begraben. 1987 wurde er vom Patriarchen Ilia II. heiliggesprochen und erhielt den Ehrennamen »Ilia der Gerechte«. Unser nächstes Ziel ist die Festungskirche Ananuri am Schinwali-Stausee, 60 Kilometer von Tbilissi entfernt. Hinter dem Ort Schinwali erhebt sich die große Staumauer. Und schon bald blicken wir auf die Festung, welche zwei Kirchen umschließt, aber auch weltliche und militärische Gebäude der ehemaligen Fürstenresidenz. In der Festungsmauer steht neben mehreren Zinnen auch ein großer Wehrturm. Levan lotst mich hinein, und wir steigen die schmalen, morschen Treppen hinauf, kriechen durch die engen Durchgänge von Etage zu Etage. Hier haben sich die Soldaten früher aufgehalten, ohne Blick nach draußen. Ganz oben können wir aber hinausgehen und blicken auf die kleine Erlöserkirche. Dahinter steht die größere Festungskirche vor dem von Wäldern umsäumten türkisfarbenen Wasser des Stausees. Levan macht mich auf die Ornamente an der Erlöser-Kirche aufmerksam, die man von hier aus sehr gut sehen kann. Verzierte Weinreben und Weinstöcke. Besonders schön gestaltet ist das Portal der Hauptkirche, die wir danach besichtigen.

Jabo knabbert während der gesamten Autofahrt nach Stepanzminda Kürbiskerne, legt seinen Unterarm dabei auf den Fensterrahmen, um die Schalen bequemer aus dem Fenster werfen zu können. Er sitzt rechts auf dem Fahrersitz. Obwohl in Georgien Linksverkehr ist, sieht man eine große Anzahl von Fahrzeugen, die Rechtslenker sind wie in England. Bei manchen Überholmanövern muss Levan unserem Fahrer assistieren und schauen, ob die Straße vorne frei ist, weil Jabo sie aus seiner Position nicht richtig einsehen kann. Bekommt er von Levan sein Okay, gibt er Gas, sodass wir in unsere Sitze gepresst werden und die Luft anhalten, denn nur Jabo scheint einschätzen zu können, ob der Gegenverkehr schneller sein wird als er mit seinem großen, schon etwas älteren Mitsubishi-Kleinbus mit hoher PS-Zahl. Und auch, ob er das Überholmanöver noch vor den Kühen, die uns auf der anderen Straßenseite entgegenkommen, abgeschlossen haben wird. Jabo hat heute erfahren, dass ein Freund am Wochenende sein Auto an einen Kumpel verliehen hatte, und der habe schuldlos einen Unfall mit Totalschaden gehabt. Wie durch ein Wunder sei niemand verletzt worden. Das Auto war nicht versichert, weil der Freund die Versicherung erst nach dem Wochenende hätte verlängern können. Der Verursacher des Unfalls sei ein Flüchtling aus Abchasien gewesen, sodass er vermute, dass der keine Versicherung habe. Jabo schweigt und fährt. Ich frage, warum die Kühe sich überall auf die Straße legen, sodass wir sie ständig umkurven müssten. Jabo ist davon überzeugt, sie liegen dort, um die Fliegen loszuwerden. Die Straße sei so heiß, dass die aufsteigende Hitze die Fliegen vertreiben würde.

Die Straße schlängelt sich in Serpentinen hoch nach Gudauri, früher eine belebte Post- und Passstation für Reisende, heute einer der wenigen Skiorte, in denen das Helikopter-Skifahren weiterhin erlaubt ist. Jetzt steigt die Straße immer weiter an bis zum Kreuzpass an der alten Heerstraße, mit einer Höhe von 2.370 Metern. Der Kreuzpass wird in zwei Monaten vielleicht schon nicht mehr passierbar sein. Von November bis März kann er von meterhohem Schnee blockiert werden. Immer mehr Lastwagen kriechen die Straße hinauf Richtung russische Grenze. Wir genießen die Grün- und Brauntöne in allen Schattierungen. Jabo erzählt, dass Micheil Saakaschwili sehr viel Gutes für Georgien getan habe, er hat dafür gesorgt, dass neue Straßen gebaut wurden. Auch diese Straße zur russischen Grenze. Als Lkw-Fahrer habe er früher für die 160 Kilometer von Tbilissi nach Stepanzminda auf einer sehr schlecht ausgebauten Straße sechs Stunden benötigt. Heute würde man das in drei Stunden schaffen. Jabo ist in der Nähe des Kurortes Sairme in Westgeorgien aufgewachsen. Der Ort ist bekannt für seine Kiefern- und Laubwälder, für das besondere Bergklima und für seine Mineral- und Thermalquellen. Das Mineralwasser »Sairme« wird zur Behandlung von Nieren-, Magen, Darm- und Lebererkrankungen verwendet. Und bei Stoffwechsel-Erkrankungen. Jabos Vater war Busfahrer und hat Touristen zum Kurort Sairme gefahren. Aber nach der Unabhängigkeit Georgiens im Dezember 1991 kamen keine Touristen mehr. Viele verloren ihre Arbeit. Und auch Jabos Vater wurde arbeitslos. Nach einiger Zeit bekam er eine Stelle bei der Polizei. Jabo ging nach seinem Schulabschluss mit sechzehn Jahren nach Kutaissi und begann an der Technischen Universität zu studieren. Nach einem Jahr nahm er ein Urlaubssemester und fuhr nach Russland, wo ein Freund von ihm lebte. Zu Hause in Georgien hatte ich ein Auto, erzählt Jabo, aber keine Reifen. Deshalb wollte ich in Russland arbeiten, um für das Auto Reifen kaufen zu können. Nach drei Monaten kehrte er zurück und ging 1997 zum Militär. Vier Jahre später übersiedelte er nach Tbilissi und arbeitete als Lkw-Fahrer für eine Stickstofffabrik in Rustawi. Stickstofffuhren musste er auch zu einem Goldbergwerk bringen. Gold wird in Georgien nur sehr wenig abgebaut, aber es gibt immer wieder Unternehmen, die den Abbau in größerem Mengen anstreben.

2008 berichtete der Berliner Tagesspiegel unter der Überschrift »Goldrausch im Kaukasus«,[13] dass deutsche Forscher vier Jahre zuvor, auf der Suche nach dem Goldenen Vlies, ein 5.000 Jahre altes Bergwerk gefunden hätten. Das dürfte das älteste Goldbergwerk im festen Gestein in der Alten Welt gewesen sein. Jetzt seien die Wissenschaftler zu einer Grabungskampagne aufgebrochen, um die unterirdischen Stollen und die oberirdischen Anlagen miteinander zu verbinden. Gold hätte ich auch gut gebrauchen können, sagt Jabo und lacht. Nachdem ich geheiratet habe, erzählt er weiter, kaufte ich mit dem Vater meiner Frau ein Grundstück in Tbilissi. Meine Frau hatte damals auch eine Arbeitsstelle, und so war es möglich, auf das Grundstück ein Haus zu bauen. Aber bisher ist nur die erste Etage fertig. Nachdem die Kinder kamen, konnte meine Frau nicht mehr arbeiten, sodass für den Innenausbau der zweiten Etage kein Geld mehr da war. Seinen Job als Lkw-Fahrer gab Jabo auf, nachdem er von Freunden gehört hatte, dass gebrauchte Autos von Holland nach Aserbaidschan und Georgien überführt werden, um sie dort zu verkaufen. Ein lukratives Geschäft damals. Wir sind nach Amsterdam geflogen, erzählt Jabo, haben dort gebrauchte Autos gekauft, meist Mercedes und Opel, und sind dann über Deutschland, Österreich, Ungarn, Rumänien, Bulgarien und der Türkei damit nach Georgien gefahren. Es gab Aserbaidschaner, die bestimmte Automarken vorher bei uns bestellt hatten, sodass wir in Holland ganz gezielt eingekauft haben. In Utrecht, 60 Kilometer von Amsterdam entfernt, gab es große Autobasare. Zu Beginn konnten wir die Autos für 500 Dollar verkaufen, sodass es sich für uns gelohnt hat. Später gab es Einfuhrbeschränkungen für Fahrzeuge, die nicht den europäischen Abgaswerten entsprachen, und dazu gehörten die meisten der Pkw, die wir einführten. So gaben wir dieses Geschäft auf. Seitdem arbeite ich für unterschiedliche Arbeitgeber als Fahrer.

Levan verrät mir, dass Jabo auch über sechs Jahre ein erfolgreicher Judoka war. Am Anfang sei es sein Ziel gewesen, Profi zu werden. Aber dann kam die wirtschaftliche Not in Georgien. Und die Judokas mussten ihre nicht gerade billigen weißen Judoanzüge selbst kaufen und bezahlen. Und als er zu einem wichtigen Wettkampf in eine entfernte Stadt eingeladen wurde, konnte er die Reisekosten dafür nicht aufbringen. So hat er sich entschlossen, seine Judoka-Karriere aufzugeben.

Es fängt an zu regnen, bevor wir das Denkmal der Völkerfreundschaft hinter Gudauri auf der Anhöhe erreichen, das 1983 errichtet wurde. Ein großes Halbrund aus Betonplatten mit großflächigen Mosaiken zur Russisch-Georgischen Freundschaft. Von hier aus und auf der Fahrt zum 5.047 Meter hohen Kasbek, den man bei klarer Sicht von Stepanzminda aus sehen kann, fahren wir auf der alten Heerstraße mit einem herrlichen Ausblick auf Berge, kleine Dörfer, Hochplateaus und auf sattgrüne Hänge, auf denen Hunderte von Schafen weiden.

Bald sind wir kurz vor dem Ort Sioni. Von einer Anhöhe aus sehen wir eine weiße Schlange von Hunderten von Lastkraftwagen, die sehr eng am Straßenrand stehen, damit die Autos an ihnen vorbeifahren können. Es sind bestimmt noch 10 Kilometer bis zur russischen Grenze. Damit die Fahrer mit ihren großen Trucks nicht die Ortsdurchfahrten blockieren, bleiben sie außerhalb auf der Landstraße stehen, warten stundenlang, bis sie endlich zum

Grenzübergang vorgestoßen sind, dort abgefertigt werden und in Russland einreisen können.

Der Grenzübergang in der Darial-Schlucht/Werchnyj Lars wurde erst drei Jahre nach dem Fünf-Tage-Krieg 2008 zwischen Russland und Georgien, geöffnet. Jetzt ist die Straße wieder das, was sie schon immer war, ein interkontinentaler Weg, der Nordosteuropa mit dem Nahen Osten auf kürzestem Wege verbindet. Die Jahre zuvor musste man über Istanbul fahren, das waren 300 Kilometer mehr als die Strecke über Wladikawkas. Und von Berlin aus sind es sogar mehr als 700 Kilometer weniger.

In Stepanzminda angekommen, schauen wir erwartungsvoll zum Kasbek hinauf, aber dessen Spitze wird, wie wohl so oft, von einem Wolkenschleier verhüllt. Morgen, sehr früh, wollen wir hinaufwandern zum Gergeti Kloster mit der Zminda-Sameba-Kirche (Heilige Dreifaltigkeit), die wir von unserer Unterkunft aus, auf dem 2.170 Meter hohen Kwemi Mta, einem dem Kasbek vorgelagerten Berg, sehen können. Nach dem Gemeinschaftsessen in unserer Herberge überrascht uns Jabo mit einem Tschatscha. Den selbst gebrannten Schnaps hat er in einer alten Wasserflasche von seinen Eltern mitgebracht. Wir sitzen an einem langen Tisch und Jabo teilt kleine Gläser mit Tschatscha an alle Gäste aus. Wir trinken zuerst auf Gott, dass er uns zusammengebracht hat, dann auf die georgischen Ahnen, auf die Frauen, die Kinder, auf die deutsch-georgische Freundschaft und auf den Frieden in der Welt. Und zu allerletzt auf die Mutter Maria und ihren Sohn. Und heimlich trinke ich darauf, dass wir morgen früh die Spitze des Kasbek sehen werden. Mein Wunsch geht in Erfüllung. Als es hell wird, sehe ich ihn über die Höhe schauen. Er scheint mich mit seinem linken Auge, von der feurigen Morgensonne angestrahlt, zu beobachten. Das, was ich als Auge wahrgenommen habe, sagt Levan, sehen die Georgier als Drachen an. Jetzt nehme ich auch noch sehr deutlich Prometheus wahr, der an diesem Berg, zur Strafe, weil er den Menschen das Feuer gebracht hat, angeschmiedet wurde.

Wir gehen einen schmalen Pfad hinauf, passieren auf einem Weg links und rechts alte, renovierungsbedürftige Häuser, einen müden Hund in der Morgensonne und zwei gefleckte Schweine auf

Futtersuche. Etwas höher am Hang blicken wir von oben zurück in das Tal. Über uns schweben Gänsegeier, von den Bergwinden getragen, in ruhigem Flug den kahlen Felswänden zu.

Oben angekommen, stoßen wir zuerst auf ein Kreuz und blicken auf die grünen Höhen hinter dem Kloster und Wallfahrtsort Tsminda Someba. Als wir zur Umfriedung des Klosters kommen, sehen wir junge Männer unter Anleitung eines Mönches ein geschlachtetes Schaf an den Vorder- und Hinterläufen davontragen. Leider seien wir zwei Wochen zu spät, sagt Levan. Am 28. August ist das Fest Mariamoba – Maria Entschlafung, der Orthodoxen Kirche. Dann findet hier ein rauschendes Fest statt. Opferschafe, vom Priester gesegnet, werden geschlachtet und gebraten, viel georgischer Wein getrunken und natürlich auch selbst gebrannter Tschatscha.

DIE LILIE ALS SYMBOL DER REINEN LIEBE

Zurück von unserem zweitägigen Ausflug auf der Georgischen Heerstraße fahren wir am nächsten Tag von Tbilissi aus Richtung Gori, biegen bei Igoeti rechts ab, um die Bischofskathedrale Samtawissi aus dem 11. Jahrhundert zu besichtigen, die für ihren Fassadenschmuck berühmt ist. Es ist sehr still um die Kathedrale herum, die von einer Feldsteinmauer eingefriedet ist. Der Himmel über den hellbraunen Kirchensteinen ist tiefblau. Wir gehen in der Morgensonne langsam auf dem Kopfsteinpflasterweg um die Kirche herum, und ich lasse mir von Levan die Bedeutung der Ornamente auf der Kirchenfassade erklären. Auf der Rückseite eine reduzierte Darstellung der christlichen Kosmologie in Form eines aufstrebenden Lebensbaumes. Die Ränder der schmalen in das Gemäuer eingelassenen hohen Nischen werden von lilienartigen Verzierungen abgeschlossen. Sie sind Symbol für Marias reine Liebe, der Vereinigung von Gott und Mensch. An anderer Stelle der Fassade Ornamente mit Weintrauben und Pinienzapfen. Nach der Besichtigung der Bischofskirche stehen wir draußen vor der einzigen und noch sehr jungen Grabstelle um die Kirche herum. Auf dem großen schwarzen Stein ist ein junger Mann mit vielen Medaillen auf der Brust abgebildet: Vano Nickoloz Gamschilashvili (1973 bis 1999). Ein bekannter Wrestling-Kämpfer, der bei sehr populären Schaukämpfen, die im Fernsehen übertragen wurden, aufgetreten ist. Er starb mit nur sechsundzwanzig Jahren, und sein Heimatort hat ihm mit diesem Grab neben der Bischofskirche Samtawisi ein Denkmal gesetzt.

Würden wir jetzt der kleinen Straße Richtung Norden in den großen Kaukasus folgen, wären wir nach nur wenigen Kilometern in Südossetien. Die Georgier nennen das Gebiet Samatschablo oder Zchinvali Region. Seit dem August-Krieg 2008 zwischen Georgien und Russland kommt es hier fast täglich zu provozierenden Grenzstreitigkeiten. Dieser nur fünf Tage dauernde Krieg hat bei den Georgiern zu einem nationalen Trauma geführt. Innerhalb einer Stunde hätte die russische Armee in Tbilissi sein können. Diese Horrorvorstellung höre ich fast von jedem Georgier, wenn ich über den Krieg um die abtrünnige Region Südossetien spreche. Die aus Südossetien geflüchteten Georgier leben entlang der Straße nach Gori und auch in der Nähe der Grenze in Flüchtlingsunterkünften. Sie können von dort aus auf ihre Heimatorte am Fuße des großen Kaukasus blicken. Und keiner von ihnen weiß genau, wo die Grenzlinie verläuft. So laufen Kühe auf die südossetische Seite oder auch Georgier, die sich verlaufen haben und dort dann von Grenzposten tagelang festgehalten werden, erzählt Levan empört. Jedes Mal werden die Georgier erst nach langwierigen Verhandlungen wieder freigelassen oder deren Nutztiere zurückgegeben. Der Konflikt zwischen Südosseten und Georgiern schwelt nun fast schon seit hundert Jahren. Er wird immer wieder für einen längeren Zeitraum durch Gewalt oder mit Schlichtungen zwischen Russland und Georgien klein gehalten, ohne dass es eine wirkliche Lösung geben würde.

Die Südosseten versuchten sich bereits ab 1918 von Georgien zu lösen. In der kurzen Zeit der Unabhängigkeit Georgiens von 1918 bis 1921 marschierten georgische Truppen in Zchinwali ein und schlugen den ossetischen Aufstand in deren Hauptstadt nieder. Fünftausend Osseten sollen dabei ums Leben gekommen und 20.000 vertrieben worden sein. 1921 wurde Georgien unter Stalin von der Sowjetunion annektiert. Und Südossetien 1922 in die Georgische Sowjetrepublik eingegliedert.

Unter dem Georgier Stalin wurden ossetische Schulen geschlossen und es durfte nur noch die georgische Schrift verwendet werden. Der ossetische Bevölkerungsanteil begann zu sinken und der georgische nahm zu. 1989 waren nur noch knapp zwei Drittel der Bevölkerung Osseten, etwa 29 Prozent Georgier, der Rest waren Russen und Armenier. Hatten die Volksgruppen während der Sowjetzeit relativ friedlich zusammengelebt, wurde der Schwelbrand 1989 erneut befeuert. Wieder strebten die Südosseten einen autonomen Staat an, gründeten 1991 die Südossetische Demokratische Sowjetrepublik und bemühten sich um die Anerkennung Russlands. Der 1991 ausgerufene unabhängige Staat Georgien beanspruchte Südossetien aber weiterhin als sein Territorium, hob alle Autonomierechte der Region auf und versuchte, Südossetien zurückzuerobern. 100.000 Südosseten flohen aus Georgien nach Ossetien und 20.000 Georgier flohen aus Südossetien nach Georgien, bis Russland in die Auseinandersetzung eingriff. Im Juni 1992 unterzeichneten Russland und Georgien ein Waffenstillstandsabkommen zur Aufstellung einer Friedenstruppe für Südossetien. Dafür wurden russische, ossetische und georgische Soldaten abgestellt. Russland und Georgien zogen ihre Truppen zurück, und Südossetien betrachtete sich seit dieser Zeit als unabhängig, obwohl fast kein Land der Welt den Staat anerkannte. So hatte man das Feuer wieder kurzzeitig gelöscht, aber unter der Oberfläche schwelte es weiter. Das galt für Abchasien wie auch für Südossetien. Und im August 2008 kam es dann zu dem gefährlichen militärischen Konflikt zwischen Georgien und Russland.

Wir fahren wieder auf die S 1, jetzt eine zweispurige Autobahn, die hinter Gori, der sechstgrößten Stadt Georgiens, noch weiter Richtung Westen ausgebaut werden soll. Diese meistbefahrene Fernverkehrsstraße Georgiens verbindet Tbilissi mit dem Schwarzen Meer. Raststätten links und rechts der Autobahn in sehr moderner Architektur. An einer möchte Levan halten, um mir zu zeigen, wie europäisch die Innenarchitektur und das Angebot ist. Mit dem Gang durch die sich selbst öffnende Glastür verlassen wir

Georgien und treten ein in eine große ungemütliche Halle. Das Angebot besteht aus Fast Food, Salat in geschlossenen Plastikschalen. An modernen Kassen stehen lange Schlangen. Wie fast an jeder Raststätte in westeuropäischen Ländern. Und alles viel zu teuer, besonders für georgische Verhältnisse. Levan drängt mich, hier noch die Toilette zu benutzen. Wenn wir woanders halten müssten, wäre es ihm peinlich, mir dort die Klos zumuten zu müssen. Wir fahren weiter.

An der Straße nach Gori stehen sehr viele Tankstellen von unterschiedlichen Anbietern. Es gibt Gulf (georgisch-russisch), Sugar (aserbaidschanisch), Rompetrol (rumänisch), Wissol (georgisch-italienisch), Lukoil (russisch), Sigma Trans, Bachana, Gas Kristall. An einer kleinen, noch namenlosen, neu errichteten Tankstelle sind die Zapfsäulen mit der Aufschrift Euro-Diesel installiert worden. Andere Tankstellen sind verfallen. Eine davon Turkish Petrol. Wir fahren durch die Region Kartlien, blicken im Norden auf die Bergketten des Großen Kaukasus, im Süden auf die des Kleinen Kaukasus. Durch diese Region führte einst die berühmte Nordroute der Seidenstraße. Es wird Obst angebaut: Äpfel, Aprikosen, Quitten, Birnen, Kirschen, die auch am Straßenrand angeboten werden. Kartlien ist die dichtest besiedelte Region Georgiens.

GEBURTSSTADT VON IOSSEB BESSARIONIS DSE DSCHUGHASCHWILI

Ich möchte das Museum in Gori, der Geburtsstadt von Iosseb Bessarionis dse Dschughaschwili besuchen, der sich ab 1912 den Kampfnamen Stalin gab, der Stählerne, und muss Levan erst davon überzeugen. Ich habe davon gehört, dass es immer noch eine Art Stalin-Kultstätte und eine Propagandaschau sei. Aber trotzdem möchte ich die Atmosphäre dort erleben. Lascha Bakradse setzt sich als Historiker seit Längerem dafür ein, im Stalin-Museum eine Ausstellung nach neuesten, wissenschaftlichen Erkenntnissen zu installieren, das Museum zu einer Gedenkstätte mit einem modernen museumsdidaktischen Konzept umzubauen, in der die

Sowjetzeit in Georgien dokumentarisch aufgearbeitet wird. Dazu gehören auch die Verbrechen Stalins ab 1921. Bei sogenannten politischen »Säuberungen« mit Schau- und Geheimprozessen wurden mehrere Millionen vermeintliche Gegner ermordet. Und Stalins Entkulakisierung, die zu großen Hungersnöten führte, fiel auch der Großvater von Dato als begüterter Bauer, als Kulak, zum Opfer, wie mir seine Großmutter in Chaschmi 1992 eindrucksvoll berichtete. Er wurde abgeholt, und sie habe nie wieder etwas von ihm gehört. Aber dies alles konnte den Stalin-Kult vieler Georgier nicht erschüttern. Sie verehren ihren georgischen Landsmann aus Gori bis heute als einen der ihren. Stalin war, so interpretiert es Lascha Bakradse, die Vergeltung für die Okkupation Georgiens vom russischen und später vom sowjetischen Reich. Stalin sei 1956, drei Jahre nach seinem Tod, auf dem Parteitag der KPdSU als Georgier kritisiert worden. Das wurde in Georgien als Angriff auf die georgische Nationalität verstanden. Drei Tage später, am 9. März 1956, fanden in Georgien Demonstrationen statt, aber nicht gegen Stalin, sondern gegen die Sowjetunion. Stalin wurde in Schutz genommen und die Demonstrationen wurden brutal niedergeschlagen. Eine Entstalinisierung habe in Georgien nicht stattgefunden, sagt Zaal Andronikashvili. Stalin lebe bis heute noch in den Menschen weiter.[14]

Eine deutschsprachige Museumsangestellte führt uns durch die Räume. Bei der ersten Frage, die ich stelle, spüre ich ihre Vorsicht. Sie kennt die Besucher aus dem Westen, ihre Vorbehalte gegenüber dem Museum und gegenüber Stalin. Sie kennt deren Einwände und weiß, dass die Besucher in Stalin einen Massenmörder sehen. Ich stelle aber nur ein paar Fragen zu den einzelnen Exponaten. Wir stehen vor einem Foto von 1918, rechts Stalin, in der Mitte Lenin und links Trotzki. Alle drei in Wintermänteln. Lenin mit einem Pelzkragen und einer Pelzmütze ohne Abzeichen. Trotzki mit Brille und ohne Kopfbedeckung, mit leicht geöffnetem Mantel. Stalin mit einer Militärmütze. Nur er trägt einen Schnauzer. Lenin und Trotzki haben einen Vollbart.

Revolutionäre im Aufbruch mit dem Ziel, eine bessere, gerechtere Zukunft zu gestalten. Die Sowjetunion vom Sozialismus zum

Kommunismus zu führen. Ein Foto weiter wieder eine historische Aufnahme von 1918: Die erste sowjetische Regierung von 1918. Fünfzehn Männer und neben Lenin, in der Mitte der Regierungsmitglieder, zwei Frauen an seiner Seite. Auf einem anderen Foto sehen wir den jungen Iosseb aus Gori mit Mitschülern und seinem Lehrer. Später sagt die Museumsführerin, die einen schwarzen Rock, eine dunkle Bluse mit großen hellen Blütenmotiven und helle Sandalen trägt, nachdem sie merkt, dass ich sie nicht in Verlegenheit bringen werde, dass Stalin natürlich nicht nur Gutes getan habe. Aber während der Sowjetunion sei nicht alles schlecht gewesen. Sie habe eine qualifizierte Arbeit und ihre Familie genug Geld zum Leben gehabt. Seit der Unabhängigkeit Georgiens müssten sie und ihre Familie ums Überleben kämpfen. Und sie könne noch froh sein, hier im Museum eine Arbeit gefunden zu haben, wenn sie auch nicht gut bezahlt sei.

Über den Zweiten Weltkrieg, in dem 20 Millionen Sowjetbürger durch die deutsche Reichswehr ums Leben gekommen sind, spricht sie nicht. Dass die Sowjetarmee maßgeblich dazu beigetragen hat, dass die Deutschen vom Nationalsozialismus und Adolf Hitler befreit wurden und ihren barbarischen Siegeszug im Osten nicht fortsetzen konnten, davon auch nicht. Dass die Sowjetarmee die Konzentrationslager mit befreit hat, ebenfalls nicht. Sie bittet uns weiter in den nächsten Raum, in dem viele Geschenke von ausländischen Staatsmännern an Stalin in Vitrinen präsentiert werden. Nach dem Ende der Führung in dem großen klassizistischen Museumsbau gehen wir durch den Säulengang bis zum Ende des Gebäudes. Dort öffnet unsere Museumsführerin die Holztür eines kleinen Backsteingebäudes, in dem Josef Stalin als kleiner Junge mit seiner Familie gelebt haben soll. Ein Bett, ein Holztisch mit weißer Tischdecke mit Fransen, eine kleine Truhe, darauf ein Petroleumleuchter und ein schmaler Tonkrug und an der Wand ein Schrank, auch mit einem weißen Tuch bedeckt, darauf ein Samowar. Nur ein paar Meter weiter steht auf Schienen der grüne Salonwagen Stalins, mit dem er gereist ist. Unsere Museumsführerin steigt die drei Stufen hinauf und öffnet uns die Tür des Eisenbahnwaggons. Ein langer Gang mit Teppichen ausgelegt, die Tür- und Fensterrahmen aus dunklem Holz. Braune Vorhänge vor den Fenstern, die man zuziehen kann. So reiste also der Generalsekretär des Zentralkomitees der Kommunistischen Partei der Sowjetunion, KPdSU, der mächtigste Mann der Weltmacht UdSSR, mit seinen vertrauten Politikern durch sein Sowjetreich. Am Ende des Waggons ein kleiner Tagungs- und Speiseraum mit einem massiven Holztisch, drum herum Stühle mit hellen Hussen überzogen und in der Ecke ein Sessel mit dem gleichen Überzug. Auch das Bad mit Badewanne, mit schwerem, geteilten Holzdeckel, dürfen sich die Besucher ansehen. Ich stelle mir vor, wie Stalin in diesem grünen Waggon den Koch Aliosha Tschichradze bei einem Besuch in Abchasien empfangen hat. Es war 1937. Der Führer der Sowjetunion besuchte mit seinem Sonderzug und einer Delegation von befreundeten Politikern aus dem Ausland die Stadt Gagra.

Vor meiner Reise nach Georgien habe ich den Roman »Das achte Leben (Für Brilka)« von Nino Haratischwili gelesen. Die Schriftstellerin kam als Zwölfjährige mit ihrer Mutter nach Deutschland, schreibt Theaterstücke und hatte bereits zuvor zwei Romane veröffentlicht. Sie lebt in Hamburg und schreibt auf Deutsch. Das Buch der 1983 in Tbilissi geborenen Autorin, hat mich gefesselt. Sie schreibt den Roman eines Jahrhunderts über die georgische Familie Laschi, beginnend im Jahr 1900 bis zum Jahr 2006, und verlässt dabei nie die georgische Perspektive. Über den Roman scheint Nino Haratischwili im Rückblick auf die Geschichte Georgiens in der Sowjetunion ihre eigene georgische Identität und die ihrer Familie gefunden zu haben. Sie habe versucht, die georgische Geschichte des 20. Jahrhunderts zu verstehen. Im Roman werden die historischen Ereignisse genau beschrieben, und ohne moralische Wertung auch die sehr unterschiedlichen Reaktionen der Protagonisten des Romans auf die geschichtlichen Ereignisse. Auf die Frage nach der »Verlorenen Generation«, über die immer wieder gesprochen werde, antwortet Nino Haratischwili: »Jede Generation beansprucht diesen Titel für sich. Die Generation der 1930er-Jahre ging durch die Säuberungen und den Zweiten Weltkrieg, sie haben alle viele Angehörige verloren. Die Generation der 1960er-Jahre gilt auch ein bisschen ›lost‹, weil sie irgendwo dazwischen war, und wie in Deutschland ein bisschen anti-Eltern und anti-System. Die 1970er-Jahre nennt man die Jeans-Generation, das waren die mit der Revolte, mit verbotener Musik und verbotenen Filmen, das lief sehr stark über eine Subkultur.«[15] Und ihre eigene Generation hält die Autorin für ein bisschen neokonservativ. Ihre Elterngeneration habe sie immer als viel freier empfunden. Und das spiegelt auch ihr Roman wider.

»GEORGIEN IST EIN STRATEGISCH GÜNSTIG GELEGENES LAND MIT GROSSEM WACHSTUMSPOTENZIAL«

Wir fahren zur Höhlenstadt Uplisziche am Ufer der Mtkwari, 10 Kilometer von Gori entfernt. Die Festungsstadt wurde schon im 6. Jahrhundert vor Christus gegründet. Sie entwickelte sich zu einem Handelszentrum an der Seidenstraße mit rund fünftausend Einwohnern. Wir gehen auf den ehemaligen Abflussrinnen und Wasserkanälen hinauf auf das Plateau. Die Wohnhäuser wurden in den weichen Fels geschlagen und im Inneren mit Fresken bemalt. Sie hatten Säulen und gewölbte Decken. Es gab Plätze, an denen Tiere geopfert wurden. Wir stehen vor der Apotheke. Ein steinerner Apothekenschrank mit vielen gut erhaltenen Fächern. Darüber scheint ein großes Felsentier die Heilmittel aus Kräutern in den kleinen Ablagen zu bewachen. Schon der Blick in diese ausladende Flusslandschaft und die leicht geschwungenen Höhen und die Berge dahinter müsste zur Gesundung der Patienten beigetragen haben. Die Bewohner von Uplisziche trieben überwiegend Handel mit den vorbeiziehenden Karawanen auf der Seidenstraße.

Am höchsten Punkt des Plateaus steht die Fürstenkirche aus dem 10. Jahrhundert. Von dort aus klettern wir über die glatten Felsen und suchen in den Steinhöhlen die Bäckerei, die Lagerhäuser und das Gefängnis. Auch ein Amphitheater und einen Markt hat es gegeben. Es gäbe noch viel zu sehen im Tana-Tal. Aber wir fahren zurück auf die S 1 Richtung Kutaissi. In Chaschuri fahren wir Richtung Rikoti-Pass, der Ost- und Westgeorgien trennt. Am Straßenrand werden Liegestühle und Hängematten in allen Farben und Größen von Händlern angeboten. Etwas später, nahe Surami, dem beliebten Kurort am Fluss Suramula, wo Nanuka groß geworden ist, in dem die Luft des Schwarzen Meeres und die Bergluft zusammenströmt, halten Straßenhändlerinnen vor kleinen selbst gezimmerten Bretterbuden den Vorbeireisenden ihre Nasuki entgegen, ein sehr schmackhaftes süßes Brot aus Mehl, Honig, Milch und Rosinen. Nasuki wurde ursprünglich in dieser Gegend an Feiertagen gebacken, wird aber jetzt auch sehr gern an vorbeireisende Touristen verkauft.

Wir fahren durch das Rikoti-Gebirge, wählen aber nicht die kurvenreiche Passstraße, sondern den langen, gut beleuchteten Tunnel von Ost- nach Westgeorgien. Danach führt die S 1 über zahlreiche Kurven an den bewaldeten Berghängen des Rikoti- und Dsirula-Tales hinunter in die feuchtere Kolchische Tiefebene mit ihrem subtropischen Klima. Mit manchmal heißen Sommern, milden Wintern und häufigen Niederschlägen. Bis nach Kutaissi, der zweitgrößten Stadt Georgiens, sind es jetzt noch 80 Kilometer. In den kleinen Orten werden große Tonkrüge am Straßenrand angeboten. Sie werden mit Steinen eingemauert, und auch heute noch wird in den Dörfern, nachdem die Tonkrüge mit einem Holzfeuer von innen erhitzt wurden, an den Tonwänden das Brot gebacken, und auch Geflügel und Spanferkel werden hineingehängt und gegart.

Je mehr wir uns der alten Hauptstadt von Kolchis, Kutaissi, nähern, die im Mittelalter ein bedeutendes kulturpolitisches Zentrum war, umso baumreicher wird die Landschaft. Levan zeigt auf einen Abzweig, eine Straße, die nach Tkibuli in Imeretien führt, nur 25 Kilometer von Kutaissi entfernt. Wir beschließen, einen Abstecher in seine Heimatstadt zu machen. Tkibuli liegt am gleichnamigen Fluss und grenzt an das Ratscha-Gebirge. Eine Bergbaustadt, in der Steinkohle gefördert wurde. 50 Prozent der Bewohner lebten vom Bergbau. Die Steinkohle wurde in der Metallindustrie in Rustawi benötigt. Aber nach dem Zusammenbruch der Sowjetunion, als in Rustawi nicht mehr produziert wurde und zusätzlich auch noch der Gaspreis sank, hat man keine Steinkohle mehr gebraucht, und viele Bergarbeiter haben die Stadt verlassen. Tkibuli hatte früher 25.000 Einwohner. Bis 2009 nahm die Bevölkerung um ein Drittel auf 16.800 Einwohner ab.

Hier bin ich auch zur Schule gegangen, erzählt Levan, als wir mehrere Kilometer durch das enge Tal des Flusses Tkibuli fahren. Von der ersten bis zur elften Klasse. Man kann auch in der neunten Klasse die Schule verlassen, aber dann kann man nicht an der Uni studieren. Nach der elften Klasse habe ich Geschichte in Kutaissi studiert. Wenn man studierte, musste man erst einmal nicht zum Militär. Ich habe ein kleines Zimmer in Kutaissi gehabt und vier Jahre bis zum Bachelor studiert. Zwei weitere Jahre zum Master. Es ist ähnlich wie in Deutschland. Heute dauert das Studium bis zum Master nur noch fünf Jahre. Wir haben damals georgische Geschichte und auch europäische Geschichte studiert. Schwerpunkte waren das Altertum, die ägyptische und griechische Geschichte, das römische Kaiserreich, die Französische Revolution, Parlamentarismus in England und ein bisschen auch russische, amerikanische und asiatische Geschichte. Früher war ja die sowjetische Geschichte ein propagandamäßiges Fach. Das gab es während meines Studiums nicht mehr. Meine Mutter hatte während ihres Studiums keine georgische Geschichte im Lehrplan, sondern nur sowjetische, und nur ein ganz kleiner Anteil davon war georgische Geschichte.

Als Levan die Schule besuchte, war Georgien erst seit zwei Jahren unabhängig. Levan erzählt, dass es in der vierzügigen Schule mit je dreißig Schülern in der Klasse keine Fensterscheiben gab. Die Rahmen und Glasscheiben waren kaputt. Im Winter wurden die Klassenräume mit einem kleinen Heizofen gewärmt. Jeder habe versucht, in der Nähe des Ofens zu sitzen. Dabei habe er sich zwei Mal die Jacke verbrannt. Damals achtete niemand mehr auf korrekte Schulkleidung, erzählt Levan. Weißes Hemd und schwarze Weste. Es gab wirklich andere Probleme. Als ich das Studium 2009 beendet hatte, war ich zweiundzwanzig Jahre alt. Und bin dann direkt nach Deutschland gegangen. Deshalb musste ich auch erst einmal nicht zum Militär. Ich wollte in Deutschland studieren, mein Deutsch verbessern und neue Erfahrungen sammeln. Aber es war nicht so einfach, nach Deutschland zu kommen. Man musste eine Wohnung nachweisen, eine Versicherung, und man musste 7.000 Euro auf dem Konto haben. So viel hatte ich aber nicht. Deshalb wählte ich den Weg als Au-pair und kam in ein sehr kleines Dorf in Bayern, in der Nähe von Passau. Ich war in einer ganz normalen Familie mit einer älteren Tochter und einem kleinen Jungen. Die Frau war Lehrerin und der Mann war selbstständiger Bauingenieur. Sie hatten ein großes Haus, und ich musste auf den Sohn aufpassen und auch im Garten helfen. Danach habe ich ein Jahr in Köln in einem Krankenhaus ein freiwilliges soziales Jahr auf der inneren Station absolviert. Aber das wüsste ich ja. Dort habe ich viele junge Leute kennengelernt, die dort ihren Zivildienst abgeleistet oder eine Ausbildung als Krankenschwester oder Krankenpfleger absolviert haben. Ich wollte länger in Deutschland bleiben. Dafür musste ich aber andere Papiere nachweisen, die ich nicht hatte. Deshalb beschloss ich, doch schon früher nach Georgien zurückzukehren, und erst einmal wieder zurück zu meinen Eltern nach Tkibuli zu ziehen. Da war ich schon siebenundzwanzig Jahre alt und für den Militärdienst zu alt. Ich hätte in Georgien die Möglichkeit gehabt, als Lehrer zu arbeiten. Dann hätte ich aber maximal nur 300 Lari verdient, das sind heute vielleicht 130 Euro. Mit meinen guten Sprachkenntnissen konnte ich aber auch in der Tourismusbranche arbeiten, in der man erheblich mehr verdient. Natürlich hängt es davon ab, wie viel Touristen nach Georgien reisen und wie viele Gruppen man im Jahr begleiten kann. Es sind ungefähr vier bis fünf Monate, in denen man als Guide arbeiten kann. Wenn man in dieser Zeit viele Gruppen betreut, verdient man immer noch erheblich mehr als ein Lehrer das ganze Schuljahr.

In Tkibuli hatte sich inzwischen auch wirtschaftlich etwas getan. Seit 2006 begann das deutsche Unternehmen HeidelbergCement in Georgien aktiv zu werden. »Georgien ist ein strategisch günstig gelegenes Land mit großem Wachstumspotenzial. Es profitiert vom Öltransport aus dem benachbarten Aserbaidschan und ist ein Transitland für den Warenverkehr zwischen Schwarzem und Kaspischem Meer. Daher werden ein weiteres Wirtschaftswachstum, große Infrastrukturinvestitionen und eine deutliche Zunahme des Zementverbrauchs erwartet«, schreibt die HeidelbergCementGroup auf ihrer Internetseite. Und die deutschsprachige Zeitung Kaukasische Post aus Tbilissi berichtet am 16. Mai 2014: »Heidelberg-Cement produziert derzeit jährlich etwa 1,6 Millionen Tonnen Zement in Georgien, eine halbe Million wird exportiert, überwiegend nach Aserbaidschan, der Rest wird im Land benötigt. Einige kleinere Wettbewerber liefern rund 200.000 Tonnen, dieselbe Menge importieren Händler aus der Türkei und Armenien.« Der Kohleabbau von Tkibuli zum Beispiel gehe zu fast 100 Prozent an HeidelbergCement, obwohl die einheimische Kohle wegen der geringeren Qualität teurer ist als Importkohle. In Tkibuli würden die wenigen Lichter, die im ehemaligen Bergwerkrevier der UdSSR noch brennen, ausgehen, würden nicht 1.500 Menschen in der Stadt quasi auf der Lohnliste des Zementherstellers stehen. »Wir stehen auch zu unserer Verantwortung für das Land, in dem wir uns engagieren und – natürlich – unser Geld verdienen wollen«, wird der Chefmanager Michael Hampel zitiert. Das Unternehmen hat in Georgien ungefähr 1.100 Mitarbeiter.

Levan bittet Jabo, zum Stausee zu fahren. Dort zeigt er uns, wo der Film »Die Maisinsel« gedreht wurde, den ich vor einigen Monaten in Berlin sah und der in Deutschland hervorragende Kritiken erhalten hat. Der Ort der Handlung ist der Fluss Enguri an der Grenze zwischen Abchasien und Georgien. Fast dokumentarisch erlebt der Zuschauer, wie ein alter Mann und eine junge Frau dem Flusslauf des Enguri mit großer Anstrengung, Kraft und Ausdauer eine kleine Insel abtrotzen, auf der Großvater und Enkelin Mais anbauen. Dem Regisseur George Ovashvili sei es zu gefährlich gewesen, direkt an der Grenze zu drehen, erzählt Levan, hier in Tkibuli sei er auf eine ideale Stelle am Stausee gestoßen, um seinen Film zu realisieren. Der alte Mann und seine in der Pubertät stehende Enkelin sind in dem Film ständig von Regen, der Strömung des Flusses, von der Kriegsgefahr und den patrouillierenden Soldaten an der abchasisch-georgischen Grenze bedroht. Der Regisseur bezieht aber keine Position zum Krieg. Vielleicht erleben die Zuschauer und die Kritiker gerade deshalb »Die Maisinsel«, ein Film, in dem fast überhaupt nicht gesprochen wird, mit seinen eindringlichen Naturaufnahmen und ruhigen Bildern als einen Antikriegsfilm der besonderen Art.

»DIE SCHWEBENDEN SÄRGE«

Levans Mutter rief ihren Sohn an, als wir noch am Stausee waren. Als sie hörte, dass er ganz in ihrer Nähe sei, wollte sie unbedingt, dass er vorbeischaue. Jabo und ich hatten nichts dagegen, in Tkibuli zu übernachten. Levan kannte eine kleine Pension, in der ich mit Jabo unterkam. Ich habe den Abend genutzt, um endlich das schmale Bändchen von Akaki Zereteli »Aus meinem Leben« zu lesen, in dem er beschreibt, wo und unter welchen Umständen er Mitte des 19. Jahrhunderts in Oberimeretien groß geworden ist. Und wie sich Georgien durch eine schrittweise Annektierung durch Russland veränderte. Ich sah die Bilder aus der Zeit vor mir, und erst zum Ende des Buches wurde mir bewusst, dass es von Tkibuli nach Satschchere, wo die Familie des Dichters ihren Fürstensitz hatte, nicht weit entfernt ist. In zwei Stunden könnten wir mit dem Auto dort sein. Und wir würden durch Tschiatura kommen, wo Bidsina Iwanischwili sich vor der Bevölkerung als politischer Redner ausprobiert hatte. Auch er stammt aus einem kleinen Dorf in der Nähe von Satschchere. Dann müssten wir aber unbedingt auch, sagte Levan, als wir schon Richtung Satschchere unterwegs waren, mit einer der alten Gondeln von Tschiatura auf den Berg fahren. Sie würden dort von der Bevölkerung »Die schwebenden Särge« genannt. Im Wind schaukeln sie so schön. Und dabei grinst er über das ganze Gesicht. Natürlich wusste er, dass der Name Tschiatura, »Ein Wurm oder keiner«, von Akaki Zereteli stammen soll, der den Ausspruch dort wohl beim Anblick der gewundenen Straßen gemacht hat. Zereteli war, wie auch Ilia Tschawtschawadse, Mitglied in der liberalen und sozialreformerischen Schriftstellervereinigung »Tergdaleubi« und einer der Wortführer im Kampf um die Selbstbestimmung und Freiheit Georgiens. Er war auch Mitbegründer der »Gesellschaft zur Verbreitung der Lese- und Schreibkunde unter den Georgiern«. Sein Porträt ist auf dem 10-Lari-Schein abgebildet. Zereteli wurde 1840 in Schwitori geboren und wuchs bis zu seinem sechsten Lebensjahr in dem kleinen Dorf Sawane, »Stätte der Erholung«, am Fluss Tschichura auf. Das Leben dort auf dem Dorf bei einer Amme beschreibt er sehr eindrucksvoll in seinen Lebenserinnerungen, die 1902 auf Georgisch erschienen sind. »Die Gepflogenheit, das Kind einer Amme im Dorf anzuvertrauen, war in unserem Lande ein Brauch von alters her.« Man solle nun nicht denken, dass die Eltern herzlos gewesen wären und ihre Kinder weniger geliebt hätten als heutige Mütter. Es hätte ganz andere Gründe und Ursachen gehabt. »Diese Beziehung zwischen Zögling und Erzieher verband verschiedene Stände miteinander.« Und der Autor beschreibt das Leben einer Bauernfamilie in Oberemiretien, die Arbeit der Männer und die der Frauen. Jeder hatte seine Aufgaben. »Mit fünf oder sechs Jahren schon wußte ich sehr gut, wie man das Vieh besorgt, das Geflügel betreut, die Mahlzeiten vorbereitet, das Mehl siebt und sichtet, bäckt, mancherlei Gerichte zubereitet und anderes mehr.«[16] Man hatte ihm auch beigebracht, wann und wie man pflügt, sät, umsticht, mäht, die Reben beschneidet. Aber er lernte auch, dass es für einen Mann eine große Sünde sei, weibliche Handarbeiten zu machen.

Als wir in Tschiatura bei den Gondeln ankommen, geraten wir mitten in die Dreharbeiten eines deutschen Fernsehteams. Levan geht ein bisschen lauschen. Eine ältere Frau und ein Mann stehen vor der Kamera. Die Frau erzählt, dass sie mal mitten auf der Strecke mit ihrer Enkelin stecken geblieben sei. Der Mann ergänzt, dass bei Stromausfall der Wagen stecken bleibe. Es könne reinregnen, und bei Wind schaukeln die Gondeln, bis der Techniker das Problem gelöst habe.[17] Trotzdem werden die Gondeln als Transportmittel genommen, sagt Levan, die Leute müssten ja nach oben kommen. Wir beschließen, erst einmal weiter nach Satschchere zu fahren. Wenn wir zurückkommen, werden die Dreharbeiten vielleicht beendet sein.

Als ich am Straßenrand spielende Kinder einen Kreis bilden sehe, denke ich an eine der für mich beeindruckendsten Kindheitserinnerungen von Akaki Zereteli. Das Habichtspiel. Spielen die Kinder es immer noch? Es sei kein lustiges Spiel gewesen, schreibt Zereteli. Und später habe er gedacht, das Spiel symbolisiere das Schicksal Georgiens.

»Einer der Größeren übernahm die Rolle der Gluckhenne, wir anderen waren die Küken. Wir bildeten einen Kreis und begannen im Reigen um die Henne herumzutanzen. Dann kam der Habicht, um die Küken zu rauben, aber die Gluckhenne versuchte ihn abzuwehren, solange sie nur konnte. Zuletzt stürzte der Habicht bald von der einen, bald von der anderen Seite herbei, riß den Kreis auseinander und raubte ein Küken. Darauf stoben die Küken auseinander und verbargen sich da und dort. Die erbitterte Gluckhenne aber, sobald sie ihre Kinder versteckt und in Sicherheit sah, verfolgte nun selber den Habicht, zwang ihn, das Küken loszulassen und brachte so das geraubte Kind wieder zurück.« Zwar sei immer die Gluckhenne die Siegerin geblieben, schreibt Zereteli, doch die Arme kam nie zur Ruhe und litt ununterbrochen Qualen.

Wir fahren an der Bahnlinie Satschchere–Kutaissi entlang. Die Bahnstrecke war zuerst eine Schmalspurbahn und führte von Sestaponi über Tschiatura nach Satschchere. Bauherr war die Deutsche Bergwerksgesellschaft. Tschiatura war das weltweit größte Zentrum des Manganerzbergbaus. Der Anteil am Weltexport lag über 50 Prozent. Bereits 1877 wurden in Tschiatura große Mengen von hochwertigem Manganerz entdeckt, das für die Härtung des Stahls benötigt wird. Zwölftausend Menschen arbeiteten im Bergwerk. Es gab viele Grubenunfälle. Bevor die Personenseilbahnen gebaut wurden, die die Bergarbeiter hinauf zur Grube brachten, hatte man Cargo-Seilbahnen, deren Seile und Stützpfeiler bis heute das Landschaftsbild von Tschiatura prägen. Fast alle Bergwerke waren in der Hand von deutschen Unternehmen. Die Oberhausener Gutehoffnungshütte, die Friedrich Krupp AG, der Schalker Gruben- und Hüttenverein, die Gelsenkirchener Bergwerks-Aktien-Gesellschaft und der Hamburger Kaukasische Grubenverein gehörten dazu.

Es könne durchaus sein, sagt Levan, dass der FC Schalke 04 demnächst in der Europa League beim FC Tschichura Satschchere antreten müsse. Die spielten in der höchsten georgischen Liga, und in der letzten Saison haben sie sich das erste Mal für die Europa League qualifiziert, und auch in dieser Saison seien sie wieder dabei gewesen. Werden sie vielleicht von Bidsina Iwanischwili gesponsert? Bei Schalke 04 soll Roman Abramowitsch gesehen worden sein. Vielleicht hat Iwanischwili als Kind mal bei Tschichura

Satschchere gekickt? Dann gäbe es möglichweise ein heimliches Fernduell zwischen dem russischen Oligarchen Abramowitsch und dem georgischen Milliardär Iwanischwili.

In Satschchere machen wir eine Pause. Hier starb »Georgiens unsterbliche Nachtigall«, wie Akaki Zetereteli wegen seiner melodischen Sprache liebevoll von seinen Landsleuten genannt wird. Sehr bekannt wurde sein Gedicht »Suliko«, das er 1895 in der sozialdemokratischen Zeitschrift Kvali, »Die Furche«, veröffentlichte. Er selbst bat seine Cousine Varinka, eine Musik für Gitarre zu dem Gedicht zu komponieren. Drei Jahre später führte sie das Lied »Suliko« das erste Mal auf. 1937 wurde es vor einem größeren Publikum in Moskau präsentiert. Danach ließ Josef Stalin es auf Schallplatte verbreiten. Es wurde als Volkslied und Stalins Lieblingslied bekannt. Nur Wenige wussten noch, dass es nach dem Gedicht von Akaki Zereteli entstanden war. Und die Komponistin Varinka Zereteli wurde das erste Mal 1980 genannt.[18]

Als wir beim Geburtshaus von Akaki Zereteli in Schwitori ankommen, in dem sich jetzt ein Museum über das Leben des Schriftstellers befindet, ist das Haus geschlossen. Wir beschließen nicht zu warten, sondern fahren zurück nach Tschiatura, weil wir heute noch bis Kutaissi fahren wollen.

Wir steigen in die Gondel und werden von Margalita Tkemaladze nach oben gebracht. Sie werden wir bald in dem Dokumentarfilm von Manuel Fenn im Deutschen Fernsehen sehen können. Wir befinden uns in schwindelerregender Höhe, der Neigungswinkel beträgt 42 Grad C. Aber es ist windstill, und die Gondel schaukelt nicht hin und her. Wir entfernen uns vom Tal und haben einen tollen Ausblick. Die meisten der verrosteten Gondeln stammen noch aus den 1950er-Jahren. Aber die Menschen, die auf dem Berg wohnen, sind auf die Seilbahn angewiesen, um ins Tal zu kommen. Es gibt zwei Linien. Häufig fallen Reparaturen an. Die älteren Mitarbeiter kennen die alte Technik, wissen, wo etwas repariert oder instand gesetzt werden muss. Margalita Tkemaladze ist seit dreiunddreißig Jahren Seilbahnführerin, davor war es ihr Vater. Sie fährt die Minenarbeiter in der Friedensbahn zur nahe gelegenen Akaki-Zereteli-Mine. Stalin wollte hier sowjetische Ingenieurskunst unter Beweis stellen und begann mit dem Bau eines einzigartigen Seilbahnnetzes. Seilbahnen für sechsundzwanzig Personen wurden errichtet. Die Hälfte der Bevölkerung war in den Minen beschäftigt. 15.000 Minenarbeiter mussten befördert werden. Jetzt sind es noch 3.600 Mitarbeiter. Im Film sehe ich später, dass in den Seilbahnen auch Manganerz transportiert wird.[19] Ohne die Seilbahnen wäre die Minenarbeit heute unvorstellbar. Die Itchwisi-Mine, die im Film gezeigt wird, ist die älteste und längste Mine im gesamten Abbaugebiet von Tschiatura. Mit einer Lore, mit einer Durchschnittsgeschwindigkeit von 5 Stundenkilometern fahren die Minenarbeiter jeden Tag 10 Kilometer tief in den Berg. Dort wird gebohrt und gesprengt. Immer tiefer geht es in den Berg hinein. Es gibt einen Bagger mit Förderband zum Abtransport des Erzes. 40 Tonnen Erz werden pro Sprengungen gewonnen, sagt der Kommentator im Film. Mit einer Güterlore wird das abgebaute Erz aus dem Berg gefahren. Für die Menschen in der Stadt gibt es ein Problem. Das Trinkwasser wird durch das Mangan belastet. In den letzten Jahren verringerte sich die Einwohnerzahl um die Hälfte. Die verbliebenen Manganvorkommen sollen noch sechzehn Jahre reichen. Sollten immer mehr Menschen die Stadt verlassen, befürchtet man eine Geisterstadt. Nachdem wir uns bei Margalita Tkemaladze bedankt und uns verabschiedet haben, bin ich froh, wieder festen Boden unter den Füßen zu haben.

HAUPTSTADT DES KÖNIGREICHS KOLCHIS

Kurz vor Sonnenuntergang erreichen wir unser Hotel auf einer Anhöhe in Kutaissi. Von der großen Terrasse aus, vor der sich die Stadt mit ihren typischen imeretischen Zeltdachhäusern ausbreitet, haben wir einen herrlichen Blick auf die grünen Berghöhen in der Ferne. Kurz nach unserer Ankunft stehen die Leute mit dem umgebauten orangeweißen Lastwagen von Dragoman Reisen vor dem Hotel und blockieren die kleine Straße. Die Reisegruppe hatten wir schon auf einem Parkplatz im Gombori-Gebirge in Kachetien getroffen.

Am nächsten Morgen gehen wir hinunter in die Altstadt von Kutaissi, schlendern durch die Markthalle mit den Obst-, Gemüse-, Tee-, Fleisch- und Gewürzständen, kaufen eine Tüte Safran für mich, und ich bewundere auf dem Rückweg die reich verzierte Außenwand des Basars. Ich probiere auf Empfehlung von Levan ein Glas Burachi für 30 Tetri, einen Gerstensaft, den mir eine Frau, die auf einem alten Hocker vor einem Anhänger mit einem großen hölzernen Fass sitzt, strahlend zapft.

Das Balanchivadze Opern- und Balletttheater vor dem Stadtpark wird auf zwei Türmen von sitzenden Löwen bewacht. Unter hohen Tannen steht die Statue des Komponisten Sakaria Paliaschwili, der 1871 in Georgien geboren wurde. Er hat die klassische europäische Musik mit der georgischen Volksmusik verbunden. Er sammelte 300 georgische Volkslieder, die er mithilfe eines Phonographen aufnahm. Sein Hauptwerk besteht aber aus Opern, die alle in Tbilissi uraufgeführt wurden. Akaki Zereteli sammelte Zeugnisse der reichen Volksdichtung Georgiens, weil er befürchtete, dass sie unter dem Einfluss des modernen Lebens verloren gehen könnte. Die Universität von Kutaissi trägt Zeretelis Namen. In dieser Stadt wurde er mit acht Jahren zum Georgischen Gymnasium geschickt, was sein behütetes Leben auf dem Land schroff beendete und ihn prägen sollte. Er verstand kaum Russisch, als er in seine Klasse kam. Und es sei 1848 verboten gewesen, Georgisch zu reden. Alles wurde mit Schlägen bestraft. Zu jener Zeit sei man in Russland überzeugt davon gewesen, schreibt Zereteli, dass Verstand und Können das Ergebnis der Rute seien. Es habe keinen Tag gegeben, an dem die Umgebung nicht durch das Gewinsel und Geschrei der Kinder betäubt worden wäre. »Einen Schüler verprügeln durfte jeder, angefangen beim Direktor bis zu den Schuldienern. Nach dem Grund fragte niemand. Wer weiß, wieviele krank geworden sind, wieviele zu Krüppeln wurden und wievielen dazu noch der Charakter für immer verdorben wurde! Oft geschah es, daß ein und dasselbe Kind im Laufe eines Tages von verschiedenen Vorgesetzten drei- bis viermal gezüchtigt wurde.« Und Zereteli nennt ein Beispiel, wo ein Russenjunge sich nach den vielen Qualen in den Rioni geworfen habe und dort mehr zufällig von einem guten Schwimmer gerettet wurde.

FLUCHT MIT DEM GELIEBTEN ÜBER DAS SCHWARZE MEER

Wir gehen auf der Fußgängerbrücke über den Rioni, der jetzt im September nur wenig Wasser in seinem steinernen Flussbett führt. Auf dem weißen Geländer sitzt, in Erinnerung an den georgischen Filmklassiker »Eine ungewöhnliche Ausstellung«, ein bronzener Junge in Badehose mit ausgebreiteten Armen und zwei Hüten in den Händen, kurz vor dem Sprung ins Wasser. Der Rioni entspringt im Nordosten der Provinz Ratscha, aus der so gute Köche kommen sollen. Der Rioni fließt in einem großen Flussdelta ins Schwarze Meer. In diesem Raum war das antike Kolchis. Es reichte von der Ostküste des Schwarzen Meeres bis zum Kaukasus. Bestimmt führte der Rioni früher sehr viel mehr Wasser, sodass die Argonauten von Iolkos über das Schwarze Meer problemlos bis nach Wani vorstoßen konnten, der Hauptstadt von Kolchis, dem Königreich von Aietes. Seine Tochter war Medea. Vielleicht trägt die junge Georgierin, die gerade mit hohen Schuhen, kurzem Rock und großer Sonnenbrille selbstbewusst über die hölzernen Planken der Fußgängerbrücke geht, ihren Namen, wie auch viele andere Frauen im Land.

Die Medea im Roman »Der Garten der Dariatschangi« von Otar Tschiladse wird als Tochter des König Aietes in der Stadt Wani am breiten, wasserreichen Fluss geboren und wächst gemeinsam mit den männlichen Vierlingen ihrer älteren Schwester Karissa auf. Denn Medea wird von der Königin erst spät geboren und deshalb mit der Milch ihrer Schwester großgezogen. Gemeinsam groß wird sie auch mit Phrix, dem Kind armer Leute aus Kreta, der zusammen mit einem Widder über Bord eines Schiffes geworfen und von Fischern gerettet und an Land gebracht wurde. Eine List des kretischen Königs Minos macht Phrix zu einem Königssohn, der von Aietes, in der Annahme, es sei ein verstoßener Thronerbe, adoptiert wird. Das Fell des Widders, bei Tschiladse nur eine räudige Widderhaut, wird durch den Goldstaub, der die Luft der Goldmachergasse erfüllt, zum Goldenen Vlies und im Palast von König Aietes bewacht. Es wird zum Vorwand einer kriegerischen Forderung, mit der die Griechen das fremde Land Kolchis erobern.

Als Jason mit den Argonauten aus Knossos über den breiten Fluss in Wani eintrifft, um das Goldene Vlies zu erobern, das von König Aietes gehütet wird, verliebt sich Medea in Jason. Und aus Liebe zu Jason stiehlt sie ihrem Vater das Goldene Vlies und flüchtet mit dem Geliebten über das Schwarze Meer nach Griechenland und heiratet ihn. Ab da ist das normale Leben Medeas vorbei, die im Paradiesgarten der Dariatschangi nur Zugang hatte, weil sie die Geheimnisse der Natur kannte, sie respektierte und beschützte. Nachdem sie von Jason verlassen wurde, wird sie als Mörderin ihrer Söhne zur Vorlage vieler Dramen und Kunstwerke.

Könnte auf der anderen Seite der Weißen Brücke, dort wo die junge Medea im kurzen Rock und Plateauschuhen gerade hinter einem weißen Tor in die einst königlichen Gärten verschwindet, vielleicht auch der Paradiesgarten gewesen sein? Ich könnte es mir gut vorstellen, denn vom Hügel aus wird es einen wunderschönen Ausblick auf das breite Delta des Rioni gegeben haben.

Wir haben Durst und gehen in das ehemalige »Hotel Kutaissi«, in dessen Foyer jetzt ein Lokal eröffnet hat. Das Café-Restaurant mit einer alten Einrichtung und modernen großen figurativen Gemälden an den Wänden könnte sich auch in Berlin oder Paris befinden. In einer Ecke Regale mit Büchern, der massive viereckige Pfeiler im Raum wurde nicht restauriert und verbreitet einen morbiden Charme. Wir sind früh und vermutlich die ersten Gäste an diesem Tag. Nach einem erfrischenden Getränk setzen wir unseren Stadtspaziergang fort. Gehen noch einmal durch den Park, an dessen Ende Abtreibungsgegner mit sehr drastischen Fotografien für ein Verbot der Schwangerschaftsunterbrechung demonstrieren. Ein paar Meter weiter ein Skulpturenensemble von vier Musikerinnen. Kurz dahinter steht der Rundbau des Theaters am Rand des Platzes. In der Mitte der Springbrunnen mit zwei goldenen Pferden, die wie auf einer Spieluhr auf einem Plateau stehen, umrahmt von bronzenen Tierskulpturen zwischen den Wasserfontänen. Diesem neuzeitlichen Brunnen musste eine Statue von David dem Erbauer weichen.

Wir fahren auf einer frisch geteerten Straße. Jabo umkurvt die hohen Gullideckel und lacht. Die habe man bei der Planung für den Neubau der Straße vergessen. Die alte Straßendecke sei viel höher gewesen. Er sei gespannt, wie lange dies jetzt so bliebe. Aus dem Tal fahren wir die sanften Hügel hinauf. In dieser inspirierenden Landschaft legte David der Erbauer im Jahr 1106 den Grundstein der Akademie von Gelati, die hier mit der Natur eine Einheit gebildet haben muss. Wie auch mit den Akademien in Ikalto und David Garedscha in Kachetien, mit dem Ziel, die kulturelle Einheit Georgiens, die Wissenschaft und die Künste zu fördern. Namhafte Gelehrte wurden in die Klosteranlage nach Gelati eingeladen. Vorbild war die Akademie von Konstantinopel, an der Astronomie, Geometrie, Arithmetik, Musik, Grammatik, Rhetorik und Dialektik gelehrt wurde. Die Gottesmutter-Kirche, mit deren Bau König David begonnen hat, ist die wichtigste der drei Kirchen auf dem Gelände, mit gut erhaltenen Fresken an den Wänden. Besonders beeindruckend ein fast völlig erhaltenes Mosaik in der Apsiskuppel. Die Gottesmutter, stehend auf einem edelsteingeschmückten Vorsprung, mit roten Schuhen und dem segnendem Christus auf dem Arm, flankiert von den Erzengeln Gabriel und Michael in ihren Prunkgewändern.

Von dem einstigen Gebäude der Akademie, am Rand der Anlage, mit dem Glockenturm davor, ist nur wenig erhalten geblieben. Die Spitze des Glockenturms und auch der Turm der kleinen Nikolauskirche, ein Ebenbild der größeren Georgskirche wurde gerade mit grünen Tondachziegeln neu gedeckt, die in einem Meiler in der Nähe frisch gebrannt wurden. Am Südtor der Klosteranlage, das zu Zeiten David des Erbauers den Haupteingang bildete, gehen wir über den Grabstein des Königs mit der Inschrift: »Dies sei für alle Zeiten meine Ruhestätte. Hier lasse ich mich nieder, denn so war es mein Wille.« Wollte der große König seinen Landeskindern damit wirklich Demut beweisen, wie man sich erzählt, und sich ihnen zu Füßen legen?

PROMETHEUS ENTWENDET DEN GÖTTERN DAS FEUER UND BRINGT ES DEN MENSCHEN

Anfang der 1980er-Jahre wurden zahlreiche Expeditionen im Karstgebiet von Imeretien durchgeführt. Zu Sowjetzeiten war man auf der Suche nach einem geeigneten Schutzraum für den Fall eines Atomkrieges. Nahe der Ortschaft Kumistawi entdeckten Tbilissier Geologen einen großen Höhlenkomplex. Eine Tropfsteinhöhle innerhalb dieses Komplexes wurde 2012 mithilfe von französischen Spezialisten ausgeleuchtet und für Touristen mit einem Fußweg von über einem Kilometer begehbar gemacht. Bei 14 Grad C lassen wir uns von einer jungen georgischen Höhlen-Medea mit weißer Bluse und schwarzen Punkten, Jeans mit Rissen und dunkelroten Sneakers durch das steinerne Labyrinth führen und bestaunen die effektvoll angestrahlten Stalagmiten und Stalagtiten und andere Gesteinsformationen, die in einem Farbenspiel unsere Fantasie ebenso beflügeln wie die Andeutungen unserer charmanten Medea.

Vermutlich hat Göttervater Zeus den ungehorsamen Prometheus draußen vor dem Eingang festgeschmiedet, nachdem er gemerkt hat, dass der Titan ihn täuschen wollte. Obwohl er verpflichtet ist, Zeus einen Teil seiner erlegten Tiere zu opfern, stellt er ihm nur den wertlosen Teil hin, um das genießbare Fleisch an die Menschen zu verteilen, weil sie seine Schützlinge sind. Zur Strafe entzieht Zeus ihm das Feuer. Prometheus jedoch entwendet den Göttern das Feuer und bringt es den Menschen. Daraufhin lässt Zeus ihn fesseln und schmiedet ihn in der Einöde des Kaukasusgebirges fest. Der Sage nach soll dies eigentlich am Kasbek im Großen Kaukasus gewesen sein. Aber das georgische Tourismusministerium konnte in Erfahrung bringen, dass es genau an dieser Stelle vor der Höhle war, wo der Adler regelmäßig von der Leber des Prometheus gefressen hat, die sich stets erneuerte. Nach sehr langer Zeit tötet der Held Herakles den Adler und erlöst so Prometheus von seiner Qual. Und auch Zeus hat ein Einsehen mit dem Titanen und gibt ihm seine Freiheit zurück. Über die Jahrhunderte wurde die Prometheus-Sage von Philosophen und Künstlern interpretiert. Hier sei nur eine Interpretation, die von Albert Camus, erwähnt. In seinem Essay »Prometheus in der Hölle« von 1946 schreibt Camus, dass der antike Held den Menschen zugleich das Feuer und die Freiheit gegeben hat, die Techniken und die Künste. Aus seiner Sicht gehören Maschine und Kunst zusammen. »Der moderne

Mensch jedoch, der sich einseitig der Faszination der Technik hingibt und dabei seinen Geist sterben lässt, hat das nicht begriffen. Er begeht Verrat an seinem Wohltäter Prometheus.«

Am Ende des Weges durch die Tropfsteinhöhle, wo das Wasser einen weiteren Fußweg verhindert, warten Boote auf uns, in denen wir, mit Schutzhelmen ausgestattet, durch schmale, niedrige Höhlenwände langsam einem Ausgang entgegengleiten.

EINE SCHNEEKUGEL ALS PARLAMENTSGEBÄUDE

Das neue Parlamentsgebäude in Kutaissi an der Straße nach Choni war ein Prestigeobjekt des Präsidenten Micheil Saakaschwili. Es wurde wenige Tage vor den Wahlen 2012 bezogen, obwohl es noch nicht ganz fertig war. Dem 50 Millionen Euro teuren Gebäude musste ein hohes sowjetisches Kriegerdenkmal weichen, das Saakaschwili dafür sprengen ließ. Der muschelförmige Bau ähnelt einer Schneekugel, halb aus Glas und halb aus Kunststoff, mit einer großen runden Glasfront, die in einen hellen Überzug mündet, der weit nach außen fortläuft und an der einen Seite den Eingang des Gebäudes bildet. Davor wehen die georgische und die europäische Flagge an den Masten. Das Parlamentsgebäude wurde von Alberto Domingo Cabo & Carlos Lázaro (CMD Inginieros, Spanien) gebaut.

An vielen anderen neuen Gebäuden erkennt man die Handschrift des Architekten Jürgen Mayer H. aus Berlin, dem Lieblingsarchitekten von Micheil Saakaschwili, der auch viele der neuen Polizeistationen entworfen hat. Jürgen Mayer H. gilt als einer der bedeutendsten deutschen Architekten der Gegenwart. Er baue Häuser, die oftmals auf dreidimensionalen, organischen Strukturen beruhen und sich an der Schnittstelle zu Kunst, Design und neuen Technologien bewegen.[20]

Micheil Saakaschwili wollte mit dem Architekten ein ähnliches Kultur-Outdoor-Museumsprojekt in Tbilissi realisieren, wie das von Jürgen Mayer H. erbaute Projekt Metropol Parasol in Sevilla. Obwohl der Bau später von einem seiner Kollegen realisiert wurde, sei das der Startschuss für eine Reihe anderer Projekte gewesen, wie den Autobahnraststätten. »Innerhalb kurzer Zeit kamen immer mehr Bauherren aus Georgien auf uns zu – von Privatleuten über Firmen bis hin zu öffentlichen Institutionen.« Das Kapitel Georgien sei für ihn noch nicht abgeschlossen, sagt Jürgen Mayer H. Momentan seien zwei weitere Autobahnraststätten, ein Bahnhof und ein Privathaus im Bau. »Man kann miterleben, wie sich dieses Land für die Zukunft rüstet, seine Infrastruktur erneuert und Strukturen schafft, die für uns so selbstverständlich erscheinen, wie Supermärkte, Polizeistationen, Rathäuser oder Flughäfen.« Das seien alles Architekturen, die zum Funktionieren des Landes beitragen. Und man müsse auch sagen, ergänzt der Architekt, dass, als wir in Georgien vor fast acht Jahren anfingen zu arbeiten, es einen ungeheuren Erneuerungsdruck und eine Dringlichkeit gab. Diese Prozesse hätten sich mittlerweile etwas verlangsamt.

Moderne Architekten aus dem Westen wurden von Saakaschwili seit 2003 beauftragt, um in Georgien architektonisch neue gewagte Bauten entstehen zu lassen. Sie sollten ein Gegengewicht bilden zu den tristen Betonbauten aus der Sowjetzeit. Eine futuristische Tankstelle an der Autobahn von Mayer H. gebaut, wurde zum Ausflugsziel vieler Georgier, besonders von Hochzeitsgesellschaften, die sich vor diesem Gebäude fotografieren lassen. Diktaturen seien eintönig und Demokratien seien bunt, war das Credo von Micheil Saakaschwili.

Am 1. Oktober 2012 vollzog sich in Georgien das erste Mal ein Machtwechsel als Ergebnis von Wahlen. Micheil Saakaschwili verlor mit seiner »Vereinigten Nationalen Bewegung« deutlich gegen das Parteienbündnis »Georgischer Traum«, angeführt von Bidsina Iwanischvili, das mit 55 Prozent die absolute Mehrheit errang. Nach der Präsidentschaftswahl im Herbst 2013, die von Georgi Margwelaschwili, ebenfalls vom »Georgischen Traum« und ein Getreuer des Milliardärs Iwanischwili, gewonnen wurde, trat die noch unter der Regierung Micheil Saakaschwilis beschlossene Verfassungsreform in Kraft, die das politische System Georgiens in eine parlamentarische Demokratie umwandelte. Mit der Verfassung bekennt man sich zu den Grund- und Menschenrechten und der Meinungs- und Pressefreiheit. Damit unterscheidet sich Georgien von den meisten ehemaligen sowjetischen Satellitenstaaten. Auch dies ist ein Schritt in Richtung Europa. Schon im März 2013 hatte das georgische Parlament eine Resolution verabschiedet, mit dem Ziel der Integration Georgiens in euroatlantische Strukturen. Die Regierung erklärte auch die Verbesserung der Beziehungen zu Russland zu einer ihrer außenpolitischen Prioritäten. Bekräftigte aber auch, dass sie an der territorialen Integrität Georgiens festhält. Russland aber besteht weiterhin auf Unabhängigkeit der georgischen Regionen Abchasien und Südossetien.

Ich lasse mich von Jabo im Zentrum von Kutaissi absetzen, setze mich in ein Café, erhole mich von dem vielfältigen Eindrücken des Tages, trinke ein Bier und beobachte das Treiben im Park. Junge Mädchen mit Handys am Ohr, die schaulaufen für die Jungs auf den Parkbänken. Aufgeregte Kinder, die in kleinen Elektroautos im Kreis fahren. Im Anschluss gehe ich hinauf zu unserem Hotel, bestaune ein altes Holzhaus am Rioni, dessen Wände schon vielfach geflickt wurden. Später schaue ich von der Terrasse auf die in der Ferne sichtbaren Felsmassive von Swanetien im Großen Kaukasus, unserem morgigen Reiseziel.

HOHE NIEDERSCHLÄGE UND TEMPERATUREN BEGÜNSTIGEN DEN ANBAU VON HASELNÜSSEN

Wir fahren auf der S 1 über Senaki Richtung Sugdidi, der Hauptstadt von Megrelien. Levan berichtet aus den Morgennachrichten. Der führende Oppositionspolitiker und ehemalige Bürgermeister von Tbilissi, Gigi Ugulawa, wurde gestern zu viereinhalb Jahren Haft verurteilt. Ihm wurde ebenso wie Micheil Saakaschwili und seinen früheren Ministern für Inneres, Justiz und Verteidigung Amtsmissbrauch vorgeworfen. Man hatte Ugulawa wegen Unterschlagung angeklagt. Er wurde beschuldigt, aus den Geldern für den Bau der Seilbahn von Tbilissi und aus den Einnahmen für den Verkauf des Fernsehsenders TV-Imedi 50 Millionen Dollar für sich abgezweigt zu haben. Aus Protest gegen das in seinen Augen politische Verfahren weigerte sich Ugulawa, das Urteil im Gerichtssaal anzuhören.

Hinter Senaki folgen wir der S 1 Richtung Norden. Wir sind in Megrelien in der Kolchischen Tiefebene. Megrelien grenzt ans Schwarze Meer und an Abchasien. Wir passieren die Stadt Chobi und überqueren den gleichnamigen Fluss. Am Ufer grasen viele Rinder. Die Megrelen leben hauptsächlich von Landwirtschaft, bauen Tee, Zitrusfrüchte und Wein an. Ein Drittel der landwirtschaftlichen Nutzfläche ist von Teeplantagen bedeckt. Bisher haben es die Megrelen aber nicht geschafft, ihren Tee auf dem Weltmarkt konkurrenzfähig zu machen. Die Bauern suchen deshalb andere Absatzmärkte und experimentieren mit neuen Rinderrassen. Seit 2008 baut der italienische Süßwarenkonzern Ferrero in der Umgebung von Sugdidi große Flächen mit Haselnusssträuchern an. Die Schwarzmeerregion mit hohen Temperaturen und vielen Niederschlägen begünstigt den Anbau. Die Türkei ist der größte Lieferant von Haselnüssen mit einer Anbaufläche von 660.000 Hektar. Dagegen gehört Georgien mit 9.600 Hektar (Stand 2010) bisher zu den eher kleineren Anbietern auf dem Haselnussmarkt.

Levan erzählt, dass die Menschen in Megrelien und in Swanetien eigentlich die echten Georgier seien. Sie gehörten zum georgischen Urvolk. Ich sollte darauf achten, viele seien blond und hätten blaue Augen. Vor 3.000 Jahren habe sich ihre eigene Sprache, das Sanisch, was später Megrelisch genannt wurde, entwickelt. Bis heute sprechen die Menschen Megrelisch als erste und Georgisch als zweite Muttersprache. Sie haben eigene Traditionen und leben in Mengrelien, einer Region, die sich über Georgien und Abchasien erstreckt. Von den im abchasisch-georgischen Krieg 1992 bis 1993 vertriebenen Georgiern, erlaubte man den Mengrelen wieder zurück in ihre Heimat in Abchasien zurückzukehren. Die meisten leben in Gali, nicht weit von der Grenze entfernt. Heute besteht die Bevölkerung aus 40 Prozent Abchasen. Nur noch knapp 20 Prozent sind Georgier.

Im Mittelalter gehörte das gesamte Westgeorgien zum Königreich Abchasien. Bis es König David dem Erbauer im 10. Jahrhundert gelang, die kleinen Fürstentümer und Königreiche zu einem georgischen Großkönigreich zu vereinigen. Unter Königin Tamara, der Tochter Giorgi III., einem Enkel David des Erbauers, erlebte Georgien den Gipfel seines Ruhmes, seiner Macht und seines Reichtums. Aber die neunundzwanzig Regierungsjahre von Königin Tamara waren auch eine Zeit ununterbrochener Kriege, die meist vom georgischen Königreich ausgingen. Ein paar Jahre nach Tamaras Tod trafen das erste Mal Mongolen und Georgier aufeinander, und elf Jahre später übernahmen die Mongolen die Macht in Georgien. Später besetzten auch noch die Osmanen und die Perser das Land.

Nach dem Zerfall Georgiens in Teilfürstentümer wurde Abchasien türkisch dominiert. Der größte Teil der Bevölkerung konvertierte zum Islam. Eine zweite dramatische Phase gab es für Abchasien im 19. Jahrhundert, als die Russen die muslimische Bevölkerung aus dem Kaukasus deportieren wollte. In Abchasien ist ihnen das auch gelungen. Unter Einverständnis der russischen Regierung und des osmanischen Reiches wurden die moslemischen Abchasen ins Osmanische Reich umgesiedelt. Viele Abchasen kehrten aber wieder zurück in ihr Land.

Wir fahren weiter und verlassen langsam die kolchische Tiefebene. Sehen die ersten bewaldeten Höhenzüge, dahinter liegen schon etwas höhere Berge. Auch hier stehen die typischen Häuser mit Zeltdächern. Wir sind jetzt schon in Swanetien. Vor uns am Straßenrand ein blaues Schild mit einem weißen Richtungspfeil, daneben die Großbuchstaben EUMM, umringt von den europäischen Sternen: Field Office Sugdidi. Die zivile europäische Beobachtermission EUMM Georgien (European Union Monitoring Mission) wurde im September 2008 eingesetzt. Sie soll die Einhaltung des »Sechs-Punkte-Plans« überwachen, der nach Ende des Krieges zwischen Georgien und Russland um Abchasien und Südossetien, vom französischen Präsidenten und Vorsitzenden des Europäischen Rats vermittelt und von den EU-Außenministern im August 2008 bestätigt wurde. Südossetien und Abchasien, Georgien und Russland unterschrieben, dass sie auf Gewaltanwendung verzichten, alle Kampfhandlungen einstellen und sich auf ihre ursprünglichen Positionen zurückziehen.

Der schwelende Konflikt zwischen Georgien, Abchasien, Südossetien und deren russischen Verbündeten brach Anfang August 2008 wieder aus. Bevor Präsident Micheil Saakaschwili den Einmarsch der georgischen Armee nach Südossetien befahl, hatte es entlang der Grenze schon sehr viele militärische Provokationen und Kämpfe gegeben. Eine Mobilmachung auf beiden Seiten setzte ein. Saakaschwili begründete den Einmarsch georgischer Streitkräfte mit dem Vormarsch russischer Streitkräfte durch den Roki Tunnel, der Nord- und Südossetien miteinander verbindet. Sein Ziel sei es gewesen, diesen Vormarsch zu stoppen. Russische Truppen marschierten daraufhin in Südossetien und ins abchasische Gebiet ein und drangen bis ins Kernland von Georgien vor.[21]

Wir fahren weiter Richtung abchasische Grenze. Plötzlich ein markerschütternder Schrei, der mich aufschrecken lässt. Ich sehe einen größeren Hund hinkend in den Straßengraben flüchten. Levan auf dem Vordersitz sackt zusammen, ist kreidebleich und wird ohnmächtig. Jabo ruft: Hey, Levan, was ist los! Fasst ihn an die Schulter, schüttelt ihn ein bisschen, bis Levan wieder zu sich kommt. Ich reiche ihm eine Flasche Wasser. Es ist alles gut, sagt er. Er möchte keine Aufmerksamkeit. Es ist ihm peinlich, dass ihm das herzzerreißende Hundejaulen so zugesetzt hat. Sollen wir anhalten? Nein, nein, das habe er schon öfter mal gehabt. Er sei da sehr empfindlich. Bei jedem Hund, den Jabo jetzt irgendwo am Straßenrand sieht, schaut er Levan lachend an und macht Witze.

»WIR BEFINDEN UNS AUCH HEUTE NOCH IM KRIEGSZUSTAND MIT RUSSLAND«

Der georgische Kulturhistoriker Zaal Andronikashvili sieht eine Ursache für die Nationalitätenkonflikte in Georgien in der damaligen Nationalitätenpolitik von Stalin. Er erzählte in einem Gespräch mit Tim Pritlove von der Heinrich-Böll-Stiftung,[22] dass die Identität Georgiens bis zum 18. Jahrhundert religiös aufgefasst wurde. Nationalität und Religionszugehörigkeit seien nahezu identisch gewesen. War man georgisch-orthodox, so war man

Georgier, denn die orthodoxen Kirchen seien national verwaltet gewesen. War man ethnischer Georgier, aber Moslem, und davon habe es viele gegeben, dann zählte man nicht als Georgier. War man Katholik und ethnischer Georgier, dann wurde man als Franzose bezeichnet, wie man Katholiken und Westeuropäer nannte. Der Begriff der Nation habe dann alles verändert, sagt Zaal Andronikaschvili. Die religiöse Zugehörigkeit wurde durch die nationale ersetzt. Und daran hat der Georgier Josef Stalin großen Anteil, der in der Sowjetunion als Experte für Nationalfragen galt. Er hat das Nationalitätenmodell für die Sowjetunion erfunden. Denkt man in Nationalitäten, erhalten alle Völker ein Territorium. In Georgien waren die Georgier die Mehrheit, und alle anderen, wie Armenier, Aserbaidschaner und Griechen, wurden zur Minderheiten erklärt. Abchasien wurde in den 1930er-Jahren zu einer autonomen Republik. Die Georgier in Abchasien, obwohl sie als Volksgruppe die Mehrheit bildeten, wurden nach Stalins Definition ebenfalls zur nationalen Minderheit erklärt. Dem ossetischen Volk wurden zwei Territorien zugewiesen. Eine autonome Republik im Norden als Teil der russischen Förderation. Und der Süden wurde autonomes Gebiet innerhalb Georgiens, was eine Stufe darunter ist. Hier wurden die Georgier zur Minderheit. Damit habe Stalin ein großes Konfliktpotenzial geschaffen, konstatiert der Kulturhistoriker.

Wie alle kriegerischen Auseinandersetzungen, hatte auch der August-Krieg 2008 ein längeres Vorspiel. Am 26. Mai 2004 wurde in Georgien mit einer Militärparade die Unabhängigkeit des jungen georgischen Staates gefeiert. Präsident Micheil Saakaschwili eröffnete den Beginn seiner Rede bei den Feierlichkeiten in georgischer, ossetischer und abchasischer Sprache: »Die georgische Regierung wird die Interessen eines jeden Osseten in Georgien berücksichtigen [...] Wir sind bereit, mit den Abchasen über jedes mögliche Modell einer föderativen Einrichtung und über die erweiterten Rechte der Autonomie mit Gewährleistung der internationalen Garantien zu reden.«[23] Das hörte sich nach einem Friedensangebot trotz großer Militärparade an. Aber alle Konfliktparteien schrieben schon seit Langem ihre eigene Kriegsgeschichte.

Im September 2004 legte Präsident Saakaschwili, ein Jahr nach seiner Wahl zum georgischen Präsidenten, der UN-Generalversammlung einen Plan vor, der beinhaltete, die Regionen Südossetien und Abchasien wieder Georgien anzugliedern. Südossetien und Abchasien waren seit Anfang der 1990er-Jahre de facto unabhängig, auch wenn dies bis 2008 von keinem souveränen Staat weltweit anerkannt wurde. Die beiden abtrünnigen Gebiete lehnten den Plan ab. Südossetien errichtete einen Kontrollpunkt an der Transkaukasischen Fernstraße, die neben der georgischen Heerstraße eine der wichtigsten Verbindungen zur Durchquerung des Kaukasusgebirges ist. Die Beziehungen mit Georgien verschlechterten sich daraufhin drastisch. Es kam wiederholt zu Schusswechseln. Auch ein Waffenstillstandsabkommen, das im Juli 2004 in Moskau unterzeichnet wurde, konnte den Konflikt nicht befrieden. Im September 2005 beschoss die georgische Armee die südossetische Hauptstadt Zchinwali mit Granatwerfern. Drei Jahre später berichtete der damalige Verteidigungsminister, dass Georgien bereits 2005 eine Militäroperation zur Rückeroberung Südossetiens und Abchasiens geplant habe. Ende 2006 wurden in Südossetien konkurrierende Volksabstimmungen durchgeführt. Die Osseten stimmten nahezu alle für die Unabhängigkeit ihres Landes, die südossetischen Georgier, genauso geschlossen, für eine Wiedervereinigung mit Georgien. Russland unterstützte die Südosseten. Das Referendum sei durch demokratische Prozeduren zustande gekommen, sagte Putin. Der Europarat lehnte das Referendum als wenig hilfreich ab. Der Konflikt schwelte also weiter, bis er Anfang August 2008 eskalierte und es zum Krieg kam. Hatte der georgische Präsident spekuliert, dass die NATO oder die westlichen Staaten in den Konflikt eingreifen? Hatte er geglaubt, dass die Westeuropäer wegen Georgien einen Krieg mit Russland riskieren würden, wegen der Provokationen Putins? Sie haben es nicht getan.

Aus heutiger Sicht, sagt Zaal Andronikashvili, nach der völkerrechtswidrigen Okkupation der Krim durch Russland, dem Krieg in der Ostukraine und den militärischen Eingreifen Russlands in Syrien, könne man davon ausgehen, dass es kalkulierte Provokationen von russischer Seite waren, auf die Saakaschwili 2008 hereingefallen sei. Der Historiker und Leiter des Literaturmuseums in Tbilissi, Lasha Bakradze, hält es für reine russische Propaganda, dass Saakaschwili Russland mit dem Krieg provoziert habe, in der Hoffnung, dass die NATO eingreifen und Georgien unterstützen würde. Dass Georgien Russland angegriffen habe, sei absoluter Blödsinn. Hätten die Europäer 2008 Georgien ernster genommen, wäre es nicht zu der Okkupation der Krim durch Russland gekommen. Aber die Europäer wollten eben glauben, dass Russland Recht gehabt habe. So konnten sie wieder besser wegschauen. Aber man müsse sich in die Lage von Saakaschwili und seiner Regierung von damals versetzen. Permanent habe es Provokationen gegeben, die Dörfer um Zchinwali herum wurden beschossen. Jahrelang hat man die westlichen Länder darüber informiert, was passiert. Aber sie haben nicht darauf reagiert. Nach Bakradses Meinung sei Georgien mit Russland in einem permanenten Krieg. Dieser Krieg habe manchmal kalte Phasen und manchmal heiße Phasen, wie 2008. Und zu Abchasien sagt er: Es sei kein georgisch-abchasischer Konflikt gewesen, sondern es war ein russisch-georgischer Konflikt um Abchasien. Der Krieg habe nicht 2008 begonnen, das sei eine falsche Behauptung. Wir befanden uns, und befinden uns auch heute noch, im Kriegszustand mit Russland. Deshalb könne man auch keine wirtschaftlichen Beziehungen zu Russland aufbauen. Natürlich müsse man mit Nachbarn gute Beziehung haben, aber der russische Nachbar verhält sich ständig aggressiv, okkupiert Territorien von Georgien, verschiebt Grenzen. Dafür haben wir heute in Georgien einen Terminus: »schleichende Okkupation«.

Nino Lejawa von der Heinrich-Böll-Stiftung teilt diese Meinung von Lascha Bakradse nicht. Einerseits sei der Krieg in dieser Dimension für alle überraschend gekommen. Andererseits hat vieles darauf hingewiesen, dass diese wahnsinnige Militarisierung der Gesellschaft seitens der georgischen Regierung irgendwann problematisch werden könnte. Die georgische Regierung hatte in Südossetien und Abchasien eine Politik betrieben, die nicht aufgegangen ist und die im Prinzip auch nicht aufgehen konnte. Vielleicht sei man zu naiv gewesen, dass man glaubte, dass der Westen helfen würde. Geholfen hat er mit der Vermittlung von Friedensverhandlungen. Militärisch habe man sich da natürlich nicht eingemischt. Und das hätte eine verantwortungsvolle georgische Regierung schon vorher merken, verstehen und wissen müssen.

Naira Gelaschwili, Schriftstellerin und Leiterin des Kaukasischen Hauses, erzählt von vielen Besuchen europäischer Politiker und Diplomaten im Kaukasischen Haus. Sie hätten immer wieder gesagt, bitte keine Provokation mit Russland. Ob das bei Saakaschwili und seinen Leuten nicht angekommen sei? Die jungen Leute seien Richtung Westen orientiert worden, aber warum denn verbunden mit Hass gegen Russland, fragt sie. Die russische Sprache sei aus den Schulen verschwunden. Die jungen Menschen kennen die russischer Kultur, die russische Literatur nicht mehr. Sie wissen nur, dass die Russen Okkupanten sind. Die Gesellschaft sei gespalten, und sie sehe keine starke politische Persönlichkeit, die diese Spaltung aufheben könne.

Maia Pandschikidze war während des August-Krieges georgische Botschafterin in den Niederlanden. Glauben Sie, fragte sie mich, wenn Georgien jetzt Deutschland provozieren würde oder Frankreich oder ein anderes Land in Europa, würde dieses Land Georgien überfallen? Saakaschwili mag Fehler gemacht haben. Saakaschwili mag provoziert haben durch seine Sprüche, aber nur durch seine Sprüche, nicht durch seine Handlungen. Weil er zu militärische Handlungen gar nicht fähig war. Rechtfertigt dies das Vorgehen Russlands?, fragt Maia Pandschikidse, um gleich darauf die Antwort zu geben: Auf gar keinen Fall. Russland habe Georgien überfallen. Russland hat unser Land okkupiert. Russland hat die Unabhängigkeit von diesen abtrünnigen Gebieten anerkannt, hat nach Verbündeten gesucht in der Welt, ist damit gescheitert, weil die internationale Gemeinschaft anders denkt, und Russland hat gehandelt wie ein echter Aggressor. Man kann vieles provozieren. Man kann auch die Amerikaner provozieren – werden sie deshalb kommen und uns bombardieren? Natürlich gibt es viele Menschen hier, fuhr sie fort, die gedacht haben, die NATO wird jetzt einmarschieren und die USA schicken Bomber hierher, und ein Krieg wird sozusagen zwischen den Supermächten hier ausgetragen. Die Erwartung hatte ich nicht, weil ich als Botschafterin in Holland damals wusste, dass es nicht passieren wird. Und ich glaube, man hat mit der Pendeldiplomatie, die Sarkozy und die anderen, auch Merkel und Steinmeier waren dabei, fast die ganze Welt ist hierher gereist in diesen fünf Tagen, sie haben einiges verhindern können. Und dann habe die EU eine sehr klare Position bezogen. Die EU sei in Georgien der wichtigste Spieler. Die EU stelle die Beobachtermission, die die Okkupationslinie beobachtet und kontrolliert. Die EU unterstützt uns in der Nicht-Anerkennungspolitik, was sehr wichtig ist, sagt Maia Pandschikidse. Die EU unterstützt uns bei dieser Resolution, die zum Ziel hat, die Flüchtlinge zurück in ihre Häuser zu bringen. Die Vereinbarung über eine Feuerpause, die Vereinbarung über die Nicht-Anwendung von Gewalt, alles ist zu Stande gekommen, weil die EU so aktiv war in dieser Zeit und in fünf Tagen war alles vorbei. Und daher habe ich den Eindruck, dass diese Diplomatie ziemlich viel erreicht hat damals.

Der Fünftagekrieg im August 2008 führte besonders bei den jungen Georgiern, die fast alle Europa zugewandt sind, zu einem Trauma. Die Zerstörung von Häusern in der Stadt Gori durch russische Granaten, russische Panzer im Kerngebiet von Georgien, nur 60 Kilometer von der Hauptstadt Tbilissi entfernt, führte zu einem großen Schock. Viele junge georgische Schriftstellerinnen und Schriftsteller, Filmemacher und Künstler thematisieren dieses Trauma von 2008 in ihren Werken.

Der »Sechs-Punkte-Plan« nach Ende der Kampfhandlungen im Fünftagekrieg im August 2008 beruhigte den Konflikt kurzzeitig, lässt ihn aber weiter schwelen. Putin schaffte 2008 Fakten. Russland erkannte trotz Warnungen der USA und zahlreicher europäischer Länder die Unabhängigkeit Abchasiens und Südossetiens an. Während des Krieges sollen nach offiziellen Angaben etwa 850 Menschen ums Leben gekommen sowie zwischen 2.500 und 3.000 Menschen verwundet worden sein. Die Zahl der georgischen Flüchtlinge erhöhte sich auf 270.000. Eine auf deutschen Vorschlag eingesetzte Untersuchungskommission der EU kam ein Jahr nach dem August-Krieg zu dem Ergebnis, dass der Krieg von

Georgien begonnen wurde, und nicht, wie von Saakaschwili behauptet, die georgische Armee in Notwehr gehandelt habe, weil russische Truppen durch den Roki-Tunnel im großen Kaukasus auf georgisches Gebiet einmarschieren wollten. Ebenfalls völkerrechtswidrig war nach Ansicht der Untersuchungskommission allerdings auch die Besetzung der an Südossetien angrenzenden Gebiete um die Stadt Gori sowie große Teile Westgeorgiens durch die russische Armee. Nach dem August-Krieg und der Anerkennung von Abchasien und Südossetien durch Russland mussten die aus diesen Regionen vertriebenen Georgier, die überall im Land in Notunterkünften lebten, ihre Hoffnung aufgeben, in kurzer Zeit in ihre Heimat zurückkehren zu können.[24]

EINE PRAGMATISCHE LÖSUNG AM ENGURI-STAUSEE

Wir fahren nahe der abchasischen Grenze und dem Fluss Enguri entlang nach Norden. Der Enguri wird jetzt lange unser Begleiter bleiben, der Grenzfluss zwischen Abchasien und Georgien, der in dem Film »Die Maisinsel« eine wichtige Rolle spielt. Die Straße nach Mestia führt eine weite Strecke am Enguri und seinen Nebenflüssen entlang, die wir immer wieder in den Schluchten links und rechts der Straße sehen können. Aber zuerst fahren wir noch zur Enguri-Staumauer hinauf. Als wir scharf links in die Berge abbiegen, passieren wir eine alte eiserne Fußgängerbrücke über einen Nebenfluss des Enguri, die wie ein mit Rost überzogenes Kunstwerk über den Fluss führt. Die Straße schlängelt sich den Berg hinauf, bis plötzlich hinter einer Kurve die riesige Staumauer sichtbar wird. Sie soll mit 272 Metern Höhe und 680 Meter Breite zu den größten Bogenstaumauern der Welt zählen. Wir sind allein auf dem Parkplatz und folgen der Straße hinauf, bis wir oberhalb der Staumauer stehen und einen herrlichen Blick auf das türkisfarbene Wasser des Stausees haben. Hinter den dichtbewaldeten Hügeln befindet sich die Grenze zu Abchasien. Die patrouillierenden Soldaten schenken uns keine große Beachtung.

Der Bergfluss Enguri wurde in den 1970er- und 1980er-Jahren angestaut und die Staumauer 1988 in Betrieb genommen. Das unterirdische Enguri-Wasserkraftwerk des Stausees befindet sich auf abchasischem Gebiet. Georgien und Abchasien haben sich darauf geeinigt, dass Georgien 60 Prozent der Stromleistung erhält und Abchasien 40 Prozent. Georgien kann damit 40 Prozent seines Energiebedarfs decken. Wegen mangelhafter Instandhaltung waren Staumauer und Kraftwerk lange in einem schlechten Zustand. Jährlich gingen 500 Millionen Kilowattstunden verloren, fast ein Viertel des Strombedarfs der Hauptstadt Georgiens. Die Instandsetzungskosten wurden mit 147 Millionen US-Dollar veranschlagt. Die Europäische Bank für Wiederaufbau- und Entwicklungshilfe und die Europäische Union finanzierten davon insgesamt 48 Millionen.[25] 2006 verkündete der georgische Energieminister Nikolos Gilauri, alle Instandsetzungsarbeiten seien geleistet. Und der Energieminister sagte: »Dies bietet uns die Möglichkeit, im November erstmals in der Geschichte der Energiewirtschaft des Landes den Export von Strom in die Türkei und möglicherweise auch nach Aserbaidschan aufzunehmen.«

Oberhalb des Enguri-Stausees verhinderten Umweltschützer den Bau eines weiteren Stausees. Doch die Pläne dafür liegen in der Schublade und können jederzeit wieder hervorgeholt werden, befürchten deren Gegner.

Die junge, 1992 geborene Journalistin, Annette Kammerer, im November 2015 »Auf Grenzerfahrung in Georgien und Abchasien« für ihre Masterarbeit, kommt in ihrem Abschlussbericht für die Schwarzkopf-Stiftung zu dem Fazit: »Georgien muss Abchasien nicht unbedingt als juristischen Staat mit allen Formalien anerkennen, sollte aber mit ihm reden, Diplomatie betreiben. Eine pragmatische Lösung für den Konflikt. […] Denn eines ist klar: Wenn Georgien seine (inner-)staatlichen Probleme mit Abchasien und Südossetien nicht in den Griff bekommt, gibt es keinerlei Aussicht auf einen Beitritt zur Europäischen Union.«[26] Für Russland gilt die Kaukasusregion als nahes Ausland, in dem es für sich Sicherheitsinteressen reklamiert. Die USA sehen Georgien und Aserbaidschan als einen wichtigen Brückenkopf in der bis nach Zentralasien und

Iran angrenzenden Region. In den letzten Jahren ließen die Vereinigten Staaten Georgien moderne Militärausrüstung zukommen und investierten in die Ausbildung georgischer Soldaten. Im Zeitraum von 2003 bis 2008 hatte Georgien seinen Verteidigungsetat von 18 auf 900 Millionen Dollar gesteigert. Darüber hinaus hatten mehrere NATO-Staaten den Wunsch, Georgien vom Standard des IPAP (Individual Partnership Action Plan) zu MAP (Membership Action Plan) aufzuwerten, der direkten Vorstufe eines NATO-Beitritts. Dies wurde am 3. April 2008 auf dem NATO-Gipfel in Bukarest abgelehnt, Georgien aber grundsätzlich die Möglichkeit für einen NATO-Beitritt bestätigt. Kurz nach dem NATO-Gipfel baute Russland die Beziehungen mit Südossetien weiter aus. Russland sieht im amerikanischen Engagement in Georgien den Versuch, eine unipolare Welt unter der Führung der USA aufzubauen. Solch eine Welt hält Russland für instabil und konfliktanfällig.

Die Europäische Union unterzeichnete 2006 ein Nachbarschaftsabkommen mit Georgien, ähnlich jenen mit Armenien und Aserbaidschan. Dem Land soll dadurch der Zugang zum europäischen Binnenmarkt erleichtert werden.

WEHRTÜRME ALS MITTELPUNKT DES FAMILIENLEBENS UND ALS SCHUTZ VOR EINDRINGLINGEN

Jetzt tauchen wir in die Bergwelt Swanetiens ein, mit atemberaubenden Blicken in tiefe Schluchten und auf hohe Gipfel. Aber erst einmal fahren wir noch 29 Kilometer am immer noch gestauten, aber langsam schmaler werdenden Enguri entlang, bis das türkisfarbene Wasser in die Farbe grauen Schlamms übergeht.

Auf der Straße muss Jabo immer öfter kleinen Felsbrocken ausweichen. Bei Regen werden Steinbrocken von den Felsen hinuntergespült, und manchmal werden auch Teile der Straße weggeschwemmt, sodass die Route nicht mehr für Autos passierbar ist. Aber wir haben blauen Himmel, es ist sehr warm, und so massive Regenfälle sind im September nicht zu befürchten. Die Route führt immer höher hinauf. Fasziniert blicke ich auf das Bergmassiv.

Levan drängt darauf weiterzufahren. Es komme noch viel besser. Ich misstraue dem, will aussteigen und genießen, was ich jetzt vor mir habe. Levan hat jedoch nicht zu viel versprochen. Nachdem wir weiter die Straße hinauffahren, sehen wir im Vordergrund ein grünes Tal, dahinter bewaldete Höhenzüge, und darüber erstreckt sich in der Ferne eine schneebedeckte Bergkette.

Gegen Abend erreichen wir die 1.500 Meter über dem Meeresspiegel liegende Stadt Mestia in Oberswanetien. Wir blicken von oben auf die ersten Wehrtürme, die von der Abendsonne angestrahlt werden. Sehen den kleinen Flughafen im Tal, auf dem nur wenige Maschinen landen, mit dem modernen Empfangsgebäude. Auch hier erkenne ich gleich die Handschrift des Berliner Architekten Jürgen Mayer H. Und auch an dem neuen Polizeigebäude in der Ortsmitte von Mestia neben dem ebenfalls neu gebauten Rathaus. Die turmartige Ausgestaltung der Polizeistation lehne sich an die steinernen, mittelalterlichen Wehrtürmen Mestias an, die dem Ort den Titel eines UNESCO-Weltkulturerbes eingebracht hätten, schreibt die Architekturzeitung BauNetz.

Wir wollen heute noch in das Matschubi Familienmuseum. Es liegt am anderen Ende des Zweitausend-Einwohner-Ortes. Wir müssen ein bisschen warten, bevor wir in die klassische Wohnstätte einer typischen Swanenfamilie von früher hineinschauen können, die dort zusammen mit ihrem Vieh lebte, um so mehr Wärme in den kalten Wintern hier in den Bergen zu finden. Im Sommer seien die Räume angenehm kühl gewesen. Levan winkt mich zum Eingang des Wehrturms. Wir klettern die Holzleitern hoch und schauen ganz oben im Freien auf das Tal und auf die Bergkette, vor der sich die Einfamilienhäuser der Bewohner und die alten Wehrtürme, die dringend restauriert werden müssten, am Berghang erstrecken. Die Wehrtürme boten früher Schutz vor Eindringlingen. Bis zu achtzig Menschen konnten in ihnen unterkommen. Der Zugang befand sich mehrere Meter über dem Erdboden, der nur mit einer Leiter zu erreichen war. Ebenso wie die einzelnen fünf Stockwerke.

Eine junge Frau ruft nach uns. Sie wird uns das Familienmuseum aus dem 12. Jahrhundert öffnen und uns erzählen, wie die Menschen hier gelebt haben. In der Mitte ist die Kera, die Feuerstelle, mit dem kupfernen Kessel, in denen die Frauen das Essen zubereiteten. Die junge Frau in kurzen Jeanshosen fasst an die Kette, an der ein Kessel hängt. Diese Kette galt den Swanen als heilig. Auf den Bänken rundherum um das Feuer saßen getrennt die Männer und Frauen. Der große, mit Schnitzwerk verzierte Stuhl gegenüber dem Eingang war dem Familienoberhaupt vorbehalten. Hier sei der Mittelpunkt des Familienlebens gewesen. In diesem Raum wurde gegessen, gebetet und auch geschlafen. Rundherum waren die Stallungen der Tiere. Rinder und Schafe. Schweine wurden im Herbst wegen des strengen Geruchs geschlachtet. Über den Stallungen lagen Bretter mit Matten. Dort schliefen die Familienmitglieder, die um das Feuer herum keinen Platz mehr fanden. Das Heu für die Tiere war auf einem Zwischenboden. Geschützt mit Steinplatten vor dem Funkenflug. In den Ecken des Raumes hingen, mit Tierfett und gut riechenden Kräutern vermischt, gefüllte Leuchter. In der Vorratskammer, mit Hirschgeweihen vor dem Eingang, wurde das gesalzene Schweinefleisch zum Räuchern und Trocknen aufgehängt. Der Wehrturm, auf dem wir gerade waren, stammt aus dem 8. Jahrhundert. Und eine kleine Familienkapelle und ein eigener Friedhof gehörten auch noch dazu.

Wir wollen heute Abend nicht um das Feuer herum sitzen, sondern bevorzugen ein Zimmer im »Hotel Chuba«, ein Familienbetrieb mit sechs Frauen am Ortsanfang von Mestia. Nur der nächtliche Mitarbeiter der Security ist ein Mann.

Irma Schukwari hat das Hotel vor vier Jahren eröffnet. Sie hatte zuvor in Restaurants und im Touristikbereich gearbeitet, bevor sie beschloss, das Wohnhaus ihrer Familie zu einem Hotel umzubauen. Gewagt hat sie diesen Schritt, nachdem einige Jahre zuvor die Straße nach Mestia für den Autoverkehr ausgebaut wurde und so immer mehr Besucher nach Oberswanetien kamen. So habe sich auch hier die Regierungszeit von Micheil Saakaschwili bemerkbar gemacht. Zu Sowjetzeiten gab es in Mestia auch schon Touristen, erzählt Irma Schukwari, aber es kamen in erster Linie Wanderer über den Chuberi- und den Betschopass. Jetzt haben sie das ganze Jahr über Gäste. Bis Oktober dauert die Sommersaison, und ab

Dezember kommen die Skifahrer. Auch Gäste der Regierung und Besucher von unterschiedlichen Organisationen reisen hierher. Als wir ankommen, lachen uns die zwei Frauen aus der Küche an. Sie bereiten das Abendessen zu, und es riecht schon sehr vielversprechend.

Am nächsten Morgen setze ich mich früh vor das Hotel unter die Obstbäume. Über mir sind die Äste prallvoll mit roten Äpfeln. Vor dem Maschendrahtzaun zur Straße ein bunter Blumengarten, gelbe Margeriten- und rote Malvenblüten dominieren das Bild. Ich blicke auf das morgendliche Treiben auf der Erekle-Pardshiani-Straße vor dem Hotel. Im Hintergrund die schneebedeckten Berge. Gemächlich trotten sechs braune Kühe allein die Straße hinunter. Die Autos suchen sich zwischen ihnen, ohne zu hupen, langsam ihren Weg. Auch Schweine und Ferkel sind auf der Straße unterwegs. Gestern, auf der viel befahrenen Hauptstraße, grasten Pferde am Straßenrand. Bei einer Entenfamilie stoppte sogar Jabo kurz und versuchte, sie zu umfahren. Als die Watschelenten fast auf der anderen Straßenseite angekommen waren, lehnte sich Jabo aus dem Fenster und schnatterte ihnen lachend etwas zu, um danach wieder den Motor aufheulen zu lassen und das Auto auf Geschwindigkeit zu bringen. Irma Schukwari geht zur Straße zu einem Lieferwagen, der vor der Hoteleinfahrt hält. Sie sucht sich Obst aus. Eine schwarzgekleidete, ältere Frau legt die Ware auf eine altgediente Waage. Nur alte Frauen tragen noch schwarze, lange Kleider und Kopftücher. Zwei Männer auf gesattelten Pferden reiten die Straße zum Zentrum hinauf. Dort sitzt in einer Ritterrüstung auf dem zentralen Platz Königin Tamara auf einem bronzenen, an den Seiten gepanzerten Pferd. Der Künstler Vaja Meliqishvili hat mit dieser Bronzestatue in ganz Georgien eine Diskussion ausgelöst. Darf man die von allen Georgiern hochverehrte Königin Tamara so verfremdet und respektlos auf einem unförmigen Pferd darstellen, wie viele es empfinden? Auch die Inschrift »Wir haben alle das gleiche Blut« unter den Verzierungen und Symbolen sorgt für Irritationen. Die Menschen haben oft Schwierigkeiten mit dem Neuen, sagt Levan. Das sei auch so mit der Friedensbrücke in Tbilissi gewesen, die Saakaschwili habe bauen lassen. Aber später gewöhnen sie sich daran und akzeptieren es. Als Iwanischwili nach seiner Wahl die Brücke abreißen lassen wollte, habe sich die Bevölkerung dagegen gewehrt.

Unser heutiges Ziel ist das Dorf Uschguli, mit 2.200 Metern über dem Meeresspiegel einer der höchsten bewohnten Orte in Europa. Uschguli heißt: mutiges Herz. Die Bewohner sollen die Fürsten in die Flucht geschlagen und ermordet haben. Heute leben die Menschen von der Viehzucht und vom Anbau von Kartoffeln. Und ein wenig auch vom Tourismus. Aber bevor wir uns auf der unbefestigten schmalen Straße Richtung Uschguli, entlang des Flusses Uguri, aufmachen, schlägt Jabo einen Abstecher vor. Wir sollen uns überraschen lassen. Wir fahren mit einem Skilift auf 2.350 Meter Höhe. Schweben über Tannen, grünem Weideland mit Blick auf Mestia. Als wir den Lift verlassen und uns umdrehen, eine atemberaubende Bergkulisse.

SWANE HEISST GRÜN

Faszinierendes Swanetien bei traumhaftem Wetter. Zwei der drei höchsten Berge Georgiens an einem Tag. Zuerst der Blick von hier aus auf den Uschba mit 4.737 Meter. Dann fahren wir weiter den Enguri-Fluss stromaufwärts zum alten Wehrdorf Uschguli. Die Straße ist steinig. Immer wieder muss Jabo großen Schlaglöchern ausweichen. Waghalsige Marschrutki-Fahrer überholen uns voll beladen auf der kurvigen Straße und wirbeln mit ihren Kleinbussen so viel Staub auf, dass Jabo kurz stoppen muss, um nicht ins Ungewisse zu steuern. Bei Gegenverkehr müssen die Autos an besonders engen Stellen dicht an die Büsche heranfahren, um das entgegenkommende Fahrzeug passieren zu lassen. Wir fahren an kleinen Gehöften vorbei. Ein Bauer führt zwei an einem Bügel festgezurrte Rinder den Hang hinauf. Levan erzählt von einem alten Hochzeitsbrauch in den Bergen, bei dem das Brautpaar nach der Vermählung symbolisch durch solch einen Bügel miteinander verbunden wird. Wir nähern uns Uschguli, passieren den ersten Ort. Das einsame und sehr ursprüngliche Leben in Uschguli hat sich zum ersten Mal verändert als man begann, eine Straße nach Mestia zu bauen. Jetzt erreichen die Touristen Uschguli auch mit dem Auto, wenn auch etwas beschwerlich und zeitaufwendig auf einer Schotterstraße. Der DDR-Filmemacher Jürgen Boettcher hat in seinem Dokumentarfilm von 1987 das Leben der Menschen in Uschguli gefilmt. Sie waren sehr gastfreundlich, ließen sich gern bei ihrer Arbeit von der Kamera beobachten. Boettcher lässt die Bilder sprechen. Sie erzählen von einem harten Leben in den Bergen. Kinder gehen in eine kleine Dorfschule und sind sofort bereit, für das Filmteam etwas zu singen, als sie dazu aufgefordert werden. Ein vierzehnjähriger Junge erzählt, dass er in die Berge zu dem Vieh reitet. Ein Hirtenhund begleitet ihn. Die Männer verabschieden ihn, rufen ihm noch etwas hinterher. Normaler Alltag im Dorf. Die Männer tragen die typische kaukasische Kopfbedeckung, eine aus Schafswolle hergestellte runde Mütze mit dünnen dunklen Streifen verziert. Die Frauen fast ausnahmslos Kopftücher und dunkle Kleider. Sie versorgen die Tiere und arbeiten in der Landwirtschaft und im Haushalt. Ein Lkw mit Mehlsäcken fährt ins Dorf und wird entladen. Der Weitertransport zu den Häusern und Gehöften erfolgt auf von Rindern gezogenen Transportschlitten. Das war alles 1987.

Vierzehn Jahre später sprach Stefan Tolz für seinen Film »Am Rande der Zeit – Männerwelten im Kaukasus« mit Bewohnern von Uschguli. Inzwischen gab es nur noch acht Familien in dem Bergdorf. Alle anderen hatten 2001 Uschguli bereits verlassen. Tolz filmte ein Gespräch zwischen einem Vater, der im Dorf bleiben möchte, und seinem Sohn, der darauf drängt, die Einsamkeit von Uschguli zu verlassen und mit der Familie hinunter in die Stadt nach Mestia zu ziehen. Über viele Monate ist Uschguli durch Schnee von der Welt abgeschnitten. Aber der Vater ist im Dorf mit allen seinen Sitten und Gebräuchen groß geworden, möchte den Ort nicht verlassen. Im Film erzählt einer der Einwohner über einen Brauch nach dem Tod eines Dorfbewohners. Wenn jemand gestorben sei, ließen sich die Männer vierzig Tage einen Bart stehen. Erst danach würden sie ihn wieder abnehmen. Bis die Seele des Toten den Ort verlassen habe.[27]

Swane heißt grün. Wir sehen ein Grün mit gelblichen Facetten vor einem tiefblauen Himmel. Als Boettcher mit seinem Filmteam vor dreißig Jahren für drei Tage hier war, hat es jeden Abend geregnet. So vermittelt der Film eine Vorstellung, welch unterschiedlichen Witterungsbedingungen die Menschen hier in den Bergen ausgesetzt sind, die ihr Leben bestimmen. Winter und Schneefall beginnen auf 2.500 Metern Höhe sehr früh im Jahr. Das verschneite Dorf zeigt Stefan Tolz in seiner Langzeitstudie aus Uschguli.

Über 2 Kilometer erstrecken sich die vier zu Uschguli gehörende Dörfer am oberen Ende der Enguri-Schlucht. Murkmeli am rechten Ufer des Flusses, auf der linken Seite Tschaschaschi und Tschwibiani. Darüber, und nur 8 Kilometer unterhalb des Gletschers, liegt Schabiani. Von dort hat man einen Blick auf den höchsten Berg Georgiens, den Schchara mit 5.068 Metern. Wir gehen bis zum Ende des Dorfes, bis zur Kapelle Lamaria. Über uns fliegt ein Raubvogel mit gelb leuchtendem Kopf. Auf dem Dach der Kapelle wippt ein kaukasisches Rotschwänzchen und knirscht seine bekannten Laute.

Auf dem Rückweg noch ein Blick in die Schluchten hinunter zum Enguri, darüber der Wald in allen erdenklichen Grüntönen im Nachmittagslicht.

Zurück in Mestia lasse ich mich am Seti-Platz absetzen, um mich vor dem Restaurant Leila auf der Terrasse von der langen Fahrt zu erholen, ein kaltes Getränk zu genießen und noch einmal die unglaublichen Natureindrücke von Uschguli an mir vorbeiziehen zu lassen und einiges aufzuschreiben. Ich sitze auf der Terrasse des Leila mit Blick auf die Tamara-Skulptur vor dem Bürgeramt, hinter mir ein kleiner Park mit vielen Bäumen und Bänken. Neben dem Leila liegt das Restaurant Swaneti, dahinter das neue Polizeigebäude. Die junge Kellnerin Tamuna, die länger in Deutschland gelebt hat, fragt, ob es mir in Georgien gefällt. Ich schwärme von Swanetien, sie erzählt ein bisschen von ihrer Zeit in Deutschland. Ich sollte ein anderes Mal noch einmal vorbeischauen. Jetzt habe sie sehr viel zu tun. Es ist Samstagnachmittag, viele neue Touristen sind angekommen. In Mestia sehe ich das erste Mal auch kleine Gruppen von Rucksacktouristen. Sie wandern mit ihrem Gepäck bis nach Uschguli, übernachten dort in billigen Unterkünften und ziehen am nächsten Tag weiter. Auch junge deutsche Wanderer sind dabei. Überhaupt scheint an diesem Platz ein internationaler Treffpunkt junger Leute zu sein.

Am Abend gehe ich noch einmal zum Café, um mit Tamuna zu sprechen. Aber jeder Platz drinnen und draußen ist besetzt. Im Lokal singt ein Männerchor mehrstimmig georgische Lieder. Die Stadt ist belebt. Im Park spielt ein Vierzehnjähriger auf einer Panduri, und eine Schar um ihn herum singt. Ein bisschen weiter stehen die Sechzehn- bis Achtzehnjährigen und probieren sich aus. Zwei Jugendliche, ein Mädchen und ein Junge, fahren mit Inline-Skatern die Straße auf und ab. Und ein Polizist oder jemand von der Security betrachtet mit etwas Abstand die Szenerie. Im Chuba setze ich mich noch auf einen Abschiedsdrink in die Lobby und trinke einen Tschatscha. Morgen geht unsere Reise weiter.

FÜNF WOCHEN RIESENPARTY MIT HÜBSCHEN FRAUEN

Die Reise ans Schwarze Meer führt wieder über Sugdidi. Von dort aus nehmen wir eine kleine Straße, die entlang der abchasischen Grenze durch den nördlichen Kolkheti-Nationalpark führt. An der breiten Mündung des Enguri liegt die Stadt Anaklia. Wegen ihrer günstigen Lage war Anaklia im 16. Jahrhundert eine bedeutende Stadt mit Festung, Hafen und Fischereizentrum. 2010 wurde unter Saakaschwili damit begonnen, Anaklia zu einem Top-Badeort am Schwarzen Meer auszubauen. Es entstanden viele neue Bauten, alle in der von Saakaschwili bevorzugten Modearchitektur. Schon von Weitem sehe ich die Brücke über den Enguri, die weltweit längste Holzhängebrücke, gebaut, um nördlich der alten Siedlung Anaklia eine neue Strandpromenade zu errichten. Doch der erwünschte Touristenstrom blieb aus. Aber die kühnen Träume von Micheil Saakaschwili gingen noch viel weiter. Eine Stadt für 500.000 Menschen sollte 5 Kilometer südlich von Anaklia mitten im Kolchischen Sumpf entstehen: Lasika. Sie sollte eine Milliarde

Dollar kosten. Mit den Bauarbeiten wurde schon begonnen. Aber es blieb bei dem Bau eines Rathauses. Und einem Pier am Schwarzen Meer. Dort ragt eine riesige Skulptur in den Himmel, ebenfalls entworfen vom Architekten Jürgen Mayer H. Nach dem Wahlsieg von Bidsina Iwanischwilis »Georgischem Traum« 2012 drehte man dem größenwahnsinnigen Projekt seines Vorgängers sofort den Geldhahn zu. 2014 wurde der beschauliche Badeort Anaklia für zehn Tage zur Partymeile. Das bisher am Schwarzen Meer auf der Krim veranstaltete KaZantip-Festival für elektronische Tanzmusik zog aufgrund der russischen Annexion der Krim für ein Jahr an Georgiens Schwarzmeerstrand um. Zu dem bekanntesten Techno- und Trance-Festival mit viel Sonne, Meer und Sex in Popowka auf der Krim kamen 70.000 bis 100.000 junge Leute. Organisiert wurde das Festival von einem russischen Millionär, der während der Annektierung der Krim sehr nationalistische Statements von sich gegeben haben soll. Das Besondere an dem Festival war seine Organisation als fiktiver, utopischer Staat. Christine, eine Bloggerin, schrieb 2013 über ihr persönliches Festivalerlebnis: »Es ist eine fünf Wochen lange Riesenparty mit hübschen Frauen. Von Ende Juli bis Ende August feiern 100.000 Freaks, vorwiegend aus dem Gebiet der ehemaligen Sowjetunion. 10 Dancefloors, 30 Bars, 300 DJs und 100.000 Kondome. Das Staatsgebiet ist so groß wie zwölf Fußballfelder, die Toiletten sind Ufos, und aus den Bäumen wachsen Brüste. Ein Spaziergang über das Gelände gleicht dem Besuch einer Raumstation. Es ist kein gewöhnliches Festival. Es ist ein Projekt, ein Ort der Zuflucht, für Menschen, denen die gewöhnliche Welt nicht gefällt.«

Ultrakonservative Gruppen der Georgisch Orthodoxen Kirche riefen 2014 zu Protesten gegen das Festival in Anaklia auf. Es sei unmoralisch. Drogen, Homosexualität und Pornografie würden propagiert, was einer Teufelsanbetung gleichkäme. In der georgischen Tourismusbehörde soll es zu Entlassungen gekommen sein. Die Proteste verliefen aber größtenteils ohne Zwischenfälle. Das nur zehntägige Festival im August 2014 in Anaklia sollte, auch weil es nicht so gut besucht war, umziehen nach Kambodscha. Aber dort wurde es kurzfristig abgesagt.

Das Festival-Gelände in Anaklia hat ein Jahr später, im Juli und August 2015, das Georgian Electronic Music Festival GEM erfolgreich übernommen. Giorgi Sigua, Gründer und Leiter des Festivals, hat es mit Freunden ins Leben gerufen. Sie wollten ein eigenes multikulturelles Festival der elektronischen Musik gründen. Und das im letzten Dorf Georgiens. Die Besucher kommen überwiegend aus dem Kaukasus. Mariam, die ich im »Café Gallery« in Tbilissi kennengelernt hatte, und die den Beginn der Elektronischen Musik in Georgien mitverfolgt hat, hält das GEM für zu kommerziell.

Wir fahren weiter über Poti nach Batumi. Die Hafenstadt Poti erlebte ihren größten Aufschwung zu Beginn des 20. Jahrhunderts, als Georgien zweitgrößter Lieferant von Manganerz war. In der Sowjetzeit war Poti ein wichtiger Marinestützpunkt. Sümpfe wurden trockengelegt und Wälder gerodet, um die Stadterweiterung voranzutreiben. Über die Bahnstrecke Baku–Poti werden heute Erdöl und Erdölprodukte von Aserbaidschan in die Hafenstadt transportiert. An mehreren Terminals können 20.000-Tonnen-Tanker das Erdöl aufnehmen und von dort aus verschiffen. Da das Nachbarland Armenien über keinen Hafen verfügt, werden die Waren von und nach Armenien ebenfalls über Poti befördert. Seit April 2008 gehören 51 Prozent des Hafengeländes der Investment-Behörde des Emirats Ra's al-Chaima.

Die georgische Küstenwache hat in Poti ihren Hauptsitz. In der Nacht vom 8. auf den 9. August 2008, während des Fünftagekrieges, wurde die Stadt Poti von Russlands Streitkräften bombardiert. Fünf Tage später rückten russische Einheiten in den Hafen vor und zerstörten mehrere Marineschiffe der georgischen Streitkräfte und Boote der Küstenwache an ihren Liegeplätzen.

»DAS BARCELONA AM SCHWARZEN MEER«

Unser Ziel ist der Urlaubsort Batumi in Adscharien. Wir fahren die Küstenstraße entlang. Schauen aufs Schwarze Meer und auf die Strände in den kleinen Urlaubsorten, die alle gut besucht sind. Schon von Weiten sehen wir die ersten Hochhäuser von Batumi.

Dort ließ Saakaschwili während seiner Regierungszeit sehr viele Hotels bauen, die Strandpromenade erweitern und ein Rathaus errichten, das aussieht wie eine auf dem Kopf stehende Flasche. Batumi, das »Barcelona am Schwarzen Meer«. Der Präsident soll alle Architekturentwürfe persönlich abgezeichnet haben.

Nach unserer Ankunft gehe ich bis ins letzte Stockwerk unseres Hotels. Wie erhofft, finde ich dort eine offene Tür, die ins Freie und zu einer Wendeltreppe hinauf zu einer großen Dachterrasse führt, auf der nur ein paar Stühle stehen. Kein Wölkchen am Himmel, die Abendsonne leuchtet die Stadt aus. Direkt vor mir die Kirche des heiligen Nikolai mit dem runden Glockenturm, daneben ein kleinerer, ebenfalls mit einer goldenen Kuppel verzierter Turm, darauf leuchtende, von der Sonne angestrahlte Kreuze. Richtung Strandpromenade schrauben sich die modernen Hochhäuser in den Himmel. Ein Gebäude mit einem spitz zulaufenden Turm, der mich an ein Hochhaus in Frankfurt erinnert, sollte die technische Universität beherbergen. An der Außenwand ragt ein Karussell mit Gondeln hervor. Für dieses Hochhaus soll sich Micheil Saakaschwili sehr stark gemacht haben. Alles solle sich bewegen in Georgien, war sein Credo, mit dem er das Land auch äußerlich in die Moderne katapultieren wollte. Hier in Batumi versteht man, was der ehemalige Präsident damit gemeint hat. Aber für die technische Universität stand nicht genug Geld zur Verfügung, und so wurde das Gebäude an eine Hotelkette verkauft. Rechts von dem Hochhaus und nur ein bisschen entfernt und niedriger, ein »Radisson Blue Hotel«. Etwas weiter zum Hafen hin sehe ich einen Baukran neben einem Hochhausskelett, ein weiteres Hotel, das entsteht. Von da aus blicke ich weiter nördlich auf das faszinierende Gebäude des spanischen Architekten Alberto Domingo Cabo, auf dem hoch oben eine silberblaue Erdkugel zu ruhen scheint. Ein 130 Meter hoher, aus Glas und Metall errichteter runder »Turm des georgischen Alphabets«, den ein spiralförmiges Laufband mit allen dreiunddreißig Buchstaben der georgischen Schrift umschlingt. Die Struktur soll eine DNA verkörpern.

GEORGISCHES ALPHABET IST UNESCO-WELTKULTURERBE

In welchem Land der Welt werden der Landessprache Denkmäler errichtet oder werden Parks nach der Muttersprache benannt oder wird ein Turm des Alphabets errichtet? Das georgische Alphabet soll im 3. Jahrhundert vor Christus entstanden sein.[28] Das Georgische gehört mit Mingrelisch, Lasisch und Swanisch zu den südkaukasischen Sprachen. Geschrieben wird Georgisch mit der Alphabetschrift Mchedruli, die dreiunddreißig Buchstaben besitzt. »Die georgischen Schriftzeichen zählen zu den vollkommensten und originellsten. Es gibt dreiunddreißig Buchstaben, die dem Klang der georgischen Sprache soweit angepasst sind, dass, wer die Schrift gelernt hat, jedes geschriebene georgische Wort auch richtig aussprechen kann, sie unterscheidet nicht zwischen Groß- und Kleinbuchstaben.«[29]

Viele georgische Familiennamen können anhand ihrer Endungen bestimmten Regionen des Landes zugeordnet werden:
-dse (Sohn) ist ein westgeorgischer
-schwili (Kind) ein ostgeorgischer
-ia, -awa, -ua sind mingrelische Familiennamen
-(i)ani steht für swanische
-uri für chewsurische Familiennamen.

Im Obergeschoss vom »Turm des georgischen Alphabets« befinden sich ein Café, ein Restaurant, ein Fernsehstudio und ein Observatorium. In der Nähe vom »Turm des georgischen Alphabets« war ein Trump-Tower geplant. Donald Trump besuchte im April 2012 Batumi zusammen mit Micheil Saakaschwili. Auf einem Foto sind sie vor einer großen Zeichnung vor dem Grundstück zu sehen, auf dem der alle anderen Hochhäuser überragende, schlanke Turm mit dem leuchtenden Namen TRUMP auf der Spitze als Model zu sehen ist. Sie stellen das Projekt zusammen mit Vertretern von der »Georgia Silk Road Investmentgroup« vor, mit der viele von Saakaschwilis Bauvorhaben realisiert wurden. Sie haben auch das »Radisson Blu« in Tbilissi errichtet. Dort war noch ein zweiter Trump-Tower geplant. Beide wurden allerdings bis heute nicht gebaut. Und der Investor sei auch nicht Donald Trump gewesen, erfahre ich später. Der habe nur seinen Namen dafür gegeben. Er und Saakaschwili kannten sich schon von früher.

Noch etwas weiter zum Hafen hin steht ein Riesenrad an der Uferpromenade. Und vor den Hochhäusern blicke ich auf eine alte Türkis und Blau gehaltenen Hausfassade und auf die renovierten Häuser in der Altstadt. Ich kann vom Hoteldach wie auf einem Aussichtsturm in alle Richtungen schauen. Ein Rundbild entsteht. Jetzt nehme ich am linken Bildrand den Hafen mit den blau und gelb leuchtenden Verladekränen vor der dahinterliegenden bewaldeten Hügelkette ins Visier. Auf den Anhöhen davor stehen viele Häuser, von denen aus man einen wunderschönen Blick auf die Skyline von Batumi hat. Das schlanke, weiße Minarett einer Moschee ragt über die Dächer der Altstadt, nicht weit entfernt noch ein Hotelneubau mit einer zum Hafen hin runden, grün wirkenden Glasfront. Ein weiterer Schwenk nach Norden erfasst den modernen Anbau unseres Hotels. Wie eine Filmkulisse ist zwischen diesem modernen Bau und dem schon zur neuen Plaza gehörendem Neubau ein Stück Vergangenheit eingeklemmt. Ein altes, verfallenes Haus mit einem Wellblechdach und einer großen Terrasse, auf der eine schwarz gekleidete ältere Frau ihren häuslichen Verrichtungen nachgeht. Morgens sitzt ein Mann in weißem Unterhemd dort in der Sonne neben der vollgehängten Wäscheleine. Am Nachmittag, wenn es kühler wird, kommen andere Familienmitglieder mit Kindern, die Frauen bereiten gemeinsam das Essen zu und grillen Fleisch und Fisch. Sie führen ihr bisheriges Leben weiter, haben vermutlich den Verlockungen widerstanden, ihr Haus, in dem ihre Familie seit vielen Jahrzehnten lebt, an die Investmentgroup, die die Piazza gebaut hat, zu verkaufen. Die Hochhäuser und modernen Bauten entlang der Strandpromenade bestimmen heute das Bild der Stadt, in der aber der überwiegende Teil der Bevölkerung weiterhin in großer Armut und von der Hand in den Mund lebt.

Ich gehe die Wendeltreppe hinunter und lehne mich von einem kleinen Plateau aus über die Dachbrüstung. Von dort aus habe ich einen Blick auf die vom georgischen Architekten Vazha Orbeladze entworfene Piazza, die 2009 in der Mitte Alt-Batumis gebaut wurde. Orbeladze hat mit seinem viereckigen Uhrenturm und dem Um- und Neubau der umliegenden Gebäude ein Stück italienische Renaissance in die Hafenstadt gebracht. Schaut man genauer hin, ist es ein Ensemble unterschiedlicher Stile und Trends. Luxuriöse Boutiquen und Cafés unter den Arkaden. Dahinter befinden sich die Eingänge der modernen Hotels. In der Mitte des Platzes ein großes rundes Mosaik mit Ornamenten wie in einem römischen Palast. Die Steine des Platzes sind rötlich weiß und korrespondieren mit der farblichen Gestaltung der umliegenden Häuser. An den kleinen Vierertischen mit Korbsesseln sitzen erst wenige Besucher. Voll wird es erst, wenn die Dunkelheit sich über den Platz legt.

Wir suchen uns ein Terrassenrestaurant am Wasser. In der blauen Stunde gleitet ein rot leuchtendes Containerschiff aus dem Hafenbecken, von Lotsenkähnen eskortiert. Vielleicht hat es Tee und Zitrusfrüchte geladen. Batumi ist heute der Haupthafen Georgiens. In den Raffinerien in der Nähe des Hafens wird ebenfalls Erdöl aus Aserbaidschan aufbereitet und von dort aus mit Tankern, die bis zu 80.000 Tonnen aufnehmen können, verschifft. Während der Sowjetzeit war die Bevölkerung von Batumi sehr gemischt. 1939 hatte die Stadt nach dem sowjetischen Zensus rund 70.000 Einwohner. Davon 41 Prozent Georgier, 29,1 Prozent Russen, 17,2 Prozent Armenier, 5,5 Prozent Griechen und 2,5 Prozent Juden. Nach der Unabhängigkeit Georgiens hat sich die Demografie drastisch verändert. 2002 lebten 121.806 Menschen in Batumi. Davon 85,64 Prozent Georgier, 6,17 Prozent Armenier, 5,17 Prozent Russen, 0,66 Prozent Abchasen, 0,63 Prozent Ukrainer, 0,48 Prozent Griechen. Daneben gab es noch einige weitere, kleinere Minderheiten, wie etwa Osseten und Aserbaidschaner.

Als wir zurück zum Hotel gehen, ist die Piazza effektvoll illuminiert und voller Menschen. Wir haben Glück und finden noch einen freien Platz vor einem Café. Es dauert über eine halbe Stunde, bevor die junge blondierte kurzhaarige Kellnerin im Schottenrock unsere Bestellung aufnimmt.

Am nächsten Morgen fahren wir hinauf zum »Grünen Kap«, besuchen den Botanischen Garten. Von seiner Terrassenanlage aus hat man zum Süden hin einen weiten Blick auf die Skyline von Batumi. Und im Norden auf das Schwarze Meer. Zwischen Ufer und grünem Hang sehen wir die Schienen der Eisenbahnstrecke, die von Batumi über Gori nach Tbilissi führt.

LAZY AFTERNOON AT COCOA BEACH

Levan und Jabo fahren mich zum Strand. Dort werden wir uns trennen. Ich möchte noch ein paar Tage in Batumi bleiben, und Levan muss morgen früh zurück nach Tbilissi. Wir fahren parallel zum langen palmengesäumten Primorski-Boulevard am Strand des Schwarzen Meeres entlang. Alle großen Hotelketten sind hier mit ihren Neubauten vertreten. Und Paläste der Spielbanken. Es ragen weitere große Hochhausprojekte unfertig in den Himmel. In einem halb fertigen Bau stehen zwei Arbeiter ohne jegliche Sicherung auf dem Plateau eines zukünftigen Hotelbalkons. Hinter der blauweißen, gigantischen Orbi Residence, mit einem nachempfundenen weißen Amphitheater davor, verabschieden wir uns, und ich gehe Richtung Strand.

Ich flaniere die Strandpromenade entlang, laufe immer weiter, an den Hochhäusern und Residenzen vorbei, für Tausende von Urlaubern geplant, besonders für Touristen aus Russland, der Ukraine und der Türkei. Setze mich in eine kleine Strandbar. Vor mir am Wasser liegen Urlauber auf hellen Holzliegen, die man mieten kann. Sand gibt es am Strand von Batumi nicht. Der Strand besteht aus kleinen und großen Steinen. Deshalb sind für Besucher lange Bretterstege von der Uferpromenade bis zum Strand verlegt. Dort liegen die Frauen überwiegend im Bikini. Hier am Strand sieht man fast keine dicken Männer, wie sonst überall in Georgien. Eine ältere Frau mit Kopftuch und langem Rock bietet den Sonnenanbetern Smits an, türkische Sesamkringel. Bis zur türkischen Grenze sind es von der Stadtmitte Batumis aus nur 18 Kilometer. Zur 205 Kilometer entfernten türkischen Stadt Trabzon am Schwarzen Meer verkehren täglich Fernbusse. Und zum 130 Kilometer entfernten Rize kann man mit Kleinbussen fahren.

Am 18. November 1983 versuchten mehrere junge Georgier »ohne Gewalt« ein kleines Flugzeug zu entführen, um in die Türkei zu flüchten. Die Piloten sollten gezwungen werden, die Maschine kurz vor Batumi zu einem in der Nähe liegenden amerikanischen Militärstützpunkt in die Türkei zu fliegen und dort zu landen. Der Plan misslang. Der Schriftsteller Dato Turaschwili schrieb einen Roman über die gescheiterte Flugzeugentführung, der 2008 in Georgien unter dem Titel »Jeansgeneration«[30] erschien.

Turaschwili ist Dozent für moderne Literatur in Tbilissi und war einer der Anführer der Studentenproteste 1988/89. Er war auch an der Rosenrevolution beteiligt und engagierte sich später für Gefängnisinsassen. Die Jeansgeneration in der georgischen Sowjetunion rebellierte gegen ihre angepassten Eltern, gegen die korrupten Politiker, die für ihren Machterhalt über Leichen gingen. Als das Todesurteil gegen die jungen Rebellen gesprochen wurde, war Eduard Schewardnadse ZK-Sekretär im sowjetischen Georgien. Und als man die Leichen 1999 in einem Massengrab suchte, war er Präsident des unabhängigen Georgien. Dato Turaschwili schreibt in seinem Roman: »Man kann die ältere Generation immer leichter hinters Licht führen als die jüngere. Im Gegensatz zu den Eltern spürten die Kinder schon früh, dass Schewardnadse ein sehr gefährlicher Mann war. Unter den vielen, die er verhaften und später sogar hinrichten ließ, war auch einer seiner Freunde, obwohl in Georgien spätestens seit Rustawelis ›Der Recke im Tigerfell‹ der Freund immer mehr gegolten hatte als der Genosse. Die damaligen georgischen Jugendlichen begriffen sofort, dass der Generalsekretär des ZK ein noch größeres politisches Ziel vor Auge hatte: Moskau. Und in Moskau hatten nur die Georgier Erfolg, die sich gegenüber den eigenen Landsleuten besonders brutal verhielten. So war Schewardnadse bei der georgischen Jugend geradezu verhasst.«

Plötzlich wechselt die Musik vom Technosound mit tiefen Bässen zu einem georgischen Paolo Conte mit Akkordeon. Vom Kellner erfahre ich, dass er eine CD des bekannten Musikers und Filmkomponisten Niaz Diasamidse eingelegt hat und wir gerade das Lied »Sulis Vardo« hören. Die raue, dunkle Stimme Diasamidses beruhigt. Jetzt ist alles perfekt. »Lazy Afternoon at Cocoa Beach«, so wie es auf den Kissen der Stühle steht.

Ausgeruht gehe ich später die Strandpromenade zurück, schaue mir die Architektur der Hotels jetzt in Ruhe an. Vor der großen Skulptur »First Love« von Irakli Tsuladze bittet mich ein Liebespaar, es davor zu fotografieren. Ich gehe durch die Grünanlagen. Dort steht ein blau gestrichenes Klavier mit Blumenbemalung, davor ein Hocker, aus kleinen übereinander geschraubten Holzpaletten. Eine junge Frau versucht ein paar Takte zu spielen. Aber das Klavier ist völlig verstimmt.

Eine Gruppe ukrainischer Rucksacktouristen mit blaugelben Landesflaggen kommt mir entgegen. Einer von ihnen mit einem Urban Samurai geschmückt, einem kleinen Dutt auf dem Kopf, der neueste Männerfrisurtrend aus den Künstlervierteln New Yorks. Die antiken Samurai-Krieger wählten diese Frisur, um ihr Haar bei den Kämpfen aus dem Gesicht zu halten. Noch besser gefällt mir aber seine junge Freundin mit dem unbefangenen etwas frechen Gesichtsausdruck unter ihren Rastazöpfen. Eine paar Meter weiter steht ein amerikanischer Countrysänger mit Gitarre, wird kichernd von jungen, türkischen Kopftuchträgerinnen mit deren Handys fotografiert.

Als ich vor der überdimensionalen Skulptur »Ali und Nino« der Bildhauerin Tamara Kwesitadse stehe, die von einem Roman des aserbaidschanischen Autors Kurban Said inspiriert wurde, ziehen plötzlich dunkle Wolken auf. So war es wohl auch, als Ali und Nino sich ineinander verliebten. Mit ihrer tiefen Liebe überwanden die Georgierin und der Aserbaidschaner während des Ersten Weltkrieges die Barriere zwischen ihrer christlich-georgischen und islamisch-aserbaidschanischen Herkunft. Die Sonne leuchtet die Gebäude und den Hafen vor der dunkelblauen Wolkenwand aus, sodass sich beeindruckende Kontraste ergeben. Auf einem alten, hell angestrichenen Kutter im Hafen mit vielen Roststellen klettern junge Männer den Mast hinauf und springen von hoch oben ins Wasser.

MEDEA MIT DEM GOLDENEN VLIES AUF DEM EUROPA-PLATZ

Abends gehe ich zum Essen auf den Europa-Platz, der von zwei- und dreistöckigen Häusern vom Ende des 19. bis Anfang des 20. Jahrhunderts umgeben ist. Chimären, Löwen und mythische Figuren schmücken die Fassaden. Der Platz, der erst seit 2007 diesen Namen trägt, ist das Herzstück von Alt-Batumi. Während der Sowjetzeit war er ein großer Anziehungspunkt für Touristen. Ich sitze auf der Terrasse eines Restaurants. Blicke von dort aus auf das hohe Denkmal des georgischen Architekten Davit Khmaladze mit der Skulptur der Medea, die das goldene Schaffell am ausgestreckten Arm in die Luft hält. Dahinter ragen aus dem Turm des als technische Universität geplanten Gebäudes die vergoldeten Gondeln eines Karussells, darüber weht ein schmales goldenes Segel. Ich erinnere mich: Alles soll sich bewegen in Georgien. Als es dunkel wird, füllt sich das Lokal neben mir zusehends, eine Band baut ihre Instrumente auf, und kurze Zeit später erlebe ich ein Konzert. Auf dem Platz sollen auch schon Sting, Julio Iglesias und Placido Domingo aufgetreten sein.

Zurück zum Hotel gehe ich durch die Altstadtstraßen mit ihren kleinen Häusern mit Holzbalkonen. In den letzten Jahren wurde viel renoviert an den Gebäuden. Kritisiert wird, dass es nicht immer fachgerecht durchgeführt wurde und dass aus den ursprünglich zwei- bis dreistöckigen Häusern zunehmend mehrstöckige Gebäude entstanden sind, die nicht dem ursprünglichen Stadtbild entsprechen und den Luftdurchzug verhindern. Ein großes Problem bei dem feuchten, subtropischen Klima.

Am nächsten Morgen miete ich mir ein Fahrrad, um die 7 Kilometer lange Strandpromenade bis zum Flughafengelände abzufahren. Palmen auf der Häuserseite und große Laternen zum Strand hin säumen die Promenade. Der zweispurige breite Fahrradweg wird mit Bänken vom Fußweg getrennt. Je weiter ich mich vom Hafen entferne, desto leerer und unwirtlicher wird es. Nachdem ich die großen Hotels, Apartmenthäuser und Luxuswohnhäuser passiert habe, plötzlich ein groß angelegter, gepflegter Park mit

Rasen, Blumen, Steinornamenten und einer sehr kitschigen Skulptur, ein riesiger Flipflop auf großen Eiern. An einem der Riemen mit der georgischen Fahne geschmückt.

Hinter der Anlage stehen viele noch unfertige Hochhäuser, die entstehenden Ferienwohnungen und Apartments kann man nur erahnen. Zurzeit werden sie vermutlich nicht benötigt, und vielleicht werden die Apartmenthäuser aufgrund mangelnder Nachfrage nicht fertig gebaut. Die geplanten Einkaufszentren für Touristen sind vielfach Investitionsruinen. Ich fahre an einem großen weißen Schriftzug »liberté« vorbei und einer Skulptur aus rostigem Metall mit ausgeschnittenen Buchstaben, die mit etwas Abstand als WHERE zu lesen sind. Der Barkeeper meiner Strandbar hat mich wiedererkannt und wechselt noch einmal von Techno zu ruhiger Musik. Viele Besucher sind heute nicht am Strand. Ich fahre Richtung Hafen, esse unterwegs noch an einer anderen Strandbar Chatschapuri mit Spiegelei. Später am Abend speise ich in einem Lokal am Rande des Vergnügungsparks mit Blick auf das Farbenspiel der Tanzenden Fontänen im Ardagani-See. Pferdekutschen und Taxis fahren vor. Immer mehr Menschen strömen hinzu. Danach genieße auch ich bei einem kleinen Spaziergang das Nachtleben im Park.

Am nächsten Morgen setze ich mich am Hafen neben die Angler. Sieben Männer, die ihre Angeln am Ende mit einem Stein beschweren. Einer von ihnen zieht gerade einen Fisch heraus, groß wie eine Makrele. Er löst den Fisch vom Haken, verstaut ihn in einer kleinen Reuse. Dann lässt er das Netz hinunter ins Wasser, sichert es und wirft seine Angel erneut aus. Ich blicke auf den Tanker »Naftilos An« und die dahinterstehenden Öltanks. Im Schatten der Bäume am Rand sitzen Männergruppen auf Steinen, würfeln mit Wassergläsern um Geld. Ihre Gesichter sind angespannt. Vermutlich spielen sie, obwohl sie nur wenig Geld zum Verlieren haben.

KULTURELLE SEMANTIK DES SCHWARZEN MEERES

Der georgische Kulturhistoriker Zaal Andronikashvili beschäftigt sich in einer Projektgruppe in Berlin mit der kulturellen Semantik des Schwarzen Meeres aus der Perspektive östlicher Hafenstädte. Was steckt dahinter, fragte ich ihn? Es geht um die Aufladung eines bestimmten Raumes mit Bedeutungen, antwortet Zaal Andronikashvili. Aus der georgischen Perspektive des 20. Jahrhunderts bedeutete das Meer eine Bedrohung. Angst, Tod, eine Grenze. Aus einer ganz bestimmten russischen Perspektive, die zum Beispiel Ossip Mandelstam vertritt, bedeutete das Schwarze Meer ein Weg zur Antike, eine Verbindung zur griechischen oder römisch-griechischen oder auch hellenischen Welt. Wir untersuchen in diesem Projekt diese unterschiedlichen Bedeutungen, und weil man bestimmte Ansatzpunkte oder Zugänge braucht, haben wir uns als privilegierte Zugänge für die Hafenstädte Batumi, Odessa und Trabzon entschieden. Diese drei spielten nach dem Vertrag von Kutschukkainotscha von 1794 eine Rolle in der Geschichte des Schwarzen Meeres. Das Schwarze Meer wurde auch für Russland geöffnet. Damit endete die lange osmanische Dominanz am Schwarzen Meer. Und im Laufe von etwa 150 Jahren hat Russland Gebiete erobert, die früher unter osmanischen Einfluss standen. Angefangen von der Krim und später der westgeorgischen Küste, und 1914 gelang Russland auch kurzzeitig die Eroberung von Trabzon. Der Schwarzmeerraum ist ein Gebiet, fährt Andronikashvili fort, in dem heute vier Nationalstaaten angesiedelt sind: Ukraine, Russland, Georgien und die Türkei. Das heißt, der östliche Schwarzmeerraum ist ein extrem umkämpfter Raum. Wir versuchen diesen Kampf, auch den symbolischen Kampf, um den es uns in erster Linie geht, mit dem Begriff »Imperiale Erbschaften« zu beschreiben. Das war der Auslöser des Projektes. Nach der russischen, völkerrechtswidrigen Annexion der Krim im März 2014 wurden sehr viele alte Ideen, alte Vorstellungen geweckt. Zum Beispiel das Novi-Russia-Projekt, ein imperiales Projekt von Katharina II. Der türkische Präsident Erdogan erinnert sich auch sehr gerne, bezieht sich auf die osmanische Erbschaft. Diese nicht aufgearbeiteten Konflikte aus dem 18. und 19. Jahrhundert spielen in der heutigen Politik eine Rolle. Was wir untersuchen, sind die symbolischen Aufladungen dieses Raumes und die Wirksamkeiten dieser symbolischen Aufladungen bei den heutigen politischen Auseinandersetzungen.

Batumi war als Hafenstadt eine russisch-imperiale Gründung, führt der Kulturhistoriker weiter aus, und diente der Konkurrenz mit den osmanischen Hafenstädten. Neben Odessa war Batumi eine wichtige Hafenstadt. Batumi spielte eine große Rolle für Großbritanniens maritime Politik. Nach dem Krimkrieg, 1853 bis 1856, wurde Russland gezwungen, einige Hafenstädte als Freihäfen zu betreiben. Batumi und Odessa waren Freihäfen. Aber darüber hinaus spielte Batumi eine sehr große Rolle für das georgisch-nationale Projekt. Die georgische Nation wurde nach der russischen Annexion 1801 in den 1860er-Jahren rekonzipiert als Nation im modernen Sinne. Nach dem monarchischen Staat Georgien mit langer Tradition wurde in den 1860er-Jahren ein modernes Konzept der Nation entwickelt. Integriert wurden die Regionen, die schon lange nicht mehr zu Georgien gehörten, sondern zum Osmanischen Reich. Nachdem es dem russischen Reich gelang, einige Provinzen Südgeorgiens, auch Batumi, zurückzuerobern, wurde versucht, ein nicht konfessionelles Konzept zu entwickeln. Das alte georgische Konzept war sehr stark konfessionell bedingt. Jetzt wurde die Nation als Schicksalsgemeinschaft definiert. Georgien als ein Land mit einer gemeinsamen Vergangenheit, in dem die muslimischen Georgier aufgehen konnten. Außerdem ist Batumi Geburtsort der georgischen Sozialdemokratie. Batumi als einer der wichtigsten Industrieorte in Georgien war eine der Schmieden des georgischen Proletariats, und bereits in den 1890er-Jahren entstanden dort die ersten sozialen Bewegungen, später dann auch die Georgische Sozialdemokratische Partei, die sehr einflussreich wurde im gesamten Zarenreich und sowohl bei der Februarrevolution als auch bei der Oktoberrevolution 1917 mitgewirkt hat. Batumi ist also eine Stadt, die für das georgische Nationalprojekt und für das georgische Sozialprojekt ganz wichtig ist. Und religionsmäßig ist es eine ganz andere Stadt als andere Städte in Georgien, mit einem hohen muslimischen Bevölkerungsanteil. Dazu kommt, dass Batumi immer eine Grenzstadt gewesen ist. Und in der Sowjetzeit war diese Grenzstadt eine halb geschlossene Zone. Ausländer konnten dort nicht einfach hineingelangen, weil die Fluchtgefahr in die Türkei zu stark war. Und diese Fluchtfantasien, der Ausbruch aus der Sowjetunion, sind sehr stark mit der Stadt Batumi verbunden. Für Saakaschwili war Batumi Vorzeigeprojekt für erfolgreiche, forcierte Modernisierung Georgiens, erzählt Zaal Andronikashvili weiter. Das Problem dabei war, dass eine soziale Entwicklung für Batumi fehlte. Der Urlaubsort Batumi ist eigentlich gedacht für reiche Georgier und ausländische Touristen. Die eigene Entwicklung der Bevölkerung wurde von dieser Entwicklung kaum berührt. Wir hatten kürzlich große Ausschreitungen in Batumi. Die Proteste waren zwar nicht primär sozial motiviert. Aber es gab ein sehr brutales Vorgehen der Polizei. Dahinter steckt die soziale Unzufriedenheit mit der Politik, so die Einschätzung von Zaal Andronikashvili. Aber trotzdem sei Batumi mittlerweile für viele eine sehr attraktive Stadt geworden. Saakaschwilis Idee war es ja, Batumi zu einer Art georgischem Las Vegas zu machen.

An meinem letzten Abend fahre ich mit der Seilbahn 300 Meter den Berg hinauf zu einer Aussichtsplattform mit Restaurant und einem guten Blick auf die Stadt und den Hafen. Es ist ein bisschen diesig. Aber auch dieses leicht diffuse Licht hat seinen Reiz. Ich setze mich auf die Terrasse des Restaurants und trinke einen Aperitif in der Abendsonne. Beobachte die jungen Leute, meistens kleine Gruppen, die sich gegenseitig überstimmen. Die Jungs wollen den Mädchen gefallen. Die jungen Frauen genießen es, stecken gickernd ihre Köpfe zusammen und scheinen ihre Verehrer zu taxieren, sich aber auch über sie lustig zu machen. Am nächsten Morgen fahre ich mit dem Taxi zum neuen, erst vor zwei Monaten eröffneten, modernen Bahnhof von Batumi, der ein wenig außerhalb liegt, und Teil eines fast leeren Einkaufszentrums ist. Der alte Bahnhof lag noch weiter entfernt, ganz außerhalb der Stadt. Im Zug hat jeder einen vorgebuchten Sitzplatz. Der WLAN-Empfang ist hervorragend. Die lange Reise von Batumi nach Tbilissi kann beginnen. Zuerst durch die bewaldete Landschaft von Gurien. Ich verfolge auf meiner Landkarte die Strecke: Kobuleti und Ureki am Schwarzen Meer, dann landeinwärts an Maisfeldern entlang nach Samtredia, wo man an verrosteten Kränen und verfallenen Industrieanlagen vorbeifährt. Diese Strecke führt nicht über Kutaissi, sondern über eine südlichere Linie nach Zestaponi und Chaschuri und von dort aus als letzte Station vor Tbilissi nach Gori.

Der Zug fährt durch eine grüne, leicht geschwungene Hügellandschaft. Am Horizont die Ausläufer des Kleinen Kaukasus. Am frühen Nachmittag komme ich in Tbilissi an und fahre zu Gulia, um dort Nanuka zu treffen.

EINE STRETCHLIMOUSINE MIT ALKOHOLFREIER CHAMPAGNER-BAR

Nanuka würde gleich mit ihrem Cousin kommen, sagt Gulia, der für zwei Tage bei ihr in Tbilissi zu Besuch war. Du hast Glück, er hat ein Auto, und ihr braucht nicht in einer engen Marschrutka nach Bordschomi zu fahren. Nanuka strahlt mich an, als sie mich sieht, und stellt mir ihren Cousin Zurab vor. Er sei arbeitslos und habe Zeit. Und ein Auto, lacht sie. Aber er spricht kein Deutsch, ich muss übersetzen. Wir könnten eine kleine Rundreise machen, bevor wir nach Bordschomi fahren. Hast du Lust? Dann sollten wir gleich aufbrechen.

Nanuka trägt ihre Haare jetzt blond. Und zum Lesen eine große Hornbrille mit roten Streifen, die sie über die Haare schiebt, die hinten mit einer bunten Spange zusammengehalten sind. Ihr Top ist weit ausgeschnitten. Während der Fahrt auf einer Regionalstraße aus Tbilissi hinaus in die Region Niederkartelien, erzählt Nanuka, wie ihr Leben nach unserem ersten Treffen 2002 verlaufen ist. Sie sei jetzt siebenunddreißig Jahre alt und immer noch unverheiratet, erzählt sie lachend. Nach ihrem Studium in Tbilissi habe sie als Au-pair-Mädchen in einer Kleinstadt in Deutschland gearbeitet. Nach ihrer Rückkehr war sie in Tbilissi für Menschenrechtsorganisationen und auch als Journalistin für ein Online-Magazin tätig. Vor fünf Jahren gründete sie in Tbilissi ein Kinderzentrum, organisiert Kindergeburtstage und gibt Deutschkurse. Die Kindergeburtstage seien für georgische Familien sehr wichtig, erzählt Nanuka. Man leihe sich sogar Geld, um den Kindern eine ganz besondere Geburtstagsfeier auszurichten. Es werden nicht nur einige wenige Kinder eingeladen, sondern gleich die ganze Schulklasse und auch Nachbarskinder. Man versucht sich gegenseitig zu übertreffen. Das geht so weit, dass finanziell besser gestellte Eltern für ihre Kinder an diesem Tag eine rosafarbene Stretchlimousine mit alkoholfreier Champagner-Bar und Fernseher mieten und die Kinder, wie Popstars gekleidet, vorgefahren kämen. Wenn der Kindergeburtstag zu Hause gefeiert würde, käme man mit ungefähr 200 Lari aus. Wenn man ihn organisieren lässt, muss man dafür mindestens 800 Lari bezahlen, also sehr viel Geld für eine Familie mit nur sehr wenig Einkommen.

Wir fahren, 60 Kilometer von Tbilissi entfernt, zuerst durch eine gebirgige Steppenlandschaft. Befinden uns bald 1.500 Meter über dem Meeresspiegel auf dem Zalka-Plateau im Trialeti-Gebirgszug. Die Sonne kann sich nicht richtig durchsetzen. Die grüngelben abgeernteten Felder liegen in einem leichten Dunst. Kurze Zeit später ziehen Regenwolken auf. Aber der Wind bläst innerhalb kürzester Zeit den Himmel wieder frei. Wir blicken auf den Zalka-Stausee. Davor große Weideflächen mit vielen Rindern, dazwischen ein frisch gepflügtes Feld mit dunkler Ackerkrume. Dahinter liegen die kahlen Hügel des Kleinen Kaukasus. Die Straße führt hinunter zum See. Von Weitem sehen wir das Dorf Ibissi am See liegen. Hier heizen die Menschen mit getrockneten Kuhfladen, die überall vor den Häusern aufgeschichtet sind. Nanuka erzählt von einem alten Brauch in den Dörfern. Der Bruderschaft. Der Freund eines jungen Mannes wird mit nach Hause genommen und teilt mit der Schwester das Bett. Zwischen sie wird ein Schwert gelegt. Wenn morgens die Schwester dem Bruder Wasser bringt, hat der Freund die Prüfung bestanden. Und wenn nicht? Nanuka lacht. Bestimmt werde ich es nicht glauben, aber sie selbst habe als Kind noch Ehrenmorde auf dem Dorf erlebt. Dort, wo ihre Oma, ihre Tante und ihr Onkel wohnen. Du wirst bald alles kennenlernen.

In der Nähe liegt die Stadt Zalka. In dem Gebiet drum herum haben früher viele Griechen gelebt, von denen nach der Unabhängigkeit Georgiens, wegen des Zusammenbruchs der Wirtschaft, viele nach Griechenland und in den Nordkaukasus ausgewandert sind. Es gab keine Fabriken mehr. Die Sowjetunion war so aufgebaut, erzählt Nanuka, dass für den Maschinenbau Teile in der Ukraine und andere in Georgien produziert wurden. Und als nach der Unabhängigkeit die Wirtschaftsbeziehungen abbrachen, benötigte niemand die Einzelteile dieser Fabriken, die Produktion musste eingestellt werden. Die Fabriken schlossen und die Menschen wurden arbeitslos. Die Einwohnerzahl der Stadt Zalka sank auf weniger als ein Viertel der damaligen Bevölkerung. Heute leben etwa 22 Prozent Armenier in dieser grenznahen Region.

Wir fahren weiter Richtung Ninozminda und es geht hinauf auf 2.073 Meter Höhe zum Parawani-See auf der Dschawacheti-Hochebene. Der See ist von mehreren 3.000 Meter hohen Bergen des Kleinen Kaukasus umgeben. Er ist der größte Georgiens. Dort entspringt der Parawani, der die Hochebene von Achalkalaki durchquert und in die Mtkwari mündet. Am südlichsten Ende des Sees liegt der kleine Ort Poka. Hier, wo die heilige Nino, aus der Sklaverei in Kappadokien geflüchtet, über Armenien kommend, ein Weinrebenkreuz errichtet und das Christentum nach Georgien gebracht haben soll, wurde eine Kirche gebaut und ein Nonnenkloster gegründet, das bis heute besteht. Die Nonnen haben einen kleinen Laden mit Wein, Honig, selbst gemachten Süßigkeiten und auch mit Büchern für Touristen eröffnet. Der Andrang scheint aber nicht so groß zu sein, denn wir sind die Einzigen, die sich heute eingefunden haben. Von hier aus soll die heilige Nino mit Hirten weiter nach Mzcheta gewandert sein.

Wir fahren nach Ninozminda, passieren auf dem Weg dorthin einige armenische Dörfer, biegen ab Richtung Westen. Bevor wir zur Höhlenstadt Wardsia fahren, steht noch die Chertwissi Festung aus dem 2. Jahrhundert am Ufer der Mtkwari auf Nanukas Programm. Die Ruine dieser Festung ist touristisch nicht erschlossen. Wir können auf schmalen Pfaden nach oben laufen und klettern, werden dort mit einer Aussicht auf das grüne Tal, in dem die Mtkwari fließt, belohnt. Schwer vorzustellen, bei diesem Blick auf die idyllische Landschaft, dass die Söldner des mazedonischen Königs Alexander des Großen vor weit über 2.000 Jahren Angst und Schrecken in Chertwissi ausgelöst haben. Sie waren mit Pferden und zu Fuß, mit langen Lanzen und leichteren Waffen auf dem Weg nach Persien, zogen durch das Mtkwari-Tal und nahmen das Land ein. Die vermutlich nur unzureichend bewaffneten Männer

Symbole für das moderne Georgien: das gläserne Bürgeramt an der Mtkwara
und das gläserne Polizeipräsidium in Tbilissi.
Frauenfigur auf dem Brückengeländer von Irakli Tsuladze, September 2015.

Polizeipräsidium in Tbilissi, September 2015

Die Größe und Pracht der neuen Kathedrale im Stadtteil Avlabari zeugt von der neuen Stellung der Georgisch Orthodoxen Kirche, September 2015

Die heilige Nino mit dem Weinrebenkreuz hat das Christentum im 4. Jahrhundert nach Georgien gebracht, Sepember 2018

Junge Paare heiraten tradtionell. Hochzeitszeromonie in der Nikolauskirche auf der Narikala-Festung oberhalb der Altstadt von Tbilissi, September 2015.

Priester mit dem Hochzeitspaar in traditioneller Tracht, September 2015

Blick auf Tbilissi von der Festung Narikala aus. Die neue Kathedrale, der Präsidentenpalast, die Friedensbrücke, das Verwaltungsgebäude und die unvollendeten Ausstellungsröhren im Park bestimmen das moderne Stadtbild, September 2015.

Neue Gebäude sprießen in die Höhe. Ausländische Investoren bauen riesige Hotels in gewagter Architektur, September 2015.

Hafenstadt Batumi – »Las Vegas« am Schwarzen Meer. Hier zeichnen sich die baulichen Veränderungen aus der Saakaschwili-Ära am deutlichsten ab, September 2015.

Hotels und Apartments in Batumi entlang der kilometerlangen neu gebauten Strandpromenade, September 2015

Wachteljäger im Weinanbaugebiet Kachetien, September 2015

Sighnaghi, die Stadt in Ostkachetien, die für den Tourismus restauriert wurde, September 2015

Steppenwüste Garedscha, September 2015

Kloster David Garedschi in der Steppenwüste an der aserbaidschanischen Grenze, September 2015

Landschaft an der Georgischen Heerstraße auf dem Weg nach Stepanzminda, September 2015

Georgische Heerstraße kurz vor der russischen Grenze in der Darial-Schlucht. Die Straße wurde in der Amtszeit von Saakaschwili erneuert und dient als interkontinentaler Weg, der Nordosteuropa mit dem Nahen Osten auf kürzestem Weg verbindet, September 2015.

Die Spitze des Kasbek bei Sonnenaufgang von Stepanzminda aus gesehen. Mit 5.047 Meter Höhe ist der Kasbek der dritthöchste Berg Georgiens, September 2015.

Aufstieg von Stepanzminda zum Gergeti Kloster mit der Zminda-Sameba-Kirche, September 2015

Das Dorf Uschguli in Swanetien mit 2.200 Metern über dem Meeresspiegel ist einer der höchsten bewohnten Orte in Europa. Im Hintergrund Blick auf den Gipfel des Schchara mit 5.068 Metern der höchste Berg Georgiens, September 2015.

Dörfer in Swanetien mit Wehrtürmen am Fluss Enguri, September 2015

Dorf in Westgeorgien in der Nähe des Kurortes Bordschomi. Auf den Dörfern leben die Bewohner oftmals als Selbstversorger. Nur die wenigsten Georgier auf dem Land haben Arbeit, Juni 2016.

Urgroßmutter und Oma mit Enkeln in einem Dorf in Westgeorgien, Juni 2016

Der 2.962 Meter hohe Abano-Pass ist der einzige Zugang zu den abgeschiedenen Bergdörfern Tuschetiens, Juli 2017

Blick auf die Wehrtürme von Omalo in Tuschetien, Juli 2017

Das restaurierte Dorf Dartlo in Tuschetien in 2.000 Meter Höhe an der russisch-tschetschenischen Grenze. Auf dem Berg liegt das 400 Meter höher gelegene Dorf Kwawlo, Juli 2017.

Gottesdienst in der Kirchenruine von Dartlo. Frauen dürfen nicht ins Kircheninnere und müssen vom Rand aus teilnehmen, Juli 2017.

In den Sommermonaten kehren Familien in die leer stehenden Häuser ihrer alten Heimat zurück. Sommerfeste locken die Tuschen, die inzwischen in den Städten wohnen, für ein paar Tage zu Nachbarn und Freunden in ihre alten Bergdörfer, Juli 2017.

Rund 70 große Herden sollen es sein mit 50.000 Schafen und Ziegen, die über Omalo und den fast 3.000 Meter hohen Abano-Pass im Herbst hinunter ins Tal ziehen. Im Mai und Juni, bevor die Hitze die Wiesen im Flachland wieder in eine braune Steppe verwandelt, beginnt der Viehauftrieb der Herden zurück in den Großen Kaukasus, Juli 2017.

Die letzten 1.000 Höhenmeter in Tuschetien zum Azunta-Pass müssen überwunden werden. Auf der anderen Seite in Chewsuretien geht es wieder hinunter, Juli 2017.

Noch 300 Höhenmeter auf dem schmalen Geröllpfad dem Ziel Azunta-Pass in 3.500 Meter Höhe entgegen, Juli 2017

auf der Festung wurden überwältigt, ein Blutbad angerichtet, geplündert, niedergebrannt und zerstört. Ein kleiner Trupp wird vielleicht vor Ort geblieben sein, um die Festung in der Gewalt zu behalten. Die gegenwärtigen Mauerreste der Festung stammen aus dem Jahr 1354.

BÄDER, BÄCKEREIEN, STÄLLE, BIBLIOTHEK, KIRCHE UND EINE SCHATZKAMMER

Wir wollen nach Wardsia, nicht weit von der türkischen Grenze entfernt. Bis zu dieser alten Höhlenstadt am linken Ufer der Mtkwari führt eine gut ausgebaute Regionalstraße. Von der Anhöhe auf der anderen Seite des Flusses können wir die 500 Meter aus dem Tal aufragende Felswand gut sehen. Tiefe Höhlen wurden hier in den Tuffstein geschlagen und Anlagen auf den Vorsprüngen des Felsens errichtet. Terrassen, Galerien, Treppen und Tunnel miteinander verbunden. Es sollen 3.000 Wohnungen mit je drei Räumen in bis zu sieben Stockwerken für 50.000 Bewohner gewesen sein. Mit Keramikleitungen wurde ein Wasserversorgungsnetz errichtet. Es gab Bäder, Bäckereien, Ställe, eine Kirche, Bibliothek und eine Schatzkammer. Wardsia war Grenzfestung gegen Türken und Perser. Sie wurde von Giorgi III. errichtet, dem Vater von Königin Tamara. Während des Konfliktes mit der türkischen Seldschuken-Dynastie von 1193 bis 1195 soll Tamara mit ihrem Gefolge in der Stadt gelebt haben. Sie gründete in Wardsia ein Kloster.

Wir fahren auf die andere Seite der Mtkwari, nehmen aber vom Parkplatz aus keine Marschrutka, sondern steigen die 400 Meter zu Fuß hinauf. Das Höhlendorf wurde von einem Erdbeben erheblich zerstört. Heute gibt es nur noch 750 Räume in Wardsia. Bauarbeiter transportieren in alten Loren mit einem Seilzug Zement und Sand auf den Berg. Von dort aus werden die Baumaterialien in weißen Säcken weiter hinaufgeschleppt. Es wird an einer noch besseren touristischen Erschließung gearbeitet.

Durch ein Tor betreten wir die Höhlenstadt und bekommen sofort eine Vorstellung, wie die Menschen hier damals gelebt haben.

Mit einem weiten Blick in die Landschaft und gut abgeschirmt vor feindlichen Angriffen.

Als wir weiter hinaufsteigen und in einer der Wohnungen stehen, erzählt mir Nanuka, dass Wardsia »Hier bin ich« bedeutet. Weil die Höhlenstadt so groß war, habe man nach Freunden und Bekannten gerufen. Und die haben dann mit »Ward-si-a-ah« geantwortet. Wir gehen und kriechen von Wohnung zu Wohnung durch schmale Gänge, steigen Treppen hoch und versuchen uns vorzustellen, hier zu leben. In einer Wohnung mit Wasseranschluss, in der auch gekocht werden kann. Auf die kleinen Kinder musste man vermutlich ständig aufpassen, dass sie nicht hinaus an den Abgrund krabbeln. Ich fotografiere und bleibe zurück. Nanuka ruft, wo bist du. Und ich rufe ein melodisches: »Ward-si-a-ah! Ward-si-a-ah!«, folge ihr und sehe sie durch ein Fenster nach außen steigen.

Ein Teil der Anlage ist noch immer ein Kloster. Ein paar Mönche leben hier. Die Höhlen sind mit Türen und Fenstern verschlossen. Davor stehen Bänke. Auf dem Geländer, welches das kleine Plateau umschließt, hängt ein Handtuch zum Trocknen. In den Wänden der Höhlenkirche findet man mittelalterliche Fresken und eine der wenigen zeitgenössischen Darstellungen der Königin Tamara.

Es ist sehr heiß hier oben in Wardsia. Die Sonne knallt und erwärmt das Gestein. Wir haben großen Durst, und streben schnell hinunter zum Terrassencafé am Ufer der Mtkwari, setzen uns dort in den Schatten der Bäume, bestellen Limonade und Chatschapuri. Aber nicht für jeden, denn es ist schon spät, und wir bekommen gleich noch ein Abendessen im Gästehaus, in dem uns Nanuka von unterwegs aus angemeldet hat. Jetzt genießen wir noch einmal den Blick auf die Höhlenstadt.

Valodia's Cottage liegt nicht weit von Wardsia entfernt. Valodia, der Gastgeber, hatte die Idee, das kleine hölzerne Landhaus seiner Eltern zu einem Gästehaus auszubauen und auf dem großen Grundstück biologische Landwirtschaft zu betreiben. Inzwischen gibt es auch ein Gästehaus aus Stein. Darunter liegt ein Weinkeller, in dem wird der selbst angebaute Wein gekeltert und gelagert. Und es gibt einige Gewächshäuser. Sofort, als ich das Gelände betrete, fühle ich mich wohl. Alles scheint eine Einheit zu sein. Die

Bepflanzung, die Blumenbeete, die Holzhäuser, die jungen Frauen, die hier mitarbeiten und die Männer, die das Land bewirtschaften. Der Plattenweg zu unserem Cottage führt unter Weinreben hindurch. Zu dem großen offenen, überdachten Essensraum geht man an Sonnenblumen und Margeriten vorbei. Vom Fenster meines Zimmers blicke ich auf ein buntes Blumenfeld, auf Bäume und die hügelige, grüne Landschaft.

»MIT DEN GEORGISCHEN MÄNNERN HABE ICH EIN PROBLEM«

Ich setze mich mit Nanuka auf eine Steinmauer im Garten. Wir haben noch ein wenig Zeit bis zum Abendessen. Warum sie damals nach Deutschland gegangen sei, wenn sie schon als Journalistin gearbeitet habe?, frage ich sie. Bei der Zeitung habe sie nur nebenbei gearbeitet. Und nicht viel Geld verdient. Aber es sei eine wichtige Erfahrung gewesen, sagt sie. Ich habe mein Studium mit einem roten Diplom abgeschlossen. Rotes Diplom bedeutete, ich durfte das Studium kostenlos zum Master fortsetzen. Doch meine Eltern hätten weiter für mich Miete und Verpflegung bezahlen müssen. Sie haben ein Master-Studium nicht abgelehnt, aber ich wusste, wie schwer es für sie sein würde, mich zu unterstützen. So habe ich beschlossen, als Au-pair-Mädchen nach Deutschland zu gehen. Es war anfangs nicht einfach für mich in der Familie mit Kindern, weil ich noch nicht gut genug Deutsch sprach. Aber sie waren sehr verständnisvoll, das war mein Glück. Ich war von 2000 bis 2008 in Deutschland. Als ich 2003 für drei Wochen nach Georgien kam, war ich schockiert über die Verhältnisse und dachte, das ist nicht mehr mein Land. Ich war mit meinem georgischen Freund im Auto unterwegs. Ständig hielt uns die Polizei an und verlangte Geld von uns, völlig grundlos. Die Grenze nach Adscharien war geschlossen. Es gab Grenzkonflikte, weil die Politiker in Adscharien sich nicht der georgischen Regierung unterstellen wollten. Nichts war geregelt.

Zwei Mitarbeiterinnen kommen aus dem Haus und tragen gemeinsam einen großen Korb Wäsche an uns vorbei und unterhalten sich angeregt, sodass wir eine kleine Pause einlegen müssen.

In Deutschland jobbte ich als Kellnerin, Hilfskraft und auch für kurze Zeit im Krankenhaus, fährt Nanuka fort. In Georgien hatte inzwischen die Rosenrevolution stattgefunden und ihr Anführer Micheil Saakaschwili war zum Präsident in Georgien gewählt worden. Und er veränderte das Land. Als ich 2008 beschloss, zurück nach Georgien zu gehen, fühlte ich mich zuerst fremd in meiner Heimat. Auch meine Familie war mir fremd geworden. Meinen Eltern und Geschwistern ging es mit mir genauso. In Deutschland habe ich gemacht, was ich wollte. Niemand hat mich gefragt, wo ich hingehe, wann ich wiederkomme. Als ich in Georgien ausging, rief mich abends mein Vater oder mein Bruder an, und sie fragten mich, wo bist du, wann kommst du. Also, das hat mich schon ziemlich genervt, obwohl ich wusste, dass sie es gut meinten. Ich war nicht verheiratet, hatte noch keine Kinder, wie fast alle anderen Frauen in meinem Alter. Aber mit den Männern in Georgien habe ich seit meiner Rückkehr ein Problem. Ich habe inzwischen viel erlebt. Dadurch bin ich auch stärker geworden. Es gibt nur wenige Männer, meist die, die auch länger im Ausland waren, die eine starke Frau, die weiß, was sie will, akzeptieren. Jetzt bin ich siebenunddreißig Jahre alt. Ich möchte heiraten und Kinder haben, aber nur mit einem Mann, der meine Eigenständigkeit respektiert. Immer, wenn ich bisher einen Mann kennengelernt habe und dachte, ja, das ist der Richtige, dann stellte es sich nach kurzer Zeit doch wieder als Irrtum heraus. So bin ich immer noch auf der Suche, sagt Nanuka und lacht dabei.

Beim Abendessen sitzen wir auf der mit Weinreben überdachten Terrasse. Alles, was aufgetischt wird, kommt aus der Landwirtschaft des Cottage. Auch der Wein. Die Forellen, serviert in Granatapfelsoße, sind aus den Flüssen der Umgebung. Eine israelische Reisegruppe setzt sich an den Nebentisch. Es sind überwiegend ältere Menschen, die Georgien verlassen haben, und ihre frühere Heimat noch einmal besuchen. Auch Jüngere sind dabei, die wissen wollen, wo ihre Familien mal gelebt haben.

Es war ein langer Tag für mich, den ich mit Nanukas Cousin Zurab mit einem Glas Tschatscha abschließen möchte. Der bestellt gleich eine kleine Karaffe. Auch der Schnaps kommt natürlich aus der hauseigenen kleinen Brennerei.

»EIN FREUND DARF FÜR DEN FREUND NIEMALS DER NOT AUSWEICHEN«

Am nächsten Tag schauen wir auf dem Weg nach Achalziche, noch einmal von Weitem zu den Höhlen von Wardsia hinauf, die von der Sonne angeleuchtet werden.

Achalziche war eine ehemalige Garnisonsstadt der Sowjetunion. 1828 wurde sie von der russischen Armee erobert, und bis 1990 war Achalziche einer der Außenposten des sowjetischen Imperiums. Die Rabat-Festung stammt aus dem 12. Jahrhundert. Später war sie 250 Jahre lang die Residenz des türkischen Paschas. Davor Hauptsitz des Fürsten Dschakeli. Das Burggelände thront – mit einem Museum, einer großen Moschee, die in eine orthodoxe Kirche umgewandelt wurde, und einem Hotel mit Restaurant – über der Altstadt. Im Burgmuseum für Geschichte und Kunst der Region ist eine Abschrift des höfischen Epos »Der Recke im Tigerfell« von Schota Rustaweli aus dem 16. Jahrhundert zu bewundern. Rustaweli schrieb sein Werk im 12. Jahrhundert und widmete es der Königin Tamara, die es in Auftrag gegeben hatte und davon begeistert war. Den Dichter soll sie dafür großzügig entlohnt haben. »Der Recke im Tigerfell« wurde Teil der georgischen Volksdichtung und über Jahrhunderte von Generation zu Generation mündlich überliefert. Auch als Besucher wird man immer wieder gefragt, ob man Rustawelis Epos gelesen habe. Übersetzer sprechen auch von »Der Mann im Pantherfell«. Levan, Jabo, Nanuka und Zurab haben Verse daraus in der Schule auswendig gelernt. Jeder Georgier scheint passagenweise daraus vortragen zu können. Und es lohnt sich auch heute noch, dieses höfische Epos zu lesen. Es ist in der gleichen Epoche entstanden wie das Epos »Tristan und Isolde«, in Deutschland bekannt durch Richard Wagners Bearbeitung als Opernstoff. »Tristan und Isolde« wird dem irischen Sagenkreis zugeordnet. »Der Recke im Tigerfell« hat seinen Ursprung in der weltlichen Literatur des

12. Jahrhunderts, die aus dem Persischen und Arabischen stammt, wie Ruth Neukomm schreibt.[31] Beide Epen beschreiben die romantische, idealisierte Liebe und geben der Frau eine hohe Stellung. »In allen diesen Mythen wohnt eine unheimliche Kraft, uns zu erregen, zu erheben und uns aus der Kleinlichkeit unseres Ich-bezogenen Lebens hinauszuheben in das Zauberreich der edlen Taten und überirdischen Leidenschaften«, schreibt Robert A. Johnson. In der westlichen Welt wurde die romantische Liebe zur Grundlage von Ehe und jeglicher Liebesbeziehung gemacht, die bis heute gilt, und die doch, wie sich immer wieder zeigt, im Alltag zum Scheitern verurteilt ist. Die Verschmelzung der Liebenden Tristan und Isolde kann aufgrund der gesellschaftlichen Umstände nur durch deren beider Tod erfolgen. Ganz anders im höfischen Ritter- und Liebesroman »Der Recke im Tigerfell«, dessen Schauplatz sich von Arabien bis nach Indien und China erstreckt. Bei Rustaweli »führt die Liebe, wie brennend sie auch sei, nicht zur Selbstauflösung, sondern sie wird immer wieder an einem ethischen Prinzip gemessen, an der Liebe zum Mitmenschen, an der Bereitschaft, ihm als Freund zu helfen und so das Gute im Diesseits zu verwirklichen«, meint Ruth Neukomm. Der »Liebeswahnsinnige« (Midschnuri), bei Rustaweli ist es Awtandil, »Heerführer und oberster Feldherrn Sohn, noch ohne Barthaar«. Seine Liebe gilt Tinatin, der einzigen Tochter König Rostewans, der in Arabien lebt. »Die Schönheit Tinatins und ihre dichten Wimpern hatten ihn zu Tode getroffen.« Als Rostewan seine Tochter auf den Thron setzt, sagt er zu ihr: »So wie die Sonne gleicherweise auf Rosen wie auf Unrat scheint, solltest auch du nie müde werden, den Großen wie den Geringen deine Gnade zu erweisen. […] Nur was du gibst, ist wahrhaft dein, was du behältst, das ist verloren!« Auch Tamara wurde wie Tinantin von ihrem Vater Giorgi III. auf den Thron gehoben, weil es keinen männlichen Thronfolger gab. Die Ratschläge König Rostewans leben in der georgischen Kultur fort, die die Gastfreundschaft und auch die gegenseitige Hilfe als ein hohes Gut begreift.

Tinatin und Awtandil gestehen sich ihre Liebe und geloben sich ewige Treue. Tinatin schickt Awtandil für drei Jahre auf die Suche nach dem Ritter im Tigerfell. Nach der Rückkehr von seiner abenteuerlichen Reise hat er sein Ziel noch nicht erreicht, und er hat einen anderen, ebenfalls der Liebe verfallenen Midschnuri, seinem Schwurbruder Tariel, gelobt, ihm zu helfen, seine Geliebte zu finden und zu heiraten. Zu Tinatin sagt er nach seiner Rückkehr als Begründung dafür, dass er sie noch einmal verlassen muss: »Wer würde einem Manne, der lügt, vertrauen? Er gelobte, sich für mich in Flammen hinzugeben, er, welcher nicht zugrunde gehen darf. Da gelobte auch ich, für ihn mich hinzugeben, und ich setzte die Zeit meiner Rückkehr zu ihm fest. Ich schwor es bei dir, meiner Sonne, die du für mich die eine Sonne bist! Ein Freund darf für den Freund niemals der Not ausweichen, Herz gebe er für Herz und seine Liebe als Weg und Steg. Auch soll einem Midschnuri das Leid des anderen Midschnuri ein großes Leid bedeuten. Ach, ferne von ihm scheinen mir Freuden unerlaubt, und ich komme mir dabei als Unwürdiger vor.«

In der Antwort von Tinantin zeigt sich, dass auch sie die Freundschaft zwischen den Männern als das höher anzusehende Gut vor ihrer eigene Liebe zu Awtandil begreift: »Der Wunsch meines Herzens ist erfüllt. Vor allem bist du mir wohlbehalten heimgekehrt und hast den Verlorenen gefunden. Und dazu ließest du die Liebe, die ich pflanzte, wachsen, ich habe Balsam für mein Herz gefunden, das bis dahin versengt war. […] Du tust gut daran, den vor dem Höchsten gegebenen Schwur nicht zu brechen. Man muss einem Freunde unerschütterliche Liebe gewähren, muss Heilung für ihn suchen und das Unbekannte für ihn ergründen. […]«

Nachdem Awtandil seine Mission seinem Blutsbruder gegenüber erfüllt hat, kehrt er zurück zu Tinantin. »Awtandil stieg zu Pferd und ritt hinweg, nachdem er von Tariel Abschied genommen. Die Flammen des Feuers der Trennung verzehrten sie beide. […] Die Araber kamen ihm entgegen, und das Königreich wurde schön durch ihn. Er sah seine Sonne wieder, und die Ungeduld seiner Sehnsucht wich. Mit ihr nahm er gemeinsam den Thron ein, und die Freude der Schauenden erfreute ihn. Der Ratschluss der Höchsten hatte seiner Krone die Herrscherwürde verliehen.«

Schota Rustaweli soll eine höhere Stellung am Hofe von Königin Tamara gehabt haben. Und man vermutet, dass er über eine umfangreiche Bildung verfügt hat, da Georgien im Mittelalter die beiden Akademien Gelati und Ikalto besaß, in denen die wichtigsten Wissenschaften gelehrt wurden. Gestorben ist Rustaweli in Jerusalem. Wie sein großes Epos bis heute zu den unterschiedlichsten Interpretationen Anlass gegeben hat, haben sich auch Legenden über sein Leben gebildet. Rustaweli soll der Geheimschreiber der Königin gewesen sein und wegen seiner unglücklichen Liebe zu ihr das Land verlassen haben. Ob der Dichter im Ort Rustawi in der Nähe von Achalziche geboren wurde oder in der gleichnamigen, heute viertgrößten Stadt Georgiens, in Niederkartlien, ist ebenso wenig historisch belegt wie sein Geburts- und sein Todesdatum.

»DIE LIEBE KOMMT MIT DER ZEIT«

Wir genießen den Ausblick aus 1.029 Meter Höhe auf den sich durch das Tal schlängelnden Fluss Pozchowiszagali und die Weite der Landschaft von Samzche-Dschawachetien.

Nanuka freut sich darauf, mir auch noch Bordschomi zeigen zu können, wo ihre Großeltern gelebt haben und in deren Nähe in Surami sie aufgewachsen ist.

Die Autofahrt mit Zurab ist sehr angenehm. Vielleicht hat ihn seine Cousine angehalten, unsere Nerven zu schonen. Aber kurz vor Bordschomi kommen wir ohne sein Verschulden in eine brenzlige Situation. Grund ist ein gewagtes Überholmanöver eines Fahrers hinter uns. Als er mit seinem Auto zum Überholen ansetzt, stehen in kurzer Entfernung zwei Esel halb auf unserer Straßenseite. Alles passiert gleichzeitig. Ein Esel steigt sichtbar erregt auf das Objekt seiner Begierde. Das überholende Auto ist mit uns auf gleicher Höhe, Zurab zieht nach links, um einen Zusammenstoß mit den kopulierenden Eseln zu vermeiden. Als auch noch das entgegenkommende Fahrzeug auf gleicher Höhe ist, streifen sich die Autos fast. Danach können wir aufatmen. Die Gefahr ist vorbei. Ein Blick zurück zeigt, dass die Liebenden sich nicht haben stören lassen. Und wir prusten erleichtert los.

Im Kurpark in Bordschomi werden wir das berühmte Heilwasser aus der Quelle trinken. Ein warmes, kohlensäure-, hydrokarbonat-

und natriumhaltiges Mineralwasser, das Krankheiten vorbeugt und auch gegen Magengeschwüre hilft. Das Bordschomi-Mineralwasser aus den umliegenden Bergen sei weltberühmt. Schon bald stoßen wir wieder auf die Mtkwari und fahren am Fluss entlang bis zu unserem Ziel, parken in der Nähe des Likani Kurparks.

Ich muss mich ein wenig überwinden, das warme, durch die hohe Schwefelkonzentration, faulig riechende Mineralwasser aus der Jekatherinenquelle zu trinken. Ich sollte es nur in kleinen Schlucken nehmen, etwas warten, und es erst dann noch einmal versuchen, empfiehlt mir Nanuka, die es trinkt wie normales Wasser. Aber probieren müsste ich es auf jeden Fall. Es hilft auch bei Stoffwechselstörungen, Herz- und Gefäßleiden, Erkrankungen des Bewegungsapparates sowie bei Nervenleiden. Wir füllen uns noch zwei Fläschchen aus den kleinen vernickelten Wasserhähnen für den Weg ab und gehen dann zur Kabinenseilbahn, die hinauf zu einem Vergnügungspark mit Riesenrad führt. Vom Berg aus können wir die ganze Stadt überblicken.

Nanuka und Zurab stehen vor der kleinen Terrasse des Café-Restaurants. Dort haben sich die Familien ihrer Eltern das erste Mal getroffen, erzählt Nanuka. Ihre Mutter stammt aus einer Bauernfamilie in Bordschomi. Ihr Vater aus dem 37 Kilometer entfernten Kurort Surami. Die Hochzeit ihrer Eltern wurde von einem Bekannten beider Familien arrangiert, wie es damals in Georgien noch üblich war. Aber es war keine Zwangsheirat. Die Brautleute hatten das letzte Wort, konnten den von der Familie gewählten Partner auch ablehnen. Der Großvater von Nanuka war Bürgermeister von Surami und suchte für seinen Sohn eine hübsche und intelligente Frau. Ihr Vater war ebenso wie ihre Mutter erst neunzehn Jahre alt, wollte nicht so früh heiraten und erst einmal sein Leben genießen. Weil er dem Wunsch seines Vaters aber nicht widersprechen durfte, rasierte er sich vor dem ersten Treffen in Bordschomi eine Glatze, in der Hoffnung, so von der Frau, die für ihn ausgesucht worden war, abgelehnt zu werden. Nanukas Großmutter war ebenfalls gegen diese frühe Verbindung ihrer Tochter, weil sie sich wünschte, dass sie ein Studium absolviere. Das Treffen fand 1972 hier oben über Bordschomi mit einem wunderschönen

Blick auf die Stadt und die Landschaft statt, erzählt Nanuka. Zur Überraschung des glatzköpfigen Bräutigams und Nanukas Großmutter, stimmte die Tochter einer Vermählung zu. Nanuka weiß, dass ihre Mutter damals Ja sagte, weil sie sich mit dem einzigen Sohn des Bürgermeisters von Surami ein gutes und gesichertes Leben erhoffte. Sie ging davon aus, dass die Verliebtheit kommt, nachdem die Hochzeit arrangiert wurde, wie man damals sagte. Das war bestimmt nicht immer so. Aber für ihre Eltern habe es zugetroffen, sagt Nanuka. Und auch eine zweite Volksweisheit: Die Liebe kommt mit der Zeit. Ihre Eltern würden sich auch heute noch lieben. Aber sie kenne viele Ehepaare, die auf diese Weise sehr unglücklich geworden seien.

Nanuka erzählt aus ihrer Jugend. Als sie vierzehn Jahre alt war, haben ihre Eltern sie nicht aus den Augen gelassen, aus Angst, sie könnte entführt und zur Heirat gezwungen werden. In der mehr oder weniger rechtlosen Zeit in Georgien, kurz nach der Unabhängigkeit des Landes, gab es plötzlich wieder solche Entführungen von Mädchen, die es während der sozialistischen Zeit kaum noch gegeben hatte.

»MAN WOLLTE DEN WILLEN MACHOHAFTER MÄNNER BRECHEN«

Es ist schon spät, als wir den Abzweig zum Dorf erreichen, in dem Nanukas Tante lebt. Dort werden wir auch übernachten. Inzwischen haben sich dunkle Regenwolken gebildet. Als wir im Dorf ankommen, ist es schon dunkel. Die Straßen sind nicht asphaltiert und Zurab muss einige Schlaglöcher umfahren. Es ist matschig und rutschig auf der Straße. Aber unser Fahrer kennt sich aus. Er weiß, als es steil nach oben geht, dass er jetzt Gas geben muss, um nicht stecken zu bleiben.

Wir parken vor einem breiten schwarzen eisernen Tor, das an der Spitze mit weißen Tierornamenten verziert ist und in der Mitte mit einem hellen, ebenfalls verzierten Streifen. Nanukas Tante macht Licht und steht vor der Haustür im oberen Teil des Gebäudes. Die Tante trägt einen langen schwarzen Rock, darüber eine dunkle Wolljacke, schwarze Strümpfe, und um den Kopf hat sie ein breites schwarzes Tuch gebunden, aus dem ihr braunes Haar noch ein wenig herausschaut. Sie mustert mich kurz, weicht dann aber schnell meinem Blick aus. Tante und Nichte umarmen sich. Ich werde vorgestellt und gebe der Tante die Hand. Wir werden in die Küche gebeten, dort ist schon der Tisch mit dem Abendbrot vorbereitet. Es gibt Bohnensalat, Fleischwurst und frisches Brot. Dazu trinken wir Tee. Nach dem Essen soll ich den Hauswein probieren. Sie habe ihn leicht gezuckert, sagt die Tante und lächelt mich an. Tante und Nichte scheinen sich gut zu verstehen, kichern zusammen. In ihrem Aussehen könnte es keinen größeren Unterschied geben. Besonders jetzt, nachdem Nanuka sich über ihr weit ausgeschnittenes Shirt noch eine rosa Jacke angezogen hat. Als ich die beiden fotografieren will, ziert sich die Tante anfangs ein wenig. Aber die Scheu ist bald verflogen, auch wenn sie neben der lachenden Nanuka immer sehr ernst in die Kamera blickt. Die Tante ist hier im Dorf zur Schule gegangen. Hat danach ihre Mittlere Reife in Bordschomi gemacht und eine Ausbildung zur Buchhalterin und hat in der Kolchose im Dorf gearbeitet. Ihre Mutter war Agronom, erzählt sie, und war in der Kolchose beschäftigt. Und ihr Vater war dort Vorsitzender für die Viehzucht. Es sei mal ein großes Dorf gewesen. Hier lebten 300 Familien. Alle hatten ein kleines Haus. Die Bewohner haben während der Sowjetzeit überwiegend in der Kolchose oder in der Holzfabrik gearbeitet. Waren aber gleichzeitig Bauern, die Vieh hatten und ein bisschen Land. Es gab einen Kindergarten und eine große Schule. 2010 lebten noch 152 Kinder im Dorf, vorher waren es mehr. Und heute leben noch vierundsiebzig Kinder hier. Nach der Unabhängigkeit war es für die Familien schwer zu überleben. Sie hatten keine Arbeit mehr und lebten als Selbstversorger. Manche haben ein kleines Geschäft aufgemacht. Haben Waren eingekauft und weiterverkauft.

Von Mai bis September lebten die Großeltern auf der Sommerwiese in 1.700 Meter Höhe. Dort kam man nur mit Pferd und Wagen hinauf. Dort hüteten sie Kühe, Schafe, Rinder, Schweine und Hühner. Auch Nanuka war als Kind mit ihren Eltern auf der

Sommerwiese. Alle Familienmitglieder halfen mit, das Gras mit der Sense zu mähen, zu trocknen und das Heu einzufahren. Alles wurde damals mit der Hand gemacht. Und es wurden Schafe geschlachtet, man hat Schaschlik zubereitet, erinnert sich Nanuka, und viel gefeiert.

Der Mann der Tante hat während der Sowjetzeit an einer Tankstelle gearbeitet. Nach der Unabhängigkeit sei er der Einzige im Dorf gewesen, der ein Auto fuhr. Es gab ja kein Benzin. Und die Leute, die Benzin hatten, fuhren meistens nicht mit dem Auto, weil sie Angst hatten, man würde es ihnen klauen. Aber ihr Onkel sei ein sehr hochgewachsener und starker Mann gewesen mit einem großen Gerechtigkeitssinn. Er hatte ein Gewehr, das er immer mit sich führte. Vor ihm hatten sie Angst. Wenn es Streit im Dorf gab, wurde er als Schlichter dazu gerufen. Sie vertrauten ihm. In jedem Dorf gab es ein, zwei oder drei solcher Männer. Der Polizei wurde nicht getraut, weil die Polizisten korrupt waren. Und der Onkel half den Leuten aus dem Dorf, wenn sie krank waren. Fuhr sie mit seinem Auto ins Krankenhaus.

Als die Tante mit Zurab hinausgeht, um ihn zu verabschieden, frage ich Nanuka, warum nach der Unabhängigkeit Georgiens plötzlich so viele Männer, auch auf den Dörfern, Waffen hatten. Woher kamen die ganzen Gewehre plötzlich? Ihr Vater hätte zwar keine Waffe gehabt, sagt Nanuka. Aber es ging damals um Politik. Von Russland aus seien in Georgien Waffen verteilt worden. Und es gab viele Männer, die sie gerne annahmen. Die Russen hatten ein Interesse daran, dass in Georgien Chaos herrscht. Und das sei von Schewardnadse von Russland aus mit vorbereitet worden. Wenn in Georgien nicht dieses Chaos ausgebrochen wäre, hätte mit Sicherheit niemand Schewardnadse zur Hilfe gerufen. Aber als hier alles drunter und drüber ging, haben die Menschen gesagt, ohne Schewardnadse geht hier gar nichts mehr. Nein, das sei nicht bewiesen, aber es läge doch auf der Hand, denn so viele Waffen nach Georgien zu schmuggeln, wäre ohne Schewardnadse, ohne Russland, gar nicht möglich gewesen. Plötzlich hatten alle Männer Gewehre, sagt Nanuka sichtlich erregt und fordert mich auf, mit ins Wohnzimmer zu kommen.

Meine Tante trauert schon sehr lange um ihren Mann, sagt sie leise. Er starb mit neunundvierzig Jahren. Darüber spricht sie nicht gern. In der langen braunen Schrankwand steht ein gerahmtes Foto von Nanukas Onkel, der stolz in die Kamera blickt. Die kleine Kommode neben der Schrankwand ist vollgestellt mit gerahmten Heiligenbildern. Mutter Maria mit dem Jesuskind. Die heilige Nino. Jesus am Kreuz. Daneben eine Ikone. Gegenüber, an der anderen Zimmerwand, steht ein Klavier. Davor ein Esstisch. Zwei schwere schwarze Sessel stehen im Raum, ein Sofa, auf dem eine Tschonguri liegt, eine sehr kleine Mandoline, wie Jewgeni Artimidze sie gespielt hat, davor steht ein niedriger Tisch. Das Zimmer erinnert mich an »Die kalte Pracht« früher bei meiner Tante, ein Wohnzimmer, das nur zu besonderen Anlässen benutzt wurde. Nanuka lacht. Ja, das stimme. Und dann erzählt sie mir die Geschichte von ihrem Onkel zu Ende.

Er habe Drogen genommen, auch Heroin gespritzt. Wie viele Männer damals. Und das war natürlich verboten. Durch die Polizeireform von Saakaschwili wurden sehr viele korrupte Polizisten entlassen. Und das Gehalt der Polizisten wurde erhöht. Gleichzeitig wurde ihnen gedroht, wenn sie sich etwas zuschulden kommen lassen würden, kämen sie ins Gefängnis. Die Polizisten wurden sehr streng kontrolliert. Aber die in den Dörfer besonders geachteten Männer, die nach der Unabhängigkeit ihre Macht erworben hatten, sehr anerkannt waren, wie mein Onkel auch, die gab es in jedem Dorf, die hatten inzwischen ihre eigenen Gesetze und waren nicht alle bereit, sich der Polizei unterzuordnen. Saakaschwili wusste, wenn er nicht rigoros gegen diese Männer vorgeht, dann wird es keine Gerechtigkeit geben. Die Polizisten gingen also in die Dörfer zu diesen Männern, mit denen man sprechen konnte. Einige, die nicht zu Gesprächen bereit waren, wurden von der Polizei auf der Straße erschossen, mit der Begründung, dass sie zur Mafia gehörten. Aber sie gehörten natürlich nicht alle zur Mafia. Und so wurden auch unschuldige Männer umgebracht. Das wurde Saakaschwili immer wieder vorgeworfen, dass er auch völlig unschuldige Menschen umgebracht hat. Zu meinem Onkel, von dem sie wussten, dass er Drogen nahm, kamen Polizisten und stellten ihn vor die Wahl. Entweder müsse er Georgien verlassen oder er komme ins Gefängnis. Er war dann zwei oder drei Jahre in der Ukraine. Aber er wollte zurück nach Georgien in sein Dorf, zu seiner Familie. Er wusste, dass er bei seiner Rückkehr ins Gefängnis komme, sagte sich aber, ich halte es ein paar Jahre hinter Gittern aus, irgendwann werde ich wieder freikommen und kann ein normales Leben führen. Er kam zurück, und da er wegen Drogendelikten auf der Fahndungsliste stand, holte man ihn zu Hause ab. Ein Polizeikommando mit Gewehren und Schutzhelmen umstellte nachts das Grundstück, als er und seine Frau schliefen, stürmten das Haus, verhafteten ihn und sperrten ihn ein.

Mein Onkel hat immer für Gerechtigkeit gekämpft, sagt Nanuka. Wir vermuten, dass man ihn im Gefängnis geschlagen hat. Man wollte den Willen solch starker machohafter Männer brechen, wollte sie umerziehen. Nach drei Jahren wurde er amnestiert. Er hatte große gesundheitliche Probleme. Und nach drei Monaten zu Hause ging es ihm plötzlich sehr schlecht. Er kam ins Krankenhaus und starb dort. Er war erst neunundvierzig Jahre alt.

ROT GEFÄRBTE EIER SYMBOLISIEREN DAS BLUT CHRISTI

Am nächsten Morgen wache ich schon früh auf und stelle mich auf die Terrasse vor der Haustür. Die Sonne kommt immer wieder kurz hinter den noch dichten Wolken hervor. Vor dem unverputzten Nachbarhaus strahlt sie gerade drei braune, dicht nebeneinanderstehende Kälber an. Nanukas Tante geht durch das Eingangstor und über das noch feuchte Gras auf die Treppe zu, steigt hinauf, sieht mich, lächelt, sagt etwas zu mir, und verschwindet in der Küche, die man auch von der Terrasse aus erreichen kann. In ihrem Gesicht lese ich jetzt das, was Nanuka mir am Abend erzählt hat. Ich blicke auf die hellen Zeltdächer der Häuser, die überall aus dem Grün des Tales herausragen. Das Dorf liegt zwischen grünen Hügeln, die von tief liegenden grauen Wolken umgeben sind. Zwischen Bäumen hindurch sehe ich das strömende Wasser des Flusses, der durch den Ort fließt, und atme tief die noch kühle Luft des Morgens ein. Nanuka steht schon in der Küche. Von dort aus sehe ich die Seitenfront des Nachbarhauses und eine junge Frau mit einem Kind, die im Garten zu den Hühnern gehen. Nach dem Frühstück soll Zurab uns abholen. Ich bitte Nanuka ihm auszurichten, er möge bitte unten im Dorf an der Brücke warten, weil ich gern zu Fuß hinuntergehen möchte.

Wir verabschieden uns von der Tante und spazieren durch die menschenleeren Dorfstraßen. Hühner und Schweine auf den Wegen. Eine Sau watet durch eine Pfütze. Weiter unten hören wir die starke Strömung des Flusses, der im Tal in die Mtkwari fließt. Er führt nach dem Regen sehr viel Wasser. Wir kommen am Friedhof vorbei. Friedhöfe seien für sie ganz wichtig, sagt Nanuka. Wir gehen durch einige Gräberreihen. Bei ihnen sei es Tradition, dass sich die Familie und alle Verwandten einmal im Jahr, an Ostern, auf dem Friedhof treffen. Sie bereiten unterschiedliche Speisen vor und nehmen sogar Tischdecken mit. Die Eier werden rot gefärbt. Rot, weil es das Blut Christi symbolisiert. Oma und Opa, Onkel und Tanten, Cousinen und Cousins kommen, manche von ihnen kenne sie nur vom Friedhof. Als kleines Mädchen habe sie eine sehr enge Beziehung zu ihren Großeltern gehabt. Überhaupt waren die Beziehungen zu den Verwandten viel intensiver. Besonders nah war mir meine Großmutter mütterlicherseits. Sie ist 2007 gestorben. Sie hat mich großgezogen. Es war bei uns früher auch Tradition, dass eine nahestehende Person den Toten laut beweinen muss. Wenn das nicht geschah, wurde man schlecht angesehen. Meine Oma hat mir immer gesagt, wenn ich gestorben bin, sollst du mich laut beweinen. Das hat sie mir immer wieder gesagt. Und als sie dann plötzlich starb, war ich in Deutschland, konnte sie nicht beweinen, und nicht bei ihrer Beerdigung dabei sein. Das war für mich sehr schlimm. Lange machte ich mir große Vorwürfe und bekam Depressionen. Und dann traf ich die Entscheidung zurückzugehen, obwohl ich mich in Deutschland sehr wohl fühlte. Heute noch fahre ich jedes Jahr ein paar Wochen nach Deutschland und besuche dort meine Freunde.

Unten an der Brücke steht schon Zurab und wartet auf uns. Nanuka möchte noch etwas für ihren Neffen und für ihre Nichte einkaufen. In der Nähe steht ein kleiner Container, in dem eine Frau ein paar Waren anbietet. Würste hängen an einem Brett. Dahinter stehen Konservendosen und Marmeladengläser. Im unteren Regal Waschpulver und Seife. Es gibt Zigaretten, Kekse und Süßigkeiten. Auch Brot und Gebäck hat sie im Angebot. Und vorn auf dem Tresen steht ein Glas mit Lollis. Daneben liegt ein hölzerner Abakus mit weißen und roten Kugeln als Rechenhilfe.

»ICH HABE SIE AUF DER STRASSE KENNENGELERNT UND NACH DREI TAGEN ENTFÜHRT«

Mit dem Auto geht es weiter. Etwas außerhalb am Fluss bittet Nanuka ihren Cousin anzuhalten. Dort oben, bei dem kleinen Gebäude aus Stein, befindet sich eine Heilquelle. Früher sei es hier für Männer an bestimmten Tagen verboten gewesen herzukommen. Dann gingen nur Frauen zu der Quelle. Sie kamen nackt hinunter zum Fluss und wuschen sich hier. Nanuka schaut mich an und schmunzelt. Lass uns schnell weiterfahren. Die Familie meines Onkels wartet auf uns. Zurab sagt, wenn wir zu spät kommen, könnten sie nicht pünktlich zu Mittag essen. Bis dahin sollten wir also wieder weg sein.

Die großen Eisenplatten der Brücke über den Fluss scheppern, als wir aus dem Dorf der Tante hinausfahren. Der Weg zur Familie des Onkels ist nicht weit. Zurab wohnt hier mit seinen Eltern, seiner Großmutter, seinem Bruder und seiner Schwägerin, die zwei kleine Kinder haben. Alle kommen hinaus, um uns zu empfangen, als Zurab seinen Opel vor dem großen, türkis gestrichenen Eingangstor parkt. Links und rechts grenzt ein Bretterzaun das Grundstück ab. Das Haus steht weit oben im Dorf. Gebaut mit roten Ziegelsteinen. Rundherum ist alles grün, auch die Hügelketten. Nanuka begrüßt alle, stellt mich vor. Und dann herzt sie die beiden Kleinen ihres Cousins.

Wir sollen mit ins Haus kommen. Der untere Teil des Hauses ist Lager- und Vorratsraum. Über eine Treppe mit schmiedeeisernem, verziertem Geländer gehen wir hinauf zur Eingangstür. Wir werden ins Wohnzimmer gebeten, in dem es nicht hell genug ist, um dort ohne Licht zu sitzen. Vor den Fenstern sind Gardinen, darüber rote Vorhänge. Es ist kühl im Raum. Nanuka sagt ihrem Onkel, dass ich mit ihm, seiner Mutter und Zurab ein Drei-Generationen-Gespräch führen möchte. Sie wird übersetzen. Die Oma wird gerufen. Sie ist mit den anderen Frauen in die Küche gegangen. Großmutter, Sohn und Enkel besprechen sich kurz und setzen sich dann nebeneinander auf die rote, mit Blumen verzierte Tagesdecke des Bettes, das im Zimmer steht. Hinter ihnen hängt ein braunrot gemusterter Wandteppich vor der gepunkteten Tapete. Alle freuen sich über dieses seltene Bild.

Nanukas Großmutter blickt mich stolz und selbstbewusst an. Sie trägt ein schwarzes Kopftuch, einen dunklen Pullover und darüber eine schwarze Strickweste mit vielen Ornamenten. Um die Hüften hat sie sich einen breiten braunen Wollschal gebunden und eine Wolldecke über die Knie gelegt. Zurab und sein Vater schauen sie erwartungsvoll an. Ich frage nach ihrer Herkunft. Sie hat eine feste, helle Stimme, und ihr Georgisch klingt sehr melodisch. Sie sei in Westgeorgien in der Nähe der Stadt Wani aufgewachsen. Ihr Leben sei sehr schön gewesen, bis der Zweite Weltkrieg begann, und ihr Vater und ihr Bruder zum Kriegsdienst eingezogen wurden. Und wir Frauen blieben allein. Das Leben wurde sehr hart für uns, weil wir jetzt alle in der Kolchose arbeiten mussten. Sie hätten den ganzen Tag gearbeitet, aber abends seien sie mit leeren Händen nach Hause gekommen, sagt sie. Als mein Vater und mein Bruder aus dem Krieg zurückkamen, konnten sie kaum noch laufen. Deshalb mussten wir Frauen weiter in der Kolchose arbeiten. Ich wollte studieren. Und ich bin froh, dass meine Mutter es zugelassen hat. Ich wurde Agronom, lernte Zucht-, Fütterungs- und Anbaumethoden. Nach dem Krieg war es wieder ruhiger geworden, aber die Menschen hatten weiterhin große wirtschaftliche Probleme. Als ich mein Studium abgeschlossen hatte, ging ich nach Bordschomi. Dort lebte meine Schwester mit ihrem Mann. In der Region suchten sie einen Agronomen, so bin ich hiergeblieben. Wie ich meinen Mann kennengelernt habe? Sie schmunzelt. Sie sei in der Nähe in einem Ort gewesen. Von dort aus habe man sie hierher ins Dorf geschickt.

Und hier hat mich mein Mann kennengelernt. Als wir geheiratet haben, war es nicht so leicht mit der Familie meines Mannes, weil er ohne Vater aufgewachsen ist. Der Vater soll ein sehr starker und eigenwilliger Mensch gewesen sein, der sich gegen die Kollektivierung aufgelehnt hat. Er wurde 1937 nach Sibirien verschleppt und ist nie wieder zurückgekommen. Was man ihm genau vorwarf, wussten wir nicht. In einem Gerichtsverfahren wurde er freigesprochen. Trotzdem kam er nie wieder zurück, weil er Herzprobleme hatte und dort starb. Später wurde er rehabilitiert, und mein Mann erhielt eine kleine Rente. Wir hatten wenig Geld und mussten sehr viel arbeiten. Drei Kinder haben wir großgezogen. Dieses Haus haben wir gebaut, und die Kinder haben alle drei studiert. Mein Mann ist gestorben, als er sechsundachtzig Jahre alt war. Sie blickt jetzt zu ihrem Sohn, fordert ihn auf weiterzuerzählen.

Das Leben in der kommunistischen Zeit in Georgien sei viel besser gewesen, sagt er. Die Menschen hatten Arbeit. Heutzutage sind sie entweder selbstständig oder müssen sich selbst um eine Arbeit kümmern, da die Regierung nicht ausreichend Arbeitsplätze schafft. Zur Schule bin ich hier im Dorf bis zur achten Klasse gegangen. Danach habe ich eine Schule in Bordschomi besucht und dann am Technischen Institut Landwirtschaft studiert. Ich war für die Trinkwasserleitungen im Dorf zuständig und später für die Kolchose tätig, aber nur sechs Jahre, weil dann hier alles zu Bruch ging. Nach der Unabhängigkeit habe ich als Metzger gearbeitet. Habe im Dorf Schafe gekauft, geschlachtet und das Fleisch auf dem Markt in Bordschomi verkauft. Aber seitdem der Markt geschlossen wurde, bin ich arbeitslos. Wie *ich* meine Frau kennengelernt habe? Er lacht, schaut zu Nanuka. Die ermuntert ihn zu erzählen. Ich habe meine Frau 1983 auf der Straße kennengelernt. Nach drei Tagen habe ich sie entführt. Ich hatte ein Auto. Sie wollte irgendwohin fahren, ich habe gesagt, kein Problem, ich fahre dich. Aber dann habe ich nicht mehr angehalten, und bin mit ihr zu meiner Schwester gefahren. Ich habe sie am gleichen Tag wieder zurückgebracht. Sie hatte keine Eltern mehr und ist bei der Großmutter aufgewachsen. Es gab dann längere Verhandlungen, bis sie Ja gesagt hat. Und dann haben wir offiziell geheiratet. Und jetzt leben wir seit dreiunddreißig Jahren zusammen. Seine Frau steht im Türrahmen mit einem ihrer Enkel auf dem Arm und schmunzelt. Sagt dann, so Zurab, jetzt bist du dran. Ich bin gespannt, was du erzählen wirst.

Ich habe eine gute Kindheit gehabt. Die Eltern haben gearbeitet, und ich habe nur gegessen, scherzt Zurab. Dann erzählt er seine Erinnerungen, als er zur Schule kam. Es habe Kinder aus dem Dorf gegeben, die am ersten Schultag nicht in der Schule erschienen sind, weil sie keine Schuhe hatten, nichts Anständiges anzuziehen und keine Schulsachen. Solche Probleme gab es bei uns glücklicherweise nicht, weil damals mein Opa noch lebte, der gearbeitet hat und mein Vater auch. Nachdem ich die Schule abgeschlossen hatte, fing ich an zu studieren. Im gleichen Jahr hatte mein Vater einen Unfall. Er hat einen Baum gefällt und ist unter den fallenden Baum geraten. Danach lag er lange im Krankenhaus. Da musste ich mein Studium abbrechen, mich um meinen Vater kümmern und der Familie helfen. Ich habe das Studium nicht wieder aufgenommen. Heute mache ich nichts und langweile mich. Arbeite ein bisschen im Haus und gehe hinunter zum Dorfplatz, wo sich die Männer treffen. Einmal im Monat gehe ich Bäume fällen. Das ist eigentlich nicht erlaubt und wird bestraft, wenn man erwischt wird. Und außerdem ist es nicht ungefährlich. Ich würde alles machen. Als Fahrer arbeiten, oder in der Fabrik. Egal, Hauptsache Arbeit. Aber es gibt keine Arbeitsplätze. Es geht mir nicht darum, viel Geld zu verdienen. Ich möchte einfach arbeiten und würde auch als ganz einfacher Arbeiter anfangen. Das wünsche ich mir. Und Frieden, Freiheit und Einheit für mein Land. Ich möchte das Leben hier so erleben, wie es die Generationen vor uns erlebt haben. Die erzählen, dass sie alle gearbeitet haben, und dass es sogar strafbar war in der kommunistischen Zeit, wenn man nicht gearbeitet hat. Ich wünsche mir, dass es wieder so kommt, dass man Geld verdient, genug zu essen und zu trinken hat.

Zurabs Schwägerin kommt mit einem Tablett ins Zimmer. Jetzt gäbe es erst einmal ein bisschen zu essen und zu trinken, sagt sie. Schließlich haben wir Gäste. Die drei Männer setzen sich an den Tisch und bitten mich dazuzukommen. Die Tante bringt Chatschapuri, Bohnensalat, Schafskäse, Frühlingszwiebeln, Radieschen und Brot. Der Onkel holt eine Flasche selbst gebrannten Tschatscha und schenkt die Schnapsgläser voll. Nanuka geht mit den Frauen in die Küche, kommt ab und zu mal nach mir schauen, und fragt, ob sie etwas übersetzen solle. Ihr Onkel erhebt sein Glas und möchte auf den Gast trinken, auf eine gute Zukunft in Georgien, in der alle in Frieden leben können. Noch weitere vier Mal stoßen wir während des Essens mit Tschatscha an. Auf Gott, unsere Kinder, die Frauen in Georgien und in Deutschland und auf die Freundschaft. Wir sollten jetzt besser gehen, sage ich zu Nanuka, als sie die letzten Wünsche des Onkels übersetzt hat und wir ausgetrunken haben. Wenn ich mich noch verabschieden möchte, sagt Nanuka, die Frauen seien in der Küche.

Es riecht sehr gut nach warmem Essen. Auf dem Küchentisch steht schon das Geschirr. Nanukas Oma sitzt mit ihrer Tochter und den beiden Urenkeln auf der Küchenbank. Auf dem alten Holzkohlenherd unter dem Fenster stehen Töpfe. Das Ofenrohr führt übers Küchenfenster nach draußen. Es gibt aber auch einen Elektroherd, eine Waschmaschine und einen großen Kühlschrank. Durch die jetzt geschlossene weiße Flügeltür, durch deren Ritzen man hinaussehen kann, geht es in den Garten. Nanuka umarmt ihre Oma, und ich bedanke mich und verabschiede mich von ihr. Die Tante bringt uns mit den Kindern zum Auto, wo schon die Männer warten, um uns nachzuwinken.

Auf dem Weg zur Hauptstraße bittet Nanuka ihren Cousin, noch einmal kurz zu halten. Unten im Tal fließt die Mtkwari. Das aufgewühlte Wasser ist hellbraun. Nanuka zeigt auf ein großes Elektrizitätswerk am Ufer der Mtkwari, das Bordschomi mit Strom versorgt. Man habe lange daran gebaut. Nach dem Zweiten Weltkrieg haben dort deutsche Kriegsgefangene gearbeitet. Und auch die Häuser, die rundherum stehen, wurden von ihnen gebaut. Deutsche Kriegsgefangene haben auch in Tbilissi gearbeitet, haben Ausschachtungsarbeiten ausgeführt, Maisfelder bewässert und Aufräumungsarbeiten durchgeführt. David Kakabadse hat in seinem Dokumentarfilm »Gefangen im Kaukasus«[32] viele der damals sehr jungen deutschen Kriegsgefangenen, die in Lagern in Georgiern untergebracht waren und in den unterschiedlichsten Regionen Georgiens gearbeitet haben, interviewt. Insgesamt waren es 2,4 Millionen deutsche Kriegsgefangene in der Sowjetunion, 40.000 von ihnen waren in Georgien. Der Autor ließ vor fünfzehn Jahren alte Männer ihre Erinnerungen erzählen. Hinzu genommen hat er die Erinnerungen von Georgiern, die mit den deutschen Kriegsgefangenen in Berührung gekommen sind, ihnen zu essen gaben, sie zu sich ins Haus einluden und manche Frauen, die sich auch in sie verliebten. Es ist ein sehr bewegender Film, der das menschliche Band und die Humanität zwischen Georgiern und Deutschen nach einem fürchterlichen Krieg in den Mittelpunkt stellt.

SCHLAMMLAWINEN AUS DEN BERGEN LÖSTEN HOCHWASSER AUS

Zurab hat uns an die Straße nach Tbilissi gebracht. Nanuka hat eine Marschrutka angehalten. Wir haben Glück, dass noch zwei Plätze frei sind. Wir sitzen mit zwei anderen Fahrgästen sehr eng auf der vordersten Bank hinter dem Fahrer. Vorne neben ihm noch zwei weitere Mitreisende. Über der Sonnenblende klebt ein Bild von der heiligen Nino. Rechts eine Illustration vom Recken im Tigerfell. Dazwischen ein kleines Bild von der Mutter Maria mit dem Jesuskind auf dem Arm. Unsere Rucksäcke haben wir zwischen die Beine geklemmt. Wir dösen ein bisschen vor uns hin. Als wir hinter Gori sind, frage ich Nanuka nach dem Hochwasser drei Monate zuvor in Tbilissi. Im deutschen Fernsehen wurde in ein paar Berichten darüber immer wieder das gleiche Nilpferd gezeigt, das aus dem Zoo ausgebrochen war und über die Hauptstraße irrte. Mich interessiert, wie es dazu kommen konnte. Es habe sehr viel geregnet, erzählt Nanuka. Schon zehn Tage zuvor gab es ein Hochwasser. Nicht dort, wo der Zoo ist, sondern an einer anderen Stelle. Ein reicher Mann hatte dort ein Hundeheim. Er hat streunende Hunde ohne Besitzer eingesammelt und in diesem Heim untergebracht. Beim ersten Hochwasser stand das Hundeheim unter Wasser, viele Tiere sind ertrunken. Der Hundefreund hat im Internet um Hilfe gebeten. Er brauchte auch Medikamente für die kranken Tiere. Nanuka folgte mit ihrer Schwester, wie andere auch, seinem Aufruf. Sie haben die schlammigen Käfige gesäubert. Es gab Menschen, die lange ehrenamtlich dort gearbeitet haben. Als sie ankamen, erzählt Nanuka, waren die Tiere sehr eingeschüchtert, aber auch begeistert. Es sei unglaublich gewesen. Sie seien an ihnen hochgesprungen und haben sich gefreut. In der Nähe des Hundeheims fließt ein kleiner Bach und ein Wehr. Durch den starken Regen staute sich das Wasser und löste dieses Hochwasser aus. Obwohl es in Tbilissi bekannt war, dass hier eine Gefahr lauerte, hat niemand darauf reagiert. Und nach zehn Tagen setzte nochmals ein großer Regen ein. Gleichzeitig kam eine Schlammlawine aus den Bergen herunter, riss Bäume mit. Ein kleiner Bach, der durch den Zoo fließt und in die Mtkwari, trat über die Ufer. Obwohl man die Gefahr hätte erkennen können, hat keiner die Straße gesperrt, sodass die Autos vom Wasser mitgerissen wurden und auch Menschen starben. Vierundzwanzig seien ums Leben gekommen, meist junge Menschen. Und viele Tiere aus dem Zoo seien ertrunken. Andere sind ausgebrochen. Raubtiere waren aus ihren Gehegen entkommen. Als die Regierung verkündete, es bestehe keine Gefahr mehr, obwohl sie genau wusste, erzählt Nanuka, dass noch ein Tiger fehlte, kehrten die Menschen in ein Lager neben dem Zoo zurück, um es zu reinigen. Dort war der Tiger und griff einen Mann an, der dabei ums Leben kam. Und es gibt noch eine sehr traurige Geschichte von zwei Schwestern, die starben, die eine dreiundzwanzig und die andere sechsundzwanzig Jahre alt. Die Mutter der beiden hatte auf dem Markt gearbeitet, damit die Mädchen studieren konnten. Die eine Tochter war schon Ärztin. Die Mutter erzählte nach ihrem Tod, dass sie ihr kurz zuvor gesagt habe, bald brauchst du kein Obst mehr auf dem Markt zu verkaufen, bald habe ich genug Geld, um dich zu unterstützen.

ÜBER PURPURROTE WÄNDE SIND BEMALTE RUNDBÖGEN AUS STUCK GELEGT

Kurz vor unserer Ankunft in Tbilissi fragt mich Nanuka, ob ich schon mal etwas von der Autorin Nino Haratischwili und ihrem

Roman »Das achte Leben (Für Brilka)« gehört hätte. Als ich ihr sage, dass ich den 1.300-Seiten-Roman kurz vor meiner Reise nach Georgien fast verschlungen hätte, freut sie sich. Dann müsse sie mir unbedingt ein paar alte Häuser in der Altstadt zeigen, die in dem Roman eine Rolle spielen. Sie könne mir auch einiges über die historische Bedeutung der alten Häuser erzählen, damit habe sie sich länger beschäftigt. Viele sind von außen verfallen, aber sobald man deren Flure und Treppenhäuser betritt, die teilweise schon restauriert wurden, ahnt man, dass hier einmal sehr begüterte Familien gelebt haben müssen und kann sich sehr gut das Leben in Tbilissi Anfang des 20. Jahrhunderts vorstellen.

Wir fahren vom Busbahnhof aus mit dem Taxi in die Altstadt. Nanuka geht auf ein von außen baufälliges Haus zu und drückt die schwere hohe Holztür auf. Nicht alle Türen seien geöffnet. Aber von diesem Haus wüsste sie es. Mir stockt der Atem. Als würden wir eine andere Welt betreten. Ein hochherrschaftliches Haus mit einer Marmortreppe bis ins obere Stockwerk. Ein kunstvoll geschmiedetes gusseisernes Geländer mit einem Handlauf aus Mahagoni. Davor eine geschmiedete hohe Flurbeleuchtung mit einer Kugellampe. Über die purpurroten Wände sind bemalte Rundbögen aus Stuck gelegt. Die Wände entlang der Treppe mit taubenblauen großen Kacheln verziert. Im ersten Stock eine Säulenbalustrade in hellen und dunklen Brauntönen mit Ornamenten verziert. Ich stelle mir gerade vor, sage ich zu Nanuka, dass dort oben Christine Laschi aus Haratischwilis Roman mit der Maske vor dem Gesicht neben ihrem Mann steht, in Erwartung noch anderer ranghoher Gäste aus Tbilissi. Sie warten auf das in Kürze beginnende Fest, das Lawrenti Beria gleich eröffnen wird. Noch ist vom Unglück nichts zu spüren. Wir steigen die Treppe hinauf. Als wir uns umdrehen, blicken wir auf die Deckenbemalung im Hausflur. Im oberen Teil des dunkelbraunen Holzeingangs ist ein rundes Glas eingelassen, mit einem großen schmalen Davidstern verziert. Oben auf der Balustrade angekommen, schauen wir auf der anderen Seite in den begrünten Innenhof. Heute wohnen viele Familien auf engstem Raum im ersten Stock. Vermutlich wurde dieses ehemalige herrschaftliche Haus in kleine Wohneinheiten aufgeteilt.

Das Wohnhaus von Lawrenti Beria, das im Roman eine große Rolle spielt, muss auch hier in der Nähe gewesen sein. Einen Hinweis auf Beria, der von 1931 bis 1938 Erster Sekretär der Kommunistischen Partei in Georgien war und später oberster Geheimdienstchef des NKWD in Moskau, scheint es nicht zu geben. Wir haben es aber auf dem roten Plan gefunden, den Nino Lejawa mir geschenkt hat: »Historic Tour: ›Red Terror Topography‹«. Und machen uns auf die Suche in der Ivane Machabeli Straße, Nr. 11. Das Haus, ein bisschen zurückgesetzt, wurde später umgebaut, wird von einer städtischen Einrichtung genutzt und kann nicht besichtigt werden. Nanuka möchte aber unbedingt das Haus finden, in dem Nino Haratischwili ihre Protagonistin Christine Laschi wohnen lässt, die von Beria nach der Feier gezwungen wird, seine Mätresse zu werden. Sie fragt ein paar Männer vor einem Haus, von dem sie vermutet, dass es das Anwesen von Christine Laschi sein könnte. Ob wir ins Haus gehen dürften. Die Männer lachen, scherzen mit ihr. Vielleicht sind wir nicht die Ersten, die den Spuren der Romanfiguren von Nino Haratischwili folgen. Gegenüber steht ein alter metallicblauer Opel von 1938. Ist Beria damit gefahren? Oder wurde Christine von einem Fahrer mit diesem Auto abgeholt und zu ihm gebracht?

Wir gehen weiter. Die Häuser sind teilweise sehr baufällig. Nanuka weist mich auf ein Gebäude in der Straße P. Ingorokva Nummer 22 hin. In diesem Haus hätten die Folterungen des Innenministeriums während der Saakaschwili-Ära stattgefunden. Als Videos dazu veröffentlicht wurden, hat es Saakaschwili sein Amt gekostet. Es habe die Menschen dazu getrieben, zu den Wahlen zu gehen, für den »Georgischen Traum« zu stimmen und gegen die »Vereinte Nationale Bewegung« des amtierenden Präsidenten. Die Videos brachten das Fass zum Überlaufen. Die Menschen waren schockiert und empörten sich.

Nanuka hat für eine Menschenrechtsorganisation gearbeitet und über Leute geschrieben, die im Gefängnis saßen, geschlagen und gefoltert wurden. Einem von ihnen, Wachtang Maisiaia, der über geheime militärische Dokumente recherchiert hatte, wurde vorgeworfen, er habe im Krieg 2008 Informationen an die Russen geliefert, obwohl es nicht stimmte. Er war ein bekannter Journalist, der sehr kritisch über die Regierung geschrieben hat. Er wurde 2009 inhaftiert und kam erst 2013, als die neue Regierung gewählt worden war, wieder frei. Seine Gegner habe Saakaschwili in seiner zweiten Amtszeit gnadenlos bekämpft. Und er hat Geschäftsleute genötigt und erpresst, ihm seine teuren, extravaganten Bauvorhaben mitzufinanzieren. Weigerten sie sich, wurden sie inhaftiert und manche auch gefoltert. Und die Folterungen habe man gefilmt, den Opfern damit gedroht, sie im Internet zu veröffentlichen, um sie gefügig zu machen. Das soll in diesem Haus passiert sein. Sie habe auch über einen Jungen geschrieben, erzählt Nanuka weiter, den man mit anderen Jugendlichen, die völlig unschuldig waren, erschossen hatte, nachdem sie als Diebe denunziert wurden. Der Vater eines der Jungen hat dafür gekämpft, dass die Mörder zur Rechenschaft gezogen und verhaftet werden. Vor ein paar Monaten, im Frühling, forderte er die Verurteilung der Mörder, die immer noch im Innenministerium saßen. Am nächsten Tag besuchte er das Grab seines Sohnes in einem Ort in der Nähe von Tbilissi. In dem Moment, als er vor dem Grab stand, wurde es in die Luft gesprengt. Vor dem modernen Verwaltungsgebäude an der Mtkwari in Tbilissi stehe heute ein Denkmal zur Erinnerung an diese erschossenen Jugendlichen. Der Innenminister musste zurücktreten, weil er immer wieder die alten Mitarbeiter stützte und behauptete, seine Angestellten seien alle »sauber«.

Gleichzeitig müsse sie aber sagen, ergänzt Nanuka, um nicht alles im negativen Licht stehen zu lassen, dass sie sich in der Saakaschwili-Zeit immer sicher gefühlt habe. Sie habe von 2008 bis 2013 ihr Zimmer oder ihre Wohnungstür nie abgeschlossen. Dieses Gefühl der Sicherheit habe sie heute nicht.

Wir gehen weiter zum Haus der Schriftsteller in die Machabeli Straße 13. Eine Tafel auf der linken Seite des Eingangs erinnert an David Sarajishvili. Er beauftragte einen deutschen Architekten mit dem Bau des Hauses und wohnte hier von 1905 bis zu seinem Tod 1911. Sarajishvili war Philanthrop und Unternehmer. Er eröffnete eine Fabrik für die Produktion von hochwertigem Weinbrand auf der Basis heimischer Trauben. 1918 erwarb der Kaufmann und

Philanthrop Akaki Khoshtaria das Haus. 1921 emigrierte Khoshtaria und das Haus wurde von der Stadt als Haus für Literatur und Kunst betrieben. Als Nanuka mich durchs Haus führt, kommen wir ins beginnende 20. Jahrhundert. Ein Gemälde von Ilia Tschawtschawadse und Fotografien von Schriftstellern aus der damaligen Zeit hängen an den Wänden.

Halbhohe holzvertäfelte Wände über dem dunklen Parkett im Salon. Darüber Seidentapeten und Holzintarsien in unterschiedlichen Farbtönen an der Decke. Ein großer Kamin, verglaste Bücherschränke an den Wänden. Auch ein Besuch im Badezimmer lohnt sich. Waschbecken, Armaturen und Kacheln an den Wänden und Fliesen auf dem Boden zeugen vom damaligen Prunk.

Am 22. Juli 1937 traf sich im Haus der Schriftsteller im ersten Stock der georgische Schriftstellerverband. Paolo Iaschwili, ein Freund von Andrè Gide und einer der führenden Vertreter des georgischen Symbolismus nahm daran teil. Auf Druck von Lawrenti Beria hatte Iaschwili sich auf den Höhepunkt der großen Säuberungen bereits von seinem Freund Andrè Gide distanziert und damit seine eigenen Ideale verraten. Als er am 22. Juli 1937 von Beria vor die Wahl gestellt wurde, entweder seinen Kollegen und Freund, den symbolistischen Dichter Tizian Tabidse der Beteiligung an Verrat und Spionage anzuklagen oder selbst verhaftet und vom NKWD gefoltert zu werden, entschied er sich, diesem weiteren Verrat durch seinen Freitod zu entgehen und erschoss sich noch während der Tagung im Haus der Schriftsteller mit einem Jagdgewehr. Die Sitzung des Schriftstellerverbandes wurde trotzdem fortgesetzt, und der Selbstmord Iaschwilis als eine »Provokation, die Abscheu und Empörung in jedem anständigen sowjetischen Schriftsteller weckt« verurteilt. Tizian Tabidse wurde im gleichen Jahr auf Anweisung Berias zu Tode gefoltert.[33]

Die Angestellten im Haus der Schriftsteller bereiten eine Ausstellungseröffnung vor. Wir gehen hinauf in den ersten Stock auf die weiße Balustrade, die um die Zimmer herum verläuft, und blicken unten auf den Garten mit Restaurantbetrieb. Vor der Gartenmauer stehen hohe Bäume, die Schatten spenden. Auch an der Mauer sind Fotografien ausgestellt. Einige Gäste sitzen an Tischen, auf denen Vasen mit leuchtend blauen Blumen stehen. Von hier oben können wir das große Anwesen von Bidsina Iwanischwili sehen, das wie ein futuristischer Fremdkörper über der Stadt liegt. Der ehemalige Ministerpräsident Georgiens ist immer noch die graue Eminenz des Staates. Dem Dokumentarfilmer Stefan Tolz gab er seine Einschätzung über sich und seine Landsleute preis: »Wir Georgier sind zu große Träumer. Wir wollen immer alles schnell erreichen. Die Georgier haben sich gewundert. Sie haben gedacht, dass wir schon in ein, zwei Jahren ein Land europäischen Stils sein könnten. Wenn wir es in zwanzig Jahren schaffen, ein Land europäischen Musters zu werden, dann ist das schon ein Riesenerfolg für uns. Mit europäisch meine ich nicht, einfach der EU beitreten. Manche sind beigetreten, wie Bulgarien und Rumänien. Die baltischen Staaten, für die war es auch okay, aber für Bulgarien und Rumänien hat es nicht viel gebracht. Der Beitritt allein reicht nicht. Nach europäischem Muster, damit meine ich, die Wirtschaft, die menschlichen Beziehungen, die Kultur und alles wie es in Deutschland ist, in Frankreich, in England. So ein Land muss Georgien in zwanzig Jahren sein.«

Nanuka flüstert mir zu, dass dort unten an dem runden Tisch, die ehemalige Außenministerin, Maia Pandschikidse, mit Begleitung sitzen würde. Sie sei mit ihrer Partei »Die Freien Demokraten« mit in dem Bündnis »Der Georgische Traum« gewesen, trat aber nach zwei Jahren als Außenministerin zurück. Was genau vorgefallen sei, wüsste sie nicht.

Nanuka hat noch eine Verabredung. Vorher wollen wir zum Abschied unten im Garten noch etwas trinken. Als wir zu einem der freien Tische gehen, kommen wir bei Maia Pandschikidze vorbei. Sie schaut auf, lächelt mich an und sagt auf Deutsch, wir kennen uns doch, oder? Ich stelle mich vor. Ja, natürlich, sagt sie. Ich war in Berlin dabei, als Ihr Dokumentarfilm über den Aufstand der Georgier auf Texel vom Evangelischen Kunstdienst im Dom uraufgeführt wurde. Und danach, ergänze ich, haben Sie uns als georgische Botschafterin in Berlin spontan zu den »Tagen des deutschen Films« nach Tbilissi eingeladen. Ja, das war 2002. Und ich wurde danach Botschafterin in Holland. Welch eine Überraschung! Sie stellt uns ihrem Begleiter vor. Sie müsse noch etwas mit ihm besprechen. Wenn ich Zeit und Lust hätte, könnten wir uns danach noch ein bisschen unterhalten.

»ICH WAR AUF DEN BARRIKADEN – HAUTNAH«

Nanuka ist gegangen. Kurz darauf kommt Maia Pandschikidse an meinen Tisch. Ich habe Aufnahmegerät und Mikrofon bereitgelegt. Sie ist einverstanden, dass ich unser Gespräch aufnehme.

Sie waren Außenministerin in der Regierung vom »Georgischen Traum«, hat mir meine Begleiterin erzählt. Mich würde sehr interessieren, wie es dazu kam?

Ja, da müsse sie weiter ausholen, sagt sie lachend. Ich war damals auf den Barrikaden – hautnah. Sie trägt ein beigefarbenes Kleid, über den Schultern ein breites, helles Seidentuch mit Blumenmustern verziert, ein große, schmale Hornbrille mit weißen Bügeln über den Augenbrauen, dezenten Schmuck, hat kurze braune Haare und strahlt Gelassenheit und Zufriedenheit aus. Eine Revolutionärin stelle ich mir anders vor.

Saakaschwili hat 2004 angefangen, erzählt sie. Und er kam als ein junger Reformer an die Macht mit einer Mannschaft von jungen, dynamischen Leuten, die wirklich gute Vorsätze hatten. Einige Jahre ging es auch sehr gut. Wir alle, die heute in der Opposition sind und auch 2012 in der Opposition waren, haben ihn dabei unterstützt, ihn und seine Mannschaft. Aber leider mussten wir das Bild eines jungen Reformers, der nur Gutes vorhatte für das Land, bald korrigieren. Nach und nach wurde Saakaschwili von einem demokratischen zu einem autokratischen Führer. Und die Zustände im Lande waren wirklich sehr, sehr schlecht. Das hat sich auch in den internationalen Berichten widergespiegelt. Es genügt zu erwähnen, dass Georgien die Nummer eins in Europa war, was die Zahl der inhaftierten Menschen betraf. Das bedeutete, fast jeder Zweite hatte jemanden in der Familie, der sich im Knast befand. Und es gab auch sehr viele, die auf Bewährung frei waren. Praktisch war das ganze Land als Geisel genommen. Und alle hatten Angst. Also die Lauschangriffe, Einmischung in die Privatsphäre, Einmischung in die Geschäfte von Unternehmen und so weiter. Das war alles alltäglich. Und daher war die Zeit reif für einen Wechsel. Aber die Opposition war zersplittert. Sie war nicht stark genug. Und dann kam eines Tages ein Mann auf die politische Bühne, Bidsina Iwanischwili, ein sehr reicher Mann, der in einem offenen Brief, den er Ende 2011 veröffentlicht hat, ankündigte, in die Politik kommen zu wollen, um die Oppositionskräfte zu vereinigen und Saakaschwilis Regime zu stürzen. Er lud alle Oppositionsparteien ein, gründete 2012 eine eigene Partei und bildete eine Koalition aus sechs Parteien. Zu diesen sechs Parteien gehörten auch »Die Freien Demokraten«, die Partei, die ich vertrete. Mit Iwanischwili bekam die Oppositionsbewegung einen neuen Schub, einen neuen Impuls, neue Kraft – und das mit dem Protest der Bevölkerung im Rücken. So ging es los. Saakaschwili hat mit allen Mitteln versucht, diese Oppositionsbewegung zu unterdrücken. Aber es gelang ihm nicht, weil das Volk dahinter stand. Und Saakaschwili wagte es nicht, die Wahlen zu fälschen. So ist es am 1. Oktober 2012 zu einem Umbruch gekommen. Das war seit der Unabhängigkeit Georgiens der erste Fall, dass eine Regierung durch demokratische, freie Wahlen abgelöst wurde. Und daher war das eine Errungenschaft für das ganze Land. Auch diese neue Regierung fing gut an, aber als sie ihr Bergfest gefeiert hat, kam dann alles wieder anders, als gedacht. Und das ist der Grund, warum ich mich heute wieder in der Opposition befinde.

Eine Kellnerin kommt und nimmt unsere Bestellung auf. Auf der Terrasse werden für die Veranstaltung am Abend Staffeleien mit Bildern aufgestellt.

Nun gut, fährt Maia Pandschikidse fort. Die Zeit damals, 2012 in der Opposition, war eine sehr spannende und aufregende Zeit. Wir waren ein großes Team. Wir hatten einen Führer, besser gesagt, einen Leader. Und wir hatten einen ganz klaren Plan. Alle waren zusammengeschlossen gegen das existierende Regime von Saakaschwili, trotz sehr unterschiedlicher Wertorientierungen und Prinzipien.

Und die treibende Kraft war Bidsina Iwanischwili, sagt die ehemalige Außenministerin. Diese Zeit war aufregend und auch gefährlich. Wir wussten, jeder Schritt, den wir tun, wird irgendwelche Folgen haben. Unsere Computer wurden angezapft, unsere Telefone abgehört. Vieles, was wir untereinander besprachen, wurde am nächsten Tag im Fernsehen wiedergegeben, denn Saakaschwili kontrollierte natürlich auch die Medien. Jeder Versuch, mit den Menschen ins Gespräch zu kommen, endete in physischen Auseinandersetzungen. Man hat mit Steinen geworfen, man hat einander beschimpft. Also, es war ein schmutziger Wahlkampf in jeder Hinsicht. Aber mit der Unterstützung des Volkes ist es der Koalition gelungen, Saakaschwili abzulösen. Und das friedlich.

Die Kellnerin bringt uns unsere Getränke. Ich zeige nach oben Richtung Iwanischwilis Anwesen. Als throne er über uns. Ja, das habe sie vorhin auch gedacht, als sie hinaufsah.

Auf welcher Grundlage wurde damals die politische Arbeit in der Koalition »Georgischer Traum« begonnen? Gab es einen Koalitionsvertrag oder andere Vereinbarungen?

EUROPÄISCHE UND EURO-ATLANTISCHE INTEGRATION ALS AUSSENPOLITISCHE ZIELE

Wir haben als Koalition ein Programm gehabt, erzählt Pandschikidse. Und wir haben eine Deklaration unterschrieben. Darin waren die wichtigsten Versprechungen der Koalition festgehalten. Zum Beispiel, dass man das Innenministerium, das Verteidigungsministerium und die Staatsanwaltschaft von politischem Druck befreit. Dass die Menschenrechte geachtet werden. Dass es nicht mehr dazu kommt in diesem Land, dass jemand um sein Unternehmen fürchten muss, weil ein anderer ein Auge darauf geworfen hat. Wir haben uns geeinigt, dass das komplette Gerichtssystem reformiert wird, und dass die Gerichte unabhängig werden, unabhängig vom politischen Druck der Regierung. Wir haben uns darauf geeinigt, dass Menschen nicht grundlos ins Gefängnis kommen. Dass es keine elitäre Korruption mehr gibt wie in der Zeit Saakaschwilis. Dass die Handlungen der Regierung transparent sein müssen. Und wir haben uns auch darauf geeinigt, dass wir europäische und euroatlantische Integration als außenpolitische Ziele unseres Landes definieren, hinter diesen Zielen stehen und alles tun werden, um diese Ziele zu erreichen. Das war eine der wichtigsten Wegweiser. Und obwohl eine Partei in der Koalition mit diesem außenpolitischen Ziel nicht einverstanden war, hat sie die Deklaration unterschrieben und sich verpflichtet, eben diesem Ziel nicht im Wege zu stehen.

Wir haben außerdem versprochen, fährt Maia Pandschikidse fort, dass die Renten steigen. Wir haben versprochen, dass die Lehrer bessere Arbeitsbedingungen und mehr Anerkennung erhalten. Nicht nur finanziell, sondern dass der Status des Lehrers gestärkt wird. Wir haben uns darauf geeinigt, dass jeder Mensch die positiven Entscheidungen der Regierung finanziell in seiner Tasche spürt. Und wir haben uns auch verpflichtet, das Wahlsystem zu reformieren. Wir haben einen Teil davon erreicht in den zwei Jahren, in denen meine Partei mit in der Koalition war. Aber sehr viele Versprechungen sind nicht erfüllt worden. Und das ist der Grund, warum die Bevölkerung jetzt auch den »Georgischen Traum« satthat und nicht mehr wählen will.

Iwanischwili und die Koalition »Der Georgische Traum« haben auch eine Landwirtschaftsreform versprochen. Warum wurden in der Landwirtschaft keine Reformen umgesetzt?, möchte ich wissen.

Auch da sei sehr vieles schiefgelaufen, antwortet Maia Pandschikidse. Iwanischwili sei ein Mensch, dessen Launen sehr oft wechseln würden. Wir hatten einen hervorragenden Minister für Landwirtschaft im Kabinett, David Girwalidse. Er war nur drei oder vier Monate im Amt, da hat Iwanischwili seine Leute aus dem Landwirtschaftsministerium beschuldigt, in Korruption verwickelt zu sein, und hat diese Leute ins Gefängnis gesteckt. Da ist Girwalidse zurückgetreten. Das ist ein Mann, der sehr viel Erfahrung hat, auch mit internationalen Organisationen wie zum Beispiel der Weltbank. Der hatte eine klare Vorstellung, wie man die Landwirtschaft reformieren muss. Aber er ist nicht mehr dazu gekommen. Und alle Minister danach waren zu sehr von Iwanischwili abhängig. Er steuert immer noch alles von dort oben, von seinem Glaspalast aus. Deshalb kommt es nicht mehr zu Reformen. Meine Partei war zuständig für die Außen- und Sicherheitspolitik. Wir haben immer gesagt, wenn wir das Freihandelsabkommen mit der EU unterzeichnet haben, dann müssen wir das sofort nutzen. Dieses Abkommen ist jetzt seit einem Jahr in Kraft. Und ich kenne noch keine einzige Firma, die ihre Produkte im Westen verkauft. Das können georgische Firmen nicht so einfach ohne staatliche Hilfe. Geld für diese Hilfe war durchaus vorhanden. Trotzdem ist nichts passiert. Sie könne sich sehr gut an ein Gespräch zwischen Iwanischwili und dem aserbaidschanischen Präsidenten Alijew erinnern, sagt Maia Pandschikidse. Alijew hatte ihm gesagt, ich habe mir vom Zoll die Listen kommen lassen von Produkten, die in Aserbaidschan eingeführt werden. Und dann habe ich aus dieser Liste die Sachen gestrichen, die wir auch selber produzieren können. Und das waren vor allem Tomaten, Gurken usw. Alles kam bisher aus der Türkei nach Aserbaidschan. Und Iwanischwili fand diese Idee sehr gut. Und er sagte, schön, das mache ich auch. Da waren wir nur einen Monat im Amt, also ganz am Anfang. Aber stattdessen ging alles weiter wie bisher. Und wir haben noch immer türkische Tomaten auf dem Markt, türkische Gurken und Zitronen und was weiß ich nicht alles. Und man hat in dieser Richtung nichts gemacht. Wahrscheinlich gab es da verschiedene Geschäftsinteressen von Leuten, die mit der Türkei Geschäfte machen. Sie wollen unseren georgischen Bauern nicht die Produkte abkaufen, weil sie zu teuer sind. Die türkischen Importe sind billiger. Damit können sie größere Gewinne machen. Aber wenn man hier mehr produzieren würde, dann würden auch die einheimischen Produkte billiger.

Warum haben die Freien Demokraten 2014 das Bündnis »Georgischer Traum« verlassen?, frage ich Maia Pandschikidse.

2014 war der Verteidigungsminister Irakli Alasania, der Vorsitzende der Freien Demokraten, in Frankreich und wollte ein Abkommen mit den Franzosen über ein Raketenabwehrsystem unterschreiben. Das wurde vorher im Kabinett abgestimmt. Iwanischwili war schon als Ministerpräsident zurückgetreten. Und Garibaschwili war sein Nachfolger und hatte ebenfalls zugestimmt. Also alle waren sich einig. Alasania reist als georgischer Verteidigungsminister nach Frankreich und will dort seine Unterschrift leisten. Am Abend vor der Unterzeichnung aber erhält er einen Anruf vom Chef des georgischen Sicherheits- und Krisen-Management-Centers. Der sagte zu ihm, er solle morgen nicht unterschreiben. Und Alasania fragte, warum denn nicht. Alles sei so besprochen worden. Und er antwortet nur, er solle nicht unterschreiben, der Ministerpräsident sei der Meinung, das Abkommen dürfe nicht unterschrieben werden. Einen Tag zuvor hatte es einen Kommentar vom russischen Außenminister Lawrow gegeben. Er hatte sich gegen das Raketenabwehrsystem ausgesprochen und ironisch gefragt, gegen wen sich Georgien denn verteidigen wolle. Und Alasania verstand sofort, es würde ein Zugeständnis gegenüber den Russen sein, das Abkommen nicht zu unterschreiben. Er unterschrieb es trotzdem. Und in der Nacht danach hat man fünf hochrangige Mitarbeiter seines Ministeriums verhaftet. Und er hat es sofort als politisch motiviert eingestuft, um ihn unter Druck zu setzen. Die Leute, die verhaftet wurden, sind unschuldig. Diese Einschätzung wurde von allen politischen Parteien, außer dem »Georgischen Traum«, und auch von Nicht-Regierungs-Organisationen in Georgien geteilt. Aber sie sind immer noch in Haft, wurden zu sieben Jahren Gefängnis verurteilt. Und das ist der Grund, warum wir alle zurückgetreten sind. Weil wir gesagt haben, wieder gibt es eine politische Einflussnahme auf die Staatsanwaltschaft. Wieder werden die Gerichte unter Druck gesetzt und sind nicht frei. Und auch die Medien werden wieder massiv drangsaliert. Und es ist doch klar, dass ein solches Land weder in die EU noch in die NATO aufgenommen wird. Und auch ausländische Investoren werden in einem solchen Land sehr zurückhaltend mit ihrem Engagement sein. Und deshalb sind wir geschlossen zurückgetreten. Wir sind als Minister nicht Mitglieder des Parlaments gewesen. Aber wir hatten eine Fraktion im Parlament. Und diese Fraktion ist aus der Koalition ausgetreten und als unabhängige Fraktion in die Opposition gegangen. Und alle haben ihre Ämter niedergelegt. Iwanischwilis Partei »Georgischer Traum« hat aber weiterhin die Mehrheit im

Parlament. Alle Parteien werden im Oktober 2016, ohne einem Bündnis anzugehören, in den Wahlkampf gehen.

Wie viel Frauen waren damals in der Regierung?, möchte ich noch wissen.

Drei. Die Justiz- und Umweltministerin und ich als Außenministerin. In den Spitzenpositionen gibt es immer noch zu wenige Frauen. Aber im Außenministerium waren 60 Prozent Frauen. Maia Pandschikidse lacht. Dort wo wirklich gearbeitet wird, gibt es mehr Frauen. In den Spitzenpositionen mehr Männer. Im Parlament sind weniger als 20 Prozent Frauen. Ich war Mitinitiatorin für die Einführung einer Frauenquote. Damit hatten wir aber keinen Erfolg. Aber es gibt ein Parteiengesetz in Georgien. Wenn ein Drittel der Liste zur Parlamentswahl von einer Partei Frauen sind, dann erhält die Partei eine höhere Finanzierung bei der Wahl. Wir werden sehen, ob dieser finanzielle Anreiz wirken wird.

Was konnten Sie als Außenministerin in den zwei Jahren erreichen?

»Ich habe das Assoziierungsabkommen mit der EU unterschrieben. Die Visafreiheit für die EU auf den Weg gebracht. Die erste Phase haben wir erfolgreich abgeschlossen. Und wir standen kurz davor, die Visafreiheit für die EU zu erhalten, also mit dem Schengener Raum. Und ich habe das Kooperationsabkommen mit der NATO erreicht, das »Substantial NATO-Georgia Package (SNGP)«. Und sie habe sich auch sehr dafür eingesetzt, dass Georgien Gastland auf der Frankfurter Buchmesse 2018 wird. Die Gespräche liefen schon zur Saakaschwili-Zeit, sagt die ehemalige Außenministerin. Aber die Entscheidung war noch nicht getroffen worden. Der Kulturminister hat diesen Plan in einer Kabinettsitzung vorgestellt und zuvor mit mir, weil ich lange in Deutschland war, darüber gesprochen. Er wollte wissen, ob es wirklich wichtig für Georgien sei. Im Kabinett hatte kaum jemand Verständnis dafür. Auch der Premierminister nicht. Der konnte einfach nicht begreifen, wieso wir so viel Geld für die Literatur ausgeben müssen, und was das dem Land bringen solle. Ich habe mich mit der Leitung der Frankfurter Buchmesse getroffen, als sie hier war. Und wir haben gemeinsam dieses Projekt verteidigt. Ich habe auch arrangiert, dass die Delegation aus Frankfurt den Ministerpräsident trifft und mir noch andere Unterstützer und Partner gesucht und sie auch gefunden. Der nächste Schritt war die Forderung der Frankfurter Buchmesse, ein unabhängiges Georgisches Buchzentrum für die Organisation des Gastlandauftritts in Frankfurt zu gründen, mit einem eigenen Etat für Übersetzungen und Veranstaltungen. Es wurde eine Organisationsform gewählt wie bei uns an den Theatern oder auch an den Kunstschulen.

Maia Pandschikidse muss das Gespräch abbrechen. Sie hat vor der Ausstellungseröffnung noch eine Verabredung. Wir müssen unsere Unterhaltung ein anderes Mal fortführen. Kommen Sie bald wieder nach Georgien.

EIN BACKSTEINOFEN WIE AUF DEM DORF

Ich fahre zu Gulia in die Dolidze Straße und klopfe an der Tür der Backstube. Der ganz in Weiß gekleidete Bäcker erkennt mich sofort und bittet mich durch die Backstube in Gulias Hof. Vorher schaue ich noch in den großen Tonbehälter, in dem die frischen, knusprigen dünnen Brotlaibe an der Wand kleben und jetzt vom Bäcker mit einem Handschuh herausgenommen werden. Ich atme den Brotgeruch tief ein.

Es könnte Regen geben, sagt Gulia. Aber sie habe trotzdem den kleinen Tisch unter den schützenden Tkemali-Baum gestellt und eine Tischdecke aufgelegt. Aus den kleinen grünen Früchten des Mirabellenbaumes wird eine Soße gepresst, die zum Fleisch gegessen wird. Die Tkemali-Soße steht in einer kleinen Karaffe schon auf dem Tisch. Im Hof ist es bereits viel leerer als vor meiner Rundreise. Vor zwei Tagen hat Gulias Neffe das große Eingangstor abgeholt. Und ihr Sohn Giorgi hat aufgeräumt und einen Backsteinofen mit einem großen Tonkrug im Inneren gebaut. Alle sind ausgeflogen, sagt Gulia. Und bittet den Bäcker, ihr ein paar Bretter für das Feuer zu zerkleinern und auf dem Boden des Kruges das Feuer zu entfachen. Es muss so lange brennen, bis nur noch die Holzkohle glüht. Gulia hat ein Hähnchen gekauft, das später an einer Stange in den Tonkrug gehängt wird. Wie auf dem Dorf, sagt Gulia und lacht. Man könne auch ein Spanferkel auf diese Weise garen. Es dauere nur etwas länger.

Ein trauriger georgischer Tisch, sagt Gulia, nachdem sie Tomaten und Gurken, eine Flasche Rotwein, Chatschapuri und eines der frisch gebackenen, noch warmen Brote auf den Tisch gestellt hat. Wir beide bleiben übrig, sagt sie. Aber es komme gleich noch ein Überraschungsgast und später wird auch Mariam mit einer Freundin hier sein.

Als Dato durch die Backstube in den Hof kommt, erkenne ich ihn nicht gleich. Als er es merkt, schmunzelt er und sagt, du hast dich kaum verändert, außer ein paar Falten, die hinzugekommen sind, aber er sei dick geworden. Sitze nur am Computer und schreibe. Wenn er sich manchmal im Spiegel sehe, würde er sich selbst kaum noch erkennen, sagt er mit seiner tiefen, sonoren Stimme und lacht.

Dato schreibt weiter Theaterstücke und übersetzt Theaterarbeiten aus dem Russischen ins Georgische. Einige seiner Stücke seien in Georgien sehr erfolgreich gespielt worden, in Tbilissi und Kutaissi. Plötzlich steht eine sehr schöne junge Frau mit braunen langen Haaren und dunklen Augen vor mir und strahlt mich mit einem entwaffnenden Lächeln an. Mariam?, frage ich. Sie lacht und stellt mir ihre ebenso hübsche Freundin vor. Ja, da staunst du, was?, sagt Dato. Wenn sie so lächelt und mich mit ihren dunkelbraunen Augen ansieht, wie sollte ich ihr als Vater auch nur irgendeine Bitte abschlagen können. Mariam spricht Englisch mit mir. Sie studiert Betriebswirtschaft und ist gerade aus Ratscha vom Ferienlager zurückgekommen.

Nachdem wir gegessen haben und ich gehen will, weil mein Flugzeug schon um drei Uhr morgens startet, fragt mich Mariam, was mir auf meiner Rundreise durch Georgien am besten gefallen habe. Sehr beeindruckend sei für mich Swanetien gewesen, antworte ich ihr. Nach einer kleinen Pause sagen fast alle gleichzeitig: Aber dann warst du noch nicht in Tuschetien. Das habe ich nun schon sehr oft gehört, sage ich. Okay, dann muss ich wohl im nächsten Jahr wiederkommen.

GEORGIEN 2017

ES IST EIN BISSCHEN WIE NACH HAUSE KOMMEN

Als ich Ende Juli 2017 nachts vom Flughafen in die Innenstadt von Tbilissi fahre, ist es ein bisschen wie nach Hause kommen. Das Taxi fährt durch die kleinen Straßen der Altstadt hinauf zum Hotel. Morgens blicke ich von der Terrasse auf die Stadt und die dahinter liegenden Bergketten. Und abends, wenn die Dämmerung anbricht, gehen nach und nach die Lichter an und die mir vertrauten Gebäude leuchten. Nur das alle überragende stufenförmige neue »Hotel Biltmore«, das im Oktober 2016 eingeweiht wurde, bleibt ein Fremdkörper in der Stadt mit seiner grellen Werbetafel im oberen Teil des aus grünem Glas bestehenden Gebäudes, das heute abwechselnd die amerikanische und die georgische Flagge zeigt.

Morgens im Frühstücksraum stehen drei Muslimas mit Hidschab am Büfett neben mir. An zwei Tischen tragen Frauen eine Nikab. Eine der Muslimas sitzt mit ihrem Mann in einer schattigen Ecke auf der Terrasse mit dem Rücken zu den anderen Gästen. Als ihr Ehemann aufsteht und geht, folgt sie ihm mit einigen Metern Abstand. Wegen ihrer modernen Nike-Slipper, die ich unter dem schwarzen Umhang sehe, vermute ich unter der Verhüllung eine junge Frau. Aus dem Sehschlitz der Nikab schauen neugierige dunkle Augen.

Neben den Touristen aus Russland, Kasachstan, Armenien, Aserbaidschan, Israel, Polen und der Ukraine sind die Zahlen indischer und iranischer Touristen nach Statistiken der Georgian Tourismus Administration aus 2016 und 2017 stark angestiegen.

Meine Trekkingtour im Norden Kachetiens, in der Bergregion Tuschetien, wird erst in zwei Tagen beginnen. Ich weiß, dass ich mir damit körperlich sehr viel vorgenommen habe und bin deshalb ein wenig aufgeregt. Es wird eine große Herausforderung für mich werden, eine Wanderung über sechs Tage, bei der ein Pass von 3.500 Meter Höhe bezwungen werden muss. Zwei Bergführer werden die kleine Gruppe, der ich zugeteilt wurde, begleiten. Packpferde werden unsere Taschen von einer Station zur anderen transportieren. Wir müssen nur einen Tagesrucksack tragen. Auch ein Koch wird dabei sein, wenn wir drei Tage durch unbesiedeltes Gebiet wandern und in Zelten übernachten werden.

»Aber dann warst du noch nicht in Tuschetien«, höre ich Gulia, Giorgi, Mariam und Dato im Chor. Diese Lücke möchte ich mit dieser Reise schließen. Und morgen Abend werde ich vor meiner Abfahrt nach Tuschetien noch einmal zu Gulia in die Dolidze Straße fahren. Heute möchte ich in der Altstadt von Tbilissi durch einige Straßen flanieren und mir vorstellen, wie es dort zum Ende des 19. Jahrhunderts gewesen ist. Inspiriert hat mich dazu Abo Iaschaghaschwili mit seinem Roman »Royal Mary«, der im Frühjahr 2017 in Deutschland erschien. Am Nachmittag werde ich mich mit dem Autor an einem der Schauplätze seines Romans treffen.

Bevor ich meinen Spaziergang beginne, mache ich einen Besuch bei »Georgia Insight«, der Reiseagentur, bei der ich meine Trekkingtour gebucht habe. Mir fehlen noch Schlafsack und Isomatte für meine Wanderung. Es ist Samstag und das Büro ist nicht voll besetzt. George Tevdorashvili, der Inhaber und Leiter der Agentur, begrüßt mich. Wir setzen uns in sein Büro. Ich bin erleichtert, als er mir verspricht, dass mir der Bergführer am Montag Schlafsack und Isomatte mitbringen wird. Auf so etwas seien sie vorbereitet. Da ich im nächsten Jahr allein mit einem Auto ein paar Orte aufsuchen möchte, frage ich ihn, ob seine Agentur auch Autos vermieten würde. Nein, das hätten sie aufgegeben. Das habe immer nur Ärger mit sich gebracht. Ich werde neugierig. George lacht und erzählt mir eine Geschichte.

Auf dem Weg nach Mestia in Swanetien fuhr ein deutscher Tourist die auf den Schildern vorgeschriebene Geschwindigkeit von 50 Stundenkilometern. Die Straße dort ist sehr kurvenreich und hinter ihm bildete sich eine lange Schlange. Irgendwann sei ein Georgier hinter ihm ausgerastet, habe den Deutschen in einer Kurve überholt, musste aber schnell wieder einbiegen, um dem Gegenverkehr auszuweichen und habe dabei das Mietauto des Deutschen leicht touchiert. Jetzt drehte der Deutsche durch, verfolgte den Georgier, überholte ihn, zwang ihn zu stoppen und rief die Polizei. Der Deutsche hatte alles richtig gemacht. Aber weder der Georgier noch die Polizei hatten Verständnis für dessen Fahrweise, mit der er den kompletten Verkehr aufgehalten hat. So gebe es ständig Ärger aufgrund unterschiedlicher Mentalitäten. Und darauf hätte er keine Lust mehr gehabt.

Spontan frage ich George Tevdorashvili, ob er sich in einer Woche die Zeit nehmen könne, mit mir über die Entwicklung des Tourismus in Georgien zu sprechen und darüber, wie sich das Land durch den Tourismus verändert habe. Wir verabreden uns in seinem gerade neu eröffneten »Hotel Suliko«. Dort könnten wir in Ruhe sprechen.

STAATSBESUCH DES SCHAHS VON PERSIEN 1889

Im Roman von Abo Iaschaghaschwili steht der Staatsbesuch des Schahs von Persien im Mai 1889 kurz bevor. Der Schah orientiert sich an Westeuropa. Und in Tbilissi hat der Schah seinen Fuß auf europäischen Boden gesetzt, heißt es im Roman. »Nach den Moscheen und Minaretten, den Gärten und Springbrunnen von Teheran bekam der Schah jetzt also völlig andere Eindrücke. Seine Kutsche fuhr den Glowinski-Prospekt entlang, und er hatte allen Anlass mit einer gewissen Bewunderung die europäische Architektur auf beiden Straßenseiten zu betrachten. Balkone ruhten auf den Schultern des Titanen Atlas, … Greifen und Löwenköpfe schmückten die Häuser. … Man sah zwar deutlich den europäischen Einfluss, aber andererseits auch viele Menschen in kaukasischer Tracht, mit verziertem Brustlatz und Überwürfen aus Filz, seidenen Kopftüchern und Turbanen.«[34] Der Autor nimmt den Leser mit zu einem bunten Völkergemisch in einer Stadt zwischen Europa und Asien, die sich im rasanten Aufstieg befand und erzählt mit viel Ironie und großem Humor über das pralle städtische Leben.

Ich spaziere durch den Stadtbezirk Sololaki, in dem im frühen 20. Jahrhundert hohe Beamte und vermögende Unternehmer gelebt haben. An manchen Häusern sind Tafeln mit Namen bekannter Menschen angebracht, die dort einmal gewohnt haben. Oder man erfährt, welcher Architekt das Haus gebaut hat. Immer wieder stößt man auch auf deutsche Namen. »Dieses Gebäude wurde 1889 von dem einheimischen deutschen Architekten Albert Salzmann entworfen«. Das Haus müsste dringend restauriert werden, um es langfristig zu erhalten. Salzmann hat in St. Petersburg studiert.

Von ihm wurden viele Häuser, die heute noch das Stadtbild von Tbilissi prägen, errichtet. Und er entwarf die Nationalgalerie im italienischen Stil. Aber auch andere deutsche Architekten haben in dieser Zeit das Erscheinungsbild der Stadt mitbestimmt. Die Oper wurde 1901 nach einem Entwurf von Viktor Schröter errichtet, das Alte Rathaus stammt von Paul Stern und Heinrich Karl Werner Scharrer entwarf das Erste Gymnasium. Salzmann, so schrieb die Kaukasische Post 2012, sei einen typischen Architektentod gestorben: Er stürzte vom Baugerüst. Im gleichen Artikel wird über einen Vortrag der Denkmalschützerin Maia Mania im Goethe-Institut berichtet: »Auf zahlreichen – auch historischen – Bildern wurde erstmals ein großer Teil des noch bestehenden Erbes gezeigt und die Aktivitäten der Stadt bezüglich Revitalisierung der historischen Stadtviertel kritisch betrachtet. Maia Manias größter Kritikpunkt ist, dass die Altstadtsanierung bisher planlos vor sich geht. Eine wissenschaftliche Auflistung schützenswerter historischer – aber auch moderner – Baudenkmäler ist bisher noch nicht erfolgt. Dadurch sind besonders jene Baudenkmäler in Gefahr, wo Investoren sich besonders viel Profit erwarten. Viele schützenswerte Gebäude wurden bereits abgerissen oder zumindest komplett kaputt renoviert. Dies betrifft nicht nur die zahlreichen Gebäude der deutschen Siedler, sondern speziell die alten Stadtviertel mit niedrigen Gebäuden, wo ein großes Verdichtungspotential besteht und zahlreiche Gebäude aufgrund der langen Vernachlässigung besonders marode sind.«[35]

Der Autor Abo Iaschaghaschwili wartet auf mich vor der Skulptur des »Tamada«, eine mehrfach vergrößerte Kopie einer bei Ausgrabungen in Westgeorgien gefundenen bronzenen Statuette mit einem Trinkhorn in der Hand. Wir suchen uns einen ruhigen Ort in der Nähe und setzen uns abseits der Touristenmeile auf eine Holzbank. Das alte historische Tbilissi vom Ende des 19. Jahrhunderts bis zum frühen 20. Jahrhundert ist der Schwerpunkt von Abo Iaschaghaschwilis Literatur. Im 19. Jahrhundert sei Tbilissi eine sehr, sehr interessante Stadt gewesen, erzählt er. Nachdem was ich über diese Stadt in Zeitschriften und in alten Berichten von Reisenden gelesen habe, war es damals eine der interessantesten Städte überhaupt. Hier gab es sehr, sehr viele verschiedene Kulturen. Und diese Kulturen, christliche, muslimische, jüdische, lebten nebeneinander. Neben Georgiern lebten hier Armenier, Kurden, Polen, Deutsche, Russen, Perser und Türken. Und auch sehr viele Völker aus dem nördlichen Kaukasus. Es war keine große Stadt. Aber jeder hat hier seine Spuren hinterlassen. Und über genau diese Welt zu schreiben, finde ich sehr, sehr interessant. Damals haben die Deutschen in der Türkei die Eisenbahn gebaut von Istanbul bis zum Persischen Golf. Die Großreiche England, Russland und Deutschland treffen in meinem Roman in Tbilissi aufeinander. Der Schah reiste 1889 wirklich durch Tbilissi auf dem Weg nach Europa. Das war so toll beschrieben. Wie dieser große Tross des Schahs mit bunten Kleidern durch Tbilissi zog. In einer Krimi-Handlung habe ich mit viel Humor alles miteinander verwoben. Der Roman spielt an den unterschiedlichsten Orten. In kleinen Spelunken, auf der Pferderennbahn, in der Oper, wo gerade der »Nussknacker« von Tschaikowski unter dem Dirigat des Komponisten Premiere hat. Er handelt von Hochstaplern und kleinen Ganoven, von Geheimagenten der Großreiche. Viele Autoren wie Hugo von Hofmannsthal, Rudyard Kipling, Alexander Dumas haben mich durch ihre Bücher, die zur Weltliteratur gehören, dazu inspiriert.

Abo war 1991, als Georgien unabhängig wurde, vierzehn Jahre alt. Er war wie viele andere Jugendliche damals in der unsicheren und fast rechtlosen Zeit den Verlockungen von Drogen und Waffen ausgesetzt. Die Eltern, beide Ärzte, hatten damit zu kämpfen, die Familie zu ernähren. Es gab plötzlich keine Gehälter mehr. Keine Elektrizität, kein Brot. Aber für ihn sei diese Zeit, erzählt der Autor, eine sehr interessante gewesen. Die meisten der Bücher habe er damals gelesen. Die im Licht einer Öllampe gelesene Literatur hat ihn in eine andere Welt geführt. Gleichzeitig starben Freunde an Drogen und glitten ab in die Kriminalität. Abo las die Bücher von Franz Kafka, er erinnert sich an den Roman »Der Prozess«. Mit Freunden habe er sich im Hof getroffen und am Lagerfeuer darüber diskutiert. Es passte so gut in die Zeit und der Roman habe einen großen Eindruck bei ihm hinterlassen. Auch die Erzählung »Die Morgenlandfahrt« von Hermann Hesse und »Der Steppenwolf«. Die Suche nach der Wahrheit. Ich hatte im Hof Freunde, die etwas älter waren als ich, die anfingen mit Drogen zu experimentieren, die haben ihr Leben weggeschmissen. Haben Verbrechen begangen. Ich habe damals sehr viel Glück gehabt. Es hat mich sehr geschmerzt, das mit anzusehen, und ich habe beschlossen, dass ich nie etwas mit Drogen zu tun haben will. Ich habe später ein Studium »Internationale Beziehungen« begonnen, ein Kopernikus-Stipendium erhalten und bin mit neunzehn Jahren nach Deutschland gefahren und habe in München studiert. Später reiste ich mit Nachtzügen durch Europa. Von der Schweiz nach Italien, nach Florenz, Rom, Genua, Padua, Mantua, Venedig. Von dort aus nach Frankreich, dann nach Brüssel und Amsterdam. Darüber habe ich noch nicht geschrieben. Noch ist mein Thema die Stadt Tbilissi im 19. Jahrhundert. Und darüber gibt es noch viel zu erzählen.

»FRAGIL, BRÜCHIG, MARODE – DAS MACHT DEN REIZ TBILISSIS AUS«

Wer heute nach Tbilissi reist, entdeckt die Schönheit der Stadt manchmal erst beim zweiten Besuch. So wie Claudia Michalski, die auf Facebook schreibt, dass die Stadt es ihr nicht leicht gemacht habe:

»Anfangs hatte ich große Schwierigkeiten, trotz des chaotischen Verkehrs, der schlechten Luft und angesichts vieler bettelarmer Menschen das Schöne zu sehen. Tbilissi ist fragil, brüchig, marode. Und gerade das macht den Reiz dieser Stadt aus.«[36]

Danach beschreibt sie, was sie besonders an Tbilissi mag:

»*Die Höfe*: Die Häuser mögen zur Straße hin noch so verfallen sein – geht man durch die Hofeinfahrt, eröffnet sich eine neue Welt, manchmal ein kleines Dorf aus Holzhäusern, waghalsigen Balkon- und Treppenkonstruktionen. Eine Welt für sich. Oft idyllisch, manchmal kaputt, immer besonders.

Die wilde Mischung aus Alt und Neu: Es ist nicht immer schön, manchmal eher eine städtebauliche Katastrophe und oft genug völlig irrsinnig – da knallt ein Scheich einen Hotelklotz in die Mitte der Stadt, alle regen sich zu Recht darüber auf. Und trotzdem gehört er jetzt einfach dazu. ›The Biltmore‹ überragt alles und manchmal wird die Georgische Flagge auf die große LED Wand projiziert. Jetzt ist es die amerikanische, denn der US-Vizepräsident kommt zu Besuch.

Das Marode: Man möchte weinen, schreien und trauern um die schöne alte Architektur der Stadt. Holzbalkone verrotten, Fassaden halten nur noch mit zusätzlichen Stahlstützen, ohnehin nur halb durchgeführte Baumaßnahmen sind schon vor 10 Jahren abgebrochen worden. Dreck. Verfall. Getier. Mittendrin leben Menschen. Das muss man aushalten können in dieser Stadt. Umso besser die Lichtblicke: Einzelne restaurierte Häuser lassen ahnen, wie schön es wieder sein könnte. Und hoffentlich sein wird.

Die Metro: Man vermutet es hier nicht. Aber in Tbilissi kauft man keinen Papierfahrschein, man lädt eine Metro-Karte auf und fährt dann tief hinab in den Schlund der Stadt. Über zwei Minuten dauert die Rolltreppen-Fahrt hinab in die Tiefe an der Rustaweli-Station. Unten ist es kühl, überraschend sauber und schnell. Metro fahren funktioniert hier super. Allein um sich abzukühlen im Sommer ein echter Tipp.

Der Stolz: Ein paar vertrocknete Möhren bietet er zum Kauf an, der alte Mann am Metro-Eingang in Avlabari. Nein, er bettelt nicht. Rosenkränze verkauft die alte Frau, ganz in Schwarz gekleidet. Genau zwei Stück. Nein, sie sieht nicht weg, wenn man sie anschaut. Sie blickt direkt zurück, mit wachen Augen, wissend. Sie mag arm sein, aber ihre Würde hat sie behalten.

Die Ausblicke: Bei meinem ersten Besuch in Tbilissi saß ich einen ganzen Nachmittag oben an der Festung Narikala in einem kleinen Gartenlokal, trank kalten Weißwein und schaute auf die Stadt. Stundenlang. Futuristisch anmutende Friedensbrücke, belebte modernisierte Altstadt, Metechi-Kirche. Symbole dieser Stadt, alle gleichzeitig zu sehen. Viele Jahrhunderte Geschichte und große Vielfalt auf einen Blick. Daran kann ich mich bis heute nicht sattsehen.

Der Aufbruch: Geht man in den Hof hinter dem Literaturmuseum, steht man in ›Sophia Melnikova's fantastic Duhan‹ mit guter

Küche, schattig unter wilden Wein sitzen auf allerlei altem und neuem Gestühl junge Menschen aus aller Welt. Bedient werde ich von einem schwulen jungen Mann, hier ein problematisches, ganz und gar nicht selbstverständliches Thema. Viele Nationen treffen sich auch in der Fabrika – einem neuen Urban-Hot-Spot mit Hostel, Lab, vielen kleinen Manufakturen, Yoga auf dem Dach und diverser Gastronomie. Das war mal eine sowjetische Näherei. Jetzt ist es ein guter Ort zum Leben, Arbeiten und Feiern. So entstehen immer mehr besondere Orte in dieser Stadt, nichts ist fertig, alles in Bewegung. Ein bischen erinnert mich Tblissi an die Nachwendezeit in Berlin. Vielleicht bin ich ja deswegen so gerne hier.«

An die Nachwendezeit in Berlin erinnert auch die boomende Techno-Szene in Tbilissi. Sie zieht die besten DJs nach Georgien. Überall in der Stadt werden neue Clubs eröffnet. Das »Khidi«, die Brücke, hat gerade seinen ersten Geburtstag gefeiert.[37] Das »Bassiani«, so erzählt man sich, mache dem »Berghain« in Berlin ordentlich Konkurrenz und könnte dessen Status als besten Club der Welt ablösen. Das »Bassiani« befindet sich in den Kellerräumen eines großen Sportstadions. In dem früheren Schwimmbecken tanzen am Abend über tausend Techno-Fans. Die beiden Betreiber, Ende zwanzig, ärgern sich über georgische Ultranationalisten und über die erzkonservative Kirche. Ihr Club solle ein »safe space« sein für sexuelle Minderheiten, um deren Rechte in Georgien es bisher ganz schlecht bestellt sei.

STAATSBESUCH DES AMERIKANISCHEN VIZEPRÄSIDENTEN MIKE PENCE

Auf dem Rustaweli-Prospekt wechseln sich alle paar Meter die georgische und amerikanische Flagge ab, bilden ein Spalier auf der sechsspurigen Straße. Der amerikanische Vizepräsident kommt in die georgische Hauptstadt und wird im »Hotel Marriot«, dem alten »Hotel Tbilissi«, wohnen. Die Straßen rundherum sind gesperrt. Mike Pence wird über einen Seiteneingang in der Gia Chanturia Straße das Hotel betreten. Davor wird ein langes grünes Zelt aufgebaut. Vor dem Hotel stehen bewaffnete Sicherheitskräfte, mustern mich, als ich mit dem Fotoapparat vorbeigehe. Ich verschwinde schnell nach rechts in den Alexander Park, der heute in Gedenken an die einundzwanzig Toten und vielen Verletzten des Polizeieinsatzes gegen friedliche Demonstranten 1989, »Park des 9. April« heißt. Nach ein paar Metern stehe ich vor einer großen gläsernen Tafel. Der Park, benannt nach dem russischen Zaren Alexander, »wurde 1859 von dem einheimischen deutschen Architekten Otto Jakob Simonson entworfen«, der auch die Entwürfe der Pavillons, Terrassen und des Gärtnerhauses fertigte. »Der deutsche Gärtner und Landschaftsarchitekt Heinrich Scharrer gestaltete die Bepflanzung dieses ältesten Parks von Tiflis.« Bevor Simonson und Scharrer mit der Gestaltung des Alexanderplatzes beauftragt wurden, war das Gelände ein Exerzierplatz für das Militär. Dahinter Richtung Mtkwari waren Gruben für den Abbau von Ton für Ziegeleien und ein zerklüftetes Ufer.[38]

Der Besuch des amerikanischen Vizepräsidenten, der aus Tallin kommend nach Tbilissi reist, ist bei den Baltischen Staaten und Georgien mit hohen Erwartungen verbunden. Die Ängste vor Russland, die der neu gewählte amerikanische Präsident Donald Trump vor und nach seinem Amtsantritt mit seinem halbherzigen Bekenntnis zur NATO und zur Beistandspflicht bei diesen Staaten ausgelöst hat, soll ihnen Mike Pence auf seiner Reise nehmen.[39]

Russland hat für September eine militärische Großübung entlang seiner westlichen Grenzen sowie in Weißrussland mit Zehntausenden Soldaten angekündigt. Das beunruhigt besonders die Baltischen Staaten. Zufrieden hörte der georgische Ministerpräsident Giorgi Kwirikaschwili auf der Pressekonferenz am nächsten Tag dem US-Vizepräsidenten Mike Pence zu, als der beteuerte: »Amerika first, heißt nicht, Amerika allein. Amerika steht zu Georgien.« Er habe den Ministerpräsidenten beglückwünscht für die demokratische Entwicklung und die enge Verbindung mit dem Westen, mit Europa und der NATO.

Georgien sei ein strategischer Schlüsselpartner der Vereinigten Staaten von Amerika. Seit 2004 hätten Tausende von Georgiern Seit an Seit mit den Amerikanern im Kosovo, im Irak und in Afghanistan gekämpft. »In Afghanistan hat Georgien mehr Streitkräfte gestellt als irgendein anderes Land weltweit. 31 Soldaten sind gefallen für die Sache des Friedens und der Freiheit.« Später werde er sich mit Soldaten treffen, die an dem gemeinsamen Manöver »Noble Partner 2017« teilnehmen. Das ist eine Mission der Streitkräfte der USA, Georgiens und anderer Nationen. Präsident Trump und er stünden weiterhin zu der NATO-Bukarest-Erklärung von 2008, die ganz klar macht, dass Georgien eines Tages Mitglied der NATO werden wird.[40] Es sei erfreulich, lobte Pence, dass Georgien seine Verteidigungsausgaben auf 2 Prozent des Bruttoinlandsproduktes gehoben hat. Nur 40 Meilen von hier stünden russische Panzer und hätten dort Südossetien besetzt. Heute besetzt Russland ein Fünftel des georgischen Territoriums. Um es ganz klar zu sagen, die Vereinigten Staaten von Amerika verurteilen nachdrücklich diese russische Besatzung auf georgischem Grund und Boden. Wir unterstützen die territoriale Integrität und die Souveränität Georgiens innerhalb der international anerkannten Rechte und Präsident Trump und ich werden Forderungen jeder Zeit bekämpfen, die etwas anderes fordern. Präsident Trump fordert die Russen dazu auf, diese destabilisierenden Aktionen aufzugeben, sagt Pence und geht dann auf die wirtschaftliche Zusammenarbeit ein. »Die Vereinigten Staaten werden weiterhin mit Georgien zusammenarbeiten, um die Angreifbarkeit des Landes zu reduzieren, um gegen russische Aggressionen vorzugehen, aber wir werden gleichzeitig auch die wirtschaftlichen Beziehungen vertiefen. Wir haben ein größeres Interesse an stärkeren Investitionen in Ihrem Land und die fortschreitenden Reformen in Ihrem Land zeigen ja auch, dass Sie offen sind und eine stärkere wirtschaftliche Zusammenarbeit mit dem Westen wollen.«

Kurz nach dem georgisch-russischen Krieg 2008 lehnte Bundeskanzlerin Angela Merkel eine NATO-Erweiterung ab. Trotzdem ist bei dem US-Manöver ›Noble Partner 2017‹ auf der georgischen Militärbasis Vaziani in der Nähe von Tbilissi, die früher einmal ein russischer Luftwaffenstützpunkt war, dieses Mal auch eine Kompanie deutscher Infanteriesoldaten mit dabei.[41]

Die Bekräftigung von Mike Pence, den NATO-Beitritt Georgiens zu unterstützen, ist eine Kampfansage an Moskau. Das Säbelrasseln auf beiden Seiten geht weiter. Das von Mike Pence angekündigte Interesse an stärkeren Investitionen der USA und eine Vertiefung der wirtschaftlichen Beziehungen mit Georgien dürfte auch Ministerpräsident Kwirikaschwili wohlwollend zur Kenntnis genommen haben.

DER HEILIGE BERG – MTAZMINDA

Gegen Abend fahre ich mit der Standseilbahn hinauf zum Mtazminda, dem heiligen Berg. In den beiden modernen Kabinen der Seilbahn stehen Menschen aus allen Nationen. Aber auch viele Bewohner von Tbilissi zieht es auf die Anhöhe und in den Vergnügungspark, den man auch mit dem Auto erreichen kann. Oben steht seit 1959 ein großes Restaurant mit einer säulenverzierten Terrasse, das schon in vielen Filmen als Kulisse gedient hat. Ein romantischer Platz zum Essen in der beginnenden Dämmerung. Vor der Mauer am Hang drängen sich Liebespaare, Freundinnen und Freunde für ein Selfie, auch Eltern mit ihren kleinen Kindern schießen Erinnerungsfotos vor dieser atemberaubenden Stadtkulisse aus 700 Meter Höhe.

Von hier aus kann man auf das Anwesen von Bidsina Iwanischwili schauen. Der metallisch leuchtende Wohnsitz mit Geschäftsgebäude direkt am Hang ähnelt eher einer modernen Fabrik. Und die drei unterschiedlich starken runden Türme, an der Spitze aus Glas, erinnern an Turbinen. Von hier aus sieht man auch den Hubschrauberlandeplatz, etwas vom Grundstück versetzt auf einem anderen verglasten Gebäude. Vielleicht hat sich der ehemalige Ingenieur-Student, der nebenbei in einem Stahlwerk gejobbt hat, damit als Milliardär einen Kindheitstraum erfüllt. Glaubt man den Gerüchten, dann wird es bald unterhalb seines Anwesens auf seine Initiative ein »Tbilissi Panorama« geben, das man mit einer Seilbahn von dem gerade im Bau befindlichen großen Hotel hinter dem Freiheitsplatz erreichen kann. Überraschen würde es mich nicht, denn der heimliche Regent des »Georgischen Traum« zeigt ähnliche Züge wie Micheil Saakaschwili in seiner zweiten Amtszeit. Auch ihm scheint die Macht zu Kopf zu steigen und skurrile Ideen bei ihm hervorzurufen. Der Exzentriker Iwanischwili sammelt aus ganz Georgien seltene Bäume und lässt sie auf den abenteuerlichsten Wegen, auch auf dem Seeweg, in einen Park transportieren. Er ist in der Lage, aus einem öffentlichen Park Bäume zu entnehmen und mit einer Polizeieskorte zu transportieren. Iwanischwili hat kein öffentliches Amt, aber er benimmt sich wie ein Landesfürst. Er bestimmt nicht nur die Politik seiner Partei und nimmt Einfluss auf die Besetzung von Regierungsämtern, seine Partei dient ihm auch noch dazu, seine Marotten zu unterstützen, sagt Zaal Andronikashvili.

Nach dem glanzvollen Wahlsieg der Koalition »Georgischer Traum« 2012 habe Iwanischwili noch voller Stolz das Ende der Ein-Parteien-Herrschaft in Georgien verkündet. Der strahlende Wahlsieger legte aber schon ein Jahr später, wie er vorher angekündigt hatte, sein politisches Amt als Ministerpräsident nieder. Aber statt sich ins Private zurückzuziehen, nahm er eine Rolle als Regisseur hinter den Kulissen wahr. In Talkshows habe er Regierungsmitglieder und auch Staatspräsident Margwelaschwili, für den er selbst einen unermüdlichen Wahlkampf geführt hatte, öffentlich gerüffelt. Als dessen Nachfolger schlug er Irakli Gharibaschwili vor, ein eher farbloser Technokrat, wie die Kaukasische Post schreibt.[42] Gharibaschwili und der jetzige Ministerpräsident Kwirikaschwili waren vor ihrem Eintritt in die Politik im Management der Cartu-Bank, einem Unternehmen des Iwanischwili-Imperiums. In den Wahlkampf für die Parlamentswahl im Oktober 2016 mischte der Milliardär kräftig mit. Er fuhr in alle Regionen Georgiens, hielt Pressekonferenzen ab, die vom Privatsender seines Sohnes verbreitet wurden, und warnte vor einer erneuten Schreckensherrschaft der Saakaschwili-Partei. Nicht-Regierungsorganisationen beschuldigte er, schmutzig und verseucht zu sein, und warf ihnen vor, die Gesellschaft zu korrumpieren. Die Visionen von einer pluralistischen Gesellschaft aus dem Jahr 2012 schien er aufgegeben zu haben und strebte eine Zwei-Drittel-Mehrheit für den »Georgischen Traum« mit einer starken Führungsfigur an. Vier Jahre zuvor war er mit seinem Parteienbündnis noch auf die Parteien der Freien Demokraten und der Republikaner angewiesen. War es ein Zufall, dass kurz vor der Wahl ein Video in der Öffentlichkeit lanciert wurde, in dem die ehemalige Außenministerin der Koalition »Georgischer Traum«, Maia Pandschikidse, mit einem jungen Mitarbeiter in einem Hotelzimmer in Batumi heimlich gefilmt worden ist? Wurden hier alte Rechnungen beglichen, von wem auch immer? Die Freien Demokraten hat es vermutlich den Einzug ins Parlament gekostet. Sie scheiterten knapp an der Fünf-Prozent-Hürde. Die Empörung über den Seitensprung der Politikerin ist bei den meisten Georgiern größer als das Verbrechen der illegalen Videoaufnahmen, die sich jeder über einen längeren Zeitraum im Internet ansehen konnte.

Das Restaurant und der Vergnügungspark auf dem Mtazminda, in dem auch der Fernsehturm und das von der Stadt aus zu sehende Riesenrad stehen, waren lange geschlossen und wurden erst 2007 wieder in ihrem ursprünglichen Design eröffnet. Moderne Karussells stehen im Park, und wie überall auf der Welt kreischen die jungen Mädchen auf den Sitzen in den futuristischen Krakenarmen, wenn sie sich immer schneller drehen, auf und ab hüpfen und die gut angeschnallten Weltraumfahrer durcheinanderschütteln. Rundherum stehen die noch Abwartenden und die Großeltern, die sich über den Spaß ihrer Enkel freuen und dabei vermutlich an ihre eigenen ersten Karussellfahrten auf dem Mtazminda denken.

Richtung Stadt gehe ich über einen kleinen Bergpfad. In der Mitte am Hang steht die St.-Davids-Kirche. Von dort führt ein steiler Weg hinunter zum Pantheon, zum Friedhof, auf dem bedeutende Persönlichkeiten Georgiens begraben liegen. Dazu gehören auch Ilia Tschawtschawadse und Akaki Zereteli. Und der Dichter Galaktion Tabidse. Auch er gehörte wie Tizian Tabidse und Paolo Iaschwili, der sich im Haus der Schriftsteller erschoss, um nicht seinen Freund zu verraten, den »Blauen Hörnern« an, einer Gruppe junger Schriftsteller, die eine wichtige Rolle bei der Erneuerung der georgischen Literatur spielten. Ihre avantgardistischen Gedichte wurden durch Übersetzungen von Boris Pasternak bekannt.[43] Galaktion Tabidse verehrte Akaki Zereteli. In seinem Gedicht »Wind, der weht« ist ein Anklang an Zeretelis Lied »Suliko« unüberhörbar. Die sehnsuchtsvolle Suche nach der verlorenen Geliebten, die zugleich Suche nach der verlorenen Heimat ist.

> »Wind, der weht, Wind der weht, Wind, der weht
> und das Laub mit sich reißt ohne Ruh,
> Baum für Baum biegt – das Heer! – beugt er, fleht:
> Wo bist du, wo bist du, wo bist du?
> Wie es rinnt, wie es schneit, wie es schneit,
> ewiglich such ich dich … allezeit!
> Mit mir ist dein Gesicht, wie es war,
> überall, Tag und Nacht, immerdar!
> Himmelfern wie im Kopf Nebel geht …
> Wind, der weht, Wind, der weht, Wind, der weht!«[44]

Etwas verwundert bin ich, dass auch der erste Präsident Georgiens Swiad Gamsachurdia im Pantheon seine letzte Ruhestätte gefunden hat. Zuvor war er exhumiert und auf Wunsch seiner Familie nach Grosny in Tschetschenien gebracht worden. Nach einer gerichtsmedizinischen Untersuchung in Russland wurde er anschließend zurück nach Georgien überführt und 2007 auf dem Pantheon beigesetzt. So haben die Georgier mit ihrem ersten frei gewählten Präsidenten ihren Frieden geschlossen.

»WIND, DER WEHT«

Der Stadtteil Wake liegt westlich vom historischen Stadtzentrum Tbilissis. Eine alte Vorstadt, die als noblere Wohngegend galt. Dort bin ich mittags mit Guram Darsania verabredet, der ein kleines Unternehmen für Pflanzenkosmetik und Heilsalben betreibt. Eine gute Gelegenheit, um vorher die breite Ilia-Tschawtschawadse-Straße entlangzuspazieren, die durch Wake führt und vorher einen Blick in den Park der Staatlichen Iwane-Dschawachischwili-Universität zu werfen, in dem viele Plastiken von bedeutenden Persönlichkeiten stehen, die hier gelehrt haben. Die meisten Namen unter den bronzenen und steinernen Büsten, die auf hohen Sockeln stehen, sind in georgischer Schrift. Ich setze mich auf eine Bank und blicke auf die Büste von Shalva Nutsubidze, die sich ein bisschen abhebt von den anderen. Ein heller Stein, der Kopf des Philosophen und Übersetzers, der von 1888 bis 1969 gelebt hat, nur bis zum Kinn und den Ohren herausgearbeitet. Er hat, wie viele Georgier damals, in Petersburg studiert und auch in Leipzig. In beiden Universitäts-Städten lehrte er später auch als Professor. 1918 war er einer der Gründer der Iwane-Dschawachischwili-Universität, die ein Kind der georgischen Unabhängigkeitsbewegung war.[45] Sie wurde aus privaten Mitteln als »Georgische Universität zu Tiflis« eröffnet und die Vorlesungen wurden auf Georgisch abgehalten. Nach der dreijährigen Unabhängigkeit des Landes war damit allerdings wieder Schluss und es musste erneut auf Russisch gelehrt werden.[46]

Auf der Tschawtschawadse Straße ist auch am Sonntag starker Verkehr. In der Ferne sehe ich Hochhausgerippe und ein Haus schräg in die Straße hineinragen. Vor der kleinen Andria-Pirwelschodebuli-Kirche auf der rechten Seite stehen viele Menschen und warten auf den Gottesdienst. Bevor sie das Grundstück betreten, kaufen sie vor dem Tor bei schwarzgekleideten alten Frauen dünne Opferkerzen.

Als ich die Hochhausneubauten erreiche, stehe ich vor einem Denkmal von Galaktion Tabidse. Der Dichter ist umschlungen von einer dynamischen Verkörperung des Windes, eine Anspielung auf sein Gedicht »Wind, der weht«.[47] Er geht auf in den stürmischen Zeiten, in die er hineingeboren wurde. Das Denkmal bleibt aktuell. Auch die letzten fünfundzwanzig Jahre gab es stürmische Zeiten in Georgien. Im Rücken des Schriftstellerdenkmals strecken sich zwei noch unfertige Hochhäuser in leichter Spiralform gen Himmel, durch deren offene Wände peitscht der Wind.

»Wind, der weht, Wind, der weht, Wind, der weht
und das Laub mit sich reißt ohne Ruh.«

Ich überquere die Straße und gehe in eine kleinere Parallelstraße zu einem modernen Lokal, in dem ich mit Guram verabredet bin.

Er winkt mir schon von Weitem zu, obwohl wir uns noch nie gesehen haben. Er trägt Jeans, ein dunkles Shirt. In seinen lichten Haaren und im Bart überwiegt das Grau. Er mustert mich neugierig mit seinen blauen Augen. Bei einem Eiscafé erzählt er mir, dass er in dieser Straße aufgewachsen ist. Ende der 1970er-Jahre konnten wir als Kinder gefahrlos auf dieser Straße spielen. Autos gab es kaum. Nach der Schule haben wir die ganze Zeit draußen verbracht. Wir sind auf Bäume geklettert, haben Kirschen bei den Nachbarn gegessen, haben Fußball gespielt, miteinander gekämpft. Rundherum gab es nur drei- und vierstöckige Häuser. Jetzt stehen hier Hochhäuser mit sechzehn Stockwerken. Und alle Straßen sind voller Autos. Jetzt ist nur noch wenig Platz für Jugendliche. Wenn ich meine Kinder betrachte, die sind oft in der Wohnung, beschäftigen sich mit ihrem Computer. Von dem Fenster unserer Wohnung, die schon meinen Eltern gehörte, schauten wir in die Weite und auf viel Grün. Heute versperren uns die Hochhäuser die Sicht. Auf dem Hotelturm gegenüber, oben auf dem Dach, da kann man eine runde Plattform sehen. Ich habe gehört, dass man dort einen Hubschrauberlandeplatz plant, um von dort aus Touren ins Gebirge nach Gudauri oder Swanetien anbieten zu können.

Er gehe gegen Abend oft in den Wake-Park spazieren, der hier ganz in der Nähe liegt. Dort sei es ruhig, es gibt viel Grün und bessere Luft. Wenn ich Lust hätte, ein paar Schritte zu laufen, würde er mit mir zum Schildkrötensee gehen. Auf dem Weg zum Park sagt Guram, er frage sich, wie wird das Leben hier weitergehen. Ich habe Kinder und mache mir Sorgen um ihre Zukunft. Werden sie in einer guten Atmosphäre aufwachsen, eine gute Bildung erhalten, wieder bessere Luft haben und ein normales Leben führen können. In ganz Tbilissi stellt der Verkehr ein großes Problem da, erzählt Guram, das man dringend lösen muss. Es gibt viel mehr Autos als die Stadt vertragen kann. Entsprechend ist die Luftverschmutzung. Man muss darüber nachdenken, die Stadt viel mehr zu begrünen. Die Autos dürfen nicht mehr mit bleihaltigem Benzin fahren. Zwei Drittel der Autos sind immer noch nicht bleifrei. Es muss einen TÜV geben.

Es muss ein schneller Übergang stattfinden. Die Infrastruktur hier und in anderen Städten muss weiterentwickelt werden. Es kann nicht sein, dass die Arbeit für die meisten Menschen auf Tbilissi konzentriert wird. Die Produktionsstätten müssen auf das ganze Land verteilt werden. Sonst wird es große Probleme geben. Im Park laufen wir auf einen großen runden Brunnen mit hohen Wasserfontänen zu. Von dort aus gehen wir bergauf. Schon von Weitem erkennt man auf der Höhe das monumentale Weltkriegsdenkmal.

Guram hat in Deutschland vier Jahre Architektur studiert und im Anschluss ein zwölfmonatiges Praktikum absolviert. 1996 sei er auf Wunsch seines Vaters nach Georgien zurückgekehrt.

TÜRKISCHER KAFFEE NACH SOCHUMISCHER ART

Mitte der 1970er-Jahre, erzählt Guram, hatte mein Vater Gesundheitsprobleme. Er litt unter dem Pankreatischen Hormon. Es handelt sich dabei um ein Hormon des Magen-Darm-Kanals, das die Bauchspeicheldrüse angreift und die Beweglichkeit des Darms und den Gallenfluss hemmt. Man wusste damals noch nicht sehr viel darüber, und die Ärzte konnten ihm nicht helfen. Man sagte ihm, auch wenn er sich operieren lassen würde, hätte er in ein paar Monaten wieder die gleichen Probleme. Deshalb fing er an, selbst einen Weg zu suchen, um wieder gesund zu werden. Er studierte Pflanzenheilkunde und Homöopathie. Mein Vater kam ursprünglich aus Sochumi in Abchasien. Er liebte den türkischen Kaffee nach sochumischer Art, der auf heißem Sand gekocht wird und einen ganz bestimmten Geschmack hat. Wegen seiner Krankheit konnte er jahrelang diesen Kaffee nicht trinken. Ich war noch sehr klein und erinnere mich gut daran, wie bedeutungsvoll er mir erzählte, dass er mehrere Monate mit Heilkräutern experimentiert habe und dabei eine Medizin entwickelt hat, die er über einen längeren Zeitraum einnahm. Danach sei er nach Sochumi gefahren, an den Strand gegangen, wo er sich immer mit seinen Freunden traf. Dort probierte er das erste Mal wieder einen kleinen Schluck türkischen Kaffee, um festzustellen wie sein Magen darauf reagiere. Nach diesem ersten Schluck wartete er ein paar Stunden. Als er keine früheren Symptome seiner Krankheit spürte, trank er danach eine ganze Tasse Kaffee. Und es passierte wieder nichts. Das war 1978. Er hatte sich selbst geheilt. Später hat er weitere Versuche mit Heilkräutern gemacht und eine Salbe entwickelt, »Cholchuri«, die bei Erkrankungen der Hautoberfläche und auch bei Entzündungen unter der Haut eine große Wirkung entfaltet. Diese Salbe war schon in den 1980er-Jahren während der Sowjetzeit einem kleinen Kreis in Tbilissi bekannt. Die Stadt ist ja nicht so groß, und die Wirkung der Salbe sprach sich schnell herum. 1996 hat mein Vater dann einen Betrieb gegründet und damit begonnen, diese Salbe herzustellen und an Apotheken zu verkaufen. Schon nach kurzer Zeit war die Nachfrage so groß, dass er mich bat, ihm bei der Produktion und beim Vertrieb zu helfen. Wir haben Apotheken besucht und das Medikament auch an den Großhandel verkauft. Außer dieser Salbe stellten wir bald auch Pflanzenkosmetik her. 1999 starb mein Vater und ich habe den Betrieb übernommen. Ich habe dann die Pflanzenkosmetik weiterentwickelt. Im Kosmetikbereich gibt es ein sehr großes Problem. Die Nachfrage nach Naturkosmetik ist groß. Aber das, was unter Naturkosmetik auf dem Markt angeboten wird, wird meistens mit chemischen Rohstoffen hergestellt. Da habe ich gedacht, warum kann man nicht Kosmetika nur mit natürlichen Rohstoffen herstellen. Und ich habe jahrelang damit experimentiert, bis ich die optimale Wirkung von Cremes mit natürlichen Rohstoffen erzielt hatte, die sonst nur mit Silikonen oder Mineralölen erreicht werden. Wobei die Falten bei den chemischen Kosmetika nicht beseitigt, sondern nur mit Silikonen überdeckt werden. Wir aber stellen echte Naturkosmetik her. Über mehrere Jahre konnte ich die Wirkung der Cremes immer weiter optimieren und verbessern. Und ich hoffe, wir werden noch perfekter. Und da in Deutschland die Technik für die Herstellung von Naturkosmetik sehr weit entwickelt ist und man dort auch sehr gute Rohstoffe einkaufen kann, habe ich beschlossen, die Kosmetikartikel in Deutschland zu produzieren. Und das mache ich seit ein paar Monaten. Und jetzt verkaufen wir diese Naturkosmetik über Apotheken und deren Großhändler.

Als wir nach einem längeren Spaziergang den Schildkrötensee erreichen, erzählt Guram, dass seit einiger Zeit sehr viele Iraner hierher kämen. Am See gibt es einige Strandbars und man hat einen tollen Ausblick auf die Stadt. Viele Frauen aus dem Iran tragen einen Hijap. Ihre Männer und Kinder sind sehr modern gekleidet. Die Touristen kommen mit dem Taxi oder mit dem Bus hier herauf. Sie bleiben eine kurze Zeit und verschwinden wieder. Oft sitze ich hier am See, sagt Guram, aber jetzt während der Touristenzeit sei es ihm hier zu unruhig. Früher habe es auch eine Seilbahn vom Wake-Park zum See gegeben, aber die wurde 2010 eingestellt.

»JETZT ERFÜLLT SICH MEIN TRAUM«

Das große Tor vor Gulias Haus ist geöffnet. Ein kleiner Anhänger steht in der Einfahrt und Giorgi sägt auf dem Hof mit einer Motorsäge Bauholz klein. Ich bin sprachlos, alles hat sich innerhalb eines Jahres verändert. Das Haus ist verputzt, überall sind neue Fenster eingesetzt. Gulia kommt mir lachend entgegen. Komm mit in unsere Sommerküche. Sie zieht mich in eine große Glasveranda neben der Bäckerei und umarmt mich. Der Tisch ist gedeckt. Es riecht nach frischem Brot. Giorgi winkt mir zu, als er Kleinholz zum Anhänger bringt. In der Sommerküche stehen mehrere in den Boden eingelassene große braune Tonkrüge, darüber ist ein Stück Mauer vor dem Küchendach offengelassen, damit der Rauch abziehen kann, wenn das Feuer für die Holzkohle auf dem Boden dieser Tonöfen entfacht wird. Nachdem wir etwas getrunken haben, gehen wir die neue Treppe vom Hof aus hinauf, die zu einer Terrasse führt, die einmal mit Weinlaub beschattet sein wird. Von dort aus führt ein Gang über den Hof zu den oberen beiden Apartments mit kleinen Balkonen, die hier in den letzten Monaten entstanden sind. Die Apartments sind bereits mit eigener Küche und Bädern ausgestattet. Kleiderschränke stehen in den Zimmern und auch Polstermöbel wurden vor ein paar Tagen geliefert. Von den oberen

Apartments führt eine Holztreppe zu zwei weiteren nach unten. Hier sind die Zimmer noch nicht komplett eingerichtet, aber alles würde in den nächsten zwei Wochen geliefert werden, sagt Gulia. Der Hof wird jetzt zum Nachbargrundstück von einer neu gezogenen verputzten Mauer begrenzt. Nur der Dgemali-Baum steht weiter an dem gleichen Standort. Ich stelle mir eine sehr schöne Sitzecke im Hof vor. Die Wände dahinter sind begrünt. Die Gäste sitzen zum Abendessen auf bequemen Holzstühlen am Tisch, und wenn sie möchten, werden sie von ihrer Wirtin bekocht. Alles sei möglich, sagte Gulia. Die Mieter der oberen Apartments können auch auf der Terrasse unter dem Weinlaub sitzen mit Blick auf die Dolidze Straße. Bei uns können die Touristen das urbane Tbilissi erleben. Sie freue sich schon sehr auf die ersten Gäste und hoffe, dass sie schon bald welche hier empfangen kann. Giorgi wird sie vom Flughafen abholen. Sie wollen den Besuchern allen möglichen Komfort bieten, dass sie sich wohlfühlen. Wenn Bedarf bestünde, könne sie für deutsche Gäste auch kleine Stadtführungen machen. Sie kenne Tbilissi sehr gut und habe schon des Öfteren Besucher durch die Hauptstadt geführt. Es ist schön zu sehen, wie Gulia aufblüht, nachdem ihnen von der Bank doch noch ein Kredit gewährt wurde und sie plötzlich planen und ihr Leben wieder in die eigenen Hände nehmen können.

Nachdem die erste Fuhre Bauholz verladen ist, fährt Gulias Schwager sie mit dem Auto weg, und Giorgi setzt sich zu uns in die Sommerküche und begrüßt mich. Wir stoßen auf Gulias Traum an, ein Hotel zu besitzen. Jetzt sind es immerhin vier Apartments geworden. Gulia hat wieder georgische Gerichte aufgetragen und freut sich, dass es mir schmeckt. Immer wenn ich zu ihnen nach Tbilissi komme, passiere etwas Neues, sagt Giorgi lachend, und jetzt freue er sich, dass ich miterlebe, wie sie gerade die vier Apartments fertigstellen würden.

Ich bin neugierig, möchte wissen, warum die Bank plötzlich bereit war, ihnen für ihr Bauprojekt einen Kredit zu geben, den sie vor einem Jahr noch abgelehnt hat. Er habe nicht locker gelassen, sagt Giorgi, und noch einmal einen neuen Antrag gestellt und ausführlichere Pläne vorgelegt, die Finanzierung konkretisiert. Daraufhin seien Mitarbeiter der Bank zu ihnen gekommen und haben den Wert des Hauses noch einmal geschätzt. Mit ausschlaggebend sei gewesen, dass sie vor drei Jahren die Bäckerei eröffnet hätten, mit der sie einen immer größeren Umsatz erzielen konnten. Und auch das Konzept mit den Apartments für Touristen habe sie überzeugt. Das Tourismus-Departement hat ja in den letzten Jahren eine große Zunahme von Besuchern aus dem Ausland registriert. Wir wollen auf unserer Internetseite, die gerade ein Freund für uns gestaltet, besonders deutsche Touristen ansprechen, weil Gulia die Sprache spricht. Aber auch Ukrainer kommen nach Georgien und Russen. Engländer können auch zu uns kommen, das sei alles kein Problem. Wir müssen jetzt gute Fotos für die Website machen lassen. Nur es muss jetzt schnell losgehen. Sie müssten möglichst umgehend vermieten, denn die Raten des Kredites bezahlen sie jetzt schon monatlich ab. Und solange sie nicht vermieten, müssen sie die Raten von dem Kredit bezahlen, sodass ihnen, wenn sie nicht rechtzeitig vermieten, keine ausreichenden finanziellen Mittel für die letzte Wohnung zur Verfügung stehen werden, die noch fertiggestellt werden muss.

Und was ist, wenn es schiefgeht? Das darf es nicht und wird es auch nicht, sagen Gulia und Giorgi. Denn sonst gehört der Bank unser Haus und auch die Bäckerei, und wir hätten nichts mehr. Dann müssen wir weiter zu Festtagen Spanferkel zubereiten, sagt Gulia und lacht, um das Thema zu wechseln. Habt ihr deshalb so viele Tonkrüge hier in der Sommerküche stehen? Ja, natürlich. Am letzten Weihnachten haben wir sechzig Schweine zubereitet. Es hat sich nach dem ersten Jahr schnell herumgesprochen, dass wir die knusprigsten und leckersten Spanferkel in unseren Tonkrügen garen. Für uns ein gutes Business zu Weihnachten.

Mariam, die in die Küche gekommen ist, und alles mitbekommen hat, begrüßt mich, und sagt lachend zu Gulia, erzähl doch mal die Geschichte mit dem vertauschten Schwein. Giorgi winkt ab, aber Gulia erzählt sie trotzdem.

Einmal hatten wir ein Spanferkel, das im Tonkrug über der Holzkohle hing, nicht rechtzeitig herausgenommen, weil so viel in der Bäckerei zu tun war. Plötzlich habe ich einen Brandgeruch bemerkt, aber da sei es schon zu spät gewesen, erzählt Gulia. Das Spanferkel war völlig verkohlt. Ich habe Giorgi gerufen, und der ist sofort los, und hat ein neues Schwein gekauft. Als es fertig gegart war, habe ich den Kunden angerufen, dass er sein Spanferkel abholen könne. Als er es sah, war er ganz begeistert, weil es solch eine schöne braune Kruste hatte und brachte es mit seinem Sohn zu seinem Auto. Es dauerte nicht lange, da kam er mit dem Schwein zurück und schrie erregt, das sei nicht sein Schwein. Er wolle das Schwein haben, das er ihnen gebracht habe. Für uns sah das Schwein genauso aus wie das andere. Wir konnten keinerlei Unterschied erkennen, so sagte ich zu ihm, er solle sich beruhigen, sie hätten kein Schwein vertauscht. Es sei ein gutes Schwein. Gerade noch habe er sie gelobt, sei begeistert über die schöne braune Kruste gewesen. Er solle das Schwein mitnehmen und es mit seiner Familie auf dem Weihnachtsfest genießen. Jetzt schrie er noch lauter, dass es nicht sein Schwein sei, und er darauf bestünde, dass er sein Schwein zurückbekomme. Ich versuchte ihn zu beruhigen, es habe alles seine Richtigkeit. Nichts habe hier seine Richtigkeit, schrie er, oder sehen Sie an diesem Schwein irgendwo aufgeschlitzte Ohren. Dass sein Schwein aufgeschlitzte Ohren hatte, darauf hatten wir natürlich nicht geachtet. Und als die Ohren verkohlt waren, konnten wir es auch nicht mehr sehen. Der Mann wollte sich nicht beruhigen und drohte uns, die Polizei zu rufen. Dann rufen Sie die Polizei. Vor Ihnen liegt ein wunderbar zubereitetes Spanferkel, mit oder ohne aufgeschlitzte Ohren. Sie haben die Ware und wir das Geld. Alles ist in Ordnung. Nichts habe seine Ordnung. Er rannte vom Hof und kam nach einer halben Stunde mit zwei Polizeibeamten zurück. Die hörten sich die Schilderung unseres aufgebrachten und empörten Kunden geduldig an. Als der Mann die Uniformierten erwartungsvoll ansah, berieten die sich kurz und teilten ihm dann in ruhigem Ton mit, dass sie kein Vergehen feststellen könnten. Er solle doch dieses fein zubereitete, und sichtlich gut gegarte Spanferkel mitnehmen und sich daran erfreuen. Die Polizisten drehten sich achselzuckend und mit einem leichten Grinsen um und verließen den Hof. Und der Kunde schleppte fluchend mit seinem Sohn das falsche Schwein zu seinem Auto.

»DAS PROBLEM BEI JUGENDLICHEN IST, DASS SIE KEIN GELD HABEN«

Mariam war mit Freunden schwimmen gewesen. Sie hat sich umgezogen, weil sie gleich in einer Bar etwas außerhalb von Tbilissi arbeiten wird. Diesen Studentenjob hat sie schon länger. Sie trägt jetzt ein schwarzes, tief ausgeschnittenes Top. Die silberne Kette mit dem Kreuzanhänger liegt auf ihrer sehr braunen Haut. Zusätzlich schmücken sie lange Ohrringe, ein breiter Armreif und mehrere Ringe. Ihre dunklen Haare sind schulterlang. Sie studiert Betriebswirtschaftslehre und möchte später im Management arbeiten. In dem Bereich war sie schon einmal in einem Krankenhaus beschäftigt. Jetzt arbeitet sie in einem europäischen Restaurant mit angeschlossener Bar. Im Moment sitze sie noch an der Kasse, aber sie habe gute Chancen, bald als Managerin zu arbeiten, erzählt sie mir.

Mariam weiß aus eigener Erfahrung und auch von ihren Freunden, mit denen sie viel Zeit verbringt, dass es vielen Familien finanziell nicht sehr gut geht. Trotzdem fühlen meine Freunde und ich uns wohl, sagt sie. Wir sind jung, glücklich, anständig und genießen das Leben. Aber das Problem bei Jugendlichen sei, dass sie kein Geld haben. Manche studieren ein Semester, können dann aber nicht weiterstudieren, weil sie die Studiengebühren nicht mehr bezahlen können. Dann sind sie arbeitslos. Sie wollen etwas unternehmen, ins Ausland reisen, sich andere Länder anschauen. Aber es gibt keine Möglichkeit, das zu tun. Wenn sie sich für eine Arbeit bewerben, wird ihnen gesagt, dass sie fünf Jahre Erfahrung haben sollten. Aber woher sollen sie die Erfahrung haben, sagte Mariam jetzt etwas erregt und mit den Händen gestikulierend, wenn man ihnen keine Chance gibt zu arbeiten. Was erwartest du von den Politikern? Ich erwarte von den Politikern, dass sie das, was sie versprochen haben, auch halten. Haben sie aber nicht. Sie haben den Studenten ein kostenloses Studium versprochen und Stipendien für das Ausland. Ich möchte nicht im Ausland leben, aber studieren würde ich dort gern. Das Studium in Georgien ist sehr teuer. 2.250 Lari im Jahr, pro Semester also fast 800 Euro. Die Eltern verdienen meistens nicht mehr als 500 Lari. Umsonst studieren kann man nur, wenn die Prüfung mit »Sehr gut« absolviert wurde. Die Eltern versuchen, Geld für das Studium ihrer Kinder zu verdienen. Als meine Mutter in die Türkei ging, war das sehr schlimm für mich, wir leben hier sehr nah zusammen, wie Freundinnen.

Würdest du gerne selbstständig leben, eine eigene Wohnung haben?, frage ich Mariam.

Es ist gut, unabhängig zu sein, antwortet sie. Aber in Georgien gibt es eine andere Mentalität. Die Eltern sorgen für dich und du bleibst in der Familie. Wenn du dann heiratest, dann kannst du unabhängig leben. Das Problem ist oft, dass junge Leute sich bemühen, sehr schnell zu heiraten, um so aus der Familie zu entfliehen. Aber ihr Wunsch nach einem besseren und interessanteren Leben wird meist nicht erfüllt, weil sie keine Lebenserfahrung haben. Wenn sie früh aus dem Haus gehen, sind sie nicht wirklich unabhängig von den Eltern und bekommen deshalb danach große Probleme. Ich möchte gern mit meiner Mutter und meiner Familie zusammenwohnen. Wenn ich heirate, möchte ich versuchen, mit meinem Mann in normalen Verhältnissen zu leben. Ich möchte auch Kinder haben. Wenn junge Leute heiraten, denken sie, dass es ein gutes Leben wird. Aber oft bekommen sie ihre Wünsche nicht erfüllt, ihr Leben ist zerstört, die junge Familie löst sich auf, und die Kinder bleiben ohne Mutter oder ohne Vater. Deshalb muss man erst einmal richtig planen. Eine gute Arbeit haben und dann überlegen, ob man heiraten möchte.

Mariam ist zweiundzwanzig Jahre alt, eine moderne, emanzipierte Frau, aber viele georgische Männer wollen keine zu starke und selbstständige Frau heiraten. Die Mentalität in Georgien hat sich verändert, entgegnet Mariam. Nicht alle Männer sind Asiaten und denken so. Man heiratet, beide arbeiten und legen ihr Geld zusammen. Dass die Männer nicht europäisch denken, das gibt es nur noch auf den Dörfern im Gebirge. Aber in der Stadt sei es nicht mehr so. Ich wünsche mir einen Mann, der arbeitet und Geld für die Familie hat. Er muss mich sehr lieben und auch Kinder mögen. Und er muss aufmerksam sein.

In der Kirche kann man sehr junge Frauen sehen, die den Kirchenboden küssen, beim Beten ein Tuch auf dem Kopf tragen und eine neue Religiosität verkörpern, sage ich.

Sehr viele junge Leute besuchen die Kirche. Ein Tuch über den Kopf zu tragen, ist eine Regel in der Kirche, klärt mich Mariam auf. Ich gehe zwar nicht oft zum Gottesdienst, aber bin trotzdem religiös, eine orthodoxe Christin und trage Gott immer in meinem Herzen. Für mich ist es wichtig, ein gutes Herz zu haben und Gutes zu tun. Das ist meine Religion.

Das Glaubensthema scheint Mariam sehr zu beschäftigen. Sie schaut mich mit funkelnden Augen an, widerspricht mir energisch, als ich anmerke, dass die Georgisch Orthodoxe Kirche gegen die westlichen Werte kämpfe. In Deutschland können gleichgeschlechtliche Partner heiraten, seien gleichgestellt.

Ich bin ein liberaler Mensch, nicht konservativ, sagt Mariam. Trotzdem halte ich eine Hochzeit von zwei Männern oder zwei Frauen in Georgien nicht für richtig, weil es nicht unserer Mentalität entspricht. Georgien ist ein sehr traditionelles Land mit einer großen Geschichte. Wir liegen in der Mitte zwischen Asien und Europa. Für uns sind solche Verhältnisse nicht akzeptabel.

LASHA HEISST SONNENSCHEIN

Der junge Bergführer strahlt Gelassenheit und jungenhafte Zuversicht aus. Das wird mir helfen auf der Trekkingtour entlang der russisch-tschetschenischen Grenze. Lasha mustert mich mit seinen großen braunen Augen. Sein volles, dunkles Haar trägt er etwas länger. Und dazu einen Dreitagebart. Vom Bergdorf Omalo in Tuschetien werden wir sechs Tage lang bis zum Wehrdorf Schatili in Chewsuretien wandern.

Jetzt fahren wir über das Gombori Gebirge von Tbilissi nach Telawi, der Hauptstadt Kachetiens, und von dort weiter hinauf, vorbei am Alaverdi Kloster mit der großen Kathedrale, bis Letschuri. Wir passieren einige Dörfer der Tuschen im Kachetischen Tal. Dort wohnen sie im Herbst und im Winter, wenn ihre Bergdörfer im Großen Kaukasus durch den Schnee abgeschnitten sind. Nur wenige Familien überwintern noch in den Dörfern. Bald wird die befestigte Straße zu einer Schotterpiste mit tiefen Schlaglöchern, die teilweise mit Regenwasser gefüllt sind. Eine ruhige, besonnene Fahrweise und viel Erfahrung werden dem Fahrer abverlangt. Auf den Flusswiesen stehen große Anhänger mit blauen und roten Bienenkästen. Die Straße führt in Serpentinen steil hinauf, ist schmal, die Abhänge sind steil. Wir überholen zwei ganz in Blau gekleidete Mountainbiker. Am Straßenrand sehen wir kleine Altäre mit Bierflaschen davor oder mit Obst, manchmal auch mit Fotos der Abgestürzten. Meist junge Gesichter, die oft unter Alkoholeinfluss die Kontrolle über ihr Fahrzeug verloren haben. Hinten auf einem Pritschenwagen sitzen zwischen Kartons und Planen zwei Anhalter auf der Ladefläche eines Kleintransporters und halten sich an dem schwarzen Gestänge fest. Zwei Motorradfahrer, deren Schutzanzüge und Helme sich kaum vom Grau der Schotterpiste unterscheiden, überholen uns. Die verrosteten, hohen Strommasten am Rand der Straße haben keine Leitungen mehr. Sie wurden in der rechtlosen Zeit der 1990er-Jahre gestohlen und ins Ausland verkauft. Seitdem gibt es in den Bergdörfern keine Stromversorgung mehr. Inzwischen stehen kleine Solaranlagen vor den Häusern oder sind auf Dächern angebracht, mit denen Sonnenenergie in Strom umgewandelt wird.

Nachdem wir die Hälfte der Strecke nach Omalo mit unserem erfahrenen Fahrer im Allrad-Geländewagen bewältigt haben, machen wir kurz vor dem 2.962 Meter hohen Abano-Pass, dem einzigen Zugang zu den abgeschiedenen Bergdörfern Tuschetiens, Rast an einer Quelle und Gedenkstätte. Tische und Bänke stehen neben einem Gedenkstein mit Fotos von vier jungen Tuschen, die hier mit ihrem Auto abgestürzt sind. Auf dem Sockel stehen zwei kleine Gebetshäuser, davor Gläser mit Wein, eine Wasser- und eine Bierflasche und Pfirsiche und abgebrannte Opferkerzen. An den Gedenkstein gelehnt steht der Kühlergrill des Autos, mit dem die Jungen abgestürzt sind. Das Wrack hat man aus der tiefen Schlucht nicht bergen können. Männer aus dem Dorf der Verunglückten sitzen am Tisch, essen Brot, Schafskäse, Oliven, Tomaten und Gurken, trinken Wein und Tschatscha. Sie laden uns ein, an ihrem Tisch Platz zu nehmen und mit ihnen zu trinken und zu essen. Wir packen unser Proviant aus und stellen ihn dazu. Es seien sehr starke Jungen aus ihrem Dorf gewesen, gute Menschen, denen sie hier gedenken, und auf die wir mit ihnen anstoßen sollen. Die älteren Männer haben sonnengegerbte Gesichter, tragen Sonnenhüte. Ein jüngerer streicht seinen schwarzen Schnurrbart an den Enden in die Höhe, bevor er mir lachend erlaubt, ihn zu fotografieren. Sie wollten heute Schafe kaufen. Überall auf den Hängen sehen wir in den nächsten Tagen große Herden mit Schäfern und ihren Hunden. Die Ohren und die Schwänze der Hunde sind kupiert, damit sie besser vor den Bissen der Wölfe bei einem Überfall auf die Herde geschützt sind, ein weiterer Schutz sind ihre Stachelhalsbänder. Kürzlich haben Wölfe sieben Schafe nur einer Herde gerissen, hören wir von den Männern. Die Schafherde wird von Ziegenböcken mit braun glänzendem oder weißem Zottelfell und großen Hörnern angeführt. Sie sind intelligenter als die Schafe und finden für sie die richtigen Wege am steilen Hang. Die Schäfer, erzählt einer der Männer, dürften nicht eigenmächtig Schafe verkaufen. Deshalb suchten sie jetzt nach den Besitzern der Herden. Noch aber haben sie keinen gefunden. Da sie schon seit mehreren Stunden hier am Tisch sitzen, wird es heute wohl auch nichts mehr werden. Statt eines Trinkspruchs beginnt einer der Tuschen sehr pathetisch ein Gedicht vorzutragen. Beim nächsten Glas singt er »Suliko«. Was für ein beeindruckender Einstieg für unsere Reise in die Bergkulisse des Großen Kaukasus.

HEIDNISCHE TRADITIONEN UND DER GLAUBE AN NATURGEISTER

Ganz oben am Abano-Pass steigen wir noch einmal kurz aus dem Auto, stehen vor hellbraunen, flachen Gebirgssteinen, aus deren

Ritzen blaue und gelbe Blüten ragen. Ein weiter Blick auf eine grünbewachsene Bergkulisse. Dahinter ragt eine schneebedeckte Gesteinskette hervor. Unter uns sieht man die hellbraune Straßenschlange ins Tal gleiten.

Aber wir wollen weiter, haben erst die Hälfte der Strecke geschafft, und müssen noch vor der Dunkelheit in Omalo sein. Während der Fahrt erzählt Lasha, dass die Frauen der Tuschen den Gesang der Männer auf dem Akkordeon begleiten. Bei den Chewsureten aber würden die Männer auf der dreisaitigen Panduri spielen. Ungewöhnlich sei auch bei den Tuschen, dass sie kein Schweinefleisch essen würden. Wir hätten auch keines bei den Männern auf den Tisch stellen dürfen. Aber sobald man über den Azunta-Pass zu den Chewsureten komme, gäbe es dieses Verbot nicht mehr. Der Grund für das Verbot des Schweinefleisches bei den Tuschen habe etwas mit einer Krankheit zu tun, mit denen die Schweine früher die Schafe angesteckt hätten, sodass komplette Herden getötet werden mussten. So haben es ihm einige Tuschen erzählt.

Atschi, unser Fahrer, stoppt das Auto. Ein breiter Gebirgsbach mit starker Strömung fließt zwischen den Felsen hinab und unter einer dicken, schmutzigen Eisschicht hindurch, bevor das Wasser über die Straße läuft und weiter ins Tal. Atschi muss langsam hindurchfahren, weil er nicht einschätzen kann, ob unter dem Wasser größeren Steine liegen oder ein Loch zu durchfahren ist, das in die Straße gespült wurde. Am Berghang in der Ferne erscheint mir die Straße, als habe jemand mit einem spitzen Gegenstand einen sehr langen Streifen in das begrünte Gestein geritzt.

Kurz vor Omalo sehen wir auf einer Alm, umgeben von dunklen Tannen, das Dorf Schenako. Gleich dahinter verläuft die Grenze zu Dagestan. Eine zweite Grenze, die zwischen Tuschetien und Tschetschenien, beginnt gleich hinter dem Berg in Omalo. Die Wehrtürme des Ortes können wir schon von Weitem sehen. Die helle, unbefestigte Straße schlängelt sich an drei Berghügeln entlang.

Die Tschetschenen haben schon sehr lange den muslimischen Glauben. Weil sie keinen Alkohol trinken dürfen, werden die Tschetschenen oft als Schäfer von den Tuschen engagiert, erzählt Lasha. Die Tuschen sind erst 500 Jahre später als die Georgier zum

Christentum übergetreten, und dies auch nur unter Zwang. Richtige Christen seien sie bis heute nicht geworden. Heidnische Traditionen und der Glaube an Naturgeister haben sich bei ihnen mit dem Christentum vermischt.

Gut durchgeschüttelt von der holprigen Straße kommen wir am frühen Abend in dem in einem kleinen Tal liegenden Bergdorf Omalo an. Auf dem Hügel hinter den wenigen Häusern stehen die Wehrtürme des Ortes. Die Frau des Gästehauses begrüßt uns und zeigt uns unsere Zimmer. Vom Balkon aus sehe ich junge Reiter mit ihren Pferden am Ortseingang auf dem Hügel entlangtraben. Eine helle Stute geht langsam mit ihrem Fohlen an unserer Unterkunft vorbei zum Dorfplatz. Auf dem Dach unseres Gästehauses stehen zwei Solaranlagen. Später gehe ich mit Lasha hinauf zu den Türmen. Am Rand des kleinen Pfades steht ein Holzschild mit Hinweisen in georgischer und englischer Schrift: »Holy place. Entering is forbidden!« 10 Meter höher zeigt Lasha auf eine Minikapelle aus übereinandergelegten Schiefersteinen, deren Mitte aus einem kleinen Hohlraum besteht. Eine Chati, eine heilige Stätte. Etwas weiter ein Blechschild mit einer schwarzen Frauengestalt, wie von einem Kind gemalt, mit einem Kreuz durchgestrichen. Darunter die Abbildung einer Chati. Frauen sollen einen anderen Pfad benutzen, dürfen nicht in die Nähe kommen, nicht das Heiligtum anschauen, betreten und schon gar nicht berühren. Aber der Zulauf von westlichen Touristen, die von hier aus eine Wanderung beginnen oder ein paar Tage im Dorf bleiben, scheinen die strengen Vorschriften bereits etwas gelockert zu haben.

Überhaupt hat der Tourismus, der für das Land immer wichtiger wird, in den letzten Jahren die Traditionen in Georgien, besonders die der Gastfreundschaft, aufgeweicht. An einem Beispiel könne man das sehr gut ablesen, erzählte mir George in Tbilissi. Er habe einen Fernsehjournalisten bei Filmaufnahmen durch Georgien begleitet. Er kam aus Russland über die Grenze und fuhr die georgische Heerstraße nach Stepanzminda, um Aufnahmen vom Kasbek zu machen. Wir haben versucht, ein Gästehaus für ihn und sein Filmteam zu finden. Aber es gab nichts. Wir haben dann eine Familie gefunden. Die Frau war Deutschlehrerin. Und als wir ihr gesagt haben, dass wir mit Gästen kommen würden und sie fragten, was wir bezahlen müssten, gab es ein großes Drama. Es war unmöglich mit ihr über Geld zu sprechen. Es wäre für sie eine Schande gewesen, Geld von einem Gast zu nehmen. Wir haben danach weiterhin mit anderen Gästen bei ihr übernachtet und bei unserer Abreise Geld auf dem Tisch liegen gelassen für das Abendessen, weil man nicht über das Geschäft sprechen konnte. Sechs Jahre später eröffnete diese Frau das erste Gästehaus, weil sie erkannt hatte, dass man damit ein bisschen Geld verdienen kann. Wir waren sehr gut befreundet mit der Familie und auch mit den Nachbarn. Immer mehr Gästehäuser entstanden und heute besteht Stepanzminda zu 80 Prozent aus »Guest Houses«. Sie bieten Fahrten vom Ort bis zum Kloster auf der Höhe, von dem aus man einen sehr guten Blick auf den Kasbek hat, für 70 Lari an. Für eine Fahrt mit nur 4 Kilometern. Der Fahrer wartet eine halbe Stunde und fährt die Besucher wieder hinunter. Heute lebt der größte Teil der Bevölkerung des Ortes von den Touristen. Früher waren es stolze Männer und Frauen. Sie hatten Kühe und Schafe, haben das Bergland bearbeitet. An dieser Veränderung haben wir als Tourismus-Agentur mitgewirkt, sagte George, und das täte ihm persönlich schon sehr weh.

Die Wehrtürme aus übereinandergelegten Schiefersteinen stehen im Abendlicht. Rotbraun leuchten die Verwitterungen an der aufgeschichteten Schutzmauer vor dem Abgrund. Rundherum Grüntöne der Wiesen und Berghänge und unter uns die grauen und braunen Dächer der kleinen Häuser des Dorfes. Etwas abseits am Hang im Schatten vor dem Tannenwald stehen verstreut braune Schilder an hohen Stangen befestigt. Der Friedhof des Ortes, ohne eine Begrenzung. Es gibt nur zwei Grabsteine, die von kleinen Zäunen umfriedet sind.

Die Wandergruppe, der wir uns anschließen werden, ist inzwischen angekommen. Sie steigen mit ihrem Bergführer den Pfad zu uns hinauf. Die Gruppe besteht aus neun Personen, meist Gebirgswanderer mit Höhenerfahrung, die einen kleinen Chor bilden und auch mehrstimmige georgische Lieder singen können.

Als wir unten vor dem Speiseraum auf das Abendessen warten, haben sich schon viele tief liegende graue Wolken um die Häuser gelegt, die dem Dorf etwas Surreales verleihen. An unserem Gästehaus bringen zwei Handwerker eine Antenne für einen WLAN-Empfang an. Der Ministerpräsident Georgiens hat angeordnet, dass alle Bewohner der Bergdörfer in Tuschetien kostenloses WLAN zur Verfügung gestellt bekommen. Auch die Sonnenkollektoren werden finanziert, wenn die Bewohner versichern, ihre Dörfer nicht zu verlassen. So will man dem Verfall der Bergdörfer entgegenwirken und für Touristen eine Reise nach Tuschetien attraktiver machen. Von Omalo aus gibt es für die Dorfbevölkerung einmal in der Woche Direktflüge mit dem Helikopter nach Telawi. Dort können die Bewohner einkaufen.

Beim Essen sitze ich mit Lasha und Atschi an einem kleinen Tisch im Speiseraum. Am Nebentisch sitzt ein dänisches Paar, das ein paar Tage in diesem idyllischen Bergdorf verbringen möchte. Nach der Suppe beginnt der Chor am Nebentisch ein georgisches Lied zu singen, während wir schon Lammfleisch, Auberginensalat, frittierte Süßkartoffeln, Schafskäse, Tomaten, Gurken und Brot serviert bekommen. Am Ende des Mahls wird ein Teller mit Chinkali serviert. Teigtaschen, gefüllt mit Hackfleisch und Zwiebeln, gewürzt mit Knoblauch, Pfeffer, Salz, Koreander und Petersilie. Eine georgische Spezialität, die besonders im Hochgebirge zum Essen gehört. Chinkali werden in Salzwasser gegart und mit zerlassener Butter sowie grobem schwarzem Pfeffer serviert. Je nach Region hat der Teig unter seiner harten Spitze unterschiedlich viele Falten.

In der Dämmerung spaziere ich auf den kleinen Hügel am Ortseingang. Dunkle Pferdesilhouetten stehen auf der Anhöhe. Fast stolpere ich über drei Holzschilder, die dicht über dem Boden stehen. SACRED PLACE. Unter der großen Schrift die naive Zeichnung eines Mannes, daneben eines Kindes und einer älteren Frau am Stock sowie einer Frau in knielangem Kleid mit einer Handtasche. Nur das Bild der Frau ist durchgestrichen. Auf den anderen beiden Schildern wird darauf hingewiesen, dass man an diesem heiligen Platz nicht zelten und spielen dürfe.

In der Nacht regnet es sehr stark, ich schlafe unruhig. Es gibt keinen Strom. Es ist so dunkel, dass ich nur mit dem Licht des Handydisplays den Weg zur Toilette auf dem Flur finde. Morgens nach dem Frühstück gehe ich noch einmal zu den Wehrtürmen hinauf, um im Morgenlicht die Landschaft hinter den Türmen zu fotografieren. Die Steine auf den Dächern der Türme sind rostrot. Die Sonne blinzelt sporadisch und sehr schwach durch die ansonsten sehr dichte Wolkendecke. Das Dorf liegt unter einem leichten Nebelschleier. Ein Schwarm schwarzgelber Stieglitze fliegt wie auf Kommando von mehreren großen Disteln auf, um sich auf einem von Moos durchwobenen Felsenstein vor dem Abgrund niederzulassen. Dahinter ziehen breite graue Wolkenbänder über die Tannen und umkreisen im Sonnenlicht die Bergspitzen. Als ich zurück zum Gästehaus gehe, kommt mir unsere Wandergruppe schon entgegen.

DIE SEHNSUCHT NACH DEN FRAUEN

Fahrt mit dem Auto von Omalo nach Dartlo. Lasha hatte es mir gestern Abend angeboten, weil wir ein eigenes Fahrzeug haben und die Wanderroute vier Stunden an der staubigen Straße entlang führe, und dort in dieser Jahreszeit nicht wenige Autos fahren würden. So hätten wir mehr Zeit, um in das von Dartlo aus 400 Meter höher gelegene Kwawlo hinaufzugehen und könnten dort länger bleiben und den Ausblick genießen.

Atschi fuhr sehr langsam in die tiefen Pfützen hinein und wieder hinaus. Eine sehr schwierige und matschige Stelle auf der Strecke musste äußerst langsam passiert werden, damit das Auto nicht abrutscht. Hinter uns fuhr noch ein Begleitfahrzeug mit Zelten und Taschen der Sängergruppe. Einige Male bat ich unseren Fahrer zu halten. Als wir im Tal waren, konnten wir auf der Höhe zwischen den grauen Dunstwolken die Wehrtürme von Omalo wie aus einer anderen Welt erblicken. Ein paar Kilometer weiter Sonnentupfer auf den sattgrünen Bergwiesen mit weißen Schäfchenwolken davor. Ein schmaler Fluss schlängelt sich durch das Grün der breiten Bergschneise hinunter und mündet in den Pirikita-Alasani, an dem wir die nächsten Tage entlangwandern werden.

Obwohl die Straße durch den nächtlichen Regen nicht staubig ist, bin ich froh, dass ich die vier Stunden nicht laufen muss, denn immer wieder überholen uns Autos von ehemaligen Bewohnern, die ihre Ferien in den kühleren Bergdörfern verbringen.

Wir halten an einer offenen Stelle, von der aus man das Bergdorf Dartlo gut sehen kann. Es gilt als das schönste Dorf Tuschetiens. Von Weitem erkennt man das helle Holz der restaurierten, verzierten Terrassen mit ihren schmalen Holzstreben vor den Häusern. Das Dorf schmiegt sich an den unteren Hang, daneben strömt ein Bergbach hinunter. Oben auf der Spitze des grünen Hügels sehen wir den Wehrturm von Kwawlo und einige Ruinen. Nach einer nur kurzen Weiterfahrt müssen wir nur noch eine Brücke über den Alasani passieren. Einige Meter davor fließt der Bach, der sich in der Wiese breit verzweigt, in den Fluss.

Nachdem wir in Dartlo ausgepackt haben, steigen wir hinauf nach Kwawlo. Zuerst einen kleinen Pfad zwischen den Häusern entlang. Manchmal stehen wir mit den Hausdächern auf einer Höhe. Kunstvoll sind die Schiefersteine des Daches ohne weitere Befestigung auf den Häusern übereinandergelegt. Zwischen die aufgeschichteten Mauern der Häuser sind die Enden der Stützbalken gelegt. Als das Dorf endet, steigen wir einen schmalen Pfad durch eine Blumenwiese hinauf. Weiße langstielige Margeriten und violettes Knabenkraut säumen neben Ruhrwurz mit blauen Blüten und vielen Gräsern unseren Weg.

Zwei Männer in blauer Arbeitskleidung überholen uns, einer mit einer Sense über der Schulter, der andere mit einem elektrischen Rundmäher unter dem Arm. Sie suchen einen Platz am Hang für die Eröffnung des Dorffestes, das am Abend mit anschließendem Gottesdienst beginnen soll. Dafür werden später Decken auf die kurz gemähte Blumenwiese gelegt, auf denen man das Essen abstellt. Sie würden gleich noch Holzbalken als Sitzgelegenheit nach oben bringen, erzählen die Männer. Das Sommerfest wird zwei Tage dauern. Am nächsten Tag sollten wir vorbeikommen, dann würde unten im Dorf gefeiert. Gäste seien bei ihnen sehr willkommen.

Wir gehen weiter den Berg hinauf. Die erste halbe Stunde bin ich kurzatmig und spüre die Höhe von 2.400 Metern. Aber danach macht es mir nichts mehr aus, vielleicht auch, weil die leichte

Angst verschwindet, nicht fit genug für unsere anspruchsvolle Wanderung in den nächsten Tagen zu sein.

Ein junger Reiter, die helle Basecap in den Nacken gedreht, kommt uns von oben auf dem schmalen Pfad auf einem Rappen entgegen. Am langen Zügel führt er drei gesattelte Schimmel. Mit dem ersten hat er Schwierigkeiten, weil der sich weigert, auf dem schmalen Pfad zu bleiben. Aber der erfahrene Reiter bleibt ruhig und setzt sich durch, bis alle drei Schimmel wieder auf dem Pfad hinter ihm hertraben. Wir machen ihm Platz, damit die Pferde nicht scheu werden. Und auch, weil ihm drei sehr junge Reiter entgegenkommen, alle ohne Sattelzeug, sie sitzen nur mit einer bunten gewebten Decke auf den braunen Pferderücken. Die Jungen kennen sich, tauschen sich kurz aus und geben danach lachend ihren Pferden mit den Hacken ihrer Turnschuhe das Zeichen zum Aufbruch.

Am Ortseingang von Kwawlo setzen wir uns auf den höchsten Punkt in die Nähe des Wehrturms. Sein Dach aus dünnen Schiefersteinen, das sich nach oben verjüngt und an chinesische Pagoden erinnert, ist ein filigranes Kunstwerk. Wir blicken ins Tal, schauen auf die Dächer von Dartlo und auf den dahinter fließenden Alasani. Von hier aus sieht man wie durch die dunklen Tannen auf dem gegenüberliegenden Berg mehrere Gebirgsbäche hinunter ins Tal in den vielleicht 30 Meter breiten Fluss fließen.

Lasha liebt sein Land und sagt, dass er mir jetzt die Geschichte über die Entstehung Georgiens erzählen werde. Wir seien in der schönsten Landschaft Georgiens, schwärmt er, atmen saubere Luft und berauschen uns an der vielfältigen Natur um uns herum. Aber bevor er mir diese Geschichte erzähle, werde er ein Lied singen. Alle Georgier würden singen, und auch er täte es gern. Schon als kleines Kind habe ihm seine Mama georgische Lieder beigebracht. Und das, was ich gleich singe, sagt Lasha, liebe ich besonders. Die Männer in den Bergen hatten viel Zeit auf der Jagd. In der Einsamkeit schrieben sie Gedichte, die später vertont und gesungen wurden. Ich singe ein Liebeslied, das singt man nur in den Bergen, begleitet von einer Panduri, die ihm hier leider fehle. Das Lied beschwört den Patriotismus und die Liebe. Die Sehnsucht nach der

Geliebten oder zu den Frauen allgemein. Die Männer geloben, was sie alles für die Frauen tun werden, wenn sie zurückkehren von der Jagd. Und es erzählt von ihrer Einsamkeit und wie sie die Frauen in den Bergen vermissen.

Als Lasha singt, laut und kraftvoll, mit einer melodischen Stimme, so inbrünstig, als sei er seit Tagen allein in den Bergen unterwegs, und als habe er gerade dieses Lied für seine auf ihn wartende Geliebte geschrieben, bekomme ich eine Gänsehaut. Drei Strophen hat das Lied. Und als er aufhört zu singen und mich lachend anschaut und zum Himmel zeigt, kreisen dort zwei Adler unter himmlischen Blau.

»JEDER GEORGIER HAT DIESE LEGENDE IM BLUT«

Die Georgier sind sehr faul, das meine ich positiv, sagt Lasha. Sie arbeiten nicht viel, aber genießen das Leben. Als der liebe Gott die Welt aufteilte, kamen die Georgier zu spät, weil sie die ganze Nacht gefeiert hatten. Sie haben gegessen, getrunken, Gedichte aufgesagt und Lieder gesungen. Alle Menschen auf der Erde hatten von Gott bereits ein Land zugeteilt bekommen. Erst da kamen die Georgier zu ihm. Aber Gott hatte bereits alle Länder vergeben und fragte, warum sie nicht rechtzeitig da gewesen seien. Wir haben gefeiert, wir haben auf dich getrunken und auch auf alle anderen Götter. Wenn wir kein Land mehr bekommen, ist das auch nicht so schlimm, wir haben genug in unseren Taschen. Da fragte Gott neugierig, was sie denn in ihren Taschen hätten. Wir haben Käse, Brot und Wein. Sie packten alles aus, begannen erneut zu feiern, tranken auf Gott, ihre Vorfahren, ihre Frauen, ihre Kinder und auch auf die, denen Gott gerade ein Land gegeben hatte. Gott hörte neugierig zu, schüttelte den Kopf und dachte, was für verrückte Leute diese Georgier. Sie haben kein Land bekommen und sind trotzdem die glücklichsten Menschen der Welt. Und dann beschloss Gott, den Georgiern das Stück Land zu geben, das er eigentlich für sich selbst zurückgehalten hatte. Und so bekamen die Georgier von Gott das Paradies auf Erden.

Ein fruchtbares Land, in dem alles wächst, ein Land mit mehreren Klimazonen. Mit Europas höchsten Bergen, mit einer Schwarzmeerküste und einer Steppenwüste. 40 Prozent des Landes sind mit Wald bedeckt. Es gibt 400 verschiedene Baumarten. Und eine große Pflanzenvielfalt, allein 4.200 Arten von Wildgewächsen und fünfzig Orchideenarten.[48] Eine davon ist das Knabenkraut, das ich bei unserem Aufstieg nach Kwawlo schon bewundern konnte.

DIE KIRCHE BIETET ORIENTIERUNG UND HOFFNUNG FÜR DAS LEBEN

Lasha hat seine Kindheit in einem besonderen Paradies verbracht. Bis er vierzehn Jahre alt war, gab es bei ihnen fast keinen Strom und auch kein Wasser. Wie auf dem Land, erzählt er. Wir sind immer zur Quelle, um Wasser zu holen. Und Strom gab es nach seiner Erinnerung einmal die Woche ein paar Minuten. Dann habe die ganze Nachbarschaft geschrien: Strom ist da! Aber dann sei er auch schon wieder weg gewesen. So haben wir viel Zeit mit den Nachbarn verbracht, den Eltern und Großeltern. Wir Kinder haben viel zusammen gespielt. Computer und Handys gab es nicht. Wir haben viel gelesen und meine Mama hat mir und meinem Bruder viele Gedichte vorgelesen. Im Winter gab es keine Heizung, und es war sehr kalt. Mein Vater hat, bevor wir zu Bett gingen, auf der Trommel gespielt und wir haben dazu getanzt, damit uns vor dem Schlafengehen warm wurde. Und danach im Bett bei Kerzenschein noch etwas gelesen. Die Nachbarschaft hat zusammengehalten. Wir waren eine große Familie in dieser schwierigen Zeit. So hatte ich viele Mütter und Väter. Wurde jemand krank oder gab es einen Notfall, jeder kannte jeden, und wer ein Auto hatte, fuhr selbstverständlich den Kranken ins nächste Spital.

Als Jugendlicher war Lasha aber vielen Gefahren ausgesetzt. Er erfuhr die Rechtlosigkeit als etwas Normales. Es gab keine Polizei, an die man sich wenden konnte. Korruption und Kriminalität gehörten zum Leben. Von älteren Freunden bekam er zu seinem fünfzehnten Geburtstag heimlich eine Pistole mit Munition geschenkt.

Ich wollte genauso cool sein wie die älteren Jungs, erzählt Lasha, die mit einer Kalaschnikow auf der Straße herumliefen. Ich nahm die Pistole mit in die Schule, sagte wie selbstverständlich, man müsse sich ja verteidigen können. Keiner wagte es danach, mich anzugreifen oder mich zu beklauen. Ich wurde in Ruhe gelassen. Gott sei Dank ist diese Zeit vorbei. Und es ist nichts passiert. Meine Mama weiß bis heute nichts davon.

Für Lasha nahm später die Orthodoxe Kirche einen wichtigen Platz in seinem Leben ein. Zuvor hatte er erkannt, welchen Gefahren er als Jugendlicher ausgesetzt war. Der Patriarch Ilia II. sei bis heute für ihn ein sehr wichtiger Mann. Er sei der beliebteste Mensch bei den Georgiern. Die Orthodoxe Kirche habe es nach der Unabhängigkeit geschafft, dass die Kirchen wieder voll sind. Die Gottesdienste werden größtenteils von jungen Menschen besucht. Die Kirche und der Kontakt zum Priester sind wichtig für uns. Vielleicht beichten und fasten nicht alle. Aber in der Kirche lerne man, wie man leben muss, sagt Lasha. Dass man nicht töten und nicht stehlen darf. Dass man seine Eltern lieben soll und keine Verbrechen begehen darf. Die Kirche hat bei uns einen sehr guten Ruf. Schon im Mittelalter waren die Mönche und Priester die gebildetsten Leute. Heute sei es genauso. In der Kirche sein heißt nicht nur den Gottesdienst besuchen, sondern die Kirche hat uns das gegeben, was wir woanders nicht fanden. Eine Orientierung, eine Hoffnung für unser Leben. Man muss anständig sein, und es sich im täglichen Leben verdienen, dass man später das ewige Leben bekommt. Wenn man denkt, nachdem ich gestorben bin, komme nichts mehr, dann könne man ja machen, was man wolle und bräuchte auf nichts Rücksicht zu nehmen.

EIN TISCHPOLIZIST MIT AUFGENÄHTEN BUNTEN SCHULTERKLAPPEN

Wir gehen von der kleinen Anhöhe, auf der der Wehrturm steht, zum Dorf Kwawlo hinunter. Kwawili heißt auf Georgisch »Blume«. Der Legende nach habe man das Dorf Kwawili benannt, weil es so schön aussieht. Kwawlo ist das einzige Dorf, das uneinnehmbar war, weil es versteckt und schwer zugänglich zwischen zwei dicht nebeneinanderliegenden Bergen liegt. Hier gab es keine Eroberer. Und darauf waren die Einheimischen sehr stolz.

Lasha zeigt auf ein Feld am Abhang. Dort wachsen Kartoffeln. Ansonsten wachse hier in dieser Höhe nichts. Hier sieht man keinen Obstbaum. Es gibt auch kein Gemüse. Man hatte hier nur die Viehzucht. Die Bergleute hatten Fleisch, Käse und Butter. Man sieht fast nur Schafe, ein paar Ziegen. Und Schweine sind verboten.

Auf der Nordseite der Berge liegt schon Tschetschenien, sagt Lasha. Es gehört zur Russischen Förderation. Als Georgier brauchen wir eine spezielle Erlaubnis, um dort hinüberzugehen. Tschetschenische Hirten erzählten ihm, dass die Dörfer dort genauso aussehen wie hier in Tuschetien. Auch dort sind die Wohnhäuser von den etwas höher gelegenen Wehrtürmen abgetrennt. Tschetschenen sollen die Meister im Bau von Wehrtürmen gewesen sein. Die Tschetschenen sind Muslime, seien aber früher, bevor Tschingis Khan den Großen Kaukasus erobert habe, auch einmal Christen gewesen. Sie wurden dazu gezwungen, ihren Glauben zu wechseln. Die Tschetschenen und die Tuschen in Kachetien hatten früher einen sehr engen Kontakt. Die Tuschen sind besondere Menschen, eher zurückhaltend, bescheiden und ruhig, keine Krieger wie die Swanen. Und sie haben noch ihre eigenen Götter. Sie haben auch keine Friedhöfe, sondern die Gebeine ihrer Toten liegen in kleinen, vielleicht einen Meter hohen Knochenhäusern. In Dartlo stehen sie am Hang hinter dem Gebirgsbach. Die Tuschen und die Swanen sind Bergvölker. Wenn die Menschen in den Tälern Kachetiens feindlichen Angriffen ausgesetzt waren, sind sie in die Bergregionen geflüchtet, um dort Schutz zu suchen.

Wir passieren verfallene Häuser ohne Dächer. Vor dem Abgrund steht ein kleines Anwesen. Die Schieferdächer der Gebäude leuchten dunkelrot. Auf der kleinen Mauer vor dem Grundstück, stehen Geschirr und Zahnputzbecher. An einer Wäscheleine hängt bunte Kinderkleidung. Hier wohnen Sommergäste, die für ein paar Wochen aus der Hitze der Stadt in die Berge flüchten, in das Haus, in dem früher mal ihre Vorfahren gelebt haben. Auf vielen Grundstücken stehen nur noch die Mauerreste der ehemaligen Häuser. In Kwawlo lebt im Winter nur eine Familie. Man erkennt das Haus an den Sonnenkollektoren, die hinter dem Anwesen am Hang stehen. In der Nähe des Hauses, überdacht von einer blauen Plane, stehen Tische und Bänke, an denen Männer sitzen. Zwei Frauen unterhalten sich an einem Nebentisch und besorgen den Abwasch. Seit zwei Tagen feiern die Bewohner von Kwawlo mit ihren Gästen aus den Städten ihr Sommerfest. Die Stimmung in diesem Jahr ist nicht so ausgelassen wie sonst. Ein zwanzig Jahre alter Tusche aus einem Bergdorf in der Nähe, in dem auch das alljährliche Sommerfest gefeiert wurde, ist vor zwei Tagen nachts mit dem Auto aufgebrochen, um zu einem benachbarten Fest zu fahren, sei aber nicht angekommen. Am nächsten Tag hat man lange nach ihm gesucht und dann sein Auto in einer Schlucht entdeckt.

Hier in den Bergen gäbe es keine Polizei, erzählt Lascha, sodass es immer wieder vorkomme, dass Leute auch mit viel Alkohol im Blut ins Auto steigen. Beim Sommerfest hier in Kwawlo machen sich die Leute über die Polizei lustig. Ein Mann mit aufgenähten blauen kleinen Polstern vor der Brust, rotkarierten Schulterklappen und einem großen Holzschwert in der Hand, muss dafür sorgen, dass alles geordnet zugeht. Der Tischpolizist winkt uns zu sich und bittet uns, ihre Gäste zu sein. Als wir zögern, gibt er zuerst Lasha und dann mir einen kräftigen Schlag mit seinem Schwert auf den Hintern und dirigiert uns an den Männertisch. Danach sorgt er dafür, dass wir zu essen und zu trinken bekommen. Chatschapuri, Salat, Brot, Wein und Tschatscha. Doch als Erstes lässt er sich zwei Trinkhörner bringen, schenkt sie mit selbst gebrautem Bier voll bis zum Rand. Alle Männer am Tisch schauen uns an. Einer von ihnen erhebt sein Glas, begrüßt uns als aus der Ferne angereiste Gäste und sagt, dass sie alle sehr stolz seien, uns begrüßen und bewirten zu dürfen. Das Trinkhorn müssen wir danach in einem Zug leeren.

Am Ende des Tisches bilden übereinandergeschichtete Schiefersteine eine große Ablage für Weinkrüge und eine kleine Musikanlage. Ein schon leicht betrunkener Tusche in schwarz-weißem Ringelhemd beginnt zu tanzen, stellt die Musik lauter, winkt einen Jungen zu sich auf die Tanzfläche. Der tanzt ohne Scheu und in sehr harmonischen Bewegungen mit seinem älteren Tanzpartner. Nach und nach fordert der Tänzer alle Männer, die am Tisch sitzen, zu einer kurzen Tanzeinlage auf. Auch Lasha und ich können uns dem nicht entziehen, denn der Tischpolizist setzt mit seinem Holzschwert die Wünsche des Tänzers um. Lasha hat Spaß an besonders eleganten und dynamischen Tanzfiguren und erhält viel Beifall dafür.

Wir wollen zurück nach Dartlo, denn morgen beginnen wir unsere anspruchsvolle Wanderung. Noch einmal stoßen wir an, bedanken und verabschieden uns. Als die Blumenwiese vor dem Dorf beginnt, legen wir uns auf die gemähte Fläche und genießen den Blick ins Tal. Sechs junge Männer tauchen plötzlich auf, zuerst erblicken wir ihre Köpfe und danach auch ihre Pferde. Als sie uns sehen, treiben sie ihre Gäule auf dem Weg nach oben an. Zwei Männer reiten zusammen auf einem Schimmel. Der kleinere sitzt hinter dem Sattel und hält sich mit den Armen um den Bauch des Reiters fest und lacht uns an.

»EINEN FRIEDLICHEN MORGEN UND EINE FRIEDLICHE NACHT«

Im Sommer kommen alle aus den Städten und aus Kachetien für zwei bis drei Monate als Gäste in die Dörfer, erzählt Lasha. Es ist sehr schön, hier die Ferien zu verbringen. Aber im Winter bleiben nur wenige Familien hier. Für die wird das Leben dann sehr schwierig, weil sie hier eingeschlossen sind und sich kaum fortbewegen können. Wenn es schneit, kann der Schnee 3 bis 4 Meter hoch liegen. Das Dorf Dartlo war jahrelang unbewohnt und sehr verfallen. Die Dächer waren kaputt. Vor zwei Jahren haben georgische Denkmalschützer damit begonnen, Dartlo zu restaurieren, alle Häuser im gleichen Stil. Danach sind einige Dorfbewohner in ihre Häuser zurückgekehrt. Auch die Wehrtürme sollen restauriert werden. Bis dahin hat man sie erst einmal mit Metallschienen stabilisiert. Unten im Tal sehen wir den Pirikita-Alasani, der weiter nach Dagestan fließt. Auf der anderen Seite der Berge entspringt der Gomezari-Alasani, der größte Fluss Kachetiens. Er mündet ins Kaspische Meer. Wir werden morgen am Pirikita-Alasani und an der tschetschenischen Grenze entlangwandern. Dort patrouillieren georgische Grenzpolizisten, und sie machen auch Passkontrollen.

Die Feste hier in den Bergdörfern, sagt Lasha, habe er auch erst vor ein paar Jahren kennengelernt. Ende Juli, Anfang August findet in jedem Dorf ein Sommerfest statt. Zwei bis drei Familien müssten abwechselnd die Organisation und die Finanzierung für das Essen und die Getränke übernehmen. Sie brauen Bier im Dorf, und es wird sehr viel Fleisch vorbereitet. Je nach Größe des Dorfes kommen zum Sommerfest Gäste aus den Tälern Kachetiens, aber auch aus Tbilissi und anderen Städten. Reisende, die zufällig vorbeikommen, werden auch eingeladen. Alle sitzen an langen Tischen. Jeder Tisch hat einen eigenen Tamada und auch einen Tischpolizisten, der nicht viel trinken darf. Nicht so wie wir es gerade in Kwawlo erlebt haben. Er muss seine Rolle ernst nehmen, dafür sorgen, dass viel gesungen wird und alle ausreichend bewirtet werden.

Als Tamada ausgewählt zu werden ist eine große Ehre, erzählt Lasha. Als mein Großvater Tamada war, musste ich mit zwölf Jahren dabeisitzen, um alles zu lernen. Und zu hören, worauf getrunken wird. Traditionell gibt es da eine feste Reihenfolge. Der erste Trinkspruch des Tamada gilt dem Frieden, weil wegen der vielen Kriege, welche die Georgier führen mussten, der Frieden am wichtigsten ist. In Georgien wünscht man sich morgens zur Begrüßung deshalb einen friedlichen Morgen, später einen friedlichen Tag und abends eine friedliche Nacht. Mit dem ersten Trinkspruch bedankt sich der Tamada bei Gott für den friedlichen Tag, den er uns geschenkt hat. Trinksprüche, die der Tamada nicht auslassen darf, sind die auf die Heimat, auf unseren Patriarchen, auf die verstorbenen Georgier, die unserer Heimat die Unabhängigkeit bewahrt haben. Und ganz wichtig: ein Trinkspruch auf den Anlass der Feier. Bei Geburtstagen und Hochzeiten wird natürlich auch auf die Jubilare getrunken. Vor dem Trinkspruch werden alle Gläser gefüllt und erst nach dem Trinkspruch gibt der Tamada die Erlaubnis, die Gläser leer zu trinken. Danach werden sie sofort wieder gefüllt. Es gibt auch spezielle Trinkgefäße wie Trinkschüsseln und Trinkhörner in unterschiedlichen Größen. Auf einer Hochzeit wird auf das Brautpaar manchmal ein Glas mit einem Liter Wein getrunken. Das ist eine große Ehre für das junge Paar, wenn jemand auf sie einen Liter auf einmal trinkt. Meist ist der Tamada der gebildetste Mann am Tisch. Er muss gut singen, viele interessante Geschichten erzählen und gute Gedichte vortragen können. Der Tamada ist der Moderator und darf den Tisch nur kurz verlassen. Er muss trinkfest sein. Schläft ein Tamada am Tisch ein und die Gäste können nicht weitertrinken, ist das sehr peinlich für ihn. Der Tamada ist der Chef am Tisch. Es gibt bei Hochzeiten eine schöne Tradition. Als große Ehre erhält der Tamada den gebratenen Schweinekopf. Weil Zunge und Ohren als große Spezialität gelten. Der Schweinekopf steht in der Nähe des Tamada auf dem Tisch. Der Tamada erhält auch viele Komplimente. Er muss dafür sorgen, dass es leise am Tisch zugeht und die Gäste einander zuhören. Bei sehr großen Festen mit zwei- bis dreihundert Gästen hat der Tamada Sekretäre an jedem Tisch. Und jeder Tisch hat einen Tischpolizisten, der sich um die Ordnung kümmert, der den Gästen hilft und dafür sorgt, dass die Gläser wieder rechtzeitig gefüllt sind und dass es keinen Streit unter den Leuten gibt. Deshalb muss der Tischpolizist nüchtern bleiben und darf nur wenig Wein trinken und auf keinen Fall Tschatscha.

EINE MITTELALTERLICHE FILMKULISSE

Abends sitzen wir zum Essen im Dorfcafé auf der überdachten Terrasse am rauschenden Gebirgsbach an groben Holztischen und Bänken. Das Dach wird von unbehandelten Baumstämmen gestützt, lange dicke Äste quer durch die Stämme sind das Geländer. Auch heute gibt es am Ende des Abendessens wieder köstliche Chinkali und als Abschluss fruchtig süße Wassermelone. Morgens sitzen wir noch einmal hier am Tisch und freuen uns über die gute Wetterprognose und die Morgensonne. Wir sehen eine Schafherde den Bach überqueren, dahinter auf der Wiese stehen unsere Packpferde und werden von den Pferdebegleitern gesattelt. Von hier aus werden wir durch unbewohntes Gebiet wandern, die Packpferde unsere Taschen, die Zelte, Schlafsäcke, Isomatten und den Proviant tragen. Wir haben mit einem Tagesrucksack mit Regenkleidung und Wasserflaschen leichtes Gepäck. Unser Koch für die nächsten drei Tage sitzt mit bei uns am langen Tisch.

Nach dem Frühstück gehe ich zur Kirchenruine hinunter. Die Häuser, die Wehrtürme, die schön verzierten hellen Balkone und die bunte Wäsche an der Leine werden von der Sonne angestrahlt. Das Moosgrün der Bergwiesen wird hervorgehoben, die braunschwarzen Schiefersteine der Häusermauern und Dächer bilden einen intensiven Kontrast dazu. Vor der alten Kirchenruine, es fehlt das Dach und die Seitenmauer zum Ort hin, findet ein Gottesdienst mit mehreren Kirchenvertretern und den Männern des Dorfes statt. Die Frauen stehen in einer Reihe vor einem Drahtzaun, der die weiß gestrichenen Kirchenüberreste umgibt. Ein Baum wächst aus einer der Mauern heraus. Neben den Frauen vor dem Zaun steht ein Schild mit einer Frauenabbildung und mit einem weißen Strich darüber, wie vor den heidnischen kleinen Kapellen. Frauen dürfen das Innere der Kirche nicht betreten. Für die Abnahme der Beichte geht ein Priester mit einem der Gläubigen zu einer Mauerecke. Die Kirchenüberreste im Morgenlicht, die gelben, roten und blauen Talare der Priester und das alte Bergdorf im Hintergrund wirken wie eine mittelalterliche Filmkulisse. Vor dem Gästehaus legen wir unsere Gepäckstücke ab, damit sie gleich, nachdem wir zu unserer Wanderung aufgebrochen sein werden, in Ruhe von den Pferdebegleitern auf den Sätteln verteilt und befestigt werden können. Noch ein letzter Blick hinauf zum Dorf der Blumen und die Dorfidylle vor uns noch einmal aufsaugend, nehme ich Abschied vom schönsten Dorf Tuschetiens. Ein Fohlen liegt am Ortsausgang vor drei angebundenen Pferden, zwei Reiter kommen uns entgegen und grüßen uns mit einem freundlichen Gaumardschos, was siegreich heißt. Ich atme tief ein und aus. Höre den Chor hinter mir ein Lied zum Aufbruch anstimmen. Heute Morgen habe ich Lasha gestanden, dass ich noch nie eine solche Bergwanderung unternommen und mit solchen Höhen bisher keine Erfahrung gemacht habe. Er versuchte, sein Erstaunen darüber nicht zu zeigen. Stattdessen beruhigte er mich, dass unsere Wanderung heute nicht sehr schwer sei, es gäbe nur 200 Höhenmeter zu überwinden, allerdings das mehrere Male. Gestern wurde mir klar, dass alle die Georgier, die mir gesagt hatten »Aber dann warst du noch nicht in Tuschetien«, und von denen ich annahm, sie hätten alle schon eine solche Wanderung erlebt, vermutlich nur mit dem Auto in ein Bergdorf Tuschetiens gefahren waren, um dort ein paar Tage bei einer Familie zu verbringen. Froh, mein Geheimnis preisgegeben zu haben und endlich mit offenen Karten zu spielen, beginne ich etwas erleichtert die Wanderung, genieße den Weg am Alasani entlang mit weitem Blick auf den Wasserlauf, die Flusswiesen mit grasenden braunen Rindern, dahinter am Hang die Tannen und in der Ferne die grünen Gebirgsfalten, die mich gestern schon faszinierten.

AUF- UND ABTRIEB DER SCHAFE

Eine Schafherde wird vom Fluss hinauf auf unseren Weg getrieben. Ein brauner und ein weißer Ziegenbock mit geschwungenen massiven Hörnern laufen mit wehendem Fell voran und lotsen die Schafe auf den Berghang rechts von uns. Ein bärtiger Hirte mit einem hellen Sonnenhut, einer Peitsche in der Hand und mit einem Rucksack ist bei der Vorhut der Herde. Es dauert nicht lange, da stehen alle Schafe in einer großen Staubwolke auf dem Weg, dazwischen ein weiterer Schäfer mit einem langen Hirtenstock, mit dem er versucht, die Herde auf den Hang zu dirigieren.

Georgien ist ein perfektes Land für die Schafzucht. Im Sommer weiden die Herden in den Bergen des Großen Kaukasus und im Winter im Flachland Kachetiens an der aserbaidschanischen Grenze, wenn es dort zu regnen begonnen hat und aus der braunen Steppe grüne Wiesen werden. Der Abtrieb aus Tuschetien beginnt im September, kurz bevor Schnee und Eis in den Bergen Einzug halten, und dauert mehrere Wochen. Rund 70 große Herden sollen es sein mit 50.000 Schafen und Ziegen, die über Omalo und den fast 3.000 Meter hohen Abano-Pass hinunter ins Tal ziehen.[49] Im Mai und Juni, bevor die Hitze die Wiesen im Flachland wieder in eine braune Steppe verwandelt, beginnt der Viehauftrieb der Herden zurück in den Großen Kaukasus.

Nachdem auch die letzten Schafe, flankiert von zwei Hirtenhunden mit weißem, dichtem Fell, unseren Weg überquert haben, setzen wir unsere Wanderung fort. Kurz darauf müssen wir noch einmal den Weg freimachen. Ein noch sehr junger Reiter mit roter Basecap und blauem T-Shirt mit einer gelben Figur vorne drauf galoppiert, nur auf einer rotgelben Decke sitzend, mit großer Leichtigkeit und lachend mit seinem Pferd an uns vorbei. Nach einer weiteren halben Stunde am Fluss entlang stehen wir vor einem kleinen Gatter mit offenem, aber überbedachtem Stall. Zwei Männer scheren dort von der Sonne geschützt, auf den Beinen der Schafe kniend, deren Füße unten zusammengebunden sind, mit spitzen Scheren das Fell. Die Schafe liegen mit geschlossenen Augen auf der Seite. Auf der Vorderseite schon nackt, auf der anderen liegen sie noch auf ihrer dichten, verfilzten Schutzschicht. Die geschorene Schafswolle liegt in einem großen Haufen auf der anderen Seite des Weges am Hang. Sie wird dort liegen bleiben und nicht weiter verwertet werden, erzählt Lasha. Die Schäfer scheren die Schafe nur, damit diese nicht unter der Hitze leiden müssen. Es sind meist nicht ihre eigenen Schafe. Sie werden für diese Arbeit angestellt von den Eigentümern der Herden und erhalten einen monatlichen Lohn. Sie müssen dafür sehr hart arbeiten. Sie treiben die Schafe von Ort zu Ort, sind monatelang in den Bergen allein, übernachten ohne Zelt nur im Schlafsack. Sie haben nur Käse und Fleisch von den Schafen, die sie selbst schlachten. Weil es so heiß ist in den Bergen, müssen sie die Schafe mehrmals scheren. Für die Eigentümer der Herden lohne es sich nicht, die Schafswolle die weite Strecke, zuerst mit Pferden und dann mit Transportern, über den Abano-Pass hinunter bis in die Stadt Telawi zu bringen, der Hauptstadt Kachetiens. Auf dem Markt dort erhalten sie für ein Kilo Schafwolle 70 Tetri, also ungefähr 30 Cent. Für den Transport der Schafwolle würden sie genauso viel Geld ausgeben müssen, wie sie auf dem Markt dafür erlösen könnten. Deshalb schmeißen sie die Wolle einfach ins Tal hinab.

An einem Gebirgsbach, der hinunter in den Alasani fließt, halten wir unsere Flaschen in die kalte Strömung, trinken das erfrischende Wasser und kühlen Gesichter und Hände, rasten ein paar Minuten im Schatten einer Birke auf einem großen Stein am Ufer des gleichmäßig plätschernden Baches. Lasha reicht mir einen Apfel und ein Snickers. Hinter der Schlucht zwischen den beiden Bergen, durch die der breite Bach fließt, blicken wir zwischen grünen Berghängen hindurch auf hohes, massives grauweißes Gestein, über dem sich zwei weiße, kleine Wölkchen vereinen, um gleich darauf wieder jede für sich allein weiterzuziehen.

Als wir weiterwandern, sehen wir von der Höhe aus in einiger Entfernung das Dorf Tschescho im Tal am Alasani liegen. Wir nähern uns Tschescho und erblicken unsere Sängergruppe, die auf einem schmalen Pfad zum Ort hinaufsteigt. Wir müssten nicht unbedingt durch den Ort gehen, könnten von hier aus eine Abkürzung direkt zum Fluss hinunter nehmen, die uns ebenfalls zu dem Weg Richtung Girewi führt, sagt Lasha. Die Gruppe sei ja nicht schneller als wir, betont Lasha, ich müsste mir deshalb um die nächsten Tage keine Sorgen machen. Wir schaffen das! Ich muss lachen. Ja, wir schaffen das, Lasha! Die bisherige Strecke war nicht sehr schwer. Ich konnte die Landschaft genießen. Aber ich weiß, dass es nicht so bleiben wird.

Wir gehen auf dem kleinen Pfad hinunter zur Flussaue, in der sich der Alasani kurz teilt und sich eine braungrüne kleine Insel gebildet hat, die vom in der Sonne flirrenden hellblauen Wasser umspült wird. Am Flussufer grasen Pferde. Ich atme tief ein und langsam wieder aus, weil mich dieses Bild gefangen nimmt und rührt, wie ein Gemälde, auf dem der Maler alles so organisch gestaltet und die Farben so harmonisch miteinander verwoben hat, dass einem kurz der Atem stockt, weil man glaubt, etwas bisher in sich Verschüttetes, aber tief Vertrautes wiederzusehen.

EIN DORFGERICHT MIT ZWÖLF SCHÖFFEN

Am Hang zwischen schmalen Landschaftsfalten fließen Bäche unter alten, nicht vollständig geschmolzenen Eisschichten hindurch. Eine Schafherde steht wie verloren auf einer dieser schwarz-weiß zerklüfteten Inseln. Plötzlich hinter uns das Geräusch von Pferdehufen. Ein jugendlicher Tusche in blaurotschwarzem Ringelhemd, braun gebrannt, mit kurzen Haaren, galoppiert mit seinem Schimmel, dessen zusammengezogener Schatten auf dem grauen Schotterweg nebenher läuft, auf uns zu und scheint uns nicht weiter zu beachten. Etwas weiter muss er sein Pferd stoppen, bis die Kühe mit ihrem hell- und dunkelbraun glänzenden Sonnenfell den Weg für ihn freimachen. Der Alasani schlängelt sich blaugrau mit weißen Schaumkronen durch die grüne Hügellandschaft. Dort wo er in der Ferne südlich unserem Blickfeld entschwindet, sehen wir auf der Höhe einen Wehrturm. Er gehöre zu dem fast verlassenen Wehrdorf Parsma, sagt Lasha. Das ist der letzte Ort, den man über eine Verbindungsstraße mit dem Auto erreichen kann. Danach führt nur noch ein Fußpfad weiter zum letzten bewohnten tuschetischen Ort Girewi, ein altes Wehrdorf, in dessen Nähe wir später unsere Zelte aufbauen werden. Dort im Tal, auf der anderen Seite des Flusses, zu der eine Holzbrücke führe, werden wir eine Pause machen und unser Essen auspacken. Auf halbem Weg sehen wir auf der anderen Uferseite eine Koppel auf der in einer Ecke dicht an dicht frisch geschorene Schafe stehen und außerhalb der Umzäunung große Haufen Schafwolle liegen. Dahinter hocken mehrere Männer bei der Schafschur. Und als sei er ein Teil der Schafwolle, liegt ein Hirtenhund mit seinem schneeweißen Fell am Rand des Wollberges.

Eine Hängebrücke mit Stahlträgern und Stahlseilen führt über den Fluss. Wir gehen vorsichtig über runde, morsche Baumstämme und halten uns links und rechts mit den Händen an dem morbiden Geländer fest. Während Lasha uns ein Mittagsmahl aus Ölsardinen, Dosenfleisch, Oliven, Schafskäse und Brot zubereitet, darf ich meine Schuhe ausziehen und meine Füße in das kalte Wasser halten. Immer nur kurz, bis die Füße beginnen leicht zu schmerzen, dann noch einmal eintauchen und jedes Mal etwas länger. Eine große Wohltat. Dann ruft Lasha mich zu Tisch und fordert mich lachend auf, ordentlich zu essen, damit er auf dem zweiten Teil unserer Wanderung nicht mehr so viel zu schleppen habe. Ich bin hungrig. Lege mir die Sardinen zwischen das Brot, esse

Schafskäse dazu und Oliven. Nach dem Essen werde ich müde, lege meinen Kopf auf meinen Rucksack und blicke auf die gelbweiße Blütenlandschaft an der Uferböschung gegenüber. Wir haben Zeit, sagt Lasha, die Gruppe hat uns noch nicht eingeholt. Auch die Packpferde sind noch hinter uns, müssen aber gleich hier ankommen. Wenn es mir nicht zu anstrengend sei, könnten wir noch hinaufsteigen nach Parsma. Es sei zwar sehr steil, aber nicht sehr weit. Und der Ausblick von dort oben würde sich lohnen. Du würdest es später bereuen, das verlassene Dorf, in dem nur im Sommer noch eine Familie lebt, nicht gesehen zu haben. Oben zeige ich dir das Gericht des Dorfes, das dort besser erhalten ist als anderswo.

Schon gut, schon gut, Lasha, du hast mich überzeugt. Aber lass mich noch ein wenig ausruhen.

Als die Packpferde und die Pferdebegleiter entlang des Flusses zu sehen sind, kühle ich noch einmal meine Füße im Wasser und ziehe dann Strümpfe und Wanderschuhe wieder an. Es ist ein harmonisches Bild, wie die Pferde hinter der Blütenböschung und vor dem graubraunen Schiefergestein mit den roten und weißen Gepäcksäcken an den Seiten ruhig und leicht bergauf gehen. Der jüngste, erst vierzehnjährige Pferdebegleiter sitzt stolz auf seinem Schimmel und winkt uns zu.

Auf dem steilen Hang nach oben werde ich zu Beginn schnell kurzatmig, bleibe stehen und versuche gleichmäßig zu atmen, bin froh, dass ich schon bald wieder normal Luft bekomme. Kurz bevor wir oben auf dem Plateau ankommen, sitzt ein Junge am Wegrand an der Felsmauer, der seine Ferien in Parsma verbringt. Von seinem Platz aus hat er einen tollen Blick auf die Brücke, die bereits tief unter uns liegt. Als wir um die nächste Kurve gehen, sehen wir die ersten Häuser. Viele sind es nicht. Die meisten zerfallen. Lasha hat nicht zu viel versprochen. Von hier aus hat man einen berauschenden Blick den Flusslauf entlang. Die Schatten der großen, weißen Wolken ziehen auf den dunkel- und hellgrünen Hängen vorbei. Wenn wir uns umdrehen, blicken wir auf die braunen Schiefersteinmauern der Häuser vor der gleichen Naturkulisse. Die kaputten Dächer hat man mit dünnen Blechplatten abgedeckt. Türen und Fenster sind mit Holzbrettern vernagelt. Auf einem kleinen Hügel stehen Grabsteine, dahinter eine breite, nicht sehr hohe Schieferkapelle, auf der die georgische Fahne gehisst ist. Wir gehen an den ersten Häusern vorbei und sehen schon bald das einzig bewohnte Haus von Parsma. Über dem Terrassengeländer liegen kleine Teppiche und an der Leine hängt Bettwäsche. Die verlassenen Häuser rundherum strahlen eine große Ruhe aus. Die Einsamkeit hier oben, aber gleichzeitig auch ein leichtes Unbehagen.

Lasha führt mich ans Ende des Dorfes, zeigt mir ein kleines eingezäuntes Gelände, auf dem ein großer und zwölf kleinere Steine stehen. Sie sind ebenso wie die Schiefersteine der Häusermauern mit einer rostroten Patina überzogen. Der größte, ein flacher Stein zum Sitzen und dahinter einer hochkant als Rückenlehne, war für den Richter des Dorfes vorgesehen. Es war immer einer der Ältesten im Dorf, der sehr viel Wissen hatte und gebildet war. Jedes Dorf habe damals ein eigenes Gericht gehabt, erzählt Lasha. Auch früher gab es keine Polizei in den Bergdörfern. Die Bewohner hatten niemanden von außen, der Entscheidungen für sie traf. So wählten sie einen älteren Mann, dem sie vertrauten als Schlichter für Konflikte und als Richter, wenn Diebstähle oder Morde passiert waren. Aber er fällte die Urteile nicht allein. Ihm zur Seite saßen zwölf andere Männer, Schöffen, mit denen der Richter sich über die einzelnen Fälle beriet und mit ihnen diskutierte und erst dann sein Urteil sprach. Die Dorfbewohner akzeptierten seine Entscheidungen und auch die Strafe, die verhängt wurde. Es soll auch Todesstrafen gegeben haben, obwohl es bei den Tuschen keine Blutrache gab wie in anderen Bergregionen.

Wir gehen weiter bis an den Rand des Dorfes und stehen dann vor dem Wehrturm. Von hier aus konnten die Bewohner jeden Besucher, der zu ihnen hinauf wollte, frühzeitig sehen. Und konnten Feinde rechtzeitig abwehren. Ich bekomme einen Schreck, als ich ein Mädchen und einen Jungen am anderen Ende des Ortes sehr nah am Hang stehen sehe. Der Junge trägt einen blauen Pullover, schaut ins Tal hinunter zum Fluss und das Mädchen trägt ein rotes Sweatshirt und zeigt mit dem Finger auf uns. Ich mache Lasha auf die beiden aufmerksam, damit er sie vor der Gefahr, der sie ausgesetzt sind, warnen könne. Keine Angst, sagt er lachend, die Kinder kommen vermutlich aus der Stadt, kennen sich aber hier gut aus. Sie kommen jedes Jahr für zwei Monate hierher zu ihren Großeltern oder zu ihren Verwandten.

IN DEN BERGEN WACHSEN HELDEN AUF

Als wir unseren Weg am Fluss fortsetzen, erzählt mir Lasha, dass er als Kind auch immer in den Ferien zu seinen Großeltern aufs Land gebracht worden sei. Dort habe er viel Zeit mit den Kühen, Schafen und Schweinen verbracht. Er sei auch mit den Großeltern eine Woche in die Berge gegangen und habe während der Zeit nur Käse gegessen. Er sei in der Stadt und auf dem Land aufgewachsen. Nicht, dass man ihn in Kutaissi, wo er mit seinen Eltern lebte, zu den Großeltern abgeschoben habe. Die Georgier waren schon immer davon überzeugt, dass die Kinder nicht nur die gute Ausbildung in der Stadt benötigen, sondern auch das Leben in den Bergen und den Dörfern kennenlernen müssten, weil das wichtig für ihre Seele sei. In den Bergen wachsen die Helden auf. Und in der Stadt wird der Geist geschult. Eine wunderbare Mischung für die Erziehung der Kinder, beteuert Lasha. Wie die meisten Georgier in den Städten hat auch unsere Familie ein Ferienhaus auf dem Land in Chewsuretien, dort wo meine Mutter und meine Großeltern herkommen. Im Sommer, besonders im August, wenn es sehr heiß in den Städten ist, verbringen die Familien ihre Ferien auf dem Land. Und in jedem Dorf findet, genauso wie hier in Tuschetien, jedes Jahr ein Sommerfest statt. Wenn man weiß, wann es stattfindet, bereiten sich alle darauf vor, dort gemeinsam mit den Verwandten und Nachbarn zu feiern. Es sei eine Tradition, fast ein Muss für jeden Georgier, daran teilzunehmen.

Auf der anderen Uferseite galoppiert ein Tusche mit brennender Zigarette im Mund auf seinem gesattelten Pferd auf den Fluss zu. Das Pferd wirft den Kopf zur Seite, stoppt vor dem Wasser, aber der Reiter dirigiert es in den Fluss, und als er die tiefste Stelle überwunden hat, blickt er stolz zu uns herüber und fordert das Pferd schon im seichten Wasser erneut zum Galopp auf und prescht mit seinem Hengst den Weg in die andere Richtung davon.

Als wir unsere heutige Wanderstrecke von 14 Kilometern nach fast sieben Stunden geschafft haben, sehen wir an einer Biegung des Alasani vor dem Berg die Häuser des alten Wehrdorfes Girewi. Die etwas höher gelegenen Gebäude stehen noch in der Sonne, die anderen und die Wiese des Zeltplatzes liegen bereits im Schatten. Und schon bald haben auch wir über einen schmalen Pfad den Zeltplatz auf der leichten Anhöhe vor dem Alasani erreicht. Es stehen bereits ein paar Zelte, einige von der Sängergruppe sind noch beim Aufbau. Lasha holt unsere Sachen, zeigt mir, wie man das kleine runde Iglu aufbaut und legt mir Schlafsack und Isomatte neben das Zelt. Ich habe den Zelteingang Richtung Osten gewählt, mit Blick auf den Flusslauf, die breite Schlucht zwischen den Bergen und auf die grasenden Packpferde. Unten am Fluss kann man sich waschen oder an dem kleinen Bach, der neben dem Ort hinunter zum Alasani fließt. Auf dem Weg dorthin zeigt Lasha auf das schmale, hohe, etwas abseits stehende blaue Zelt. Es gäbe dort auch Papier und eine kleine Schaufel, mit der man mit der Erde des Aushubs vom Toilettenloch alles abdecken könne. Ich hatte mich schon einige Male gefragt, wo man zur Toilette gehen können wird, aber nicht an eine so elegante und umweltverträgliche Lösung gedacht.

Plötzlich ziehen sich Wolken im Westen über den Bergen zusammen. Innerhalb kürzester Zeit verdeckt eine dunkle Wolkenwand die Bergspitzen, zieht in unsere Richtung. Vor diesen plötzlichen Wetterumbrüchen in den Bergen hatte mich Lasha gewarnt. Auch, dass es ab jetzt in der Nacht sehr kühl werden könnte. Es beginnt windig zu werden und leicht zu regnen. Wir essen in einem größeren Zelt. Unser Koch hat eine gut gewürzte Gemüsesuppe zubereitet. Lasha auf einem Campingkocher in einem großen Kessel Wasser für Tee. Zur Suppe wird Brot gereicht und dazu Käse, Oliven und ein warmer Auberginensalat. Ich habe keinen großen Hunger. Der heiße Tee tut gut und zum Abschluss des Essens gibt es Melone und einen Tschatscha, der mich entspannt und müde macht. Ich spüre den Schnaps und die Sonne des Tages auf meinen heißen

Wangen. Im Nachbarzelt singt der Chor und der Regen prasselt auf die Plane. Aber nicht lange. Die Wolken scheinen weiterzuziehen und auch ein Gewitter hat es nicht gegeben.

STERNENKUPPEL UND WEISSES GESCHENKBAND FÜR DIE WANDERSCHUHE

Als ich nachts das Zelt ohne Taschenlampe verlasse, ist alles dunkel, nirgendwo ein Licht. Der Blick nach oben überwältigt mich. Eine riesige Kuppel mit Millionen von Sternen, wie ich sie noch nie gesehen habe. Ich versuche, Sternformationen zu erkennen. Entdecke das Siebengestirn, das mich als Kind in den Winternächten fasziniert hat, in einer solchen Klarheit, dass ich meinen Blick nicht abwenden mag. Jetzt begreife ich das erste Mal das Wort Milchstraße, die bandförmige Aufhellung am Nachthimmel. Milliarden von Sternen sollen es sein. Mit dem Kopf im Nacken gehe ich über die Wiese und sehe erst spät, dass ein Schimmel vor mir steht und dahinter noch andere Pferde. Mir wird kalt. Ich habe zu wenig an. Gehe zurück zum Zelt. Noch ein letzter Blick nach oben. Ich kann es kaum glauben, als ich eine Sternschnuppe über den Himmel huschen sehe. Sofort weiß ich, was ich mir wünsche. Mit diesem Wunsch schlafe ich ein. Aber ich habe jahrelang nicht im Zelt geschlafen, liege in einer leichten Schieflage, wache immer wieder auf, drehe mich von rechts nach links, schiebe mich von Zeit zu Zeit wieder ein bisschen nach oben und muss mir immer erneut das Fleece richtig unter den Kopf legen. Erst als es hell wird, schlafe ich noch einmal etwas länger.

Kein Wölkchen am Himmel, als ich das Zelt verlasse. Auf der großen Wiese vor dem Fluss stehen heute Morgen Hunderte von Schafen vor den glitzernden Steinen im Hintergrund. Vor dem blauen Zelt muss man sich anstellen. Ich gehe erst einmal an den Bach, um mich zu waschen und mir die Zähne zu putzen. Und fülle meine Flasche mit kühlem Gebirgswasser.

Frühstücken können wir vor dem Zelt am Campingtisch auf den kleinen Stoffstühlen. Lasha stellt Käse und Brot auf den Tisch.

Und Nutella. Grinst mich dabei an. Wenn das meine Söhne sehen könnten. Die Sonne wärmt mir den Rücken. Der Nescafé schmeckt hervorragend unter einem blauen Himmel. Wir haben Glück, sagt Lasha, großes Glück. Das erlebe er nicht immer so. Nein, kein Glück, erwidere ich und erzähle ihm von meinem nächtlichen Erlebnis. Der Chor scheint heute Morgen etwas lauter und beschwingter zu singen.

Eine der Frauen aus der Gruppe, Claudia, bittet um Hilfe. Die Sohlen am Hacken ihrer Wanderschuhe beginnen sich zu lösen. Sie möchte sie mit einem Band fixieren, damit sie sich nicht noch weiter ablösen. Ich biete die langen Schnürsenkel meiner Straßenschuhe an. Eine Sängerin aus der Gruppe hat festes, weißes Geschenkband dabei. Und für alle Fälle werden ihr auch noch ein paar Laufschuhe angeboten. Sie führt die Schnürsenkel durch die Ritzen des Sohlenprofils und bindet sie in Knöchelhöhe zusammen. Zur Vorsicht wird das Geschenkband noch vorne am Schuh angebracht, damit sich die Spitzen nicht lösen können. Lachend präsentiert sie danach ihr Kunstwerk, obwohl ihr vermutlich nach ihrer Entdeckung nicht zum Lachen zumute war. Die meisten aus der Gruppe haben schon bei anderen Wanderern erlebt, dass sich die Sohlen von Wanderschuhen gelöst haben. Wenn die Schuhe nicht regelmäßig getragen werden oder direkter Hitze ausgesetzt sind, bröckelt die Zwischensohle weg, in der sich ein Weichmacher befindet, der mit der Zeit spröde wird. Die Hitze und die besondere Beanspruchung der Wanderschuhe haben hier zusammengewirkt.

PASSIERSCHEINE FÜR DIE WANDERUNG NACH CHEWSURETIEN

Nachdem die Zelte abgebaut sind und wir unser Gepäck zu den Pferdebegleitern getragen haben, gehe ich mit Lasha zu dem Grenzposten etwas außerhalb des Ortes. Die Sängergruppe hat sich am Abend zuvor schon ihre Passierscheine ausstellen lassen. Der Grenzpolizist schaut auf meinen Fotoapparat und sagt zu Lasha, dass ich ihn und auch die Grenzstation nicht fotografieren dürfe. Lasha gibt ihm unsere Pässe. Auf einem kleinen Hügel in der Nähe der Polizeistation, unterhalb der Wehrtürme auf dem Berg wird ein Gottesdienst im Freien abgehalten. Einer der Gläubigen hält dem Priester mit dem grauen, buschigen Bart und im hellblauen Gewand, einen Schirm als Sonnenschutz über den Kopf. Auf einem roten Tisch liegt das Gebetbuch, und stehen Heiligenbilder und Altarkerzen. Daneben ein weiterer Geistlicher, mit langem dunklem Bart mit einem goldgelben Umhang. Seitlich vom Tisch knien Gläubige, die Stirn ins Gras gelegt und mit einem Tuch über dem Kopf. Im Hintergrund der breite Flusslauf, die begrünten Berge und darüber ein azurblauer Himmel. Auf der anderen Seite die Wehrtürme auf kahlen hellen Felsen.

Die Grenzpolizisten scheinen sich Zeit zu lassen. Sie hätten Probleme mit meinen drei Vornamen gehabt, sagt Lasha, aber das konnte er inzwischen klären. Heute sei ich gefordert, sagt er, als wir endlich losgehen können. Es wird eine sehr lange Strecke mit Höhenunterschieden bis zu 500 Metern, also viel beschwerlicher als gestern. Und wenn ich diese Strecke bewältigt haben werde, dann würde mir der morgige Aufstieg auf den Gipfel nichts mehr ausmachen. Er persönlich halte die heutige Strecke für die anstrengendere. Gut, liebe Priester, spreche ich leise vor mich hin, dann verleiht mir bitte noch ein wenig Kraft und Energie für den schwierigen Weg. Denn den bisherigen, noch einmal zurück, möchte ich nicht gehen.

Es beginnt mit einem steilen Aufstieg. Der Pfad ist jetzt schmal und ich folge Lasha. Als ich ihn zum dritten Mal um eine kleine Pause bitte, damit mein Puls wieder sinken kann, beruhigt er mich, sagt, wir könnten so oft Pause machen, wie ich wolle. Wir haben Zeit, seien früh losgegangen. Und auch wenn wir zwei Stunden später ankommen, bekämen wir noch unser Abendessen. Lasha geht mit seinen Wanderstöcken voraus, und ich versuche, dicht hinter ihm zu bleiben, dabei gleichmäßig zu atmen, und wenn wir bergan gehen, nur auf den Weg nach unten zu schauen, um nicht immer den Pfad vor Augen zu haben, den ich noch bewältigen muss. Heute wünschte ich, dass ich auch Stöcke dabei hätte, wie alle aus der Sängergruppe. Jetzt geht es längere Zeit geradeaus, sodass ich wieder die Blumen am Wegesrand genießen kann. Nur die vielen Bremsen sind lästig, die sich ständig auf meine Arme und Hände setzen. Sie stechen, aber es schwillt nicht an, es blutet immer nur kurz. Jetzt schaue ich wieder nach vorn und sauge die immer schöner werdende Naturkulisse in mich auf.

HÜTER DER WEISHEIT UND BEWAHRER URALTER GEHEIMNISSE

Wir sind hoch über dem Alasani, der Fluss schlängelt sich durch das Tal. Die Strecke ist so lang, dass man die Länge des Flusses von der Quelle bis zur Mündung imaginieren könnte. So habe ich es einmal von einem Bergwanderer gelesen, der vermutlich noch 2.000 Meter höher war als wir jetzt. Der nächste Berg liegt vor uns, aber erst einmal geht es wieder hinunter ins Tal und danach wieder den anderen Berg hinauf. Im Tal fließt ein Bach, der überquert werden muss. Davor ist es sumpfig und Lasha sucht einen Pfad über flache Steine. Wir balancieren von Stein zu Stein, um keine nassen Füße zu bekommen. Auf der nächsten Höhe passieren wir das verlassene Dorf Tschontio und den auf der Anhöhe stehenden Wehrturm. Von unten sieht es aus, als stehe er in einer Blumenwiese und vor dem blauen Himmel ist der Krähenschwarm, der ihn umkreist, pechschwarz. Die Vögel erinnern mich an Raben, die Hüter der Weisheit und Bewahrer uralter Geheimnisse. Der Rabe ist ein Krafttier wie der Adler, der für Klarheit, Freiheit und Wagemut stehen soll. Der Rabe ist heimlicher Begleiter der Menschen und hilft ihnen in bestimmten Lebenssituationen, habe ich gelesen, und bin jetzt fest davon überzeugt. Schon ist der Schwarm um den Turm wieder verschwunden, treibt etwas höher sein himmlisches Spiel.

In der Nähe der kleinen Gebirgsbäche, aus denen wir frisches, kaltes Wasser schöpfen, steht des Öfteren Riesen-Bärenklau mit prallen, weißen runden Blütenkränzen. Lasha hat mich schon beim ersten, den wir gesehen haben, gewarnt. Eine sehr gefährliche Pflanze. Wenn man sie berührt, beginnt sich die Haut in der Sonne zuerst zu röten, sie juckt und brennt. Und nach 20 Minuten entzündet sie sich. Zurück bleiben Narben und Hautpigmentierungen. Als Kind habe er mit einem Stock die Pflanzen um sich herum aus dem Weg schlagen wollen. Dabei habe er Riesen-Bärenklau berührt und bis heute Narben davon zurückbehalten.

Wir kommen an einem Pfahl mit einem roten Wegweiser vorbei: AZUNTA PASS 38 KM. Ein paar Minuten weiter sitzt unsere Sängergruppe am Berghang und macht Mittagspause. Wir winken ihnen zu, gehen aber weiter, um unten am Alasani zu essen und um dort wieder unsere Füße ins erfrischende Wasser halten zu können. Das Flussbett im Tal ist breit. Neben dem Wasser liegen sehr viele große Steine. Wenn der Schnee im Frühling schmilzt, wird der Fluss alle Steine bedecken. Vielleicht sogar den kleinen Pfad überschwemmen, der hier unten endet und einige Meter weiter wieder hinauf auf den Berg führt. Erst ab Juni können Wandergruppen die Strecke von Omalo bis Schatili zurücklegen. Einige Gruppen mussten auch schon umkehren, wenn der Weg zu gefährlich wurde und plötzlicher Schneefall oder dichter Nebel einsetzten. Eine Gruppe musste Anfang Juni nach einem plötzlichen heftigen Schneefall mit einem Helikopter zurückgeholt werden. Auch im Oktober sollte man sich nicht mehr auf den Weg machen. Jetzt, Anfang August, ist die Strecke ungefährlich und kein Schnee zu erwarten.

Um den Felsen herum tauchen die ersten Packpferde auf. Sie wollen zum Wasser, werden aber von den Pferdebegleitern davon abgehalten und gehen 50 Meter weiter langsam hintereinander den schmalen Pfad hinauf. Nachdem auch unsere Sängergruppe im Gänsemarsch an uns vorbeizieht, beginnen wir alles einzupacken, um den Abstand zu ihnen nicht zu groß werden zu lassen. Lasha sagt, das kann dich doch beruhigen, dass sie uns noch nicht abgehängt haben. Bisher sind wir noch genauso schnell. Als wir dann aber den steilen Bergpfad hinaufgehen, spüre ich nach der Pause die Muskeln meiner Beine und auch die ansteigenden Höhenmeter zwingen mich bald wieder zu kleineren Pausen. Lasha beobachtet mich, sieht aber nicht beunruhigt aus. Vielleicht denkt er, solange der noch so viel fotografiert, kann es noch nicht so schlimm bei ihm sein. Er geht erst weiter, wenn ich es ihm signalisiere. Unterwegs zeigt mir Lasha das Überbleibsel einer der Granaten, die von der russischen Armee während des Krieges 1999 gegen die tschetschenischen Separatisten, die sich hier nahe der Grenze in den Bergen versteckt hielten, abgefeuert wurde. Inzwischen habe ich mich an die Höhe gewöhnt, gehe zwar langsam, immer mit den Augen nach unten, aber muss nicht mehr so oft pausieren. Wenn ich nach oben blicke und bei der nächsten Biegung um den Berg herum denke, danach würde es endlich bergab gehen, habe ich mich oft getäuscht. Der Pfad führt noch weiter hinauf. Und wenn er nach unten geht, dann stehen wir noch einmal vor dem nächsten Aufstieg. Ich muss mich zusammenreißen. Die letzten zwei Stunden denke ich oft, an den Grenzen meiner Möglichkeiten zu sein. Aber wenn du denkst es geht nicht mehr, versuche ich mir selbst immer wieder gut zuzureden, dann brauchst du einen starken Willen und die Hilfe des Raben. Und ich höre Lasha sagen, wenn du das geschafft hast, schaue dabei auf seine Wanderschuhe und zwinge mich, nicht anzuhalten und noch mindestens 100 Meter weiter hinaufzugehen, bis ich um die nächste Pause bitten würde. Wir haben es schon bald geschafft, sagte Lasha. Aber das hatte er in der letzten Stunde schon mehrfach kundgetan. Ich schaue kaum noch hoch, setze wie mechanisch einen Fuß vor den anderen, bis Lasha mich aus meiner Lethargie reißt und sagt, schau, da unten kann man schon den Zeltplatz sehen. Erst jetzt bin ich wieder in der Lage diese traumhafte Landschaft, die vor uns liegt, wahrzunehmen, in mich aufzunehmen und danach ein paar Fotos zu machen. Da unten gehen noch ein paar Nachzügler unserer Gruppe. Wir sind also gar nicht so langsam, du hast super durchgehalten. Den Zeltplatz vor Augen schöpfe ich nach einer kleinen Pause noch einmal Kraft für die letzte Strecke hinunter. Vor dem Platz, auf dem die Pferdebegleiter schon die großen blauen Zelte aufgebaut haben, teilt sich der Fluss in mehrere kleine Arme, deren Wasser in der Sonne glitzert. Den Alasani müssen wir in Kürze auf einer Brücke überqueren, um zum Zeltplatz zu gelangen. Die Wiese von Kwachidi, auf der wir campieren, ist umgeben von einer faltigen, grünen Hügellandschaft, deren Farbe im Abendlicht immer intensiver wird. Ich würde gern malen können. Ich sehe Naturgemälde vor mir, die Grünflächen sind von dunklen grafischen Schlangenelementen durchzogen, die von den Schatten kleiner Furchen oder Höhenunterschieden hervorgerufen werden. Eine Harmonie der Landschaft, das Paradies auf Erden, das Gott ursprünglich für sich selbst vorgesehen hatte, bevor er es den Georgiern schenkte.

Nach einer halben Stunde sitze ich vor dem aufgebauten Zelt, spüre jeden Muskel. Aber die Strapazen der letzten sechs Stunden haben mir diesen einmaligen Blick auf eine unbewohnte und fast unberührte Landschaft ermöglicht, deren Ausstrahlung einen Energieschub für Seele und Geist auslöst, trotz meiner großen körperlichen Ermüdung.

EIN FLÜGELLAHMER ADLER AM EISENRING

Am nächsten Morgen sitze ich wieder vor dem Zelt. Eine Herde mit Hunderten von Schafen zieht über das gegenüberliegende Kunstwerk. Ich habe schlecht geschlafen. Nachts lief karussellmäßig die gestern bewältigte Strecke vor mir ab, und in Gedanken kletterte ich schon die letzte Etappe zum Azunta-Pass hinauf. Heute steht mir die anstrengendste Tour bevor. Ein Höhenunterschied von 1.100 Metern muss bewältigt werden. Lasha hat gestern beim Abendessen gesagt, wenn ich es bis hierher geschafft hätte, dann würde ich es auch morgen problemlos schaffen und wie eine Gämse die letzten 300 Meter, die alle als die schwierigsten beschreiben, bis zum Pass hinauflaufen. Heute Morgen beim Frühstück spürte er meine Angst vor der letzten Strecke, versuchte mich, wie schon gestern damit zu beruhigen, dass es noch früh sei, und wir den ganzen Tag bis zum Abend Zeit hätten, so viel Pausen machen könnten wie wir wollten. Das Schwerste sei heute vielleicht, dass wir den Fluss überqueren müssten, und wir noch nicht wissen, wie hoch der Wasserstand im Moment sei. Aber er gehe davon aus, dass wir nur durch knietiefes Wasser waten müssten.

Ich gehe noch einmal zur Quelle am Hang und fülle mir frisches Wasser ab. Auf der heutigen letzten Strecke wird es nicht mehr so viele Bergquellen geben, aus denen wir problemlos kaltes, erfrischendes Wasser trinken und in unsere Flaschen füllen können.

Unten am Fluss habe ich mich notdürftig gewaschen und meine Zähne geputzt. Ich kämme morgens meine vom Schlaf verwuschelten Haare einmal kräftig durch und bändige die abstehende Mähne mit Wasser, damit sie wieder normal anliegt. Der Bart darf wachsen. Auf dem Rückweg treffe ich Claudia und schaue auf die Sohle ihrer Wanderschuhe. Meine Bänderkonstruktion hat gut gehalten, sagt sie stolz. Und etwas ernster und sorgenvoller, aber heute müsse sie sich ja erst richtig bewähren.

Nachdem ich das Zelt abgebaut, verpackt und mit meinen anderen Sachen zu den Pferdebegleitern gebracht habe, winkt mir Lasha zu. Er möchte aufbrechen. Auf der Wiese des Zeltplatzes bietet ein Tusche den Wanderern Dörrfleisch an. Jeweils zwei lange Birkenäste gegeneinandergestellt und oben zusammengebunden, hängt es über einer dünnen Querstange zum Trocknen.

Lasha hat gestern Abend von einem Tuschen erfahren, dass wir nicht über die gleiche Holzbrücke wie gestern gehen müssten. Wir könnten eine Abkürzung nehmen über eine schmale Brücke, die sie vor einigen Tagen über den kleinen Fluss gebaut hätten, der in den Alasani fließt. Das erleichtert den Beginn unserer Wanderung, weil wir uns einen Auf- und Abstieg ersparen können. Aber aufsteigen müssen wir natürlich trotzdem. Nach kurzer Zeit blicken wir von der westlichen Seite auf die Wiese von Kwachidi. Schnell werden unsere Packpferde und die Kühe am Fluss kleiner. Wir kommen an einem notdürftig gebauten Regenschutz eines Hirten vorbei. Davor sitzt zusammengekauert, an einem großen verrosteten Eisenring festgebunden, ein flügellahmer Adler. Auf der anderen Seite des Weges steht etwas erhöht, wie ein großes Stofftier, ein Lamm mit grauem Fell und weißen Ohren.

RHODODENDREN UND VIOLETT BLÜHENDE KNABENKRÄUTER

Sollte der Fluss sehr viel Wasser führen, müssen wir unsere Kleider über dem Kopf tragen, wenn nicht, reicht es, die Hose bis zu den Knien hochzukrempeln, bereitet mich Lasha auf die nächste zu bewältigende Aufgabe vor, als wir schon am Fluss entlanggehen. Aber danach würde es geradeaus im Tal entlanggehen, kein Aufstieg. Nach einer Stunde haben wir die Flussenge erreicht. Eine kleine Wandergruppe ist gerade dabei, den Fluss zu durchwaten. Ein Grenzpolizist beobachtet, wie einer der Männer, mit den Wanderstöcken den Grund abtastend, vorsichtig durch das kniehohe Wasser schreitet und immer wieder auf den Steinen abrutscht. Es folgt ihm eine Frau, die Wanderschuhe über die Schulter gehängt, barfuß und die Hosenbeine über das Knie geschoben.

Wir werden zusammen gehen, sagt Lasha. Ich werde meine Wanderstöcke vorne festhalten und du hinten und dann gehen wir dicht hintereinander durchs Wasser. Mit Lashas Erfahrung sind wir zügig auf der anderen Seite. Der Grenzpolizist möchte unsere Passierscheine sehen, die Lasha aber nicht bei sich hat. Unsere Packpferde werden gleich kommen, sagt er dem freundlichen Grenzer. Er habe die Scheine in seiner Reisetasche. Dann fragt er den Polizisten, aus welcher Region er stamme? Ach, dort lebe sein Onkel, er kenne die Gegend. Sein Onkel sei dort im höheren Polizeidienst, welch ein Zufall. Der Grenzer nickt ihm zu und lässt uns weitergehen. Lasha beteuert, dass er nicht gelogen hat. Aber das es jetzt erst einmal länger keinen Aufstieg geben wird, das stimmt nicht. Schon bald geht es wieder hinauf. Am Hang stehen verblühte Rhododendren, dazwischen violett blühende Knabenkräuter. Wie hoch wir schon sind, lassen die schneebedeckten Bergspitzen vor uns vermuten. Und ich merke es an meinem Blutdruck, der jetzt wieder schneller ansteigt, sodass ich öfter Pausen einlegen muss, damit mein Puls sich wieder normalisiert. Meine Fototasche wird immer schwerer. Ich solle den Fotoapparat jetzt in meinen Rucksack verstauen, sagt Lasha streng, dann könne ich viel besser laufen, als mit dem schweren Gerät vor der Brust. Gleich gäbe es nichts mehr zu fotografieren. Es dauere nicht mehr lange, dann seien die Berge alle schwarz ohne jegliches Grün. Ich gehorche, aber an manchen Stellen, wenn ich pausieren muss, hole ich meinen Fotoapparat doch kurz aus dem Rucksack, um das großartige Panorama hinter uns festzuhalten und um später darüber staunen zu können, welchen Weg ich zurückgelegt habe.

Es geht nur noch bergauf. Hinter der nächsten Wegkurve blicken wir hinunter in einen Krater zwischen den Bergen, durch den ein Bergbach fließt. Auf dem linken Berg sehen wir die Sängergruppe langsam den schmalen Pfad durchs Grün hinaufsteigen. Lasha zeigt mir den Weg, den wir gehen werden, der hoch oben auf der Höhe am Berg entlangführt. Aber dort sei noch nicht der Azunta-Pass. Den können wir von hier nicht sehen, er liege auf der anderen Seite des Berges. Wir hätten unglaubliches Glück mit dem Wetter. Es könnte auch regnen und kalt sein, sagt er. Das habe er schon oft erlebt. Aber wir wandern von Anfang an nur unter blauem Himmel und weißen Wolken und werden es bald geschafft haben. Ich nehme mir vor, bis zum Pass nur noch daran zu denken, dass wir ein tolles Panorama vor uns haben werden. Und wenn das Wetter nicht umschlägt, sehen wir in der Ferne vielleicht sogar den Kasbek. Und das ist selten. Du siehst heute Abend den Kasbek. Du siehst heute Abend den Kasbek, wird zu meinem Mantra, wenn ich langsam und im immer gleichen Tempo einen Fuß vor den anderen setze. Bis ich wieder pausieren muss. Auf dem nächsten Bergplateau machen wir eine Pause, um etwas zu essen. Ich habe keinen Hunger. Esse nur zwei Bounties, die Lasha dabei hat. Die höheren Berge um uns herum sind kahl und dunkelbraun. Der Schnee auf den Spitzen scheint nicht weit entfernt zu sein. Lasha holt eine Tuschetienkarte aus seinem Rucksack, zeigt mir die Route, die wir in den letzten Tagen zurückgelegt haben. Das sei doch sehr beeindruckend, oder? Und jetzt sieh dir das letzte kleine Stück an, was jetzt nur noch zu bewältigen ist. Ein Klacks, oder? Ich lache. Ja wirklich, stimmt doch, beteuert er und grinst. Dann soll ich ihn fotografieren. Er stellt sich an die Kante des Plateaus, springt hoch, zieht die Beine dabei an und streckt die Arme, sodass es aussieht, als schwebe er mit seinem türkisen Georgia-Insight-T-Shirt mit orangenen Bündchen über dem Abgrund. Ein Energiebündel, immer gut gelaunt, witzig und zu Scherzen aufgelegt. Er hat mir vieles erleichtert.

VEGETATIONSGRENZE UND STEILE GERÖLLHALDE

Die Sängergruppe pausiert an der letzten Quelle vor dem Pass an einem Felsen. Ein paar Meter weiter beginnt der steile, schmale und steinige Pfad, die letzten 300 Höhenmeter bis zum Ziel. Die Packpferde ziehen an uns vorbei und gehen den Pfad hinauf. Am Ende der Schlange sitzt der noch junge Pferdebegleiter auf seinem Schimmel. Kurze Zeit später folgt ihnen die Sängergruppe. Wir holen noch einmal Wasser von der Quelle und brechen dann auch auf. Gehen den Pfad auf dem graubraun glänzenden Berg hinauf. Als wir nach einigen Pausen um den Berg herumgehen, sehen wir oben den Pass, der gar nicht so weit entfernt scheint. Es sieht auch nicht so steil aus, es geht nach und nach hinauf, aber immer nur hinauf und immer höher, die Luft wird immer dünner und meine Kurzatmigkeit nimmt weiter zu. Ich weiß jetzt, dass ich es schaffen werde, nur nicht wie lange es dauern wird, bis ich mich immer wieder überwunden haben werde weiterzugehen. Die schneebedeckten Bergspitzen auf der anderen Seite sind jetzt mit uns auf einer Höhe. Darunter sehen die Steine aus wie schwarze glatte Kohlenberge. Jetzt blicken wir nicht mehr zu den Bergfalten empor, sondern zu ihnen hinunter. Wir sehen, dass die ersten der Gruppe am Pass angekommen sind. Andere sind noch weit dahinter und scheinen ebenfalls mit den Höhenmetern zu kämpfen. Als wir unserem Ziel immer näher kommen, sehen wir, wie auch die Letzten der Gruppe zu den anderen stoßen, und es bricht großer Jubel aus. Kurze Zeit später hören wir sie singen. Auch ich werde es gleich geschafft haben, auch wenn die Abstände meiner Pausen immer kürzer werden. Die letzten 50 Meter singt uns die Gruppe den Pass hinauf. Als wir ihn erreicht haben, werden wir von allen abgeklatscht. Claudia umarmt mich und gesteht mir, dass auch sie Angst hatte, die heutige Tour nicht zu schaffen. Aber wir haben es beide geschafft. Und die Sohlen ihrer Schuhe haben trotz Geröllpfad gehalten.

Ich bin schweißgebadet. Auf dem Pass weht ein kalter Wind. Einer aus der Gruppe kommt zu mir und sagt fürsorglich, ich solle mir meine Fleecejacke anziehen. Ich bin ihm dankbar dafür, weil ich selbst nicht darauf gekommen wäre. Lasha reicht mir einen kleinen Becher Tschatscha. Und als wir anstoßen, kann ich meine Tränen nicht mehr zurückhalten.

Es herrscht eine ausgelassene Stimmung. Lasha teilt den Chor in zwei Gruppen, gibt ihnen jeweils einen Text für einen Kanon vor und dirigiert mit einem seiner Teleskopstöcke. Ich steige noch das kleine Stück bis zum Gipfelkreuz hinauf, bin jetzt genau 3.500 Meter hoch. Ich setze mich vor den Stein. Dort ist es windgeschützt und warm. Der Chor singt »Auf der Mauer, auf der Lauer …« Ich genieße den Blick zurück auf die Strecke, die wir zurückgelegt haben. Zur anderen Seite gegen die Sonne sieht man die Berge nur schemenhaft. Aus den Steinen vor mir wachsen kleine Pflanzen mit gelben und roten Blüten. Dahinter die erhabene Bergkulisse, an der ich mich nicht satt sehen kann. Wie ein kleiner weißer Streifen sieht der Weg auf dem braunen Bergmassiv aus, das wir die letzten zwei Stunden erklommen haben. Ich habe es geschafft. Ich habe es wirklich geschafft, und kann es immer noch nicht glauben. Ich bin auf gleicher Höhe mit den Bergspitzen am Azunta-Pass, aber noch einmal würde ich mein Glück nicht herausfordern, muss mir eingestehen, dass ich die Anstrengung, die auf mich zukommen würde, völlig unterschätzt habe.

Jetzt bekomme ich Hunger. Die Gruppe möchte weiter zum Zeltplatz gehen. Ungefähr 600 Höhenmeter hinunter, für die man fast zwei Stunden benötigt, müssen noch bewältigt werden.

Lasha kommt zu mir herauf und packt unser Essen aus. Wir haben heute kaum etwas zu uns genommen. Jetzt schmecken die Sardinen, der Käse, die Oliven und das Brot. Und auch der Tschatscha, den uns Lasha noch einmal einschenkt.

Nach einer halben Stunde brechen auch wir auf. Den Zeltplatz im Tal sehen wir schon sehr bald, aber es dauert trotzdem noch 90 Minuten bevor wir ihn über den steilen Abstieg auf dem schmalen Geröllpfad erreicht haben. Jetzt sind wir in Chewsuretien. Du musst nicht mehr bergauf, sage ich mir immer wieder, du musst nicht mehr bergauf, als meine Oberschenkel schmerzen und ich jeden Muskel spüre und auch meine Zehen, die vorn gegen die Wanderschuhe drücken, und ich auch jetzt mehrere Pausen einlegen muss. Auf dem Zeltplatz lagern wir auf einer Höhe von 2.920 Metern. Einen Fluss gibt es hier nicht, nur eine Wasserquelle, etwas entfernt von den Zelten.

Als die Sonne niedrig steht und sich der Himmel langsam rötlich gelb verfärbt, sehen wir den Kasbek und das Tschauchi Massiv im milchigen Licht hinter der davorliegenden Bergkette. Die Sternschnuppe hat nun alle meine drei Wünsche erfüllt. Der Weg zur Quelle zum Waschen ist mir heute Abend zu weit. Ich putze mir nur die Zähne mit dem Wasser aus meiner Trinkflasche und verkrieche mich danach schnell in meinen Schlafsack.

DER DRACHE AUF DEM KASBEK

Ich wache früh auf und krieche hinaus. Die Zelte stehen noch alle im Schatten. Aber ich bin neugierig, ob wir heute Morgen den Kasbek sehen können. Der Gletscher ist mit Schnee bedeckt und gut zu erkennen. Und was ich vor zwei Jahren im ersten Sonnenlicht vom Gästehaus aus in Stepanzminda als Auge wahrgenommen habe, erscheint von hier aus wie ein Drache. Als die Sonne höher steigt, sieht der schwarze Fels vor dem Azunta-Pass aus wie ein dunkler, funkelnder Stein, der nach unten hinten in glitzernde Eisplatten überzugehen scheint. Dann beginnen zum Westen hin die grünen Hänge, die mich ebenso bezaubern wie gestern die Kulisse um die Wiese von Kwachidi herum.

Schon zum Frühstück setze ich meinen Sonnenhut auf, um meine Haare zu verdecken. Der Chor in einiger Entfernung versetzt mich mit dem Volkslied »Morgen«, das die Sänger gerade eingeübt haben, in eine melancholische Stimmung. Obwohl ich den georgischen Text nicht verstehe, fühle ich den Klang der gesungenen Worte bis ins Innerste und nehme Abschied von der Landschaft um mich herum.

Die Wanderung heute Morgen führt uns durch Bergwiesen mit Margeriten und Sommer-Enzian. Die Berghänge stehen voller Rhododendren, die allerdings nur im Mai und Juni blühen und dann jeden Wanderer hier verzaubern. Wir blicken auf den schneebedeckten Tebulo, den höchsten Berg Tuschetiens mit 4.493 Metern. Als wir nach ungefähr drei Stunden Wanderung zur Station der Grenzpolizei kommen, um uns dort abzumelden, weil sonst in zwei Tagen nach uns gesucht werden würde, haben wir noch einen sehr schweren Abstieg von fast zwei Stunden vor uns. Obwohl Lasha davon sprach, habe ich seinen Hinweis völlig verdrängt. Ein schmaler, steiler Geröllpfad über 800 Höhenmeter bis hinunter zum Fluss Aragwi fordert von mir noch einmal die allerletzten Kraftreserven. Ich fühle, dass sich an meinem rechten Fuß eine Blase bildet, aber will nicht so kurz vor dem Ziel Schuhe und Strümpfe ausziehen. Meine Beine werden immer schwerer, die Zehen stoßen wieder vorne an die Schuhspitzen und schmerzen. Unten am Fluss sitzt die Sängergruppe. Von hier aus bis zum chewsuretischen Dörfchen Ardoti, wo wir mit Autos abgeholt werden, sei es noch 90 Minuten ohne Anstiege nur am Fluss entlang, sagt Lasha. Doch wir müssen bis dort noch selbst gebastelte, wackelige Brücken überqueren und an manchen Stellen die Böschung hochklettern, die sehr rutschig ist, weil der Weg plötzlich endet und sich erst 100 Meter weiter fortsetzt. Verliert man den Halt, geht es steil bergab. Lasha reicht mir seine Stöcke, an denen ich mich festhalten kann. Meine totale Erschöpfung lässt mich unsicher werden. Als ich an der nächsten Brücke ein Auto sehe, denke ich, dass wir es endlich geschafft haben würden, aber wir müssen noch einmal einen kleinen Hang hinauf, bis wir endlich unten die Polizeistation sehen. Und auf der Höhe, um einen großen Felsen herum, den mittelalterlichen, fast verlassenen Ort Muzo, früher auch eine chewsuretische Festung, die im Moment restauriert wird, um sie für den Tourismus zu erschließen. Atschi, unserer Fahrer, begrüßt mich mit einer Umarmung und Wangenküssen. Die Sängergruppe sitzt auf einem langen Balken in einer Reihe vor der Polizeistation. Einige halten den Daumen hoch, weil sie wissen, dass es meine erste Bergtour war, und wie froh ich bin, es geschafft zu haben.

Claudia zeigt mir ihre Schuhe. Die Sohlen, mit dem Geschenkband festgebunden, haben sich jetzt fast komplett gelöst, aber trotzdem noch den letzten Tag gehalten.

Ein letztes Gruppenbild der Sänger mit den Pferdeführern und den Packpferden. Ohne Gepäck müssen sie gleich die Strecke zurück zum Zeltplatz gehen. Und am nächsten Tag weiter Richtung Dartlo. Dort werden sie in drei Tagen die nächste Gruppe in Empfang nehmen und begleiten. Unser Koch fährt mit den Sängern weiter, eine Strecke mit dem Auto, danach aber werden sie noch einmal einen Pass überqueren, der aber nicht so beschwerlich sein soll. Und im Anschluss nehmen sie an einem Workshop über georgische Musik teil. Aber erst einmal fahren wir alle in das Bergdorf Schatili, wo wir übernachten werden.

IM WINTER SIND ALLE EINE GROSSE FAMILIE

Als wir in Schatili ankommen, stürzen sich alle auf die drei Duschen des Gästehauses, in dem umgebauten mehrstöckigen Wohnhaus. Die Zimmer sind kleine Holzverschläge. Decken und Wände bestehen aus unbehandelten, breiten Holzbrettern. Die Außenwand war früher Teil der Stadtmauer, mit einem kleinen Guckloch, aus dem die Bewohner die Feinde kommen sehen konnten und aus denen sie sich verteidigten. Das große Bett nimmt fast den kompletten Raum ein. Eine schöne Vorstellung, heute Nacht wieder auf einer Matratze zu liegen und vielleicht die ganze Nacht durchzuschlafen.

Ich setze mich draußen auf eine kleine Steinmauer vor dem zur Arghuni-Schlucht offenen Speiseraum. Von dort sieht man hinunter zum Aragwi, der bei Mzcheta in den Mtkwari fließt. Die Küche liegt gegenüber in einem kleinen Gebäude. Darüber stehen fast ohne Zwischenräume die Häuser am Hang, sodass die äußeren Gebäude eine Mauer um das Dorf bilden. Schatili, 1.420 Meter hoch gelegen, hat die für Chewsuretien typischen mehrstöckigen Wohnhäuser, erzählt Lasha, und geht mit mir zu Schorena, unserer Gastgeberin, die in der Küche mit zwei anderen Frauen das Abendessen vorbereitet. Sie trägt ein graues Top, verziert mit verspielten schwarzen Linien, schaut mich fragend mit ihren dunklen Augen an und schmunzelt, als ich sie frage, seit wann und wie sie hier leben würde. Sie habe 1997 geheiratet und lebe seitdem hier mit ihrer

Familie, war Lehrerin und unterrichtete Mathematik in der kleinen Schule oben auf dem Dorfplatz in der Nähe der niedrigen Schieferkirche. Ihr Mann ist Grenzpolizist. Das Gebäude der Grenzpolizei steht direkt neben der Schule. Von 1997 bis 2003 hat sie mit der Familie das ganze Jahr über hier gelebt. Danach zogen sie nach Tbilissi und lebten nur noch im Sommer hier. Im Winter ist die Straße wegen des hohen Schnees gesperrt, niemand kommt hierher. Keine Gäste und auch keine anderen Menschen. Man ist hier sehr allein und einsam. Im Sommer ist es sehr schön in Schatili. Da haben wir viele Gäste und sehr viel Arbeit. Dann leben hier ungefähr zwanzig Familien. Im Winter bleiben nur sieben. Es herrscht dann ein völlig anderes Leben. Man weiß, dass einige Monate lang kein Mensch in diese Gegend kommt. Diejenigen, die im Dorf bleiben, sind wie eine große Familie. Man hat eine sehr enge Beziehung zu den Nachbarn. Man ist immer zusammen. Man kocht nicht jeden Tag zusammen, aber oft. Und wenn man weiß, dass ein Nachbar Schwierigkeiten hat, dann wird er unterstützt wie ein Familienmitglied. Man tut alles für ihn. Wenn jemand krank ist, gibt es einen Arzt im Dorf. Wenn es etwas Schlimmeres ist, dann ruft man in Tbilissi oder in einer anderen Stadt an, damit sie einen Helikopter schicken und die Kranken in ein Hospital bringen. Wenn eine Frau schwanger ist, geht sie rechtzeitig in die Stadt, damit ihr Kind dort geboren wird.

Die Idee, ihr Haus in ein Gästehaus umzubauen, kam nicht von uns, erzählt Schorena. Sie kam von den Touristen. Früher kamen einzelne Wanderer von Tuschetien über den Azunta-Pass hierher. Wir haben sie als unsere Gäste aufgenommen. Als es immer mehr wurden, haben wir überlegt, im Haus ein paar Zimmer auszubauen, um alle aufnehmen zu können, und auch um ein bisschen daran zu verdienen.

Ich gehe mit Lasha hinauf zur Kirche, vor der zwei Jugendliche mit ihren Handys sitzen. In der Nähe liegt auch der umzäunte Friedhof. Um das alte Dorf herum stehen einige modernere Häuser in lockererer Bebauung mit einem sehr schönen Blick ins Tal.

Zum Abendessen erhalten wir zur Belohnung für unsere gut bewältigte Wanderung köstlich kaltes Bier. Ich sitze mit Lasha und Claudia an einem kleinen Tisch direkt vor der Brüstung mit Blick in die Landschaft. Hinter mir, an einem langen Tisch, haben Touristen aus Estland mit ihrem Bergführer Platz genommen. Sie werden ihre Trekkingtour morgen in Muzo beginnen und nach sechs Tagen in Omalo ankommen. Von hier aus ist die Strecke erheblich schwerer, sagt Lasha. Und er bezweifelt, dass es auch die beiden korpulenten Frauen mit den hellblonden Haaren und den bunten Leggins schaffen werden. Wenn ich es geschafft habe, werden die es auch schaffen, sage ich, um mich nicht mit den jungen Bergführern, die sich Blicke zuwerfen und sich über die Frauen lustig machen, zu solidarisieren.

Als der Chor ein georgisches Lied anstimmt, kommen die Frauen aus der Küche und hören erstaunt und lächelnd zu. Die jüngste von ihnen beginnt zu tanzen. Lasha springt sofort auf und beide tanzen mit sehr anmutigen und erotischen Bewegungen, den Blick immer dem Partner zugewandt, vor einem begeisterten Publikum.

ABSCHIED VOM GROSSEN KAUKASUS

Kann es noch einen weiteren Höhepunkt geben, wie Lasha ihn ankündigt? Die Fahrt mit Atschi zum 2.676 Meter hohen Bärenkreuzpass ist einer, obwohl wir wieder viele Kilometer über eine enge Schotterpiste durch die Berge fahren müssen und jeder Gegenverkehr komplizierte Fahrmanöver auch im Rückwärtsgang erfordert. Aber die bewaldete Hügellandschaft führt uns noch einmal in ein neues Paradies. Die Georgier haben einfach Glück gehabt. In einer breiten Schlucht teilt sich der Aragwi, bildet Inseln und fließt wieder zusammen. Rundherum auf dieser wilden Weidelandschaft stehen Kühe. Als wir ein breites Tal durchfahren, taucht irgendwann plötzlich ein Wehrturm auf. Und dann schraubt sich die Straße hoch hinauf, vorbei an vielen Schafherden, auf den sattgrünen Berghängen bis zum Pass. Wir steigen aus und blicken auf der anderen Seite hinunter auf eine unter grauweißen dichten Wolken liegende Berglandschaft.

Junge Touristen in bunten T-Shirts steigen aus Kleinbussen und stürmen hinauf zum Gipfelkreuz, um von dort aus ihre Selfies zu ihren Familien und Freunden zu schicken. Die Sonne schafft es immer wieder, wenn auch nur kurz, kleine Teile der Landschaft durch die Wolkendecke auszuleuchten, sodass alles in ständiger Bewegung erscheint. Die Straße schlängelt sich plötzlich hell erleuchtet ins Tal, verschwindet aber gleich wieder in einer Schattenlandschaft.

Wir fahren hinunter in die Ebene. Einmal muss Lasha aussteigen, um den Kühen auf der Straße klar zu machen, dass sie die Straße kurz freigeben müssen, damit wir pünktlich zum Abschiedspicknick im Aragvi Adventure Center, einem beliebten Rafting und Picknick Camp, ankommen. Aber nicht die Kühe, sondern eine Reifenpanne verhindern, dass wir rechtzeitig eintreffen. Während Atschi und Lasha gemeinsam und unaufgeregt den Reifen wechseln, fahren junge Männer, auf einem Autoanhänger in Rafting Montur im Schlauchboot sitzend, lachend an uns vorbei. Kurze Zeit später sehe ich ihre roten Helme hinter der Wiese, wie sie im Strom des Aragwi hinabgleiten.

Wir werden schon erwartet, als wir das Camp erreichen. Bekommen gleich einen überdachten Tisch in der Nähe des Ufers zugewiesen, und es dauert nicht lange, da stehen mehrere Gerichte vor uns, eine Karaffe mit Wasser und eine mit Roséwein. Lasha bestimmt mich zum Tamada, schenkt unsere Gläser voll, Atschi erhält nur einen kleinen Schluck zum Anstoßen. Es ist unser Abschiedsessen, und ich habe mich nach einer ruhigen Nacht in einem weichen Bett schnell wieder erholt. Jetzt habe ich Hunger. Der Knoblauchgeruch von den dünn geschnittenen, gegrillten Auberginen steigt mir wohlig in die Nase. Auch mit den weiteren Köstlichkeiten auf dem Tisch werden die Georgier damals Gott davon überzeugt haben, dass sie seines Landes würdig sind. Ich halte mich während des Essens mit meinen Trinksprüchen an die Reihenfolge, die ich von Lasha gelernt habe. Als wir die wichtigsten hinter uns haben und abermals unser Glas erheben, bittet mich Lasha, auf seiner Hochzeit sein Tamada zu sein. Seine Mama wird es nicht zulassen, entgegne ich ausgelassen. Doch, doch, meine Mama werde ich davon überzeugen, kontert Lasha. Atschi schaut uns amüsiert zu. Alle Last ist von mir abgefallen. Übermütig frage ich Lasha, was er eigentlich über Schwule und Lesben denke, ob er auch die Meinung der Orthodoxen Kirche teile und Ehen von gleichgeschlechtlichen Partnern ablehne.

Vielleicht sollten wir, ohne vorher so viel Wein getrunken zu haben, darüber reden. Aber egal, ich habe dazu meinen seit Langem festen Standpunkt, beginnt Lasha. Georgien ist ein Land mit langer Tradition. Auch hier gibt es solche Menschen. Ich habe nichts gegen sie. Sie können in bestimmte Nachtclubs gehen und sich treffen. Aber warum müssen sie ausgerechnet auf dem Rustaweli-Prospekt, dort, wo so viel georgisches Blut geflossen ist für den Kampf um die Freiheit Georgiens, für unsere Sprache und unsere Heimat, warum müssen sie unbedingt dort demonstrieren. Wo waren sie, als 2008 die Russen über die Grenze kamen? Nur die Priester der Orthodoxen Kirche standen in der ersten Reihe und haben sich in ihren Roben gegen die Invasoren gestellt. Schwule und Lesben habe ich nicht kämpfen sehen. Für die Kirche mit ihrer langen Tradition ist die Liebe zwischen gleichgeschlechtlichen Partnern eine Sünde. Sie werden sie bekämpfen und niemals akzeptieren.

Ich wechsele das Thema, möchte mich nicht zum Abschied mit Lasha streiten. Bitte ihn, dass er den allerletzten Trinkspruch sprechen soll. Stattdessen möchte er lieber ein Gedicht von Goderdsi Tschocheli vortragen, der 2007 mit nur dreiundvierzig Jahren gestorben sei. Das habe ihm seine Mama beigebracht, als er noch klein war. Und er liebe dieses Gedicht. Er steht auf und rezitiert die Verse des Dichters und versucht anschließend, obwohl es für ihn schwer zu übersetzen sei, wiederzugeben, was Tschocheli mit diesem Gedicht ausdrückt. Es sei sehr patriotisch und würde den Wunsch jedes Georgiers widerspiegeln.

Besungen werde die Mutter Erde. Sie drehe sich, und drehe uns alle. Und der Dichter beschwört, dass Georgien wieder so groß werde, wie es einmal war. Dass es friedlich bleibe in Georgien, das Land nicht erobert und zerstört werde von den Feinden. Und wenn die Georgier ihren Frieden erhalten, dann darf sich Mutter Erde weiter drehen.

DIE GEORGISCHE NATIONALORTHODOXIE

Nachdem die Schotterpiste endlich wieder in eine befestigte Straße übergeht und ich mich im Auto nicht mehr festhalten muss, hänge ich meinen Gedanken nach. Denke daran, welche große Bedeutung die Orthodoxe Kirche für Lasha und für Mariam hat. Sie hat ihnen Halt gegeben, aber mit dem Glauben gleichzeitig auch eine nationalistische Ideologie vermittelt. Ich lese auf meinem iPad noch einmal den Aufsatz »Ihrer Form nach religiös, ihrem Inhalt nach national – Die georgische Nationalorthodoxie« von Zaal Andronikashvili.[50] Die georgische Orthodoxie sowie die anderen Ostblockorthodoxien seien kaum zu verstehen, wenn man deren Erfahrung des Totalitarismus und des Posttotalitarismus nicht berücksichtige, schreibt der Autor. Die georgische Orthodoxie war unter das Dach der russischen Orthodoxie gezwungen worden. Die Kirchen in der UdSSR standen unter Kontrolle des staatlichen Geheimdienstes KGB. Nach der Unabhängigkeit Georgiens und der Auflösung der Sowjetunion musste die jetzt wieder unabhängige Orthodoxe Kirche Georgiens ihre Rolle in der Gesellschaft neu finden und definieren. »Sie hatte keine fertige Ideologie zur Verfügung, sondern musste eine solche erst produzieren.« Bis zum 18. Jahrhundert waren in Georgien Nation und Konfession kaum unterscheidbar. 1811 wurde Autokephalie und Patriarchat der georgischen Kirche abgeschafft. Der Patriarch durfte nicht mehr selbst gewählt und die Orthodoxe Kirche nicht mehr von ihrem eigenen Oberhaupt regiert werden. Der spätere georgische Nationalismus geht auf die Generation der 1860er und deren Anführer Ilia Tschawtschawadse zurück. Er wurde »ungekrönter König Georgiens« genannt. Er hat den säkularen Nationalismus begründet, indem er die Kirche auf das Vaterland übertrug. Die Georgisch Orthodoxe Kirche versuchte nach der Unabhängigkeit den umgekehrten Weg, wollte den Nationalismus verkirchlichen, indem sie wichtige historische Personen heiligsprach, und versuchte so, sie aus dem säkularen Verkehr zu ziehen. Sie sprach auch Ilia Tschawtschawadse heilig und setzte sich dafür ein, Abbildungen der heilig gesprochenen historischen Personen von den Banknoten zu entfernen. Der Erfolg der Orthodoxen Kirche wäre ohne die Vereinnahmung des Nationalismus kaum möglich gewesen, schreibt Andronikashvili. »Schewardnadse ließ sich taufen und verlegte seine Inauguration als Präsident in die sakrale Hauptstadt Georgiens nach Mzcheta.« Seitdem verstehe sich die georgische Kirche als oberste Schiedsrichterin bei politischen Krisen und sei de facto zur »Königsmacherin« aufgestiegen. Der Georgisch Orthodoxen Kirche sei es gelungen, »die Religion zu einer komplizierten Mischung aus nationalem und religiösem Ethos zu entwickeln, die der Mehrheit der Georgier ein attraktives Wir-Gefühl vermittelt. Dieses Wir-Gefühl beantwortet nicht nur metaphysische Fragen, sondern schafft auch sozialen Zusammenhalt.« Die Kirche entwickele sich in Form einer alternativen Zivilgesellschaft. Aber nicht nach westlichem Modell. Die Bausteine der Georgisch Orthodoxen Kirche seien »eine antimoderne, antiwestliche, antiliberale und antidemokratische Haltung, die Weigerung, andere religiöse Gemeinschaften als gleichberechtigte Akteure anzuerkennen, ein entschlossener Kampf gegen Pluralismus sowie ein äußerst konservatives Wertesystem.« Der Autor kommt am Ende seines Aufsatzes zu dem erstaunlichen Fazit, dass die Georgisch Orthodoxe Kirche weiterhin bemüht sein wird, den Staat zu untergraben, zu infiltrieren und schließlich zu übernehmen.

In einem Gespräch, das ich mit Zaal Andronikashvili führte, sagte er, dass die Kirche den Menschen und besonders den Jugendlichen ein Gefühl der Sicherheit und einen Sinn des Lebens wiedergegeben habe, die verloren gegangen waren. Und auch ein Gefühl der Wertschätzung, auch wenn diese Wertschätzung mit der Abwertung der anderen einherging, auch der Abwertung von Homosexuellen, anderer Konfessionen und Nationalitäten, und auch mit einer starken nationalistischen Ideologie verbunden war.

Micheil Saakaschwili war immer im Konflikt mit der Kirche, sagt Zaal Andronikashvili, aber die Kirche konnte ihn nicht brechen. Bidsina Iwanischwili sei mehr oder weniger von der Kirche unterstützt worden bei den Wahlen 2012. Aber die Kirche dürfe nicht parteiisch sein. Sie muss das ganze Volk vertreten, sonst mache sie sich angreifbar. Das habe Iwanischwili als guter Taktiker für sich genutzt. Im Moment gäbe es eine Debatte über die Nachfolge des schon sehr alten Patriarchen Ilia II., der nicht mehr gesund sei. Es gäbe zwei konkurrierende Parteien in der Kirche und jetzt versucht der Staat bei der Auseinandersetzung mitzumischen. Es habe kürzlich einen Skandal gegeben, und es laufe ein Strafverfahren. Ein hochrangiger Kirchenmitarbeiter soll geplant haben, den Patriarchen zu vergiften. Dieser Priester gehörte zu einer der konkurrierenden Parteien in der Georgisch Orthodoxen Kirche. Nach Einschätzung von Andronikashvili scheint die Politik anzustreben, die Kirche in ihrer sehr starken unabhängigen Institution, in ihrer Macht zu brechen und sie in das jetzige Machtgefüge einzuordnen.

ES WAR WIE EINE HEIMKEHR

Rachel Gratzfeld lebt seit Frühjahr 2017 in Tbilissi. Ich kenne sie schon länger als Literaturagentin, die georgische Autoren und Autorinnen vermittelt. Im Herbst 2018 wird Georgien Gastland auf der Frankfurter Buchmesse sein. Schon jetzt erfährt das Land in Vorbereitung auf Frankfurt zunehmende Aufmerksamkeit in den deutschsprachigen Ländern. Viele österreichische, Schweizer und deutsche Verlage, die bisher noch keine georgische Literatur publiziert haben, nehmen georgische Bücher in ihr Programm auf. Viele Autorinnen und Autoren werden zu Lesungen und Gesprächen nach Deutschland reisen.

Von der Metro Station Rustaweli gehe ich den Berg bis zum sehr hoch gelegenen Haus von Rachel Gratzfeld hinauf. Sie hat vor zwei Jahren eine gut renovierte Wohnung übernehmen können, blickt von ihrem Balkon in der Küche aus in den großen Hinterhof, der noch von anderen Häusern umgeben ist. In diesem Jahr hat sie ihre Wohnung in der Schweiz aufgelöst und ist nach Georgien übergesiedelt. Wie kam es zu dieser Entscheidung, seit wann hat sie sich mit Georgien beschäftigt?, möchte ich von ihr wissen. Wir sitzen uns am Küchentisch gegenüber. Ich bewundere sie für ihre Entscheidung, sage ich. Sie schaut mich an und lächelt ein wenig verträumt.

Es begann mit Literatur, erzählt sie. Sie habe als Lektorin beim Scherz Verlag in der Schweiz eine Neuausgabe von »Ali und Nino« vorbereitet. Eine aserbaidschanisch-georgische Liebesgeschichte, in der sehr viele Beschreibungen des alten Tbilissi vorkommen. Kurz danach haben sie die Neuausgabe des georgischen Klassikers von 1925 »Kwatschi Kwatschantiradse«, ein Schelmenroman von Micheil Dschawachischwili herausgegeben. Der Stil des Romans faszinierte sie, und sie erfuhr über das Buch so viel Neues von einem Land, das sie gar nicht kannte, dass sie es unbedingt kennenlernen wollte. 2002 war sie zum ersten Mal in Georgien. Und das war für sie wie eine Heimkehr, erzählt sie. Als ich am frühen Morgen den Rustaweli hochfuhr, da sah ich genau den Stadtteil, den ich immer in einem Traum vor mir sah, einen immer wiederkehrenden Traum. Hinzu kommt, dass Georgien auch viele Anklänge ans Wallis in der Schweiz hat, wo ich aufgewachsen bin. Sowohl von der Natur als auch ein bisschen von der Mentalität der Leute. Es hatte eine gewisse Vertrautheit für mich.

Ich habe dann in der Schweiz mit einem Zeitungsinserat jemanden gesucht, bei dem ich einen Sprachkurs machen kann, erzählt sie weiter. Es meldete sich eine Georgierin, die mit einem Schweizer verheiratet ist und die für die Polizei und für das Gericht dolmetscht. Bei ihr war ich bis zu meiner Übersiedelung nach Tbilissi. Am Anfang haben wir sehr viel Grammatik geübt, weil ich eine neue Sprache leichter über die Grammatik lerne. Wir haben die Stunden völlig frei nach meinen Bedürfnissen gestaltet. Und irgendwann habe ich gemerkt, ah, jetzt kann ich zusammenhängend lesen. Die Fortschritte kamen bei mir immer stufenweise. Es war ein jahrelanges Dranbleiben. Wenn ich in Georgien war, habe ich hier zusätzlich noch Intensivkurse belegt, auch privat. Und dann war ich einmal vier Wochen hier, und da habe ich wirklich von morgens bis abends Unterricht gehabt. Irgendwann konnte ich auch übersetzen. Aber zum richtigen Übersetzen fehlte mir noch die Kenntnis über die Mentalität der Menschen. Wenn viel Jargon vorkam, habe ich es mir nicht zugetraut. Man muss länger in dem Land leben, dessen Sprache man übersetzt. Ich habe ja als Lektorin selbst sehr viel mit Übersetzungen gearbeitet. Da bekommt man ein Gefühl für Stolpersteine, wo irgendetwas nicht stimmt, wo man nachfragen muss, weil es um eine Tradition geht oder eine besondere Einstellung. Aber jetzt übersetze ich aus dem Georgischen ins Deutsche. Für die Buchmesse in Frankfurt 2018 werden sehr viele georgische Bücher übersetzt. Bei vielen Autorinnen und Autoren steht immer noch die Kriegserfahrung im Vordergrund. Der Konflikt mit Russland 2008, aber auch der Bürgerkrieg 1991 und der Abchasienkrieg 1992. Zum Teil wird auch der Fundamentalismus der Georgisch Orthodoxen Kirche thematisiert. Aber auch völlig apolitische Themen aus dem alltäglichen Leben werden aufgegriffen. Die Qualität der Literatur ist sehr unterschiedlich. Für mich steht Aka Mortschiladse an erster Stelle, er ist fünfzig Jahre alt und ein großer Erzähler mit einem umfangreichen Werk. Seine Bücher thematisieren sowohl das historische als auch das gegenwärtige Georgien. Er beschreibt auch ein utopisches Georgien, hat eine sehr breite Palette an Themen, spielt auch mit der Sprache. Ein Schriftsteller mit einem großen Wissen, das er auch in seinen Büchern verarbeitet.

Eine sehr gute Erzählerin, aber völlig anders als Mortschiladse ist Anna Kordsaia. Sie ist Mitte vierzig. Sie schreibt über Tbilissi, über die Menschen in der Stadt, über Beziehungen zwischen Männern und Frauen in einer sehr eigenen Sprache mit sehr viel Jargon. Das ist sehr schwer zu übersetzen, aber sie ist eine ganz tolle Erzählerin.

Aber die deutschen Leser werden auch noch viele andere georgische Autorinnen und Autoren entdecken können. Für Rachel Gratzfeld ist es ein großes Anliegen, dass nur gute Übersetzungen publiziert werden, denn bei kleinen Sprachen bestehe immer die Gefahr, dass man nicht genug qualifizierte Übersetzer findet und das wäre für die georgischen Autorinnen und Autoren sehr, sehr schade. Deshalb sei es besonders wichtig, dass die Übersetzungen von einem qualifizierten Gremium überprüft werden, bevor man sie finanziert.

Mit der Auflösung der Sowjetunion und der Unabhängigkeit Georgiens brach Anfang der 1990er-Jahre auch die Buchindustrie zusammen. Das Verlagswesen in Georgien musste unter schwierigsten Umständen neu aufgebaut werden. Mit den Jahren etablierte sich eine neue Generation von Autorinnen und Autoren. Literaturwettbewerbe und Buchpreise wurden ins Leben gerufen. Ein Austausch mit dem westlichen Ausland begann. Und ein Höhepunkt wird 2018 der Gastlandauftritt Georgiens auf der Frankfurter Buchmesse sein, wo sich georgische Verlage mit ihren Autoren in Deutschland präsentieren können und dies auch auf andere westeuropäische Länder ausstrahlen wird.

OSTWÄRTS, DER SONNE ENTGEGEN

Mein letzter Tag in Tbilissi. Nach einem ausgiebigen Frühstück auf der Terrasse gehe ich hinunter zum Rustaweli-Prospekt und zwei Straßen weiter rechts wieder den Berg hinauf zum »Hotel Suliko«, wo George auf mich wartet. Es ist schon sehr heiß. Im Hotel ist es angenehm kühl. George bittet mich hinunter in den Frühstücksraum. Während er einen Kaffee zubereitet und Gläser und Wasser auf den Tisch stellt, bereite ich Aufnahmegerät und Mikrofon vor und erzähle ein bisschen von meiner Trekkingtour und schwärme von Lasha. George lacht, freut sich, dass er mit Lasha den richtigen Bergführer für mich ausgewählt hat.

Kaum ein Mensch habe 1997 im Westen Deutschlands gewusst, dass Georgien ein eigenständiges Land sei, erzählt George. Als er seinen Freunden von Georgien erzählen sollte, habe er erst gemerkt, wie wenig er selbst von seinem Land kannte. 1999 fuhr er zusammen mit seiner Freundin Katrin das erste Mal nach Georgien. Für Katrin war es, so erzählte sie mir später, noch viel trostloser und aussichtsloser als erwartet. Deshalb war es damals für sie keine Option, dauerhaft in Georgien zu leben. Schwer erträglich war für sie die enge Anbindung an die Familie und die Verpflichtung, permanent für Freunde und Verwandte verfügbar zu sein. Das galt besonders für den soeben zurückgekehrten »Weltreisenden« George und für sie als deutscher Gast. Von der Natur habe sie überhaupt nichts mitbekommen. Es sei in den meisten Kreisen völlig unangebracht gewesen zu wandern, außerdem war es in vielen

Gegenden auch zu gefährlich. Angst habe sie aber in Georgien zu keiner Zeit gehabt. Der Gast ist heilig in Georgien. Das war für sie sehr stark zu spüren. Als Gast, später als Frau eines Georgiers und als Mutter, genoss sie immer den Schutz einer ganzen Gesellschaft.

2001 organisierte George seine erste Reise und führte eine Gruppe durch sein Heimatland, zwölf interessierte Leute aus Deutschland, die Georgien kennenlernen wollten, obwohl dort noch Bürgerkriegsverhältnisse herrschten. Sie übernachteten in Privathäusern. Eine touristische Infrastruktur gab es nicht. Diese Reise sei so inspirierend für ihn gewesen, dass er sein Studium der Politikwissenschaft abbrach. Er wollte zurück nach Georgien. Wollte dort im Tourismusbereich arbeiten und ihm war klar, dass er das langfristig vorbereiten und Katrin nach und nach dafür gewinnen musste. Jedes Jahr verbrachten sie einige Monate in Georgien, oft kombiniert mit einem Praktikum und anderen Aktivitäten, um den Kontakte aufzubauen und zu festigen. Die größte Herausforderung für Rückkehrer sei es, nach Jahren des Auslandsaufenthaltes den Anschluss an die eigene Gesellschaft wiederzufinden. Der Plan nach Georgien zu ziehen, konkretisierte sich langsam. 2008 war der Sommer der letzten Vorbereitungen. Und da wurden sie vom Augustkrieg voll erwischt, erzählt Katrin. In diesen spannungsgeladenen Tagen wurde ihnen auf einmal klar, wie zerbrechlich der Frieden in Georgien sei, und wie wichtig es ist, alles dafür zu tun, damit das Land international ernstgenommen wird. Im Februar 2009 sei ihr viertes Kind zur Welt gekommen und fünf Monate später übersiedelten sie mit einem Kleinbus, vollgeladen mit den wichtigsten Habseligkeiten, nach Georgien. Dort würden ihre Kinder in einem Land aufwachsen, in dem sie nicht auf der Liste »Kinder mit Migrationshintergrund« stehen, ein Land mit langer Tradition, dem sie viel zu verdanken und zu geben haben werden. Ein Land, in dem alles in Bewegung ist und jeder einzelne die Möglichkeit hat, aktiv die Entwicklung mitzugestalten und voranzubringen. Das sei für sie beide eine große Motivation gewesen, diesen Schritt zu gehen. Die Gründung einer eigenen Firma war zu diesem Zeitpunkt noch nicht geplant. Aber sie hatten die gemeinsame Vision, den Tourismus in Georgien weiterzuentwickeln, sinnvoller und nachhaltiger zu gestalten.

George arbeitete in einer der ersten privaten Reise-Agenturen von Georgien, begann als Chauffeur, dann als Reiseleiter, später als Tour-Operator. In der Agentur des deutschen Journalisten Rainer Kaufmann, der Georgien 1992 für sich entdeckt hatte und als Erster begann, Reisen für Touristen durch das Land anzubieten, habe er sehr viel gelernt. Aber George wollte nicht nur Reisevermittler, sondern ebenso Kulturvermittler sein. Mit seinen Ideen stieß er innerhalb des Unternehmens an seine Grenzen.

2011 wagten er und Katrin »Georgia Insight« zu gründen. Manchmal sei er ein Glückskind, sagt George und strahlt dabei, denn der erste Auftrag für die eigene Agentur war 2011 eine vierteilige Reisereportage für den MDR: »Ostwärts – Mit dem Rucksack der Sonne entgegen«[51]. Er dachte, dass er eigentlich nur übersetzen und die Regisseurin Julia Finkernagel beraten sollte. Aber plötzlich war er Hauptdarsteller des Films und vermutlich sehr authentisch, weil alles spontan und unvorbereitet war. Der Vierteiler mit je 25 Minuten wurde ein Erfolg und inzwischen sieben Mal im deutschen Fernsehen wiederholt. Eine bessere Werbung für den Einstieg in ihre Agentur konnte es nicht geben. Und mit Katrin als Germanistin und George, der lange in Deutschland gelebt hat und auch Touristik in Deutschland studierte, war »Georgia Insight« bestens aufgestellt. Sie wussten beide genau, was ihre deutschen Gäste erwarten. Und sie bemerkten auch sehr schnell, wie sehr sich die Mentalität der Gäste aus den unterschiedlichen Regionen Deutschlands und aus Österreich und der Schweiz unterschieden und richteten ihre individuellen Angebote an diesen einzelnen Zielgruppen aus. Und die Gäste sollten mitentscheiden können. Selbst mitarbeiten an ihrem eigenen Urlaub. Ein wichtiges Thema sei daher, Vertrauen aufzubauen. Von Deutschland aus betrachtet, liegt Georgien irgendwo am Rand Europas. Doch wir mussten überlegen, wie man von Georgien aus Reisen in Deutschland anbieten kann, ohne dort selbst ein Büro zu betreiben. Also musste dieses Vertrauen über eine Website und über E-Mail-Verkehr aufgebaut werden. Und die Verträge müssen klar und eindeutig sein, wie deutsche Reisende es gewohnt sind. Die Sprache muss fehlerlos, die Kommunikation mit den Mitarbeitern der Agentur unkompliziert sein. Und die Informationen über Georgien gut aufbereitet werden. Alles wird nach deutschen Standards angeboten. Dazu gehöre selbstverständlich auch, dass nach Vertragsabschluss Geld überwiesen wird. Dieses Vertrauen müssen die Kunden uns an diesem Punkt entgegenbringen, sonst kann die Zusammenarbeit nicht klappen.

Zuerst seien sie eine sehr kleine Agentur gewesen, erzählt George. Die ersten Touren haben wir so konzipiert, dass wir alles von der Hauptstadt aus erreichen konnten. Er habe die Touren erst einmal allein gemacht, manchmal auch mit Freunden. Gemessen, wie viel Zeit man braucht, notiert in welchem Zustand die Straßen sind, wo man übernachten und wo man essen kann. Die ersten Kunden haben wir darüber informiert, dass es auch für uns die erste Reise ist und dass wir dankbar für ihre Verbesserungsvorschläge seien. So haben sich die einzelnen Reisen weiterentwickelt.

Irgendwann mussten wir Reiseführer einstellen. Die größte Herausforderung war, unsere Philosophie den neuen Mitarbeitern zu vermitteln. Ich sehe die Agentur wie ein Kind. Wir haben mit unserem Angebot etwas sehr Persönliches entwickelt, eigene Programme geschrieben, viel darüber nachgedacht, was wir mit unseren Reisen erreichen wollen. Die Mitarbeiter müssen verstehen, wie wir denken, was sie zu vermitteln haben. Wenn ein Reiseleiter oder eine Reiseleiterin mit unserer Philosophie nicht einverstanden ist, dann können wir nicht zusammenarbeiten.

Bevor ein Guide eine eigene Tour leitet, wird er von uns ausgebildet, auch wenn er oder sie bereits ein Touristik-Studium abgeschlossen hat. Zuerst einmal begleiten sie einen erfahrenen Kollegen. Der Beruf des Reiseleiters ist sehr umfangreich. Die Touristen erwarten von einem Guide, dass er alles können und alles wissen muss. Es geht ja nicht um akademisches Wissen, sondern um profane Dinge. Ein Haartrockner funktioniert im Hotel nicht. Ein Reifen muss gewechselt werden, wie es bei euch passiert ist. Als Reiseleiter muss man geboren werden. Es ist ein Mensch, der begeistert davon ist, was er macht, und damit auch andere begeistern kann. Er muss, allerdings nur im gesunden Maß, auch einen gewissen Patriotismus haben, aber trotzdem versuchen, sein Land objektiv darzustellen. Wir erwarten auch, dass unsere Reiseleiter regelmäßig deutsche

Sendungen anschauen, um gut informiert zu sein, was gerade in Deutschland, Österreich und der Schweiz passiert. Wir haben viele Gäste, die gebildet sind. Sie kommen mit großem Interesse nach Georgien und sind gut vorbereitet auf ihre Reise. Sie haben natürlich auch viele Vorurteile im Gepäck. Da muss man auch mal dagegenhalten und gleichzeitig deren Niveau gerecht werden.

KEINER WAR AUF DEN TOURISMUS VORBEREITET

Ich habe in Deutschland eine Ausbildung als Reiseleiter und als Fachmann für Tourismus absolviert, fährt George fort. Das gab es damals noch nicht in Georgien. Heute bietet jede Universität und Hochschule eine Ausbildung an. Hier heißt es natürlich Tourismus-Management, sagt George und lacht. Ein BWL-Studium, in dem man lernt, wie das Produkt Tourismus produziert wird. Damit bin ich nicht einverstanden. Ich erhalte ständig Bewerbungen von Absolventen eines solchen Studienganges. Die meisten denken, ich könne sie nicht ablehnen, wenn sie Tourismus-Mangement studiert haben. Sie sind Anfang zwanzig, haben keinerlei Erfahrung. Da lobe ich mir das duale Bildungssystem in Deutschland, in dem man das Praktische und das Theoretische gleichzeitig lernt.

Seit der Unabhängigkeit Georgiens gab es eine Tourismus-Abteilung im Wirtschaftsministerium, erklärt George. Danach ein eigenes Ministerium. Und später war es wieder ein Tourismus-Departement und dem Wirtschaftsministerium unterstellt. Sie haben versucht, sehr viel für die Entwicklung des Tourismus in Georgiern auf den Weg zu bringen. Aber es fehlte die Basis. In der sowjetischen Zeit gab es die staatliche Agentur Intourist, die alles zentral organisiert hat. Alles war kontrolliert und festgeschrieben, ohne jeglichen Freiraum. Auf die Marktwirtschaft war niemand vorbereitet, angefangen bei den Hotels und Restaurants. Wir haben bis heute zu wenig ausgebildetes Personal. Das gilt auch für Reiseleiter und Fahrer. Das muss erst langsam aufgebaut werden. Die Förderung des Tourismus hat erst mit Saakaschwili begonnen. Er hat erkannt, dass der Tourismus ein großer Wirtschaftsfaktor für Georgien ist. Und wenn viele Leute aus dem Ausland kommen und ein positives Bild des Landes in der Welt verbreiten, auch Werbeträger für das Land sind. So hat er als Erstes mit der nötigen Infrastruktur begonnen. Straßen gebaut und Flughäfen erneuert und neue gebaut. 2003 gab es vielleicht zwanzig oder dreißig Touristik-Agenturen. Heute sollen es schon fünfhundert sein, die in Tbilissi registriert sind.

Ich erzähle George, dass wir gestern durch eine Landschaft mit einer fast unberührten Natur gefahren sind. Dafür mussten wir lange über Schotterpisten fahren. Wenn jetzt die Straße von der Georgischen Heerstraße aus nach Schatili ausgebaut wird, werden die Touristen leichter die unberührte Natur erreichen. Wenn man einen sanften Tourismus fördern möchte, dürfte man in der Region nur den Bau von Gästehäusern und Pensionen genehmigen, anstatt großen Hotelketten die Möglichkeit zu eröffnen, in diese Gebiete vorzudringen.

Ja, die Frage sei, wo wollen wir hin mit dem Tourismus, sagt George. Soll er nur ein Wirtschaftsfaktor sein, der viel Geld bringt. Die georgische Regierung prahlt mit einer Zahl von sechs Millionen Touristen im Jahr 2016. Wir bei »Georgia Insight« vertreten einen nachhaltigen, sanften Tourismus. Noch möchte er nicht von Massentourismus sprechen, sagt George, aber es gehe in diese Richtung. Kasbek sei das beste Beispiel. Ein Fünftausender, ein mythischer Berg, wo Prometheus angekettet war, und man eine wunderschöne Wanderung nach oben zum Kloster machen konnte. Heute findet man vor dem Kloster kaum noch einen Parkplatz, um sein Auto abzustellen. Inzwischen kommen so viele Touristen nach Georgien, dass Privatleute, auch in Tbilissi, ihre Häuser zu Guest-Houses umbauen und dafür Kredite aufnehmen. Aber die Kredite müssen natürlich irgendwann zurückgezahlt werden. Und das verändere die Gesellschaft sehr, sehr schnell.

EIN LAND DER SELBSTVERSORGER

Wo bleibt der Patriotismus der Georgier, wenn es um die Landwirtschaft und die Versorgung der Bevölkerung mit eigenen Produkten geht, warum wird immer noch aus der Türkei importiert?, möchte ich Georges Meinung dazu hören.

Patriotismus kann sehr relativ sein, wenn es um Geschäftsinteressen und um Geld geht, sagt George. Es gäbe kaum ein Fleckchen auf der Erde, das so viel zu bieten habe wie Georgien, vom subtropischen bis zum kontinentalen Klima, das heißt Zitrusfrüchte, Tee, Wein, Nüsse, Obst in allen Variationen. Wir haben den richtigen Zeitpunkt verpasst, um Anschluss an den Weltmarkt zu finden. Haben nicht die Zeit dafür gefunden und wurden zu einem Land der Selbstversorger. Als es nichts gab, zogen die Leute aus der Hauptstadt aufs Land, fingen dort an, für sich und ihre Familien Obst und Gemüse anzubauen. Auch mein Vater wurde in der Zeit solch ein Bauer mit einem kleinen Weingut und zehn Hektar Land. Er kämpft allein, nur mit wenigen Nachbarn zusammen. Und wenn ich dann sage, lass uns mit anderen zusammen Wein anbieten, dann haben wir 100.000 Liter und können ihn besser verkaufen. Sofort bekommen die Leute Angst voreinander, befürchten, dass dann wieder gepanscht und schlechter Wein verkauft wird, wie früher in der sowjetischen Zeit. Das ist auch ein Generationenproblem. Vieles ist seit der Unabhängigkeit zerstört worden, auch das Wissen und die Erfahrung, die man in der Landwirtschaft hatte. Im Weinanbau gibt es inzwischen Genossenschaften, die gute Wege gefunden haben, ihren Wein auch nach Westeuropa zu exportieren. Das könnte ein gutes Beispiel auch für andere landwirtschaftliche Produkte werden.

»DIESER KONFLIKT MUSS GELÖST WERDEN«

Georgien muss sich nach Westen und Europa orientieren, sagt George. Der Besuch des amerikanischen Vizepräsidenten gebe ihm ein wenig Hoffnung. Aber, was wirklich hinter den Kulissen passiere, wisse man natürlich nicht. Aber ich erwarte Klarheit. Klare Aussagen. Wir dürfen nicht vergessen, dass zwei Gebiete Georgiens okkupiert sind. Vorher war ich jeden Sommer in Sochumi. Es war ein Urlaubsort, 1990, mit fünfzehn, war ich das letzte Mal dort. Das wird für meine Generation immer ein Schmerz bleiben. Aber dieser Konflikt muss gelöst werden, irgendwie. Doch keiner redet davon. Jedoch erwarte ich das. Klare Aussagen: Was wollen wir machen. Nach der letzten Grenzverschiebung in der Schinwali-Region, da stehen ganz normale unbewaffnete Georgier 400 Meter von der Autobahn entfernt an der Grenze, sagen, okay, wenn ihr nichts macht, dann stehen wir hier und lassen die nicht noch weiter vorrücken. Und kein einziger Polizist, kein einziger Soldat, kein einziger Regierungsvertreter ist vor Ort. Nur diese offene Opposition. Und das kann eskalieren, und daran wird dann nur die Regierung schuld sein, die nichts dagegen getan hat. Irgendwann explodiert das. Es geht nicht um Abchasien, Ossetien oder um Georgien. Es ist ein globales Spiel. In einem kleinen Land findet ein Experiment statt. Das Kräftemessen zwischen den Großmächten Amerika, Russland und Europa. Ich bin davon überzeugt, wenn man dieses Problem lösen wollte, dann wäre es machbar. Nur der politische Wille dafür ist nicht vorhanden. Ich wünsche mir, dass wir erst einmal überhaupt darüber sprechen. Ich habe Freunde in Abchasien, mit denen ich mich nicht mehr richtig unterhalten kann, weil die Meinungen komplett auseinandergehen. Dort herrscht eine andere Propaganda. Hier sehen wir die Probleme anders. Aber trotzdem versuchen wir, miteinander zu sprechen. Das sei schon einmal ein Anfang, sagt George. Und er sei davon überzeugt, wenn Menschen ungeachtet von Nationalität, Sprache, Religion und Weltanschauung miteinander sprechen, zwei einzelne Menschen miteinander reden, dann können es auch die Nationen, auch die Staaten. Nur der Wille muss erst einmal da sein. Er mache sich keine Illusionen, dass dies schnell passieren wird. Aber unsere Regierung muss dafür sorgen, dass in Georgien die politische Stabilität erhalten bleibt, dass die Menschen lernen, dass ohne Fäuste und ohne Kalaschnikow etwas verändert werden kann, und dass sie uns dafür die Möglichkeit geben. Und wenn wir eine politische Stabilität haben, dann werden wir auch eine wirtschaftliche bekommen, weil Georgien dann interessant wird für Deutschland und auch für jedes andere Land.

AC-MAILAND-LEGENDE WIRD BÜRGERMEISTER VON TBILISSI

Zurück in Berlin verfolge ich gespannt den Ausgang der Bürgermeisterwahlen in Tbilissi. Im November 2017 wird der ehemalige Mannschaftsführer der georgischen Fußballnationalmannschaft, Kacha Kaladse, mit 51,6 Prozent der Stimmen zum Bürgermeister gewählt. Nach dem Ende seiner Fußballerkarriere in Italien wurde er 2012 ohne jegliche Vorkenntnisse mit vierunddreißig Jahren von Bidsina Iwanischwili zum stellvertretenden Ministerpräsidenten und Minister für Infrastruktur und regionale Entwicklung berufen. In Energiefragen habe der Fußballer zwar keine Erfahrung, gab Iwanischwili damals zu, aber er wachse schnell und habe Talent – einen Monat nur, dann sei der Mann eingearbeitet.[52] Die rasante Karriere des neununddreißigjährigen Kacha Kaladse weckt Erinnerungen an den steilen Aufstieg Micheil Saakaschwilis und dessen großen Sprung vom Bürgermeister Tbilissis zum Präsidenten Georgiens.

Kacha Kaladse war der teuerste Spieler der georgischen Fußballgeschichte. Für 16 Millionen Euro wechselte er 2001 zum AC Mailand und gewann mit seinem Club zwei Mal die Champions League.[53] Kaladse kandidierte bei den Parlamentswahlen im Oktober 2012 für die Opposition »Georgischer Traum«. Drei Monate zuvor wurde er von einem Gericht in Tbilissi zu einer Geldstrafe in Höhe von 8,4 Millionen Euro verurteilt und sein Vermögen wurde beschlagnahmt. Man warf ihm vor »zwei Millionen Dollar von seinem Bankkonto abgehoben zu haben, ohne ausreichende Informationen zu liefern, wie das Geld ausgegeben worden sei«.[54] Aus Regierungskreisen wurde ihm damals vorgeworfen, er habe mit dem Geld Iwanischwilis Parteienbündnis »Georgischer Traum« unterstützt. Kaladse sprach von einem politisch motivierten Urteil. Drei Monate später begann dann unter Bidsina Iwanischwili seine politische Karriere, die jetzt mit der Wahl zum Bürgermeister ihren vorläufigen Höhepunkt gefunden hat.

Meine nächste Reise nach Georgien habe ich für April 2018 geplant. Georgian Airways bietet jetzt Direktflüge von Berlin nach

Tbilissi an. Dieses Mal werde ich selbstverständlich im »Hotel Gulia« wohnen und freue mich schon darauf, morgens auf der neuen Terrasse vor dem Apartement zu frühstücken und mir das Treiben auf der Dolidze Straße anzusehen. In diesem Jahr werden nicht Begegnungen und Gespräche mit Georgiern im Mittelpunkt meiner Reise stehen. Mein Ziel sind die Zugvögel, die in Georgien auf ihrer Durchreise Rast machen, und ebenso die vielen Vogelarten, die in Georgien leben.

ANMERKUNGEN

1 Bischof, Henrik, »Georgien – Gefahren für die Staatlichkeit«, Friedrich-Ebert-Stiftung, Abt. Außenpolitikforschung, 1995.

2 »Geschichte der deutschen Siedler im Kaukasus«, Goethe-Institut Tbilissi, 2017.

3 Dittrich, Volker/Brod, Wolfgang, »Die Nacht der Georgier – Erinnerung an ein vergessenes Massaker«, Dokumentarfilm, 45 Minuten, SFB, 2002.

4 »Micheil Saakaschwili«, https://de.wikipedia.org/wiki/Micheil_Saakaschwili, Stand: 18.1.2018.

5 »Rosenrevolution«, https://de.wikipedia.org/wiki/Rosenrevolution, Stand: 18.1.2018.

6 »Flagge Georgiens«, https://de.wikipedia.org/wiki/Flagge_Georgiens, Stand: 18.1.2018.

7 De Lucchi, Michele, http://www.awmagazin.de/designerlexikon/designer-architekten-mit-l/artikel/michele-de-lucchi, Stand: 18.1.2018.

8 Tolz, Stefan, »Vollgas gen Westen – Georgien sucht seine Zukunft«, WDR/ARTE, 2013.

9 »Bidsina Iwanischwili«, https://de.wikipedia.org/wiki/Bidsina_Iwanischwili, Stand: 18.1.2018.

10 »Niko Pirosmani«, https://de.wikipedia.org/wiki/Niko_Pirosmani, Stand: 18.1.2018.

11 Ammon, Philip, Georgien zwischen Eigenstaatlichkeit und russischer Okkupation. Die Wurzeln des russisch-georgischen Konflikts vom 18. Jahrhundert bis zum Ende der ersten georgischen Republik (1921), Klagenfurt-Wien 2015.

12 Ammon, Philip, a. a. O., S. 132.

13 Schwarzburger, Heiko, »Goldrausch im Kaukasus«, Tagesspiegel, 31.07.2008.

14 Georgien allein zu Haus – Sehnsuchtsland am Rande Europas, »Das Trauma Stalin und die georgische Nation«. Ein Gespräch mit Nino Haratischwili, Zaal Andronikaschvili, Jörg Baberowski und Stephan Wackwitz, Moderation: Lasha Bakradze, Villa Elisabeth, Berlin, 1.7.2017.

15 Haratischwili, Nino, »Das achte Leben (Für Brilka)«, Programmheft Thalia Theater, Hamburg 2017.

16 Zereteli, Akaki, »Aus meinem Leben«. Aus dem Georgischen übertragen und mit einem Nachwort von Ruth Neukomm u. Yolanda Marchev, Zürich 1990.

17 Fenn, Manuel, »Die schwebenden Särge von Georgien«, 360° – GEO Reportage, ARTE, 2017.

18 »Suliko«, https://de.wikipedia.org/wiki/Suliko, Stand: 18.1.2018.

19 Fenn, Manuel, Die schwebenden Särge von Georgien, 360° – GEO Reportage, ARTE, 2017.

20 Berge, Tim, »Jürgen Mayer H. im Interview – Komplizenschaft mit dem Bauherrn«, 15. Mai 2017, in: https://fsb-blog.de/juergen-mayer-h-im-interview-auftraggeber-bauherren-wettbewerbe/, Stand: 18.1.2018.

21 Kaukasuskrieg 2008, https://de.wikipedia.org/wiki/Kaukasuskrieg_2008#Weg_in_den_Krieg, Stand: 18.1.2018.

22 Fokus Europa, Europäische Perspektiven und Hoffnung im Südkaukasus. Ein Gespräch mit dem Kulturwissenschaftler Zaal Andronikashvili und Tim Pritlove (Heinrich-Böll-Stiftung), 18.1.2017.

23 Auch, Eva-Maria, »Der Konflikt in Abchasien in historischer Perspektive«, in: Institut für Friedensforschung und Sicherheitspolitik an der Universität Hamburg (IFSH), Jahrbuch 04.

24 Veser, Reinhard, »Georgien hat den Krieg begonnen«, FAZ 30.09.2009.

25 »Enguri-Staumauer«, https://de.wikipedia.org/wiki/Enguri-Staumauer.

26 Kammerer, Annette, »Auf Grenzerfahrung in Georgien und Abchasien, DIE EUROPÄISCHE PERSPEKTIVE GEORGIENS. Fluch oder Segen für dessen innerstaatliche Konflikte?«, http://schwarzkopf-stiftung.de/wordpress/wp-content/uploads/2015/11/Annette-Kammerer.pdf., Stand: 18.1.2018.

27 Tolz, Stefan, Am Rande der Zeit – Männerwelten im Kaukausus, MDR/ARTE 2001.

28 »Georgische Sprache«, https://de.wikipedia.org/wiki/Georgische_Sprache, Stand: 18.1.2018.

29 »Die georgische Sprache«, http://www.georgia-insight.eu/georgien/sprache, Stand: 18.1.2018.

30 Turaschwili, Dato, »Westflug«, Berlin 2014 (»Jeansgeneration«; Tbilissi, 2008).

31 Rustaweli, Schota, »Der Mann im Pantherfell«. Aus dem Georgischen übertragen von Ruth Neukomm und einem Nachwort der Übersetzerin, Zürich 1991.

32 Kakabadse, David (Buch), Tschiareli, Andro (Regie), »Gefangen im Kaukasus«, Dokumentarfilm, 2003.

33 »Blaue Hörner«, https://de.wikipedia.org/wiki/Blaue_Hörner.

34 Iaschagaschwili, Abo, »Royal Mary – Ein Mord in Tiflis«. Aus dem Georgischen von Lia Wittek, Berlin 2017.

35 Nitsch, Daniel, »Das ist keine Architektur« – Vortrag der Denkmalschützerin Maia Mania zum Umgang mit dem Architekturerbe der Stadt, Kaukasische Post, 16.6.2012.

36 Michalski, Claudia, »Was ich an Tbilissi mag«, Facebook Posting, 7.8.2017.

37 Shaller, Caspar, »Strahlende Nacht«, ZEIT-ONLINE, 14.7.2017.

38 »Deutsche Spuren in Georgien«, http://www.georgienseite.de/georgien-geschichte-politik-mittelalter-sowjets-demokratie/deutsche-spuren-georgien-siedler-forscher-architekten/heinrich-scharrer-botanischer-garten-tbilissi/.

39 »US-Vize Pence: Beschwichtigen in Osteuropa«, http://www.dw.com/de/us-vize-pence-beschwichtigen-in-osteuropa/a-39885024, Stand: 18.1.2018.

40 »US-Vizepräsident Mike Pence zu Besuch in Georgien«, https://www.youtube.com/watch?v=fBOCU5tqGb8.

41 »Von Vilseck nach Georgien«, https://www.onetz.de/vilseck/politik/us-truppen-ueben-im-kaukasus-von-vilseck-nach-georgien-d1773637.html, Stand: 18.1.2018.

42 »Die seltsame Wandlung des einstigen Hoffnungsträgers Bidsina Iwanischwili«, RAK, 30. September 2016.
43 »Blaue Hörner«, https://de.wikipedia.org/wiki/Blaue_Hörner, Stand: 18.1.2018.
44 Tabidse, Gelaktion, »Wind, der weht«, aus: Kristiane Lichtenfeld (Hg.): Poet's Corner 6. Übertragen von Elke Erb, Unabhängige Verlagsbuchhandlung, Berlin 1991, S. 31.
45 »Shalva Nutsubidze«, https://en.wikipedia.org/wiki/Shalva_Nutsubidze, Stand: 18.1.2018.
46 »Staatliche Universität Tiflis«, https://de.wikipedia.org/wiki/Staatliche_Universität_Tiflis, Stand: 18.1.2018.
47 »Galaktion Tabidse: Poet's Corner 6«, http://www.planetlyrik.de/galaktion-tabidse-poets-corner-6/2010/05/, Stand: 18.1.2018.
48 »Natur Georgien«, http://www.georgia-insight.eu/georgien/natur, Stand: 18.1.2018.
49 Hein, Till, »Trekking in Georgien, Hirtenspiele mit Schaschlik und Schnaps«, derstandard.at/2000008450472/Trekking-in-Georgien-Hirtenspiele-mit-Schaschlik-und-Schnaps.
50 Andronikashvili, Zaal, »Ihrer Form nach religiös, ihrem Inhalt nach national – Die georgische Nationalorthodoxie«, Interjekte 9/2017, ZFL – Zentrum für Literatur- und Kulturforschung.
51 Finkernagel, Julia (Buch und Regie), »Ostwärts – Mit dem Rucksack der Sonne entgegen«. Vierteilige Reisereportage über Georgien, Kamera: Michael Matz, Begleitung: George Tevdorashvili, Agentur: Georgia Insight, MDR 2011.
52 Esch, Christian »Vom Fußball zur Politik«, Frankfurter Rundschau, 19.10.2012.
53 »Kacha Kaladse«, https://de.wikipedia.org/wiki/Kacha_Kaladse#Erfolge_als_Spieler, Stand: 18.1.2018.
54 »Gericht verurteilt Ex-Milan-Star Kaladse«, FOCUS (sid), 10.08.2012.

VOLKER DITTRICH, geb. 1951 in Fleestedt bei Hamburg, Journalist und Autor, von 1990 bis 2015 war er Verleger des Dittrich Verlags. Er schrieb die Romane »Operation Texel« (1990), »Ferne Berührung« (1999) sowie die Sachbücher »Zwei Seiten der Erinnerung – Die Brüder Edgar und Manfred Hilsenrath« (2012), »Wem gehört das Haus in Chemnitz« (2015), drehte den Dokumentarfilm »Die Nacht der Georgier« (2002) und verfasste Hörfunkfeatures für den DLF, NDR, MDR, SWR, zuletzt »Wir sind Profis für Versöhnung und Verständigung – Schriftsteller auf dem Balkan« (DLF, 2016).

Fotos: Volker Dittrich

Umschlag:
Das Dorf Uschguli in Swanetien mit Blick auf den Gipfel des Schchara,
dem höchsten Berg Georgiens (2015)

2018

www.mitteldeutscherverlag.de

Gesamtherstellung: Mitteldeutscher Verlag, Halle (Saale)
Layout und Satz: Stefanie Bader (Leipzig)

ISBN 978-3-96311-008-5

Printed in the EU